소비자행동론

오 영 애

청목출판사

머리말

시장경쟁이 범세계화 함에 따라 기업들은 경쟁력제고를 위하여 다양한 의사결정에 직면하게 된다. 기업의 의사결정은 그들의 목표인 소비자가 어떻게 재화와 서비스를 획득하고 사용하며, 어떻게 구매의사결정을 하게 되는가에 대한 이유와 방법을 규명하여야 한다. 따라서 기업경영의 모든 성과를 실현하기 위한 소비자 지향적 관리기능을 수행하는 것이 중요하며 소비자행동의 본질적이고 체계적인 이해가 없이는 기업의 성과달성도 어려움이 따른다.

현대의 소비자는 단순히 기업의 이윤추구 대상이나 소비하는 기계가 아니므로 기존의 개념을 떠나 소비자 행동을 연구하여 소비자에게 소구할 수 있는 촉진광고나 제품개발 그리고 판매증대 등에 도움이 될 수 있도록 해야 한다.

이 책의 구성은 총 17장을 이루어졌으며, 소자행동분야에서 지금까지 이루어진 많은 연구성과들 중 비교적 기본적인 사항들을 정리하여 이해하기 쉽도록 하였다. 또한 소비자행동에 관한 이론과 원리들을 쉽게 이해하도록 하기 위하여 사례를 많이 인용하였다.

1장과 2장은 소비자행동 연구의 개관을 다루었고, 3장과 4장은 소비자 정보처리행동과 지각으로서 소비자 정보처리모델 등을 다루었다. 5장부터 7장까지는 의사결정과정으로서 문제인식, 정보의 탐색 및 대안의 평가에 대하여 살펴보았다. 8장부터 10장까지는 소비자 태도와 구매행동을 다루었고 11장부터 14장까지는 개인내적 행동요인으로서 동기유발, 개성, 학습 및 라이프스타일이 주요 주제이다. 그리고 15장부터 17장까지는 환경적 영향요인으로서 가족, 준거집단, 사회계층과 문화 등을 포함시켰다.

책을 세상에 내어 놓는다는 것은 상당히 어려운 일이라고 사료되나, 흡족한 상태로 출간하지 못한 점이 못내 아쉽다.

2010년 9월

저자

차 례

제 1 장

소비자행동분석

1. 1 소비자

소비자란 일상생활에서 필요한 유형의 제품뿐만 아니라 무형의 제품을 구매하여 사용하고 소비하는 사람을 일컫는다.

소비자행동연구 분야에서는 소비자를 다음과 같은 광의의 개념으로 정의하고 있다.

첫째, 유형의 제품뿐 아니라 무형의 서비스를 구매하고 사용하며 소비하는 사람이다. 일정한 대가를 지불하고 특정 서비스 혜택을 받는 소비자들은 '서비스라는 무형의 경제적 가치'에 대한 소비자이다. 즉, 병원을 이용한 환자, 공공시설이나 시설을 이용하는 국민, 미용실을 이용한 고객, 변호사에게 사건을 의뢰한 의뢰자, 공인회계사 사무소를 이용한 고객 등도 모두 소비자의 범주에 속한다.

둘째, 이념이나 아이디어의 수용자도 소비자이다. 정당이나 정치가 종교단체, 공공기관, 학교, 교육자 등은 이념이나 아이디어, 지식 등에 대한 마케팅 주체이며, 유권자, 신자, 국민, 학생 등은 이들 마케팅 주체의 이념이나 아이디어, 지식 등을 구매하고 이용하는 소비자로서의 역할을 하는 것이다.

셋째, 재화나 서비스를 유상으로 구매하여 사용하는 사람 뿐 아니라 무상으로 사용하는 사람도 소비자의 범주에 속한다. 사람들은 누구나 맑은 공기를 소비하고 있는 소비자이며, 무상으로 재화를 공여받아 사용하는 사람, 봉사활동 등으로 이·미용 서비스를 받는 사람들도 소비자이다.

넷째, 제품이나 서비스를 직접 사용하여 소비하는 사람 뿐 아니라 구매에 참여하거나 소비결정과정에 관여한 의사결정단위를 소비자의 범주에 포함한다. 의사결정단위는 개인, 가족, 단체, 회사 등을 포함한다. 구매행동을 직접 수행하는 구매자 뿐 아니라 자신이 직접 구매하지는 않았지만 타인이 구매한 제품을 사용하거나 소비하는 사용자, 자신이 직접 구매하거나 사용하지 않았더라도 구매에 관한 의사결정에 영향을 준 영향력 행사자도 모두 소비자의 범주에 속한다. 산모의 구매행동에 영향을 미치는 태아도 고객으로 인정하고 마케팅을 하는 태아산업도 등장했다.

다섯째, 개인의 욕구충족을 위하여 제품이나 서비스를 구매하는 최종소비자 뿐 아니라 재판매나 생산을 목적으로 구매하는 산업사용자나 조직구매자도 소비자이다.

1. 소비자의 의의

소비자란 '장래시장의 구성원'(H.H.Albus), '상품이나 서비스를 사적인 용도를 위해 제공받는 사람'(Von Hippel) 그리고 '타인이 공급하는 물품·서비스를 소비생활을 위해 구입·이용하는 자'(竹內昭夫) 등으로 정의하고 있다. 또한 넓은 의미에서의 소비자는 개인뿐 아니라 가계·학교·교회 같은 조직도 포함된다. 소비자는 보통 개인소비자와 조직소비자로 구성되지만 통상적으로 소비자라 하면 '최종소비자(ultimate consumer)'만을 지칭하고, 자신의 기업활동을 위하여 생산재를 구입하는 '산업사용자(industrial user)' 내지 '중간소비자'를 포함시키지 않는다.

최종소비자란 자신의 욕구충족을 위하여 상품을 구입하는 개인이며 산업사용자란 새로운 상품의 생산을 위하여 다른 상인이나 제조업자들로부터 원료, 재료, 반제품, 기계설비품 등을 구입하는 사람이나 조직으로서 주로 산업적 사용이나 판매를 통해 영리추구를 목적으로 하는 사람 또는 조직을 의미한다.

〈그림 1-1〉 소비자의 분류

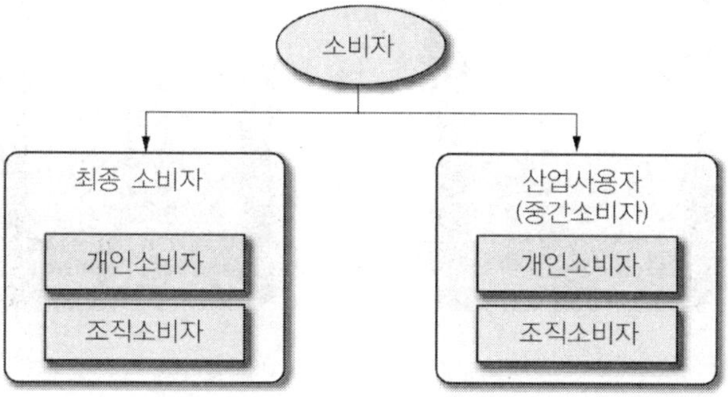

<사례 1-1> 태아도 고객이다

경기도 광명시에 사는 임신 8개월차 주부 이명원(32)씨는 매일 오전 휴대폰으로 뱃속의 태아를 만난다. 아침마다 이씨의 휴대폰에는 출산 예정일까지 남은 날수가 메시지로 전송되고, 임신 주수에 따라 산모가 주의해야 할 사항이 함께 제공된다. 또 4주에 한 번씩 귀여운 아기 캐릭터가 나타나 "엄마, 나 이만큼 컸어요" 하고 태아의 키와 몸무게 등 발달상태를 알려준다. 정보통신콘텐츠 업체 하이브레이드는 지난 연말부터 '하이맘'이라는 모바일 태교서비스를 제공하고 있다. 사이버 공간에서 태아가 말하고, 엄마가 듣는 식의 콘텐츠이다. 태아가 인터넷 콘텐츠 업체나 금융 서비스 업체들의 새로운 사업 아이템으로 각광받고 있다. 대한생명, 흥국생명, 동양생명 등 어린이 보험을 취급하는 생명보험사들은 대부분 태아까지로 가입 연령을 확대하고 있고, 유아복이나 분유업체들은 '고객 선점' 차원에서 산모와 태아를 대상으로 프로그램을 운영하고 있다. 일동후디스는 매월 7차례씩 전국을 순회하며 임신출산교실을 운영하고 있고, 대양이엔씨는 태아의 움직임과 소리를 바깥에서 들을 수 있는 '아가소리'라는 제품을 판매하고 있다. 태아 관련 콘텐츠를 제공하고 있는 하이브레이드의 최승호 부장은 "저출산 시대가 될수록 부모들이 자녀에게 쏟는 정성과 비용은 오히려 커지게 마련"이라며 "앞으로는 영·유아나 어린이들 뿐만 아니라 뱃속의 태아를 대상으로 한 특화된 서비스들이 다양하게 등장할 것으로 예상된다"고 말했다.

출처 : 〈조선일보〉, 2004.4.8

2. 소비자의 유형

1) 스톤(G. P. Stone)의 분류

① 경제적 소비자

가격, 품질, 상품의 종류에 민감하고, 구매행동을 합리적으로 하는 소비자이다. 이러한 경제적 소비자는 대체로 연령이 낮은 층으로 욕구수준이 높고 성공지향적인 사람이다.

② 개인적 접촉을 중시하는 소비자

상점 주인이나 판매원의 접객행위나 태도에 극히 민감하며, 그들과의 친근감을 중요시하는 소비자이다. 개인적 접촉을 중요시하는 소비자는 지역사회의 생활양식에 적응하기 위해 상점 주인이나 판매원과 가깝게 지내려고 한다.

③ 윤리적 소비자

의무·인정·정의감 등을 중시하는 소비자로서 이러한 윤리적 소비자는 상류층에 속하거나 해당지역에 비교적 오래 거주한 사람이다. 재래의 소매상점이 대자본에 의해 밀려나거나 해당 지역사회가 쇠퇴하는 것을 싫어하는 경향이 있다.

④ 무관심한 소비자

재화의 구입에 비교적 노력을 기울이지 않는 소비자이다. 이러한 소비자는 주로 청소년 소비자, 노인층과 사회적 지위가 낮은 저소득층 소비자 등으로 상품구매에 비교적 무기력한 사람이다.

2) 우드(W. A. Woods)의 분류

우드의 소비자 분류는 구매행동상의 특징에 의해 소비자를 구분한 것으로써 소비자유형별로 구매행동적 특성을 제시하고 있다.

① 습관적 소비자 : 상표충성도(brand loyalty)가 높은 소비자를 말한다.

상표충성도란 상표애호도라고도 하며, 동일한 물품이나 서비스를 반복구매하는 소비자습관으로서 특정상표에 대한 애착심을 나타내는 소비자이다.

② 가격지향적 소비자 : 가격 내지 경제성을 중요시하는 소비자이다.

③ 충동적 소비자 : 상품외형에 민감하면서 상표에 비교적 무관심한 소비자이다.

④ 정서적 소비자 : 상품이미지나 상품이 갖는 상징에 민감한 소비자이다.

⑤ 새로운 소비자 : 심리적으로 불안정한 상태에 있는 소비자이다.

⑥ 합리적 소비자 : 상품을 구매할 때 합리적인 동기에 의해 구매하는 소비자이다.

3) 취약소비자

① 청소년 소비자

소년은 연령이나 생활주기에 의해 분류된 인간유형의 하나이다. 청소년의 특성은 아동에서 성인으로 변하는 시기로 신체적·심리적 전환시기에 있고 연령층으로 보면 대략 12세에서 22세까지의 연령층에 해당한다. 소비자 발달단계상 아동소비자와 성인소비자 중간에 위치하면서 나름대로의 특이한 생활양식과 소비성향을 갖는 소비자층이다. 오늘날 이들은 가족 구매의사결정에 점차 많은 영향을 미치고 있으며 또 하나의 독립시장으로 크게 주목받고 있다

이들의 문제점은 소비자로서 갖추어야 할 지식 및 경험의 부족, 충동구매경향, 자금관리능력의 부족, 유행에의 민감성, 성인소비형태의 무비판적 답습, 상품 식별력의 부족, 금전가치 및 선호에 대한 이해부족, 담배 및 술과 같은 문제상품에

대한 강한 호기심 등이다.

이와 같은 여러 가지 문제를 안고 있는 청소년들이 경제생활 전반에 걸쳐 소비자로서의 행동을 합리적이고 건전하게 영위할 수 있도록 소비자의 의식수준을 향상시켜야 한다. 이러한 청소년 소비자들은 가정 내에서 소비관습이 학습되어지므로 생가가족(生家家族)에 의한 소비교육이 잘 이루어져야 한다.

② 노인소비자

국제노년학회에 의하면 노인이란 '노령화의 결과로 심리적, 생리적, 정서적 및 행동적 측면에서 능력감퇴 현상이 일어나는 시기에 있는 사람'으로 정의하고 있다.

이러한 노인 소비자들은 경제력의 상실 및 부족으로 인하여 소비자로서의 욕구충족이 어려우며, 저소득층 소비자와 같이 시장에서의 영향력이 약할 뿐 아니라 심리적 불안, 고독감 등으로 판매원에게 기만, 이용당하는 경우도 많다.

노인소비자는 경제적 빈곤, 정신적·육체적 병고, 인간관계의 단절에서 오는 고독감, 사회적 지위상실에서 오는 무역할 등의 고충을 겪는다.

노인의 일반적 특성은 다음과 같다.

첫째, 노년기는 인생의 다른 어떤 시기보다 건강유지에 많은 주의를 요하며 비용 또한 많이 발생하는 시기이다.

둘째, 무위(無爲)가 노인의 새로운 특성으로 나타나고 있으면 이러한 역할상실의 문제가 노후생활의 질을 높이는데 커다란 저해요인이 되고 있다.

셋째, 노년기에는 수입이 거의 없다는 점이다. 곧 노인 소비자가 안고 있는 가장 큰 문제이다. 그러나 70~80대의 기존의 경제적 무기력의 노인소비자와 달리 비교적 교육수준이 높고 최근 노인의 연령대에 속하게 되는 노인집단들은 점점 경제력이 증가하고 있어 새로운 구매집단으로 주목되고 있다.

넷째, 배우자 사망시는 부부로서의 역할이 상실되고 절망과 고독을 느끼게 된다는 점이다.

③ 저소득층 소비자

저소득층은 국가나 문화적 규범에 따라 다르지만, 상대적으로 소득수준이 낮은 가계를 규정하는 '상대적 빈곤개념'에 의해 정의된다. 절대적 빈곤은 최저생계비보다 낮은 소득을 갖는 가계의 경우를 말하고, 상대적 빈곤은 한 국가의 평균적 소득 수준의 일정비율에 미달되는 경우이다.

일반적으로 성취동기가 낮으며, 의타심이 많고, 심리적 무력감과 운명적인 사고를 하는 경향이 많다. 이러한 심리적 특성과 자신의 사회적 환경으로 인하여 중간소득층이나 고소득층에서는 볼 수 없는 특수한 소비자 문제를 안고 있다.

따라서 이들에게 소득증대를 통해 빈곤상태로부터 벗어나도록 하고 또한 소비자능력을 증진시켜 소비생활을 효율적으로 영위할 수 있도록 해야 하는 사회적 책임이 있다. 소득증가 정책에서 획득된 이익이 이들의 비효율적인 소비생활로 인해 상쇄될 가능성도 있으며, 기회비용의 측면에서 보면 소득을 일정하게 증가시키게 하는 비용보다 합리적인 소비를 할 수 있도록 지원하는 비용이 적게 들기 때문이다.

노인소비자

소비자로서의 욕구충족이 어려우며, 시장에서의 영향력이 약함, 심리적불안, 고독감 등으로 판매원에게 기만, 이용당하는 경우가 많음

저소득층 소비자

국가나 문화적 규범에 따라 다르지만, 상대적으로 소득수준이 낮은 가계를 규정하는 '상대적 빈곤개념'에 의해 정의

저소득층의 특성은 다음과 같다.

① 이들은 낮은 소득수준으로 인한 생활불만을 물질로 보상받으려고 하는 보상소비적 동기를 갖는다. 이러한 심리적 상태는 효율적인 소비생활을 저해하는

요인이다. 또한 이들은 비교적 낮은 교육수준으로서 사업자의 기만적인 상술이나 광고에 현혹되기 쉬우며, 자신의 구매력 한도 이상으로 소비함으로써 가계수지 균형을 맞추기 힘들어진다.

② 교육수준이 낮고 구매경험이 상대적으로 제한적이기 때문에 소비자 지식수준이 대체로 낮다. 제품구매에 대한 정보탐색 수준도 낮으므로 결과적으로 합리적인 구매의사결정을 하는 것이 어렵다.

③ 저소득층 소비자들은 그들의 생활상황 상 탐색비용 및 쇼핑시간의 부족 등으로 구매활동 범위가 좁고, 효율적인 정보탐색이 어렵다. 그러므로 신용구매나 대량유통과 대량판매의 혜택을 받지 못하는 실정이다.

④ 낮은 교육수준으로 인해 광고나 제품정보 등 주어진 정보를 이해하는데 비교적 많은 시간이 소요될 뿐 아니라 소비자피해 발생 분류 시 대처할 수 있는 방법을 거의 알지 못한다.

이러한 저소득층 소비자들은 최소한의 소비자주권을 행사하는 데 일반소비자들에 비해 불리한 여건에 있기 때문에 다른 소비자집단들보다 소비자문제가 더 많이 발생한다고 할 수 있다. 따라서 저소득층 소비자들의 소비효율성을 증대시키고 그들의 복지향상에 기여할 수 있도록 하는 소비자정책의 개발이 요구된다.

<사례 1-2> "경호서비스도 팝니다"

온라인 쇼핑몰에 이색 무형상품이 늘고 있다. 보험, 운세, 장례서비스를 넘어서 이제는 부모대행, 경호서비스까지 등장할 정도다. 업계에 따르면 인터파크에서는 멀리 떨어져 계신 부모님이나 외로운 어르신을 위한 '자녀 대행 도우미'서비스를 판매하고 있다.

1명당 8만원의 금액으로 친자식 같은 정을 전할 수 있다는 게 업체측 설명이다. 이 밖에 결혼식, 학예회, 상견례 등 부모님의 참석이 필요한 경우를 위한 '부모대행 서비스'나 시간이 없어 물건을 고를 여유가 없는 사람들을 위한 '구매 대행 도우미'서비스도 속속 등장하고 있다. 자칫 비인간적인 상술로 비칠 소지가 있지만 '꾸준히 문의가 들어온다'는 것이 업체 관계자의 설명이다.

G마켓에서는 유명연예인이나 정치인만의 전유물인줄 알았던 경호서비스가 상품으로 등장했다. 고급승용차와 전문 경호원들의 VIP 경호 서비스를 클릭 한 번에

받아 볼 수 있게 된 것이다. 또 갓 아기를 출산한 산모를 위한 '산후조리 서비스'도 인기를 끌고 있다. 산모도우미는 산모를 위한 식사준비, 산후 마사지, 신생아 관리는 물론 가사 도우미까지 담당한다. 디앤샵은 본격적인 이사철을 맞아 전국 112개 지점을 갖춘 포장이사업체 '파파이사'와 제휴를 통해 클릭 한번에 이사를 해결할 수 있는 '이사 서비스'상품을 판매한다. 시중보다 저렴한 가격에 이사를 할 수 있고 검색으로 간편하게 이사견적을 뽑을 수 있다.

인터파크 쇼핑 마케팅팀 팀장은 "무형상품은 일반 상품에 비해 마진폭이 1.5~2배 정도 높고 재고와 배송비 부담이 없어 온라인 쇼핑몰에서 판매하기에 매력적인 아이템"이라며 "최근 들어 상품 종류가 점차 다양해지고 있다"고 말했다.

출처 : 〈서울경제〉, 2007.4.12

3. 현대소비자

오늘날의 소비자는 넘쳐나는 제품과 서비스의 풍요 속에서 일상의 생활을 하고 있다. 백화점이나 대형소매점 심지어 재래시장에서도 다양하고 많은 상품들이 보내는 '현혹의 시선' 속에서 살고 있다.

현대사회는 소비의 사회이다. 모든 소비자들은 자신의 자율적인 선택에 따라 자유롭게 상품을 소비한다. 또한 소비자의 환경이 변화함에 따라 소비자들은 개성화되어 가고 있다.

오늘날 소비자들이 구매하여 소비하는 제품은 물질적 특성이라기보다 이미지 구매이다. 이러한 특성은 주로 개성을 중요시하는 신세대의 성향이며, 신세대의 주된 표적으로 하는 최근의 광고에서 쉽게 볼 수 있다. 이러한 광고에는 신세대에게 제품 자체에 대한 정보의 전달보다는 그들이 추구하넌 이미지에 의존하고 있다. 이미지란 기존 관념을 깨는 파격적인 개성이며 그로부터 얻어지는 타인과 구별되는 유일한 고유성이다. 현대사회에서 가장 개성적이라 할 수 있는 것은 신세대의 파격적인 패션이다.

신세대들은 워커를 신고 검은색 레깅스 바지를 입음으로써 고립과 소외에서 벗어나 자신이 속한 집단과의 완전한 동질감을 확보한다. 그것은 다른 집단과 그들 집단을 구별하기 위한 것이고 스타일이야말로 그들을 묶어주는 좋은 매체이기 때문이다.

오늘날의 소비자들은 다양한 상점, 다양한 제품이 많음에도 불구하고 같은 상점을 방문하고 같은 제품을 소비하는 경향이 있다. 이는 가치관을 공유하는 사람들이 많다는 사실을 의미한다.

소비자들은 환경의 변화에 따라 소비생활을 질이 향상되고 기술혁신 등에 의해 제품수명주기가 단축되는 등의 변화를 겪기도 하지만 이러한 상품혁명을 통해 생활의 합리화가 가능하게 되었다.

현대의 소비자는 여러 가지 환경요소들의 변화에 따라 그들의 특성도 변화 될 것이다.

〈현대 소비자 특성의 변화〉

① 소비자는 보다 많은 교육을 받게 되어 더욱 비판적이 될 것이고, 소비자의 목표는 더욱 사회지향적이 될 것이다.

② 소비자는 환경적 사회적 문제해결에 기업이 보다 많은 역할을 해 줄 것을 기대할 것이며, 마케팅에 대한 여성들의 역할도 증대하게 될 것이다.

③ 가족구조가 더욱 소규모화되며, 많은 제품들이 소유보다는 대여를 통해 소비 사용될 것이다.

④ 소비자들이 지위, 경쟁 그리고 물질적 성공에 대한 관심은 줄어드는 반면, 인간적 성취도 등에 대한 관심이 증가할 것이다.

⑤ 소비자는 자신의 생활설계에 따라 하나의 라이프스타일을 유기적으로 구성하고 유지시켜 나갈 것이다. 이는 앞으로 기본적인 의식주에 만족하는 소비자들이 감소하거나 극소수가 될 것이다.

⑥ 소비자행동은 소득이나 구매력 뿐 아니라 복잡한 욕구구조, 가치관, 태도, 생활의식, 선택의지, 생활관습 등과 같은 요인들의 영향을 점차 많이 받게 될 것이다. 그리고 앞으로는 소비자의 감정적 · 심리적 요소가 소비자행동에 보다 많은 영향을 미칠 것이다.

⑦ 소비자는 자신의 생활설계 및 프로그램에 입각하여 보다 능동적으로 생활을 구성하고 연출하게 될 것이다.

⑧ 소비자는 소비자운동에는 물론 공해방지운동, 환경보호운동 등에 수동적이거나 의존적이지 않고 보다 능동적, 자주적이며 적극적으로 반응할 것이다.

⑨ 소비자를 생산과 소비의 논리나 능률의 논리에 따르는 단순한 '소비의 반복자'로 볼 수 없을 것이다. 즉, 소비자가 생활의 논리, 정신적 욕망충족의 논리, 레저 및 복지의 논리에 따르는 독자적인 인간으로서 생활의 질을 높여주고 혁신시키는 '생활의 재생산자'로 변화될 것이다.

미래의 새로운 시대에는 소비생활 환경의 변화에 대응할 수 있고 소비자지향적이며 소비자주의를 실현할 수 있는 능동적인 소비자상이 요구된다.

우리가 추구하는 미래사회의 소비자는 개인의 이익뿐 아니라 타인과 사회와 미래의 이익까지 고려하는 공동체적인 행동원리를 지닌 소비자이다. 양적으로 적정한 소비수준, 소규모 고품질지향, 소유보다 사용중시, 과시적 소비보다 기능적 소비, 양적 풍요보다 질적인 소비, 화폐보다 시간중시, 일회용 사용보다 재사용을 중시하며 수동적 소비자 지위에서 주권적 소비자 지위를 지향하고 소비자 권리의식뿐만 아니라 소비자 책임의식을 강하게 소유한 윤리적인 소비자이다.

1.2 소비자행동

1. 소비자행동의 개념

심리학에서의 행동이란 제3자가 보아서 알 수 있는, 밖으로 드러난 것만을 의미하고 있으나 소비자행동연구에서의 행동이라는 말에는 소비자들의 물리적 활동은 물론이고 심리적 의사결정과정도 포함되어 있다.

일반적으로 소비자행동은 시장에서의 소비자의 활동을 말하며, 그러한 행동의 성격·이유·방법에 대하여 연구하는 학문 분야가 소비자행동론이다.

소비자행동이란 소비자가 서비스, 아이디어, 이념 등의 무형의 제품을 포함하여 유형의 제품을 탐색·구매, 사용, 평가, 처분과 관련하여 수행하는 모든 의사결정 및 그 실행행동을 의미한다.

그러나 소비자행동 연구분야에서는 이와 같은 가시적인 신체적 움직임보다는 소비자 내면에서의 변화, 즉, 심리적·감정적·인지적 활동을 더 중요하게 여긴다. 외형적으로 나타나는 결과론적인 행동을 이해하고, 소비자들의 다음 행동을 예측하기 위해서는 그러한 행동을 하도록 유발시킨 내적동인과 결과로 나타난 의사결정에 대한 과정을 이해하는 것이 더욱 중요하기 때문이다.

따라서 소비자행동이란 제품을 구매하여 사용하거나 소비하기 위한 최종적인 실행행동 뿐 아니라, 구매결정과 관련하여 발생한 소비자의 내·외적 행동을 모두 포함한다. 그러므로 제품을 직접 구매·사용·소비하는 행동 이외에, 구매결정을 위하여 정보를 수집하고, 제품 및 상표를 비교하고 검토하며, 특정제품이나 상표에 대한 지각·태도·선호도의 형성이나 변화 과정에서 발생하는 소비자의 심리적 움직임을 포함한다.

이와 같은 소비자행동의 본질을 좀더 자세히 살펴보면 다음과 같다.

첫째, 소비자행동이란 소비자가 제품을 구매하고 사용하는 것과 관련하여 수행하는 의사결정 및 그 실행행동을 의미하므로 구매결정에 직접 관련되는 제반 물리적 활동, 즉 어떤 제품을 언제, 어디서, 어떻게 구매할 것인가를 결정하기 위하여 정보를 탐색하고, 실제로 점포를 방문하고 제품을 구매하며 대금을 지급하고, 구매한 제품을 사용하거나 소비하는 일련의 물리적 행동을 소비자행동의 범주에 포함한다.

둘째, 소비자는 이러한 물리적인 구매관련 행동을 결정하고 실행하는 과정에서 인지적 행동이 병행되기 때문에 소비자 내부에서 발생하는 특정제품에 대한 인식, 학습, 지각의 형성 그리고 태도의 변화와 같은 인지적 활동을 소비자행동에 포함한다.

셋째, 제품사용 후 소비자의 인지적 경험이나 평가, 그리고 이 경험과 평가의 결과를 차기 재구매를 할 때 구매결정에 피드백(feed-back)하는 심리적 활동도 소비자행동의 범주이다.

넷째, 소비자의 구매 및 소비에 관한 의사결정과정에서 필연적으로 파생되는 집단적·사회적 행동, 즉 불매운동이나 소비자주권운동과 같은 행동도 소비자행동에 포함된다.

<사례 1-3> 소비자는 합리적인 선택을 통해 이상적인 구매행위를 하고 있을까?

미국의 온라인 과학매체 라이브사이언스닷컴은 21일, 다양한 소비자-마케팅 연구 사례를 모아 소비자는 자신의 욕구를 명확히 알고 합리적인 소비를 하는 것처럼 보이지만 실상은 판매상들의 다양한 '트릭'에 넘어가 비합리적인 소비활동을 하고 있다고 지적했다.

최근 나온 한 연구는 가게에서 그 물품이 어떻게 전시되느냐에 따라 구매 때 느끼는 행복감이 달라진다는 점을 보여준다. 즉, 다른 제품보다 더 낫다고 소개된 제품이 그 제품의 본질적인 품질과 상관없이 소비자에게 더 큰 만족감을 준다는 것이다.

고려대 윤성아 교수와 스탠퍼드대 이타마 사이먼슨 교수는 소비자연구저널 8월호에 실은 연구논문에서 "다른 펜보다 더 우월하다고 소개된 제품군에서 선택된 펜이 그렇지 않은 그룹에서 선택된 펜들보다 소비자들에게 더 긍정적인 필기 경험과 구매의지를 제공했다."고 하였다.

고전적으로 판매자가 소비자의 지갑을 열게 하는 가장 손쉬운 방법은 '세일'이다. 그러나 사실 소비자들은 세일 가격에 대해서는 매우 무지한 편이다. 특히 조금만 복잡한 계산 문제가 끼어들면 소비자들은 대부분 제대로 대처하지 못하곤 한다. 예를 들면 원래 가격에서 20%가 할인되고, 추가로 25%가 더 깎인 다면 대체 얼마를 할인받을 수 있을까? 많은 사람들이 45%라고 답하겠지만 정답은 40%이다. 지난해 마이애미대와 미네소타대가 조사한 대학생들 중 85%가량도 45%라고 대답하였다고 한다.

소비자들을 현혹하는 또 다른 트릭도 있다. 지난해 홍콩과학기술대의 앨리슨 징

쑤와 로버트 S. 와이어 교수의 연구에 따르면 점원은 간단한 질문 하나로 소비자의 구매 의욕을 자극할 수도 있다고 한다. 점원이 다가가 어떤 물건이 맘에 드느냐고 물으면 잠재적 구매자는 "내가 이것을 사야 하는가?"라는 질문을 망각하고 곧장 "내가 이 중에 어떤 물건을 사야 하나?"로 뛰어들어 비합리적인 소비를 하게 된다는 것이다. 라이브사이언스닷컴은 이러한 소비자들의 비합리적인 소비행태를 두고 "소비자들은 미친 짓(crazy things)을 하고, 판매업자들은 여기에 기대를 건다."고 촌평하였다.

점원은 간단한 질문 하나로 소비자의 구매 의욕을 자극할 수도 있다.

2. 소비자행동의 특성

소비자들의 구매 및 소비행동은 소비자 개개인의 특성에 따라 차이가 있다. 그러므로 소비자행동은 개인별, 집단별 또는 세대별로 다양한 상태로 나타난다.

소비자들은 최선의 구매(best buy)를 하기 원하지만 소비자로서의 행동이 항상 객관적이고 타당성이 있으며 합리적인 구매행동을 하는 것은 아니다. 오히려 주관적이고 심리적인 요인과 많은 외적요인들에 의해 영향을 받게 되어 소비자행동 유형은 다양하고 이해하기 어려운 경우가 많이 발생한다.

W. L. Wilkie는 이미 연구된 결과들을 분석하여 정리한 후 소비자행동의 특성을 다음과 같이 일곱 가지로 요약하였다.

W. L. Wilkie의 MAPTRIP

① Key Ⅰ : Consumer behavior is **motivated.**

② Key Ⅱ : Consumer behavior includes many types of **activities.**

③ Key Ⅲ : Consumer behavior is a **process.**

④ Key Ⅳ : Consumer behavior varied in **timing and complexity.**

⑤ Key Ⅴ : Consumer behavior involves different **roles.**

⑥ Key Ⅵ : Consumer behavior is **influenced by external factors.**

⑦ Key Ⅶ : Consumer behavior differs for different **peoples.**

1) 소비자행동은 목표 지향적이며, 의도적이다.

소비자행동은 행위가 이루어지는 순간에 목표를 가장 효율적으로 달성할 수 있다고 판단되는 행동을 추구하게 된다. 따라서 자연발생적인 행위가 아니고 특별한 목적을 위해 수행되는 의도된(motivated) 행동이다. 그러므로 소비자행동에는 의식적이든 무의식적이든 반드시 어떤 동기가 있으며 특정목적을 달성하기 위한 수단으로 수행된다.

소비자행동을 유발시키는 동기요인의 일반적인 특성은 다음과 같다.

첫째, 긴장이나 불편함을 해소하려는 생리적 욕구뿐만 아니라, 자기표현과 같은 관념적이고 심리적인 욕구도 소비자행동의 동기로 작용한다.

둘째, 소비자행동은 단일동기보다는 다수의 동기가 복합적으로 작용하여 유발되는 경우가 더 보편적이며, 그 결과 어떤 특정의 행동이 수행되면 다수의 목적이 동시에 달성되는 경우가 많다.

2) 소비자행동은 다양한 형태의 수많은 활동을 포함한다.

소비자행동은 직접적인 구매행동 이외에도 제품을 탐색하고 평가, 판단, 상담, 계획 및 결정에 관련되는 모든 활동을 포함하기 때문에 매우 다양하고 포괄적인이다.

즉, 구매 전 활동으로 제품 및 정보탐색하고, 구매계획을 세우며, 친구 또는 친

지와 상담을 하기도 한다. 구매 시 활동으로는 점포를 방문한다든가, 수집된 정보에 대한 대안들

들 평가한다든지, 판매원과 상담을 하여 구매하는 등의 활동을 한다. 또한 구매 후에는 제품사용, 보관, 구전, 불만 신고 등의 활동을 한다.

3) 소비자행동은 일련의 행동과정을 의미하는 복합적이고 동태적인 개념이다.

소비자행동이란 어떤 시점에서 표출된 특정의 가시적 행동을 지칭하는 정태적 개념이 아니고, 일련의 단계별 행동 및 그 행동의 결정과정을 포괄적으로 의미하는 동태적 개념이다. 특정의 구매 및 소비행동이 실행되고 결정될 때까지 그 과정에서 발생하는 제반 물리적 · 인지적 활동을 포괄하는 개념이다.

4) 소비자행동은 구매결정이 이루어지는 시기 또는 기간여하에 따라 그 행태가 다르게 나타난다.

소비자는 구매의사를 결정할 때에 많은 활동이 필요하기 때문에 매우 복잡한 구매결정과정과 다양한 활동을 수행하게 된다.

상황에 따라 구매결정 과정을 단순화시키는데 정도의 차이가 있고 그 결과 구매행동은 상이한 행태로 나타난다. 즉, 충분한 시간적 여유가 있는 경우와 시간적 여유가 없는 경우에 정보탐색이나 대안평가 등에서 소비자행동에 차이가 난다.

5) 소비자행동은 구매 또는 소비에 관한 의사결정과정에 관련된 모든 행동을 포함한다.

구매나 소비를 위한 욕구를 인식하게 되면 그 욕구를 해결하기 위한 정보를 수집하고, 대안들을 평가하여 상표를 결정하고, 제품을 구매하고 사용하는 의사결정과정이 필요하다. 그러나 소비자 개개인은 하나의 구매관련 행동이 완성되는 과정에서 이들 상이한 역할 중 일부만을 수행하는 경우도 있으며, 여러 역할 중 단 하나의 역할만 수행한다고 하더라도 소비자행동의 범주에 속한다. 어떤 사람이 제품에 대한 정보를 제공함으로서 타인의 구매행동에 영향을 주었다면 이 사람의 정보제공행동도 중요한 소비자행동으로 간주된다. 따라서 소비자행동에는 구매와 소비에 관련된 다양한 역할을 실행하는 모든 행동이 포함된다.

6) 소비자행동은 개인 외적 요인에 의해 많은 영향을 받는다.

소비자는 자주적인 사고를 하기는 하지만 개인 외적 요인에 의해 쉽게 영향을 받는다. 개인 외적 요인은 일반적으로 두 가지 형태로 소비자행동에 영향을 미친다.

하나, 개인 외적 요인이 직접적으로 행동유발 동인으로 작용하는 경우이다. 즉 청량음료 광고가 갈증의 욕구를 환기시켜 그 욕구를 해소시키기 위하여 즉각적으로 행동을 유발시키는 경우이다.

다른 하나는 개인 외적 요인이 개인의 의사결정과정에 작용하여 본래의 의도와는 다른 행동을 유발시키는 경우이다. 별로 갈증을 느끼지 않아 음료수를 구매할 의도가 전혀 없었는데도 불구하고 친구가 함께 마시기를 권하면 청량음료를 구매하게 되는 경우도 있다. 이때의 청량음료 구매는 갈증해소가 목적이 아니라 친교를 위한 수단으로 구매된 것이다. 실제로 많은 소비자들이 자신의 어떤 가치나 신념과 일치하니 않는 행동을 하는 경우가 많은데 이는 개인 외적 요인에 의한 영향 때문으로 볼 수 있다.

7) 소비자행동은 행동주체에 따라 상이한 양상을 보인다.

어떤 소비자는 고가품만 선호하고, 경제적 소비자는 할인제품이 아니면 구매하지 않으려고 한다. 어떤 소비자는 정보의 원천으로 구전광고를 선호하는 반면, 구전광고를 전혀 신뢰하지 않는 소비자도 있다. 또한 어떤 소비자는 구매환경이 좋은 백화점과 같은 고급 소매점에서만 제품을 구매하지만, 재래시장을 선호하여 단골이 되는 경향이 있는 소비자도 있다. 이처럼 소비자행동은 개개인에 따라 상이하게 나타나는 경우가 많다.

<사례 1-4> 최고 제품을 고르며 1원 아끼려 든다!

미스 김은 사내에서 손꼽히는 베스트 드레서. 결혼 적령기의 그녀는 이번 주말에 근사한 신랑감 후보 한 명을 소개받기로 되어 있다. 귀한 자리에 아무렇게나 나갈 수는 없다고 한동안 고민하던 그녀는 뜨거운 태양 빛을 우아하게 가려줄 양산으로 멋스러움을 한껏 뽐내려고 생각을 했다. 지난 해 큰마음 먹고 구입한 양산이 있기는 하지만 벌써 한참 지난 구식이 되었다. 그녀의 머릿속에는 벌써 이름만 대면 알만한 잡화 브랜드들이 떠올랐다. 최고의 제품인 A브랜드는 가격이 좀 비싸다는 게 걸리고, 이보다 조금 떨어지는 B브랜드는 역시 국내 최고의 명품이지만 제품가격은 A브랜드 제품의 2/3에 불과하다. 하지만 미스 김은 주저할 것 없이 합리적인 소비자가 되기를 포기한다. 선택은 당연히 A브랜드. 왜? 그녀는 소중하니까~

그녀는 제품을 결정하자 어떻게 사야 할지 머릿속이 복잡해진다. 나른한 오후의 사무실에서 마우스 클릭의 횟수가 빈번해진다. 이곳저곳 온라인 명품 숍들을 빼놓지 않고 훑어본다. 여기에서 그치지 않고 신용카드 회사에서 제공하는 우수고객 할인혜택에 이틀 전 백화점에서 배달된 특별행사 쿠폰까지 온갖 경우의 수에 대한 계산을 빼놓지 않는다. 단돈 1원도 더 비싸게 살 수는 없다는 생각 때문이다. 왜? 그녀는 바보가 아니니까.

미스 김은 합리적인 경제 주체일까? 아니면 비합리적인 과시적 성향의 소비자일까? 큰 폭의 가격차에도 불구하고 비슷한 기능의 제품에 과다한 비용을 지출하는 모습은 분명 합리적인 경제 주체의 모습은 아니다. 하지만 단 한 푼이라도 불가피한 지출을 피하기 위해 상사의 눈을 피해 가며 국내의 모든 관련 상점을 섭렵하고 활용 가능한 구매혜택들을 줄줄이 꿰고 있는 모습을 보면 세상에 더 이상 알뜰한 소비자는 없는 것 같아 보인다.

<사례 1-5> "애완동물도 소비자"

늘어나는 여성들의 애완인구, 연령마다 의미, 성향도 다른 그들만의 애완별곡

여성들의 뜨거운 '반려동물 사랑'을 가장 직접적으로 느낄 수 있는 곳은 인터넷 카페나 블로그, 미니홈피 등 온라인 매체이다. 이들은 애완동물과 함께는 사진을 찍고 블로그에 올리며 행복감을 느낀다고 한다. 또한 자신과 비슷한 반려동물 보호자들과의 공감대도 형성한다.

현재 애완동물과 관련된 인터넷 카페는 네이버에 100여개, 다음에 1,000여개에 달한다. 이 중 1만 명이 넘는 회원 수를 자랑하는 곳만도 10개가 넘는다. 이런 카페를 방문해 보면 반려동물을 자신의 솔메이트(soul mate)나 자식으로 여기는 여성들을 어렵지 않게 만날 수 있다. 젊은 여성 뿐 아니라 중년 이후의 여성 애완인구가 늘고 있는 것도 눈에 띈다. 연령에 따라 서로 다른 특징을 나타낸다는 점이 흥미롭다.

직장 생활로 바쁜 젊은 여성은 손길이 많이 가지 않고 독립적인 성격을 가진 고양이를 선호한다. 중년 이후 여성은 감정 표현이 풍부한 강아지를 선호한다. 성인이 되어 부모 곁을 떠난 자식을 대신할 존재를 원하기 때문이다.

최지용 서라벌대 반려동물 보건학부 교수는 "여성은 반려동물을 자신의 분신이나 자식으로 여기며 헌신하는 경향이 있는데 젊은 여성의 경우 동물에게서 모성애가 충족되면 결혼에 대한 욕망이 감소하거나 결혼해도 아이를 갖지 않는 딩크족(DINK : Double Income NO Kids)이 될 확률이 높아진다"고 밝혔다. 그는 또 "아직까지 사회적 약자인 여성은 사회에서 받은 스트레스와 상처를 반려동물로부터 치유받는 경우가 많다"며 "이 과정에서 동물을 가장 이상적인 파트너이자 '대체 인간'으로 의식하기도 한다"고 설명했다.

이러다 보니 20대 후반에서 30대 초·중반에 이르는 미혼여성 독신 애완인구는 애완용품 시장의 '큰손'으로 부상하고 있다. 애완용품 제조사인 펫프렌즈의 김진영 대표는 "업계에서는 주로 20~30대 직장 여성을 대상으로 마케팅하고 있다"며 "이들은 동물에 대한 투자를 자신에 대한 투자로 여기며, 동물을 통해 대리만족하는 경향이 강하기 때문에 고품격, 고품질, 고가의 '3고(高)'전략을 구사하고 있다"고 말했다. 2005년에는 국내에 반려동물 전문 장례업체도 등장했다. 반려동물 장례업체 엔젤스톤의 심요섭 대표는 "기본 장례 처리에 발인, 화장, 납골당 안치까지 하면 평균 40만~50만 원의 적지 않은 장례비용이 소요되지만 한 달에 300건 이상 주문이 들어온다"며 "최근에는 동물복제가 현실화될 미래를 고려해 사망 직후 DNA정보를 채취·보관해 주는 상품도 인기가 높다"고 밝혔다.

애견 미용실부터 쇼핑몰, 호텔까지 원스톱 서비스를 제공하는 공원형 테마시설도 호황이다. 애견 테마시설 패티앙캐슬의 안광남 실장은 "고객의 80%가량이 경제력을 갖춘 30대 이후 여성인데, 한 달에 40만~50만원에 이르는 애견호텔을 유치원이나 탁아소처럼 생각하고 맡기는 이들이 꾸준히 늘고 있다"고 말했다.

일부에서는 이들의 극진한 '애정'이 때로 왜곡되느니 경우가 있다며 우려의 시선을 보내기도 한다. 동물을 자신의 대리만족 수단으로 여기다 못해 윤리적인 경계를 넘어서는 경우다. 예를 들면, 단지 예쁘게 보이기 위하여 새끼 동물의 귀나 꼬리를 자르는 성형수술을 하거나 '티컵 사이즈'로 키운다며 성장기에 사료를 제대로 주지 않는 등 학대에 가까운 행태를 보이기도 한다.

출처 : 〈헤럴드경제〉, 2007.8.28

1.3 소비자행동 모델

소비자행동은 인간이 행하는 수많은 행위들 중 한 형태이다. 따라서 인간의 행동양식에 관해 여러 측면에서 연구하고 있는 심리학, 사회학, 사회심리학, 인류학 및 경제학 등 행동과학분야에서 개발된 여러 개념과 연구결과들을 도입하였고, 이러한 개념과 연구결과들을 소비자행동을 설명하고 예측하는 데 적절한 형태로 수정하는 노력이 이루어져 왔다. 행동과학의 여러 학문분야는 인간의 행동을 학문의 대상으로 한다는 데 공통점이 있지만, 연구대상에서 차이가 있다. 심리학은 개인심리를 연구하며, 사회학은 집단과 하부문화행동이 주 관심 대상이고, 사회심리학은 개인의 심리가 집단에 의해 영향을 받게 되는 과정을 주로 다루고 있다. 또한 인류학은 사회와 문화를, 경제학은 사회의 경제적 복지를 주 연구 대상으로 하고 있다.

행동과학에서의 인간 행동은 '환경요인의 자극에 대한 행동주체의 반응'으로 본다. 따라서 환경요인의 특성과 이에 반응하는 행동주체의 개인적 특성에 따라

인간의 행동양식이 다양한 형태로 나타난다고 한다. 이러한 관계를 K. Lewin은 인간행동(B : Behavior)은 행동주체의 개인적 요인(P : Person)과 환경적 요인(E : Environment)과의 함수관계에 있다고 하여 [B=f(P·E)라는 인간행동 함수식으로 표현하고 있다.

소비자행동은 소비자의 개인적 특성과 환경적 요인에 의해서 영향을 받게 되는데, 소비자행동분야에서는 소비자행동에 영향을 주는 제반 환경적 요인을 소비자행동의 자극변수(또는 투입변수)로 보고 있고, 소비자의 개인 내적요인을 소비자행동에서의 매개변수라고 하며, 이들 자극변수와 매개변수의 함수관계로 나타나는 다양한 형태의 행동반응을 소비자 행동의 반응변수라고 한다. 소비자행동 연구에서는 이들 세 변수간의 관계가 핵심과제로서 많은 연구가 이루어지고 있다.

K. Lewin의 인간행동 함수식

$$B = f(P \cdot E)$$

B : Behavior
P : Person
E : Environment

소비자 행동 변수

자극변수 : 환경적 요인 (E)
매개변수 : 개인 내적 요인 (P)
반응변수 : 행동 반응 (B)

소비자행동의 자극변수(stimulus variables)

소비자들은 무수히 많은 외적 요인에 의해 끊임없이 영향을 받고, 이에 대응하여 반응을 보인다. 제품이나 광고 등 외부적 환경 하에서 소비자의 반응을 유발시키는 개인 외적 요인을 소비자행동에의 자극(또는 투입) 변수라 한다. 예를 들면 TV광고를 보고 새로운 제품을 인식하게 되고 점포에 잘 진열된 제품을 보고 충동구매를 한다거나, 친구가 새로 산 장신구를 보고 자신도 갖고 싶다는 욕망을 느끼게 된다면, 'TV광고', '점포 내의 진열상태', '장신구를 구입한 친구'는 모드 소비자에게 특정의 반응을 유발시킨 하나의 자극요인으로 작용한 것이다. 만일 이러한 자극이 없었다면 이 소비자의 행동반응은 그런 형태로는 일어나지 않았을 것이다.

이와 같이 어떤 형태로든 소비자의 반응을 야기시키는 개인 외적 요인을 소비자행동에의 자극변수라고 한다. 자극변수에는 기업의 마케팅 관련 요인들 즉, 제품, 광고, 가격, 점포 내 제품진열 상태, 점포의 위치, 판매원뿐만 아니라, 타인, 가족, 준거집단, 사회계층과 같은 사회·문화적요인, 기타 환경적 요인으로 타인의 행동이나 태도, 경제상황이나 정치상황 등 많은 요인들이 포함된다. 또한 소비자는 이들 자극변수의 내용, 질, 양, 심도 등의 차이에 따라 행동반응 형태에서 차이를 보인다.

소비자행동의 매개변수(intervening variables)

소비자들은 동일한 환경에서 동일한 자극 변수에 노출되었더라도 같은 반응을 보이지는 않는다. 같은 시간에 같은 장소에서 동일한 TV광고를 보았더라도 동일한 반응을 보이지는 않는다. 외부로부터의 자극내용을 수용하고 해석하여 최종반응 행태를 결정짓는데 작용하는 개인의 내적인 요인을 행동의 매개변수 또는 결정변수라 한다. 이들 매개변수는 개인의 욕구, 동기, 태도, 학습, 지각, 신념 등과 같은 심리적 요인들이 포함된다.

소비자들은 그들의 욕구와 필요, 지각구조, 경험 및 학습의 내용과 정도가 서로 다르기 때문에 같은 자극변수에 노출되더라도 다른 반응행동을 하게 되는 것이다. 자극변수와 반응변수의 중간과정인 매개변수는 인간 내부의 심리적 과정으로 자극과 반응의 매개적 역할을 하는 것으로 생각되지만 그 구조나 과정을 명백히 관찰할 수 없다.

소비자행동의 반응변수(response variables)

소비자행동은 자극변수에 의해서 개시되고, 매개변수의 중개를 통해서 완성·표출되는 소비자의 심리적 또는 신체적으로 변화하게 되는데, 이와 같이 최종적으로 생성되는 변화의 행태를 반응변수라고 한다.

반응변수는 외부에서 직접 관찰할 수 있는 표현적 행동, 즉 특정제품 및 상표의 선택, 상점방문, 판매원 상담, 구매 그리고 사용과 같은 가시적인 행동뿐만 아니라, 새로운 지식의 획득, 신념이나 태도의 변화, 구매의도의 변화, 구매 후 만족 불만족의 감정과 같은 소비자의 내면적·심리적 변화도 소비자 행동의 중요한 측면이므로 반응변수에 모두 포함된다.

〈그림 1-2〉 소비자행동 변수간의 관계

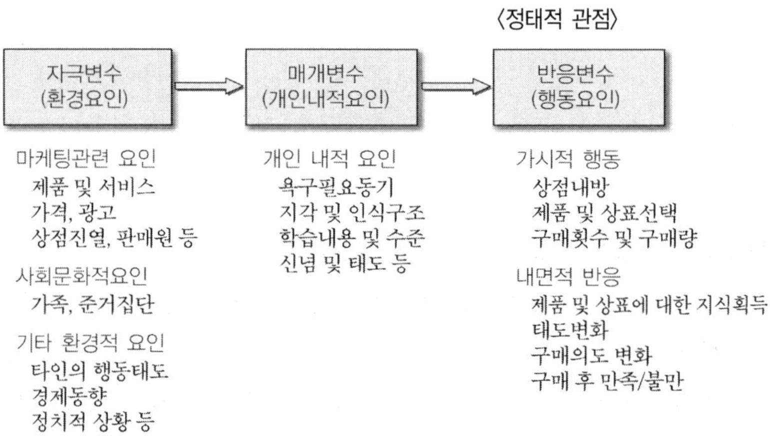

그러나 이상에서 살펴본 세 변수의 구성요소와 정태적 관점에서 본 이들 세 변수간의 관계가 현실적으로 [자극변수 → 매개변수 → 반응변수]로 이어지는 일방적인 관계가 항상 성립되는 것은 아니다. 오히려 이 세 변수들은 상호작용을 하는 관계에 있기 때문에 소비자행동을 이해하기 위해서는 이들 변수간의 상호관계를 이해하는 것이 매우 중요하다.

일반적으로 심리학자들은 여기에서 매개변수로 부르고 있는 개인 내적 요인을 원인변수로 보고, 이들이 개인행동(결과 변수)에 미치는 영향에 대해서 주로 관심을 보이지만, 이들과는 달리 행동과학자들은 인간의 환경(자극변수)이 그들의 행동에 미치는 영향에 관해서 더 많은 관심을 보인다. 한편 최근에 이르러 심리학이나 사회심리학 분야에서는 역으로 개인의 행동이 그의 신념이나 태도에 미치는 영향, 즉 [행동 → 태도]간의 역 인과관계에 관해서도 많은 관심을 보이고 있다.

개인이 소비자로서 수행하는 행동은 그들이 다른 상황에서 수행하는 사회행동과는 달리, 행동의 구심성문제에 있어서 약간의 차이가 있다. 왜냐하면 특정 행동을 매개한 개인의 신념이나 태도가 그 행동을 유발시키는 데 어느 정도 밀접한 관련이 있는가 하는 강도의 차이가 그 행동의 성격여하에 따라 다르기 때문이다. 이를테면 도덕이나 윤리기준에 의해 타인으로부터, 또는 사회적으로 평가를 받게 되는 행동을 수행하려 할 때에는 누구나 신중을 기하기 위해 일단 태도를 확고히 한 후, 그 태도의 방향에 따라 행동을 수행하기 때문에 [신념 → 태도 → 행동]간의 일관성이 유지된다.

그러나 개인이 소비자로서 구매나 소비에 관련되는 행동을 수행할 때에는 그들의 신념이나 태도에 대한 행동의 구심성이 상대적으로 약한 경우가 많다. 소비자는 경우에 따라서는 특정상표에 대한 특별한 태도의 형성이 없이도 그 상표를 구매하게 되고, 오히려 구매나 사용 후에 특정 제품에 대한 신념이나 태도를 형성하는 경우도 있다. 특히 소비자의 구매관련 행동은 동태적인 시장상황 하에서 끊임없이 반복 수행되고 있다는 점을 감안한다면, 태도와 행동과의 관계가 일방적인 인과관계만으로는 설명될 수 없는 측면이 있음을 이해할 수 있다. 매개변수와 상당수의 반응변수들이 직접 관찰할 수 없는 상황에서 상호작용하고 있다는 점을 감안할 때 이들 세 변수간의 상호관계에 대하여는 앞으로 많은 연구가 필요하다.

<사례 1-6> 유럽 국민들은 절약이 몸에 배어 있다.

프랑스

벼룩시장

호 주

이사직전이나 주말, 집 앞에 쓰던 물건을 진열해 놓고 파는 모습이 흔함

벨기에

내 손으로 만드는 DIY(Do It Yourself)상품이 인기

부품을 사서 가구 및 부엌용품을 조립해 쓰는 것이 취미

누구라도 부품을 사서 가구나 부엌용품을 만들 수 있음

유행을 이끄는 프랑스 파리에선 벼룩시장이 열리기만 하면 대성황이다. 그들은 매우 진지하게 물건을 사거나 팔며 생활에 적극 이용한다. 벼룩시장은 3~4대를 물려받은 가구나 물품이 즐비하다. 1백년 전에 만들어진 칼과 포크, 이빨 빠진 접시, 때 묻은 인형, 흠집 난 찻잔 등… 이들의 절약정신은 자녀들에게 물건을 아껴 쓰는 교육적 효과까지 있다. 어려서부터 전통을 소중히 여겨 새 것만을 선호하는 낭비벽이 없다. 이런 정신이 건강한 소비문화를 낳고 프랑스를 선진국으로 지탱해 주는 힘의 원천이 되고 있다.

호주에서도 이사직전이나 주말, 집 앞에 쓰던 물건을 진열해 놓고 파는 모습이 흔합니다. 이웃사람들이 스스럼없이 쓸만한 물건을 사가는 것이 보편화되어 있어서 남이 쓰던 중고품을 사서 쓰는 일이 자존심을 상하거나 체면을 깎는 일이라고 생각하지 않는다.

벨기에는 내 손으로 만드는 DIY(Do It Yourself)상품이 인기이다. 부품을 사서 가구 및 부엌용품을 조립해 쓰는 것이 취미이다. 워낙 세분화되고 통일된 부품형태로 출하되기 때문에 누구라도 부품을 사서 가구나 부엌용품을 만들 수 있다. 그래서 벨기에는 유럽국가 중에서도 사치를 모르며 가장 철저하게 아끼는 국가로 손꼽히고 있다.

1. 소비자행동 모델 이론

모델은 기술하려고 하는 현상을 간략하게 단순화시켜 특정현상을 함축적으로 모사(areplica of the phenomena)하는 것을 목적으로 구축된다. 즉 현실세계에 내재하는 여러 변수 및 상호 관계의 성격을 규명할 분만 아니라 이러한 상호작용에 의해 이루어지는 과정을 상세하게 설명할 수 있다.

그러나 모델만으로 현상을 완벽하게 표현하는 것은 불가능하기 때문에 모델은 가장 단순한 형태의 구조를 지니면서 가능한 현상의 많은 부분을 설명할 수 있도록 설계되어야 한다. 따라서 전체적인 현상을 이해하는 데 가장 핵심적인 위치에 있는 요인들만으로 모델을 설정하는 방식을 주로 사용한다. 이런 시유에서 비록 현상과 어느 정도 관계가 있다 하더라도 모델의 간명성을 위해 상대적으로 중요성성이 떨어지는 요인들이 무시되는 경우도 있다.

모델은 말로 기술되거나, 구성요서간의 관계를 다이어그램으로 나타낼 수도 있다. 다이어그램에 의한 표현은 모델의 구성요소와 그들의 상호작용 또는 영향관계를 시각적으로 파악하게 해준다.

실제 소비자의 행동은 수많은 요인들에 의해 결정되며 또한 이들의 상호작용은 이런 행동을 복잡하게 만들기 때문에 소비자행동을 이론적으로 설명하기 위해서는 가능한 중요한 몇 개의 변수를 이용하여 간단하게 표현하는 것이 필요하다. 이런 이유로 소비자행동과 관련된 모델이 개발되고 있다.

소비자행동 분야에서도 어떤 모델은 소비자행동의 지극히 제한된 측면만 표현하고 있는 반면에, 어떤 모델은 다면적인 소비자행동을 포괄적으로 표현하고 있다. 상표애호도 모델(brand loyalty model)이나 소비자태도 모델(attitude model)들은 전자에 속하고, Howard-Sheth모델이나 EKB모델과 같은 포괄적 소비자행동 모델은 후자에 속한다.

일반적으로 모델에 포함된 관련변수와 이들 변수간의 관계는 상당부분 가설화된 것이 많아 어느 모델도 완전무결한 최종적인 것으로 보기는 어렵다. 소비자행동 모델은 새로운 조사와 연구를 통해서 항상 수정 보완될 수 있으며, 그렇게 되어야 한다. 특히 이 분야의 짧은 역사를 감안한다면, 소비자행동 모델은 크게 두 가지 범주, 즉 전통적 모델과 현대적 모델로 구분할 수 있다.

1) 전통적 소비자행동 모델

소비자행동의 전통적 모델들은 인간의 소비행위를 특정한 관점에서 설명하려고 하고 있다. 초기에는 인간행동에 대한 합리적 · 전체적 설명을 위해 개발된 것이었으나 소비자행동 이론이 발전함에 따라 그 한계가 인식되어 소비자행동의 일부를 설명하는 수준에서 의미를 찾을 수 있다.소비자행동의 특정 측면에 대한 체계적인 견해나 신념을 서술적 이론(verbal theory)의 형식으로 표현하고 있다.

(1) 파블로프의 학습모델(Pavlovian learning model)

러시아의 생리학자 파블로프(Ivan Pavlov)가 조건반사를 발견한 이래 인간을 포함한 수많은 동물실험의 결과, 인간도 다른 유기체와 마찬가지로 무엇을 인지하고 배우는 것은 일종의 연상과정이며, 대부분의 인간반응은 연상에 의한다는 주장이 제기되었다. 실험심리학자들에 의해 인간의 학습 · 망각 · 판별력과 같은 현상이 연구된 결과, '자극-반응' 모델을 기초로 오늘날 인간행동의 통합모델이 제시되었다.

이 모델은 자극과 반응이라는 관점에서 마케팅활동의 효율성을 증대시킬 수 있는 전략대안을 수립하는 데 기여하였으나 소비자의 구매행동은 개인의 심리적 변화에 의해서만 유발되는 것이 아니라 타인과 같은 외부의 영향에 의해 발생되는 경우도 있기 때문에 소비자행동의 사회적 · 상황적 영향력을 고려하지 않았다는 점이 지적되고 있다. 따라서 개인과 개인 간의 상호작용에 의한 영향요인을 명확히 설명하지 못한다는 한계가 있다.

(2) 프로이트의 정신분석모델(Freudian psychoanalytic model)

오스트리아의 정신의학자 프로이트(Sigmund Freud)가 인간행동을 설명하기 위하여 제시한 모델로 인간의 복잡한 심리적 측면을 중요시 하고 있으므로, 마케팅활동에 필요한 인간의 구매동기를 분석하는 데 유용하게 활용되고 있다.

프로이트는 인간의 심리를 본능적 자아(id), 자아(ego), 초자아(super ego)로 구분하고 이 세 개의 상반된 힘이 행동을 지배한다고 하였다.

본능적 자아(id)는 충동적으로 행하는 어린 아이와 같이 인지 능력이 아주 낮은 경우, 자신의 본능적 욕구 충족을 위하여 매우 원시적인 행동을 한다. 그러나 점점 성장하면서 본능적 자아는 인간의 내면 깊숙이 숨게 되고 자신의 욕구를 실현하기 위하여 자신의 이해관계를 따지며 분석하는 자아(ego)의 역할이 점차 증가하게 된다.

또한 인간은 사회생활을 하면서 사회적 관습, 법률, 예절 등을 학습하게 되고 이에 따라 자신의 욕망을 충족시키지만 사회적으로 죄책감이나 수치심을 피하기 위하여 자신의 참된 욕구를 위장하거나 억제하도록 하는 것이 초자아(super ego)이다. 이러한 초자아는 인간의 본능적 충동을 완전히 제어하지 못하기 때문에 무의식 상태・꿈・정신착란(mental breakdown) 등과 같은 경우에 본능적 충동이 노출된다. 따라서 인간행동의 기본동기는 어떠한 행동을 하는 그 자신도 완전히 인식하지 못하는 경우가 많으며 제3자의 경우에는 이를 이해하는 것이 더욱 힘들다.

정신분석모델은 인간의 표면적인 행동보다도 내면 깊숙이 존재하는 동기를 파악하고자 할 때 주로 이용된다.

소비자들의 구매행동을 유발하기 위하여서는 우선 소비자들의 마음을 움직이도록 하여야 한다. 마음을 움직이게 하는 관점에서의 이론으로서, '프로이트의 리비도론', '융의 원형론', 그리고 '잠재의식' 등이 있다

<사례 1-7>

'프로이트의 리비도론'

-맥주를 한 손에 들고 미소짓는 비키니 미녀-

음식점이나 술집 등에 붙어 있는 포스터에서 자주 볼 수 있는 것이 한 손에 맥주 그리고 미소짓고 있는 비키니 미녀 혹은 섹시한 여성과 알코올이 함께 있는 것을 자주 보게 된다. 로이드의 리비도론'으로 설명이 되는데 이러한 영상은 프로이드가 주장한 무의식의 성적 원시적 욕구에 따라 구매의욕을 자극한다.

프로이드는 성적인 욕망은 사춘기가 되어서 처음으로 일어나는 것이 아니라 태어났을 때부터 가지고 있는 것이어서 그것이 성애 이외의 기능에 의존하고 있기 때문에 성욕이라고는 확실히 모른다고 하였다. 성적인 욕망은 사춘기에 처음 일어나는 것이 아니라 태어났을 때부터 가지고 있는 것으로서 유일하게 사람을 움직이게 하는 심리적 에너지라고 주장하는 것이다.

이러한 성적 원시적 욕구의 기능에 의해 비키니의 미녀와 함께 선전하고 있는 제품이 무의식 가운데 결합되어 강하게 기억에 남겨진다.

<사례 1-8>

'융의 원형론'

-엄마손이 약손-

분석 심리학의 원조인 융은 인간의 무의식을 개인적 무의식과 보편적 무의식으로 분류했다.

보편적 무의식에는 시대나 민족, 문화를 초월해서 볼 수 있는 인류 공통의 천성적인 것이 존재하고 있다고 한다. 이 영역에는 원형이라는 어떤 종류의 패턴이 존재하고 원형의 창조된 이미지가 모두의 내적 경험에서 보편적인 의미를 준다는 것이다. 이것을 '융의 원형론'이라고 한다. 이렇게 원형을 자극함으로써 소비자를 무의식 중에 움직이게 만드는 것이다. 예를 들어 TV CF에서 요리를 하고 있는 어머니의 모습을 자주 등장시키는 것은 확실히 그 원형이 되는 '따뜻한 어머니상'을 제품과 함께 묶어 주는 것으로서 그 요리의 맛이 '어머니의 따뜻함'과 결합된다. 또한 벌레 물린 곳이나 상처에 바르는 약의 CF에서도 똑같이 어머니의 따뜻함과 제품이 되는 그 약의 좋은 점을 묶어 두고 있는 것이다.

이와 같이 인류에게 공통된 보편적인 무의식을 제품과 연결하여 구매로 이어지게 만들려는 CF도 있다.

<사례 1-9>

'잠재의식'

-무의식의 컨트롤-

1957년 미국 뉴저지주에서 실시된 코카콜라 실험으로 유명한 '잠재의식(Subliminal)효과'라는 것이 있다.

영화관에서 상영되고 있는 영화 필름 속에 인간이 인식할 수 없는 짧은 시간에 '콜라를 마셔라'는 메시지를 넣었는데 콜라의 매출이 증가했다. 정말로 그런 효과가 있는 것일까?

이 '잠재의식 효과'에 대해서는 현재까지도 연구가 진행되고 있지만, 이 이야기 자체가 픽션이라는 것은 벌써 밝혀진 바 이다. 효과에 대해서도 특정의 제품을 사게 만드는 영향력은 실증 된 것이 없다.

잠재의식 효과에 대해서는 "확실히 존재하는 경우가 있다고 말 할 수 있지만, 그것이 어떠한 경우에 존재하는지에 대해서는 충분히 해명되어 있지 않다. 다만 잠재의식의 자극이 현실 속에서 행동으로 까지 영향을 미치는 가능성은 작은 것 같다"라는 해석이 일반적인 것 같다.

『잠재의식 효과의 과학』, 사카모토 아키라

(3) 베블렌의 사회심리모델(Beblenian social model)

대부분의 경제학자들은 인간을 합리적인 존재로 인식하고, 심리학자들은 자극이나 블랙박스로 인간을 행동을 설명하려 하였다.

그러나, 미국의 사회학자 베블렌(Beblen)은 인간을 사회적 동물로 인식하고 인간의 행동은 자신이 속한 문화나 가치관, 관습, 행위규범에 준하여 나타나고 그들이 속해 있는 준거집단의 영향력에 의해 행동이 다르게 나타난다고 한다.

또한 소비자의 개인적 특성도 사회적 요인의 영향을 받아 후천적으로 개발되는 부분이 많다고 보기 때문에 현재뿐만 아니라 과거의 사회적 환경도 소비자의 구매 및 소비행동에 중요한 변수로 작용한다고 본다.

베블렌은 그의 저서 『유한계급론』(The Theory of the Leisure Class)에서 유한계급에 속하는 사람들의 소비습관을 상세히 분석하고 그들의 구매행위가 내적 욕구나 만족을 위해서가 아니라 자신의 위신(presitige)을 과시하기 위한 것이었으며, 타계층의 사람들도 이러한 과시소비를 모방한다고 주장하였다.

(4) 마샬의 경제모델(Marshallian economic model)

이 모델에서는 소비자를 지극히 '합리적인 경제인'으로 가정하고, 소비자행동에서도 '소비자 자신의 효용극대화를 위한 합리적이고 완벽한 의사 결정의 산물'로 본다. 일반적으로 소비자행동에 대한 경제학적 접근은 소비자에 대하여 다음과 같은 가정을 전제로 한다.

첫째, 인간은 합리적 동물이다.

둘째, 소비자는 구매할 제품에서 얻어질 만족이나 효용을 비교적 정확하게 평가할 수 있다.

셋째, 소비자는 제품에 대해 완전한 지식을 갖고 있으며 대체안의 비교·평가를 합리적으로 할 수 있다.

경제학적 소비자모델은 몇 가지 문제점이 있는 것으로 지적이 되고 있다. 현실적으로 소비자들이 항상 완벽한 합리성을 추구하지는 않는다는 점이다. 또한 경제학적 소비자모델은 행동동인의 경제적 측면만을 너무 강조한 나머지 복잡하고 미묘한 소비자행동의 다면적 특성을 완전하게 설명하고 있지 못하다.

그러나 소비자에 대한 경제모델은 소비자행동의 중요한 측면을 이해하는 데 기여하고 있다. 특히 현대적 소비자행동모델을 이해하는 데 많은 도움을 주고 있다.

〈전통적 소비자 행동모델의 특징〉

첫째, 전통적 소비자모델은 행동모델이라기보다는 소비자의 특정 특성에 대한 서술적 이론으로서의 특성을 더 많이 지니고 있다. 즉 소비자행동이라는 현상을 포괄적으로 모사하고 있지 않으며 오히려 인간의 본질과 행동의 특정 측면에 대한 하나의 신념을 기술하고 있다.

둘째, 전통적 소비자행동모델들은 서로 다른 측면에서 소비자의 본질을 단편적으로 설명함으로써 소비자행동의 특정 측면만을 배타적으로 강조하고 있기 때문에 어느 한 모델도 소비자행동을 포괄적으로 설명해 주지 못하는 문제점이 있다.

그러나 소비자행동의 특정 측면에 대해서만은 그 본질과 특징을 명확하게 설명해주기 때문에 기업의 가격정책이나 광고 전략 등은 대부분 이 이론에 기초하고 있다.

2) 현대적 소비자행동 모델

현대적 소비자행동 모델은 행동의 유발과정을 포괄적으로 설명하기 위해 기호나 도형을 많이 이용하고 있으며 포괄적 행동모델, 통합적 모델, 다변수 모델 등으로 불리고 있다.

현대적 소비자행동 모델은 소비자행동에 관련되는 요인들을 단순히 종속변수(dependent variable)와 독립변수(independent variable)의 관계로 표현하고 있는 비교적 간단한 형태로부터, 행동의 현상 전체를 정교하게 설명하고 있는 포괄적인 형태에 이르기까지 그 형태가 매우 다양하다.

현대적 소비자 모델들은 소비자행동의 여러 측면, 즉, 심리학·사회학·경제학·사회심리학에서의 제 요인들을 체계적으로 통합하여 각 요인들 간의 관계를 정립하여 관련요인들을 한 모델 속에 유기적으로 연계시키고 있다.

이러한 현대적 모델로는 Howard-Sheth모델, Nicosia 모델, Engel-Kollat-Blackwell모델과 EKB모델의 수정모델인 Engel-Kollat-Miniard모델이 있으며, 이 외에도 Andreasen모델, Kerby모델, Beteman 모델 등이 있으며 그 종류는 매우 많다.

(1) Howard-Sheth모델

Howard가 제시한 모델을 기초로 하여 Sheth와 공동으로 보다 정교한 형태의 모델로 개선하였다. 따라서 Howard모델보다 다양한 변수를 포함하고 있으며 그 연결관계도 더욱 정교하게 구성되어 있다.

이 모델은 투입요소와 산출요소, 외적변수와 내적변수의 4부분의 영역으로 구성되어 있다.

투입변수

투입요소는 제품의 품질이나 가격 등과 관련된 제품요인과 기타 사회적 환경요인이 있으며 이것은 정보에 대한 감수성 요인을 거쳐 주의, 이해 등에 영향을 미친다. 제품요인은 실질적 자극과 상징적 자극으로 나누었는데 실질적 자극은 제품의 물리적 특성을 나타내며 상징적 자극은 포장이나 디자인, 광고 등에서 볼 수 있는 상징적인 특성을 말한다.

산출변수

산출요소는 주의, 이해, 태도, 의도의 과정을 거쳐 구매행동으로 연결되는 과정이다. 소비자에게 외부 자극이 투입되었을 때 이 자극에 대응하여 나타나는 소비자의 다양한 반응을 산출변수로 나타내고 있다. 소비자의 행동이 반드시 구매행동으로 나타나는 것은 아니다. 새로운 것에 대한 호기심이나 주의의 환기, 이해의 증진, 태도의 변화, 구매의도의 형성과 같은 형태로도 나타난다. 그리고 이 모델에서는 다양한 소비자 반응이 투입변수와 소비자 내적 요인 간의 상호작용에 의한 산출물임을 시사하고 있다.

내적변수

이 모델의 중심적 구성요소는 소비자가 의사결정을 할 때 작용한다고 추정되는 심리적 변수들로 구성되어 있다. 이들 구성개념들이 모델의 핵심이라고 할 수 있으나 하워드와 세스는 이들에 대한 명백한 정의를 내리지 못하고 단지 직접 측정할 수 없는 추상적 개념으로 만 인식하였다. 개인의 내적상태는 관찰할 수가 없으며 그 변화 역시 산출변수로 추론할 수밖에 없으므로 가설적 구성개념으로 인식하고 있는 것이다.

외적변수

외적변수란 특정 구매상황에서 소비자의 상표대안선정에 영향을 미치는 개인의 외적 요인을 말한다. 즉 소비자의 재정상태, 구매의 중요성, 개성, 구매의 긴박성과 같은 구매관련 상황요인과 사회계층, 문화적 관습 등과 같은 사회적 환경요인이 포함된다.

이 모델은 몇 개의 한계점이 있음에도 불구하고 발견적 힘이 강하므로 소비자행동의 탐색연구에 많은 공헌을 하였으며 여러 주제를 결합하는 통합력이 높다는 점도 이 모델이 지닌 특성이다.

(2) Nicosia 모델

니코시아가 개발한 소비자행동모델은 기업과 잠재적 소비자간의 관계에 초점을 맞추어 개발되었다. 기업은 마케팅 메시지를 통하여 소비자와 의사소통을 하며 소비자는 구매반응을 통하여 기업과 의사소통을 한다는 측면에서 이 모델은 기업과 소비자 간의 상호 작용과정을 기술한 모델이다.

이 모델에서는 소비자 의사결정과정을 4개의 영역으로 구분하고 있다.

먼저 이 모델에서는 기업이 새로운 제품이나 상표를 도입하고 있으며 소비자는 그 제품이나 상표에 대해 아무런 태도도 형성되어 있지 않다고 전제하고 있다.

제1영역 : 기업의 메시지에 기초한 소비자 태도

기업이 소비자에게 제품에 관한 메시지를 보내는 단계로 여기에는 기업의 속성이나 소비자의 특성이 영향을 미친다는 것이다.

제1의 영역에는 2개의 하위영역이 있다. 하위영역-1은 소비자 태도에 영향을 미치는 기업의 마케팅특성이나 의사소통노력의 영역을 의미하는 것으로 제품속성, 경쟁환경, 매체와 메시지의 선택, 소구방법과 주제의 결정, 표적시장의 특성 등이 있다. 하위영역-2는 기업의 메시지에 대한 개인의 수용 정도를 조절하는 소비자의 선유경향을 의미한다. 제1영역에서의 산출은 소비자가 제시된 메시지를 어떻게 해석하는가를 통해 형성되는 제품에 대한 태도이다.

제2영역 : 탐색 및 평가

영역-2는 관련된 정보에 대한 탐색과정과 특정 상표를 다른 여러 상표와 비교·평가하는 과정이다. 이 단계로부터의 산출은 해당 기업의 상표를 구입하려는 동기가 활성화되는 것이다. 평가결과에 따라서 해당기업의 상표를 거부할 수도 있다

제3영역 : 구매행위

소비자동기가 유발되어 특정상표를 실제로 구매하거나 구매를 포기하는 행위

로 나타난다.

제4영역 : 피드백

영역-4에서는 구매경험으로부터 나오는 중요한 2가지 형태의 피드백을 표시하고 있다. 그 하나는 매출실적의 형태로 제시되는 피드백으로 기업에게 주어지는 것이고 다른 하나는 만족 및 불만족의 경험형태로 이루어지는 것으로 소비자에 대한 피드백이다. 제품에 대한 소비자의 경험은 개인의 태도와 앞으로 기업이 제시할 메시지에 대한 선유경향을 결정하는 변수로 작용한다.

이 모델은 태도형성과 행동 간에는 여러 단계가 존재함을 인정하고 있고 메시지의 발신자인 기업을 모델에 포함시키고 있다는 장점이 있으나 소비자가 제품에 대한 사전지식이 없다는 가정은 문제가 있고 기업외의 환경에 대한 영향관계를 나타내지 못하고 있다는 단점이 있다

포괄적 소비자 행동모델의 특징을 요약하면 다음과 같다.

◇소비자행동의 어느 한 특정 측면에 대해서가 아니라, 개별소비자의 전반적인 행동에 초점을 맞추었다.
◇소비자행동에 영향을 미치는 제 변수들의 본질이나 그들 변수간의 관계에 대해서는 여러 행동과학분야에서 이미 개발된 이론에 기초를 두었다.
◇소비자행동에 관련되는 제 요인들 간의 상호관계를 일목요연하게 표현하기 위해서 주로 도형이나 흐름도표(a diagram or flow chart)를 이용하였다.
◇소비자행동변수간의 상대적 비중은 크게 고려하지 않았다.

그러나 포괄적 소비자 행동모델의 문제점도 다음과 같이 지적되고 있다.

◇모델은 각 행동변수의 비중을 고려하지 않고, 주로 흐름도표를 이용하고 있어서 소비자행동에 대한 예측능력이 낮다.
◇전통적 모델과는 달리, 너무 많은 요인들을 포함시켜 그들의 관계를 복합적으로 설명하고 있기 때문에 현실적으로 마케팅 실무에의 적용력 낮다.
◇모델전체에 대한 실증적 검증(empirical verification)이 용이하지 않다.

이와 같은 문제점들이 있으나 포괄적 소비자 행동모델의 유용성은 다음과 같다.

◇소비자행동에 관련되는 제 변수를 개념화하는 데 있어 체계적 사고를 할 수 있도록 도와줌으로써 소비자 행동이론의 개발을 용이하게 한다.

◇변수들의 관계를 명확히 해주기 때문에 소비자행동을 사실적으로 설명하고 있다.

◇모델로부터 유추되는 가설을 검증하는 데 필요한 연구조사의 틀(a frame-work of research)을 제공한다.

◇연구결과로 얻어지는 새로운 사실을 모델의 수정 및 보완에 쉽게 활용할 수 있다.

Engel, Blackwell & Miniard 교수는 제4차 EKB모델을 개정하였다. 이들은 고관여모델과 전관여모델로 구분하지 않고 다시 단일모델로 통합하였는데, 소비자의 구매행동은 고관여형과 저관여형 이외에도 다양성추구형, 습관성 반복구매형 등 그 유형이 다양하여 이들을 설명하기 위해서는 단일모델이 오히려 합리적이기 때문이라고 하였다.

1) 모델의 구성요소

자극의 투입 : 제품·상표·가격·광고 등 마케팅 주체측의 자극뿐만 아니라, 기후·유행·친구의 구전 등 제반 환경요인도 소비자에게는 하나의 정보로서 투입된다.

정보처리 : 투입된 자극을 소비자가 해석하고 처리하는 과정을 노출단계, 주의단계, 이해/지각단계, 동의/수용단계, 보유단계의 다섯 단계로 구분하여 설명한다.

의사결정과정 : 소비자의구매의사결정과정을 문제인식, 정보탐색, 대안평가, 구매, 구매후 평가 등 다섯 단계로 구분하고 있다.

의사결정의 영향요인 : 구매결정의 영향요인으로 ① 동기, 라이프스타일, 성격과 같은 개인적 특성 ② 문화, 준거집단, 가족과 같은 사회적 요인 ③ 구매결정의 긴박성, 점포 내의 분위기 등과 같은 상황적 요인을 들고 있다.

EBM모델의 특성은 다음과 같다.

첫째, 이 모델은 소비자의 특정 구매행동이 '어떻게' 형성되는가에 초점을 맞춘 행동과정모델이다.

둘째, 이 모델은 여러 행동과학분야에서 이미 실증된 연구결과를 기초로 하여 소비자의 구매의사결정행동을 설명하고 있다.

셋째, 이 모델은 포괄적 의사결정모형의 성격을 띠고 있다.

넷째, 인간행동에 관한 여러 연구분야에서 이미 부분적으로 실증된 변수들의 관계를 통합·모형화했기 때문에 소비자행동에 대한 설명력이 매우 높다.

〈그림 1-3〉 EBM 모델

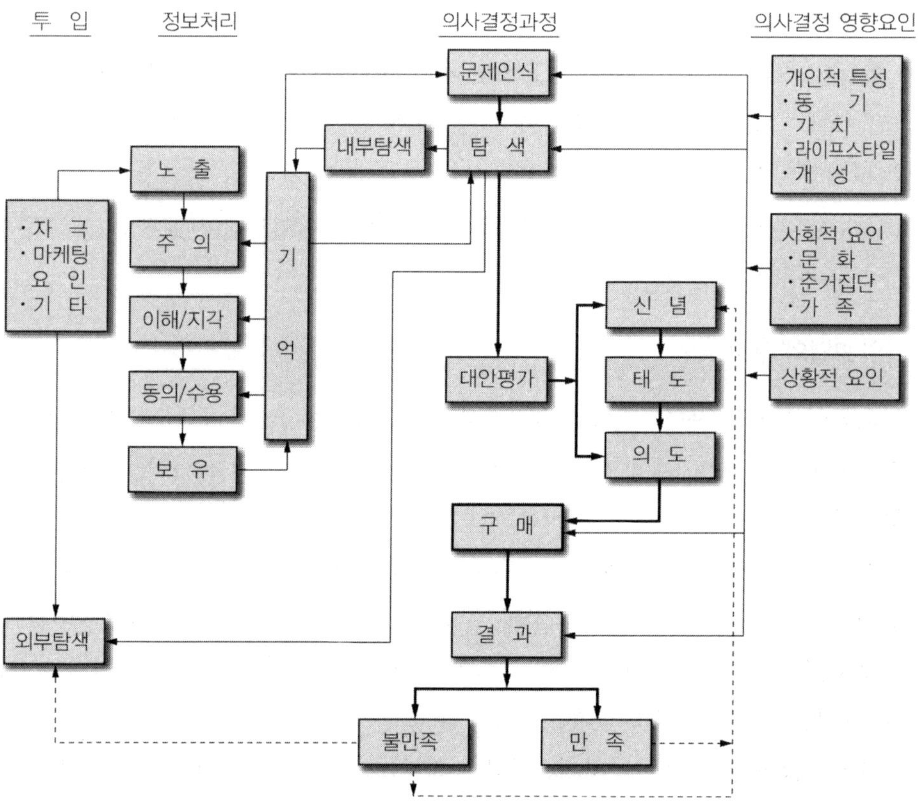

참고문헌

1) David L. Loudon and Albert J. Della Bitta, *Consumer Behavior : Concepts and Applications*, 4th ed., N.Y. : McGraw_hill Inc., 1993.
2) J. Peter and Herry C. Olson, *Consumer Behavior and Marketing Strategy*, 4th ed., Homewood, Illinois : Rechard D. Irwin, 1996.
3) James F. Engel, Roger D. Blackwell, and Paul W. Miniard. *Consumer Behavior*, 8th ed., The dryden Press. 1995.
4) William L. Wilkie, *Consumer Behavior*, 3rd., N.Y., John Wiley & sons, Inc., 1994.
6) K. Lewin, *Field theory in social science*, New York : Happer, 1951.
7) Fremming Hansen, *Consumer choice Behavior : A Cognitive Theory*, N.Y. : The Free Press, 1972.
8) 장홍섭외, 『현대소비자론』, 삼영사, 1999.

제 2 장

마케팅주체와 소비자행동연구

2.1 기업과 소비자행동연구

인간은 자신의 욕구를 충족시키기 위하여 끊임없이 재화와 용역을 구매하고 소비하면서 생활해 나간다. 인간의 이러한 경제적 활동으로 인하여 기업의 마케팅활동의 대상은 소비자이다. 따라서 소비자에 대한 지식이나 정보는 마케팅 성공의 필수적 사항이다. 오늘날 기업의 마케팅전략 수립과정에서부터 전략의 실행 및 통제하는 모든 과정에서 소비자에 대한 지식과 정보가 활용되고 있다.

기업은 장기적인 성장기반을 구축하고 성공적이며 효율적인 마케팅 전략을 위하여 소비자에 대한 이해와 연구를 통한 마케팅 프로그램을 개발하여야 한다. 따라서 기업은 제품의 생산계획에서부터 제품을 판매한 후 서비스에 이르기기까지 소비자 지향적인 활동을 하여 경쟁적 우위를 확보하는 것이 기업의 장기적인 성장과 존속에 기여하게 될 것이다.

또한 현대의 소비자들은 기업의 사회적 책임문제에 민감하여 기업의 사회마케팅에도 높은 관심을 갖고 있다. 이에 따라 소비자들은 기업에 대한 신뢰도를 구축함으로 기업에 이바지하고 있다.

기업이 사회복지 지향적인 마케팅활동을 효율적으로 수행하기 위하여 소비자들의 거시적인 사회관이나 경제행동까지 연구해야 할 필요가 있다.

마케팅 전략의 개발과정에서 시장기회를 분석하기 위하여 소비자행동에 대한 많은 정보가 필요하다. 또한 성공적인 마케팅프로그램을 개발하기 위해서 정확한 시장분석이 요구된다.

소비자들의 미충족 욕구를 확인하고, 라이프스타일의 변화 등을 확인하며 시장을 세분화하여 제품을 포지셔닝하고 마케팅믹스를 결정하기 위하여 소비자들의 욕구, 동기, 매체습성, 쇼핑성향 등에 대한 소비자 정보가 요구된다.

기업이 성공적인 마케팅활동을 하기 위하여 최근의 소비자 트렌드 변화에 민감해야 한다. 고객이 원하는 상품으로 고객을 만족시키기 위해서는 고객이 어떻게 변하는지를 알아야 한다. 미래 소비자의 트렌드를 전망하고 최근 시대 흐름에 따른 소비자 변화에 대응하는 마케팅전략이 필요하다.

〈그림 2-1〉 마케팅프로그램 개발과정별 필요한 소비자 정보

	마케팅 프로그램 개발과정			
	시장 기회분석 →	시장 세분화 →	제품 포지셔닝 →	마케팅믹스 결정
필요한 소비자 정보	· 미충족욕구 확인 · 라이프스타일 변화에 따른 새로운 욕구 확인 등	· 인구통계적 특성 · 사이코그래픽 특성 등	· 소비자선호도 · 경쟁상표에 대한 소비자 지각 · 기존 제품에 대한 불만족 요인 등	· 가격/품질에 대한 지각 · 가격탄력성 · 매체관습/성향 점포선호도 등 ·

<사례 2-1> 예뻐지고 싶은 남자 노려라

메트로섹슈얼의 주요 무대

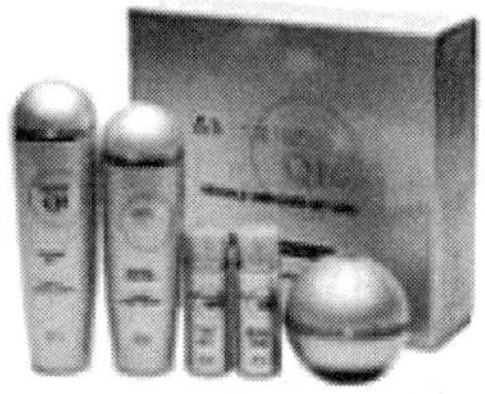

남성용 화장품 광고

메트로섹슈얼의 주요 무대는 남성용 화장품 광고이다. 미모에 신경을 쓰는 남성들이 늘어남에 따라 남성용 화장품이 봇물 터지듯 나오고 있기 때문이다. 최근 나온 남성용 화장품의 남성 모델들은 아리따운 여성들과 어울려 '나도 너희처럼 미모에 신경을 쓴다'는 이미지를 풍긴다. 스킨로션을 양손에 덜어 뺨을 때리듯 '착' 소리가 나게 바르는 '마초적 모델'은 사라진지 오래이다. 대표적인 것이 지난 해 말 선보인 소망화장품의 에소르 화이트이다. 근육질이면서도 아름다운 얼굴을 가진 축구 스타 안정환이 모델로 등장해 "여자만 하얘지라는 법은 없다."고 말한다. 이제까지 남성에겐 건강미가 넘치는 구리빛 피부가 어울린다는 통념을 바꾼 것이다. LG 생활건강의 남성화장품 '보닌 모노다임'의 광고 카피도 이전에는 '사랑하고 싶은 남자'였으나 최근엔 '남자는 피부다.'를 내세웠다. 여성화장품에 남성 모델을 썼다는 이유로 화제를 모은 코리아나 엔시아는 가수 비를 내세워 '비와 함께 예뻐지는 엔시아…'라는 카피를 사용했습니다. 광고를 제작한 제일기획측은 "비는 국내의 대표적 메트로섹슈얼"이라며 "남자지만 예뻐진다는 용어가 잘 어울리기 때문"이라고 설명했다. 광고대행사인 TBWA 오성택 대리는 "광고 속 남성형이 마초, 보보스에 이어 메트로섹슈얼로 이행되고 있다."고 말했다.

출처 : 〈동아일보〉, 2004.2.24

1) 시장기회 분석과 소비자행동

시장기회분석이란 마케팅주체인 기업이 그들 제품의 기존시장을 확대하거나 신제품을 위한 신시장을 개척하려고 할 때, 시장의 확대 및 진출가능성이 어느 정도인가 분석하는 것이다. 소비자의 미충족욕구를 파악하고 라이프스타일에 따른 새로운 욕구가 발생했는지를 파악함으로써 분석이 가능하다.

소비자가 원하는 상품으로 소비자를 만족시키기 위해서는 소비자가 무엇을 원하며 어떤 이유로 원하는지를 알아야 한다.

또한 시장확대 및 신제품 개발을 위한 시장분석을 하기 위하여서는 기존제품에 의한 미충족욕구의 확인이 필요하다.

소비자의 미충족욕구를 확인하기 위하여는 여러 가지 지표들이 이용된다. 즉 판매추세, 시장변동추세, 소득수준의 변화, 소비자의 기호 및 라이프스타일의 변화 등과 같은 소비자행동 변수를 조사하고 이에 대한 연구를 통하여 파악할 수 있다.

2) 시장세분화 및 표적시장선정과 소비자행동

소비자 개개인의 행동양식은 상당히 다른 양상을 보인다. 이는 소비자의 개성에 따라 다르게 나타나는 것이다. 그러나 어떤 면에서는 상당히 동질적인 특성을 보이는 집단이 있는데, 이렇듯 전체시장을 동질적인 특성을 보이는 몇 개의 소비자집단으로 나눈 것을 시장세분화(market segmentation)라 하고 나누어진 부분을 세분시장이라고 한다.

마케터가 시장을 세분화하지 않고 전체시장을 표적으로 하여 마케팅전략을 구사할 경우, 자칫하면 이 프로그램에서는 욕구가 충족되지 않는 소비자가 존재할 수 있다. 따라서 이러한 경우 상당히 비효율적이다. 그러므로 마케터는 시장을 동질적인 욕구를 가진 몇 개의 시장으로 세분화하고, 세분화된 집단별로 특성을 파악한 후 각 세분시장에 맞는 마케팅 프로그램을 개발하여 실행하는 것이 효율적인 마케팅활동을 수행하는 것이 된다.

시장을 세분화 할 때 사용할 수 있는 변수로는 기후나 지형, 지역과 같은 지리적 기준과 인구의 성별·연령별·소득별·직업별·교육정도별·민족·인종 등의 기준에 의해서 나누는 인구통계적 기준, 사회계층, 라이프스타일, 개성 등에 의한 심리분석적 기준 그리고 사용량, 사용상황, 추구하는 편익, 충성도 등에 의한 행동적 기준에 의한 변수들이 있다.

〈소비재시장의 세분화 변수〉

인구통계적 변수	연령, 성별, 소득, 직업, 가족수명주기 등
지리적 변수	위치, 도시규모, 기후 등
심리분석적 변수	사회계층, 라이프스타일, 개성 등
행동적 변수	사용량, 사용상황, 편익, 충성도 등

시장을 세분화 한 후 가장 효율적으로 마케팅을 할 수 있는 하위시장을 선정하여 표적시장으로 삼고 집중적 마케팅활동을 할 수 있다. 또한 세분된 시장마다 적합한 마케팅 프로그램을 개발하여 차별적 마케팅을 할 수도 있다.

이러한 표적시장전략이 성공하기 위하여 표적시장의 소비자행동에 관한 충분한 정보수집 분석과 이해가 필요하다.

최근에는 표적마케팅보다 심층적인 마케팅전략으로서 핀셋마케팅을 한다. 이는 핀셋으로 집어내듯이 정확하게 표적고객을 찾아내어 집중적으로 마케팅을 하는 전략으로서 표적고객에 대한 정밀한 분석과 정보가 더욱 중요함을 시사하고 있다.

신세대 시장의 표적전략을 살펴보자.

신세대 특징 파악

의생활	패션 및 유행에 민감하여 빨리 수용함
식생활	간편식과 서구화된 식생활을 즐김
구매행동	가치가 인정되면 과감히 구매
가치관	강한 개인주의 경향 실용성 중시(사용가치 추구)
성 격	감정적 성격, 돌발적 경향

마케팅 대응 방안 개발

제품전략	패션 및 유행에 민감하여 빨리 수용함
가격전략	간편식과 서구화된 식생활을 즐김
물류전략	강한 개인주의 경향 실용성 중시(사용가치 추구)
촉진전략	감정적 성격, 돌발적 경향

3) 효율적인 마케팅 믹스와 소비자행동

마케팅믹스는 4P로 제품(product), 가격(price), 유통경로(place) 그리고 촉진활동(promotion)의 요소로 구성된다.

마케팅믹스란 '표적시장과 관련하여 마케터가 통제할 수 있는 마케팅관리 요소의 조합' 혹은 그들에 대한 노력수준이라고 할 수 있다.

표적시장에서의 성공여부는 적용할 마케팅믹스의 내용에 달려 있으므로 마케팅 믹스의 결정은 매우 중요한 관리영역이다.

이러한 마케팅믹스 요소 내지 관리요소를 결정하기 위해서는 시장의 경제적, 사회문화적, 기술적, 정치법률적, 경쟁적 특성과 같은 거시적 환경요인은 물론이고 소비자들의 욕구, 기호, 태도, 라이프스타일과 같은 미시적 요인에 대한 분석이 선행되어야 한다.

왜냐하면 마케팅믹스를 효율적으로 달성하기 위해서는 표적시장의 소비자활동을 이해하는 것이 중요하기 때문이다. 표적시장의 소비자들이 원하는 것이 무엇이며(Product), 지불하기를 원하거나 또는 지불할 수 있는 가격(Price)수준은 어느 정도인가. 가격수준이나 가격변화에 대하여서는 어떠한 반응을 보일 것인가 등에 대한 충분한 이해를 통하여 적정한 마케팅믹스를 결정하여야 한다.

또한 고객이 어떤 점포를 선호하고 있으며 그들의 쇼핑습성은 어떤가?(Place) 고객이 가장 신뢰하는 광고매체는 무엇이며 누구와 커뮤니케이션을 하고 정보는 어디에서 얻는가?(Promotion) 이러한 문제들에 대하여 충분한 조사를 하고 연구 분석하여 적정한 마케팅 믹스 계획을 수립하여야 한다.

오늘날 마케팅은 고객지향주의를 추구하고 있으므로 소비자행동은 마케팅 활동은 물론 기업활동 전체를 규제하는 하나의 통제요인이 되고 있다. 기업이 마케팅 목표나 전략을 수립하고 그 전략을 집행하거나 통제하는 데 이르기까지 소비자행동에 대한 연구가 뒷받침되어야 한다.

4) 총괄 마케팅계획수립과 소비자행동

소비자행동에 관한 모든 지식이나 정보는 마케팅활동에 유용하지만 특히 마케팅 총괄계획수립에 필요하다.

소비자행동연구에서는 여러 상황 하에서 소비자행동을 가능한 한 정확하게 예측할 수 있도록 소비자행동의 결정변수에 대하여 조사·연구를 해왔다. 그 결과 소비자 구매의도 및 구매행동은 제품, 상표 등에 대한 소비자 지각, 신념, 태도와 관련이 있는 것으로 연구되었고 심층조사를 통하여 그들의 구매행동을 예측할 수 있게 되었다. 미래의 소비자행동을 예측할 수 있는 가능성은 마케팅담당자로 하여금 보다 신뢰성있는 마케팅계획 수립을 가능하게 하였다. 또한 소비자의 구매의도는 시장수요의 잠재력을 나타내기 때문에 기업은 소비자의 구매의도를 파악하여 수요를 예측할 수 있으므로 신뢰성 있는 마케팅활동의 총괄계획을 수립할 수 있다.

〈그림 2-3〉

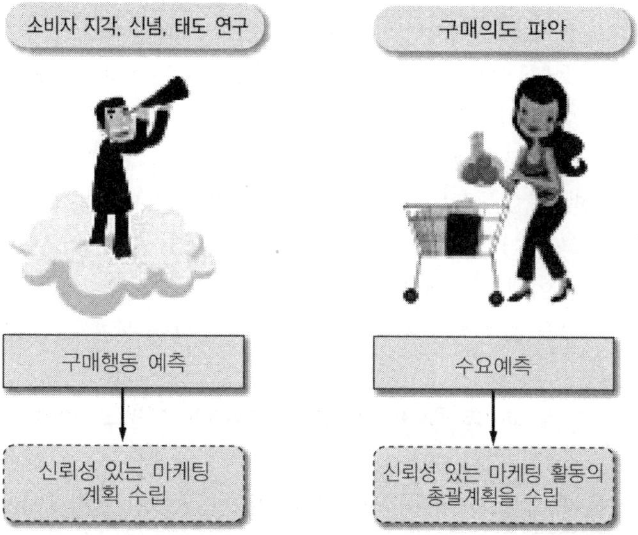

<사례 2-2> "고객의 감정적 욕구에 귀를 기울여라"

"기업들은 소비자행동 조사에 좀 더 많은 관심을 기울여야 합니다. 고객의 감정적 욕구를 제대로 파악하여 고객의 충성심을 확보하는 것이야말로 무형자산 투자에 인색한 한국기업들이 할 일입니다."

마케팅 분야의 최고 석학으로 손꼽히는 누네스 교수가 한국 기업에 던진 메시지다.

서울대 글로벌 MBA과정에서 강의하기 위해 2주간 내한한 누네스 교수는 "뛰어난 마케팅 역량을 가진 업체들은 제품의 성능이 아니라 고객이 이 제품을 쓰면서 어떤 감정을 느낄 수 있는지를 집중 홍보한다"고 강조했다.

성공적인 소비자행동 연구를 통해 기업의 성공을 이루어낸 사례

-매장 바닥에 타일 대신 카펫 사용한 스타벅스-

"스타벅스는 고객들이 무엇을 필요로 하는지 굉장히 잘 이해하는 회사이다. 광고를 거의 하지 않으면서도 하루 3,000만 명의 고객을 끌어들인다는 것만 봐도 스타벅스의 우수성을 알 수 있다. 물론 최근 슬럼프를 겪고 있지만 하워드 슐츠 창업자의 귀환 후 다시 소비자 욕구를 충족시키기 위해 노력하고 있다. 그 대표적

증거가 바닥재의 변화이다.

스타벅스는 한때 매장의 바닥 자재로 타일을 즐겨 썼다. 청소와 관리가 쉽고 카펫보다 비용도 쌌기 때문이지만 고객들이 스타박스 매장에서 느끼기를 원했던 것은 내방, 내 거실에서 커피를 마시는 듯한 편안함과 안락함이었다. 타일바닥에서는 그러한 느낌을 갖기 어렵다. 결국 스타벅스는 고객의 요구를 반영하여 청소 및 유비 비용이 비싼 카펫을 선택했다.

맥도널드도 한 때 정크푸드의 대명사라는 오명 때문에 상당히 고전했으나 맥도널드는 건강 친화적 이미지를 강화하기 위해 노력했고 사과를 넣은 메뉴들을 선보였다. 맥도널드는 이제 미국에서 사과를 가장 많이 구입하는 회사이다. 소비자행동연구는 결국 어떻게 소비자의 충성심을 이끌어내느냐는 문제로 귀결된다."

제네시스 출시 때 현대자동차의 브랜드 전략

"한국 업체들이 세계 시장에서 선전하고 있지만 브랜딩 전략에서는 아직 미흡한 면이 있습니다. 특히 현대차의 경우 미국 고급차 시장을 겨냥한 출시하면서 현대 브랜드를 고수한 것이 무척 아쉽습니다.

도요타와 렉서스, 혼다와 아큐라, 닛산과 인피니티처럼 일본 자동차 업체들은 고급차를 내놓으면서 다른 브랜드와 판매망을 사용했습니다. 완전히 다른 회사처럼 보이게 만든거죠.

한국에서는 현대차 브랜드가 최고지만 미국에서는 그렇지 않습니다. 제네시스는 연인과 근사한 레스토랑에 갈 때, 자신의 성공을 과시하고 싶을 때 사용하는 차가 되겠다는 목표를 갖고 있을 것입니다. 하지만 내구성고 품질이 아무리 좋다고 해도 지금 현대차가 가진 이미지는 고객이 원하는 이런 가치를 충족시켜 주지 못합니다.

반대의 경우도 마찬가지입니다. 1990년대 말 BMW는 미국 내에서 2만 달러(약 2,000만 원)이하의 중저가 자동차를 내놨는데 완전히 실패했습니다. BMW가 주는 근사한 이미지가 저가 자동차와 어울리지 않았기 때문이죠. 이런 맥락에서 삼성전자가 저가 휴대전화 시장에 진출한 것 또한 바람직하지 않다고 봅니다. 신제품을 출시하거나 신규 시장을 공략할 대는 회사의 브랜드 이미지와 맞는 방향으로 진출해야 합니다. 그렇지 않다면 일본 자동차 업체처럼 아예 다른 브랜드를 출시하는 것이 좋습니다."

출처 : 〈동아일보〉, 2008.7.5

2.2 비영리조직과 소비자행동

1. 비영리조직

많은 비영리 조직들, 즉 종교단체, 자선단체, 교육기관, 박물관, 병원 등도 고객지향적 마케팅 컨셉트(customer-oriented marketing concept)를 도입하여, 기업의 마케팅 활동과 동일한 방법으로 그들의 경영성과를 높이려 하고 있다.

비영리 조직도 기업과 마찬가지로 대중으로부터 긍정적인 신뢰(good-will)를 받기 위하여, 이들의 사회적 욕구와 필요를 충족시킬 수 있어야 한다. 따라서 소비자의 의사결정 과정에 대한 충분한 이해는 비영리기관의 경영성과를 제고하는 수단이 된다.

고객을 많이 확보하기 위하여 표적집단을 선정하고 선정된 집단의 욕구를 확인하여 그들의 욕구를 가장 잘 충족시켜 줄 수 있는 서비스나 이념을 개발하고 개발된 서비스나 이념에 대하여 표적집단을 대상으로 PR을 하거나 홍보를 하여 마케팅활동을 하고 있다.

대학들이 UI(University Identity) 작업을 통해 로고와 슬로건을 새롭게 하고 1년 내내 홍보활동을 한다. 대학의 고객인 우수한 학생들을 유치하기 위하여 차별화된 교육 프로그램을 개발하고 다양한 학생복지 프로그램이나 장학금제도를 확대하고 외국대학과 학점제를 이용하여 학점을 획득하도록 하는 등 여러 가지 마케팅전략을 구사하고 있다.

자선단체들도 방송매체나 브로셔 같은 인쇄매체 등 여러 가지 매체를 이용하여 마케팅활동을 하고 있다.

그러나 비영리조직이 이와 같은 기관 마케팅을 효율적으로 수행하기 위해서는 기업과 마찬가지로 잠재고객의 행동양식과 그들의 의사결정에 대한 충분한 이해와 연구가 반드시 선행되어야 한다. 따라서 소비자행동에 대한 제 이론과 연구결과는 기업에서와 마찬가지로 이들 비영리조직의 마케팅 활동에도 동일하게 응용될 수 있으며, 이들의 효율적인 마케팅관리에 크게 기여할 수 있다.

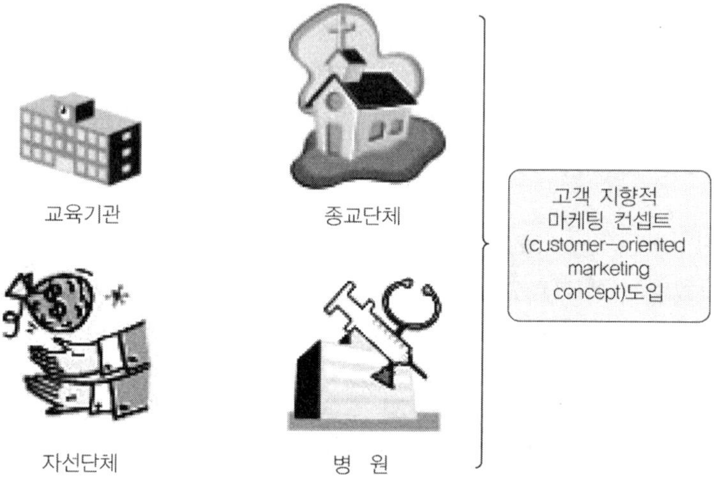

<사례 2-3> 일요일 밤 10시 미사 . 예배 아십니까?

급변하는 사람들의 라이프 사이클에 맞춰 기독교·천주교의 예배·미사 관행에도 조금씩 변화의 바람이 불고 있다. 이른바 안식일로 불리는 일요일 개념이 차츰 현실에 맞게 재조정되는 것이다. 주 5일 근무제의 확산, 휴일 근무자에 대한 배려, 가족단위 기도참여 유도 등의 영향을 받아 일요일 종교행사에 새 풍속도가 자리를 잡는 모습이다. 일례로 천주교 서울대교구 목 5동 성당은 지난 해 6월 일요일 오후 10시 미사를 신설했다. 토요일에 여행을 떠나 일요일 낮 미사에 참여하기 어려운 신자를 대상으로 한 것이다. 반응은 매우 좋은 편입니다. 오후 미사에 참여하는 사람은 대략 8백명 선으로 낮 대미사보다 많다고 한다. 성당 측은 사람들이 처지기 쉬운 오후를 고려해 별도의 성가대를 운영하는 등 어느 미사 때보다 역동적인 전례가 이뤄지도록 신경쓰고 있다. 고해성사도 오후 11시 30분까지 하고 있다.

홍문택 주임 신부는 "사실 낮 미사에 참석하면 일요일 하루가 오전·오후로 갈릴 수 있다."며 "하루를 푹 쉬게 하거나 일요일 낮 다른 문화생활을 누릴 수 있게 하는 차원에서 오후 미사를 개설했다."고 말했다. 이곳에선 흔히 1박 2일로 진행되는 가톨릭 명상 코스인 피정도 지난 5월부터 매달 첫째 화요일 두 시간으로 줄여 운영하고 있다. 항상 시간에 쫓기는 현대 도시인이 보다 많이 참여할 수 있는 프로그램이 필요하다는 이유에서이다. 이밖에 도시교회와 시골교회가 연계해 가족단위의 주말 프로그램을 운영하거나, 주말 교외 부부세미나나 문화 행사 도중 주일 예배를 영상으로 거행하는 등 여러 형태의 교회행사가 개발되고 있다. 기독교 계열 방송사인 극동방송의 김수민 프로듀서는 "아직도 많은 교회에선 일요 예배 참석을 도저히 거스를 수 없는 것으로 바라보지만 평소 얼굴을 마주할 기회가 적은 현대 가정의 기독교 신자들을 결합하기 위한 다양한 프로그램이 필요한 건 사실"이라고 말했다. 특히 내년 7월부터 주5일 근무제가 본격 시행될 전망이라, 늘어날 여가시간에 대응하는 천주교·기독교의 움직임이 더욱 분주해질 것으로 예상된다. 일요일과 큰 관련은 없지만 주말 불자들을 흡수할 전국 산사의 명상·참선 프로그램도 활기를 띨 것으로 보인다.

출처 : 〈중앙일보〉, 2003.8.23

2. 정부 및 공공단체

정부나 공공단체도 비영리 조직에 속한다. 이들도 경제적·사회적으로 여러 정책결정을 합리적으로 수행하기 위하여 소비자행동에 대한 연구가 필요하다.

1) 정부의 공공서비스 정책

정부는 사회대중에게 각종 서비스를 제공하기 위하여 대중교통정책, 도시계획, 위락시설 및 각종 사회복지시설 운영에 관하여 다양한 정책들을 결정하고 시행한다.

정책기관의 공동서비스 제공은 서비스를 제공받는 소비자나 사용자를 정확하게 이해함으로써 효과적인 성과를 거둘 수 있다. 즉 국민들의 편의를 위하여 시행하게 되는 의료제도·공해 및 환경정책·교통정책 등의 공공정책을 결정할 때에는, 이러한 정책의 서비스 소비자로서 일반 대중들이 어떻게 행동하는가를 연구하는 것이 필요하다.

2) 환경 및 소비자보호정책

자유경제 체제하에서의 기업은 소비자들이 충분한 정보를 제공받고 이를 바탕으로 자유롭게 제품을 선택할 수 있도록 하는 소비자 권리를 보호하는 것이 필요하다. 따라서 독점금지법, 소비자보호법, 제품피해보상법 등이 제정되어 소비자로 하여금 자신의 권리를 보호받고 정당한 권리행사를 할 수 있도록 하여야 한다. 이러한 법률을 제정할 때에는 사전에 소비자에 대한 연구가 충분히 이루어져야 할 것이다.

최근에는 전 세계적으로 지구촌이 환경오염문제로 심각한 날씨변동 등을 겪고 있다. 우리나라의 경우만 하더라도 강원도 산간지방에 7월에도 우박이 내리며, 게릴라성 폭우 등으로 인해 인명과 재산의 피해가 급증하고 있다. 따라서 정부는 환경문제에 대한 좀더 강력한 기업규제조치 및 각종 환경보호정책을 실시해야 할 필요가 있다.

3) 소비억제 마케팅정책

자원낭비 방지, 소비자의 건강보호 등을 위한 정책을 결정하고 시행하기 위하여 정부나 공공단체에서는 특정제품이나 서비스의 사용억제를 권유 또는 규제를 해야 할 경우가 있다.

위해제품의 판매금지, 사치성 상품이나 외제상품 소비억제, 약물남용방지 등을 위한 규제 및 정책수립을 위해서 소비자들의 욕구, 태도, 습관 등에 대한 연구가 필요하다.

<사례 2-4> 미 육군의 새로운 마케팅전략

육군 모병을 돕기 위한 다양한 홍보 마케팅 선보여

근래 미 육군이 청년들이 모이는 곳에 자주 모습을 보이고 있다.

미 육군은 데이브 앤드 버스터(Dave & Buster ; 엔터테인먼트 장비가 갖춰진 레스토랑 바)와 필라델피아 프랭클린 밀즈 몰(Franklin Mills Mall)내 스케이트 공원 근처에 험비차량과 헬리콥터 시뮬레이터를 포함한 미 육군 체험 센터를 열었다. 또한 미 육군은 자원입대 및 군 생활을 경험해 보고 싶은 이들을 위해 온라인 게임인 'America's Army'를 내 놓았으며 이 게임에 등록한 사용자 수는 900만 명을 넘어선 걸로 나타났다.

한편 시어스 로벅(Sears Roebuck & Co)은 미 육군 대형 휘장을 특징으로 하는 최초의 보병사단 의상 컬렉션을 올 10월 출시할 예정이다.

미 육군과 유사한 어려움(열렬한 제품 추종자 집단 수 감소와 대중인지의 문제점)에 봉착한 대다수 민간회사들 입장에서 이러한 미 육군의 움직임은 탄복할 만한 마케팅일 수도 있다. 하지만 쉽게 영향을 받는 아이들과 그들의 부모 및 전쟁을 고려대상에 넣으면 이는 민감한 문제로 변한다.

Commercial Alert의 이사 Robert Weissman은 "누구든지 부모 입장이라면 군사적인 술책을 아이들의 문화에 융합하는 모습에 우려를 표하는게 당연한 일"이라며 "이로 인해 실제 미 육군이 아이들에게 직접 자신을 마케팅하는 잘못된 좌표에 놓이게 될 가능성이 있다"고 말했다.

마케팅에 힘입은 성공

미 육군의 이러한 새로운 시도를 비판하는 사람들은 이들이 이라크 전쟁 때문에 떨어지고 있는 신입 사병 수치를 끌어 올리려는 목적을 가지고 있다고 주장한다.

United for Peace & Justice의 내셔널 코디네이터(national coordinator)인 Leslie Cagan은 "미 육군은 지난 몇 년 동안 모병문제로 힘겨워했다"며 "이들은 최근 광고를 통해 모병업무에 박차를 가하고 있으며 이번 미 육군의 시도는 그저 또 다른 광고로 다가온다"고 지적했다.

그러나 미 육군의 이러한 시도들이 효과가 있는 듯하다. 지난 5년 내 처음으로 2005년에 7,000명이 미달된 미 육군은 최근 이러한 노력들에 힘입어 다시 힘을 되찾고 있다.

미 육군은 회계연도 2006년에 645명, 2007년에 407명 차이로 모병 인원 목표에 꾸준히 다가서고 있다.

출처 : 〈AD TIMES〉, 2008년 10월호 발췌정리

<사례 2-5> 순천향대, 전철역에 무료 열린 문고

순천향대가 전철역에 열린 문고를 만들었다. 누구나 무료로 이용할 수 있다. 충남 아산시 순천향대는 3월 2일 수도권 전철 종착역인 '신창(순천향대)역'에 코레일 충남지사의 협조를 얻어 책과 음악이 함께 하는 열린 문고를 설치했다.

'BOOK STROY' 1호점으로 이른 지어진 이 문고는 가로 13.6m, 세로 2.1m의 크기이다. 비치된 책 3000권은 송풍삼 총장이 전철 내에서 책 읽는 문화를 정착시키자는 뜻에서 기증했다.

책은 1인 1권씩 무료로 가져갈 수 있으며, 1주일 내 자발적으로 반납하면 된다. 없어지는 책은 순천향대 교직원들이 책을 모아 채울 계획·승객 반응이 좋으면 온양온천역 등으로 확대한다는 것이 학교 측의 계획이다.

손 총장은 "전철에서 책을 읽으며 유익한 시간을 보내길 바란다"고 말했다.

출처 : 〈조선일보〉, 2009.3.3

2.3 소비자와 소비자행동연구

행동과학에서는 인간행동으로부터 인간본성에 대한 추정이 가능하다고 보고 있다. 인간행동의 다양한 측면, 특히 응용분야에서의 인간행동에 관한 많은 연구들이 수행되어 왔다. 최근에는 소비자행동에 관한 연구가 발전적으로 이루어지고 있는데 이러한 연구결과들이 소비자 구매행동을 이해하는 데 많은 도움이 될 것이다.

1. 소비자의 합리적 행동에 대한 요구 증대

사회의 모든 면이 급변하고 있는 오늘날, 건전한 소비의식이야말로 소비자생활의 질적 향상과 국민경제 발전에 관건이 되는 매우 중요한 것이다.

소비자는 소비자로서의 주권의식을 갖고, 자신의 권리를 실천함으로써 성숙된 소비자로의 역할을 다해야 한다. 근검·절약하는 정신으로 건전한 소비생활을 하여 미래의 생활을 풍요롭게 하는 초석이 되도록 하여야 한다. 일부 무절제한 과시적 구매가 사회적으로도 문제가 되고 있는데 이는 성숙하지 못한 소비자의식에 기인하며, 일부 주위 사람들에게 위화감을 조성하고 모방적구매를 유발시키는 사회의 폐해가 된다. 그러므로 소비자 모두가 공동체의식을 갖고 소비생활에 임해야 한다.

소비자행동은 우리의 일상생활과 밀접한 관련이 있기 때문에 사회 속에서 담당하고 있는 역할이 매우 크다. 즉 개인이 소비자로서 수행하는 행동은 자신의 욕구충족 뿐만 아니라 가족의 복지, 우리 경제와 사회전반에 영향을 끼칠 수 있으므로 소비자의 역할이 중요하다

1) 소비자 자신의 욕구충족과 가족의 복지향상 측면

소비자가 어떤 제품을 어떻게 구매해서 어떤 방법으로 사용하는가에 따라 자신의 복지는 물론 가족의 복지도 크게 영향을 받는다. 따라서 소비자는 자신뿐만 아니라 가족의 욕구를 가장 효과적으로 충족시킬 수 있도록 구매 및 소비활동을 수행하는 것이 바람직하다. 그러기 위해서 소비자는 주어진 소득으로 자신 및 가족의 욕구충족을 최대화할 수 있는 구매행위를 수행해야 하고, 기업의 다양한 마케팅활동에 현명하게 대처하는 방법도 터득해야 한다. 또한 합리적인 구매행동을 생활화하기 위해 자신의 구매결정의 타당성 평가 및 문제점의 해결방법도 알아야 한다.

2) 경제발전 및 사회복지측면

소비자들의 행동은 우리의 경제발전 및 사회성숙도에 중요한 영향을 미친다. 우리나라 GNP의 거의 2/3 정도가 소비자의 가계지출로 구성된다는 사실을 감안할 때 결국 이 엄청난 소비 지출액에 대한 소비자들의 의사결정이 우리 경제시스템의 기본구조를 좌우한다고 해도 과언은 아닐 것이다. 즉 어떤 원자재를 사용해서 어떤 제품이 생산되어야 하느냐는 전적으로 소비자들이 어떤 제품을 선호하는가에 달려 있기 때문에, 결국 소비자들의 소비관련 행동이 그 나라에서 생산되는 재화 및 서비스의 성격을 결정하고, 자원의 배분형태에 영향을 주며, 물가수준에도 중요한 영향을 미치게 된다.

또한 소비자의 구매 및 소비행동은 기업에 이윤을 제공하고, 고용인들에게 일자리를 마련해 주고, 소득을 얻게 해 줌으로써 결과적으로 고용수준, 실업구조 등 한 나라의 전반적인 경제구조와 직결된다. 따라서 소비자들의 합리적인 구매행동은 한 나라의 건전한 경제구조를 발전시키는 데 있어 중대한 영향요인으로 작용한다. 또한 소비자들의 무계획한 과소비행동은 자원낭비, 환경오염, 사회계층

간의 위화감 조성 등을 유발시켜 건전한 사회풍토를 조성하는 데 위해요인으로 작용하기 때문에 사회복지증진을 위해서도 소비자들의 합리적인 행동이 절실히 요구된다. 이와 같이 소비자들의 구매 및 소비행동이 곧 한 나라의 생활수준(the level of standard of living)과 국민들의 삶의 질(the quality of life)을 결정한다는 점을 감안한다면 개개 소비자의 소비관련 행동이 얼마나 중요한가를 쉽게 알 수 있다.

<사례 2-6> 청소년, 다양한 문제에 무방비로 노출

미래세대 소비자(미래의 핵심 주역으로 등장할 아동·청소년 소비자를 지칭함)는 향후 국가경제를 지탱하는 소비자 경쟁력의 기반으로 국가 경쟁력의 초석이다. 이러한 관점에서 미래 세대 소비자는 미래의 소비자 경쟁력을 형성하는 주체적 소비자로서 소비자 문제의 분석능력과 해결 능력이 요구되며, 건전한 소비문화 조성의 주체로 활동함으로써 미래의 초일류 국가 경쟁력을 담보할 수 있다.

– 청소년은 사회의 문화 트렌드를 주도하는 '보이지 않는 손'

우리나라 청소년들은 외국의 청소년들에 비해 저축자 비율이 낮고 부모에게 경제적 지원을 받는 비율이 높다. 이는 청소년들이 용돈의 진정한 가치를 느끼지 못하고, 결과적으로 과도한 소비를 유발하는 원인이 되고 있다.

부모는 자녀들에게 용돈을 주면서 소비의 의미를 깨우쳐 주기보다는 '너는 공부만 잘 하면 된다'는 식으로 학교 성적을 최우선으로 강조한다.

이러한 관행은 미래 세대의 소비생활에 긍정적인 면보다는 부정적인 영향을 심어 준다. 미래 세대의 신용 적응력을 매우 취약하게 만드는 것이다. 무분별하고 무계획적이며, 충동적이고 과시적인 행태를 갖게 한다. 실용성보다는 유행에 과도하게 민감하며, 소비 욕구와 집착이 강하고, 남의 눈을 의식하는 소비자로 형성된다.

미래 세대 소비자는 소득이 없어 부모 의존적일 수밖에 없는데도 현재의 소비는 막강한 구매력을 과시하며 소비경제의 주체 역할을 한다. 정보통신·사이버 문화는 기존의 어른 중심 문화를 압도하며, 우리 사회의 문화 트렌드를 주도하는 '보이지 않는 손'으로 작용한다.

소비 공간의 절대적인 부족은 역설적으로 청소년들을 사이버 공간으로 내몰았다. 휴대전화는 청소년들의 필수품이 되었으며, 기업의 공격적인 마케팅은 청소년들의 불합리 · 불건전 · 무절제한 소비생활을 부추기는 중요한 원인으로 작용한다.
출처: 한국소비자보호원, 〈소비자시대〉, 2003.5, pp. 11~13에서 발췌.

2. 소비자를 위한 소비자에 의한 소비자 행동

1) 제품 및 시장 메커니즘에 대한 지식과 정보 축적

이미 앞에서 살펴본 바와 같이, 소비자들의 행동이 우리 사회에서 담당하고 있는 역할 비중은 대단히 크고 중요한데 반해서, 실제 소비자들의 행동은 상당히 충동적이고 비합리적인 측면이 많다.

대부분의 사람들이 일상생활 속에서 가장 많은 행동경험을 쌓고 있으면서도 자신의 행동동인에 대하여 별 관심을 보이지 않은 채, 무심하게 거의 습관적으로 행하고 있는 행동영역이 바로 이 소비자 관련 행동영역이다. 따라서 현실세계에서 보면 소비자들의 행동은 비교적 비계획적이고, 비합리적인 측면이 많이 노출되고 있다. 그러므로 제품 및 시장 메커니즘에 대한 지식과 정보 축적이 필요하다.

2) 충동구매, 쇼핑 중독증 예방

실제로 많은 소비자들이 충동구매로 인해 불필요한 제품을 구매한 후, 후회와 불쾌감을 경험하고 있다. 최근에는 심지어 현대인의 질병이라고 불리어지는 소위 '쇼핑증후군(shopaholics)'에 걸려 무절제한 소비행각을 벌이고 있는 소비자들이 점차로 많아져 큰 사회문제로 지적되고 있다. 쇼핑중독증은 쇼핑 병에 걸린 쇼핑광을 일컫는 말로서 쇼핑 그 자체에 탐닉하는 증세를 말한다. '쇼핑홀릭' 가운데는 여성이 절대적으로 많아, 이들의 광적인 쇼핑벽이 결국에는 가정경제를 파탄으로 이끌 가능성이 높아 심각한 문제로 대두되고 있다.

3) 삶의 질 향상을 위한 합리적 구매행동의 생활화

무계획한 소비자들의 구매 및 소비행동은 소비자행동이 우리 사회에서 담당하고 있는 그 막중한 역할을 감안해 볼 때 심각하게 재고해 볼 여지가 있다. 소비자는 그들 자신의 만족한 소비생활을 위해서 뿐만 아니라, 국가경제의 발전과 사회의 건전한 성숙을 위해서도 보다 신중하고 합리적인 구매 및 소비행동을 해야 한다. 소비자는 그들의 구매관련 행동을 합리적으로 수행하기 위하여 소비자행동의 동인과 환경요인의 자극에 대한 행동반응 유형에 대하여 충분한 관심과 이해가 있어야 한다.- 소비자 행동 연구는 소비자들에게 필요한 지식과 정보를 제공해 줌으로써 소비자들의 합리적인 구매 및 소비행동에 기여할 수 있다는 점에서 그 유용성을 찾을 수 있다.

<사례 2-7> 미국의 소비자교육 VS 독일의 소비자교육

미국의 소비자교육 vs 독일의 소비자교육

미국의 소비자교육

1920년대	· 소비자교육의 필요성 인식 시작
1939년	· 소비자교육의 정규과정 개설 · 25, 000여 개 중 · 고등학교에서 소비자교육 실시 · 구매기능과 자금관리에 중점
1940년대	· 소비이론, 가격, 수요 및 공급 등의 경제개념 포함
1970년대	· 직업교육분야에서 약 50% 정도의 비중 차지 · 교과과정 및 강의에서도 약 50% 정도의 비중 차지 · 미국 전체 주의 약 66%가 교사양성 및 교사재교육 프로그램 보유

소비자교육이 학교교육에 제도화 → 1962년 케네디 대통령 4대 권리 → 1975년 포드 대통령 5번째 권리 소비자교육 제창 → 전국적으로 관심증가

독일의 소비자교육

학교교육 / 교사에 대한 재교육 / 대중매체를 통한 교육 / 성인교육

· 초등학교에서 대학교까지, 소비자교육을 담당할 교사에 대한 교육 포함

· 연방자치국의 성격을 가져 개개인의 주정부가 학교문제 스스로 결정할 권리를 가지고 있어 학교마다 교육내용 상이

· 소비자교육을 위한 별도의 과목은 없고 주로 경제학 및 사회학 분야에서 취급

학교에서의 소비자교육

미국의 소비자교육

미국에서 소비자교육의 필요성은 1920년대부터 인식되기 시작하였다. 1939년에는 소비자교육의 정규과정이 대학교 및 중·고등학교 수준에서 개설되었으며,

25,000여개 중·고등학교에서 소비자교육이 실시되었다. 당시에는 주로 구매기능과 자금관리에 중점을 두었으며, 1940년대에서는 소비이론, 가격, 수요 및 공급 등의 경제개념이 포함되었다. 1970년대에는 소비자교육이 직업교육분야에서 약 50% 정도의 비중을 차지하고, 교과과정 및 강의에서도 약 50% 정도의 비중을 지니고 있었다. 미국 전체 주의 약 66%가 주정부, 지방정부에서 마련한 소비자교육을 위한 교사양성 및 교사재교육 프로그램을 가지고 있었다.

그러나 소비자교육이 학교교육에 제도화된 것은 1962년 케네디 대통령의 4대 권리에 뒤이어, 1975년 포드 대통령이 다섯 번째 권리로서 소비자교육을 제창한 이후 전국적으로 이에 대한 관심이 높아지면서부터였다. 중·고등학교를 중심으로 실시되는 소비자교육은 학생들에게 상품구매보다는 소양 있는 시민으로서 자원을 최대로 이용하여 소비생활에 있어서의 만족감을 얻을 수 있도록 하기 위하여 일상생활에 필요한 지식·기능·태도에 대한 교육에 초점을 두고 소비자문제, 소비자의 권리와 책임, 개인의 가치관, 건강, 레크리에이션, 보험, 투자, 세금 등과 관련된 내용을 다루고 있다.

독일의 소비자교육

독일에 있어서의 소비자교육은 크게 학교교육, 교사에 대한 재교육, 성인교육, 대중매체를 통한 교육으로 나눌 수 있다. 학교에서의 소비자교육은 초등학교에서 대학교까지 그리고 소비자교육을 담당할 교사에 대한 교육도 포함하고 있다. 독일은 연방자치국가의 성격을 가지고 있어 개개의 주정부가 학교문제에 대하여 스스로 결정할 권리를 가지고 있기 때문에 학교마다 교육내용이 다르지만 모든 학교에서 소비자교육을 위한 별도의 과목은 없고 주로 경제학 및 사회학 분야에서 이를 취급하고 있다. 독일의 학교 소비자교육은 외부기관의 협력을 받아 이루어지는데 소비자단체와 경제단체는 학교 소비자교육에 필요한 정보 및 자료를 제공하거나 강사들을 보내줄 뿐만 아니라 소비자교육을 위하여 필요한 교재를 저술하는 데에도 협력을 하고 있으며 교사들의 소비자교육에 관련된 질문에 응답하거나 자문도 해 주고 있다.

학교에서 소비자교육을 담당하고 있는 사회과학 분야의 교사들은 대부분 과거에 대학에서 소비자교육에 대한 내용을 배우지 않았기 때문에 이 분야에 대한 전문적인 지식이 결여되어 있다. 이에 따라 교사의 재교육과정에 소비자교육에 관한 내용을 포함시키고 있다. 교사 재교육을 담당하는 기관으로는 주·시의 교사재교육기관, 대학의 연구소, 경제단체, 기업 및 소비자단체 등이 있다.

3. 소비자교육

소비자교육은 소비자들이 소비자로서의 지위와 역할, 권리와 책임을 자각하도록 유도하며, 구매 및 소비활동을 합리적으로 영위하는 데 필요한 소비자지식을 습득하게 하고, 소비자로서의 기능과 태도를 함양시켜 소비자능력을 증진시키기 위한 일련의 교육활동이다.

소비자로 하여금 자신들의 부(富)를 극대화시킬 수 있도록 상품구매 및 소비능력 향상에 필요한 소비자 정보를 획득 · 이용 · 평가하는 방법과 소비자가 현재의 가치관과 라이프스타일 속에서 합리적으로 구매하고 소비할 수 있도록 가르치는 것이다.

1) 소비자교육의 목표

현대 산업사회를 살고 있는 우리 인간들이 보다 나은 생활을 영위하기 위해서는 현명하게 판단하고 올바르게 행동하여야 한다. 그러기 위해서는 일상생활에 필요한 정보와 지식의 축적이 전제되어야 한다.

오늘날의 시장상황을 볼 때, 기업의 판매전략에 따라 소비자가 유도되고 있을 뿐만 아니라 불량상품의 속출, 가격조작행위 등으로 인해 그들의 권익마저 침해받고 있는 실정이다. 그러므로 소비자교육은 소비자로 하여금 스스로 자신의 권익을 실현하도록 하며 소비자세력이 생산자세력과 균형을 이루도록 하는 데 그 목적이 있다.

소비자교육을 자세히 정리하면 다음과 같다.

첫째, 소비자가 합리적으로 재화와 서비스를 구매할 수 있도록 능력을 증진시켜주며, needs와 wants를 구별할 수 있는 현명한 소비자가 되도록 한다.

둘째, 소비자보호 및 피해구제기관과 소비자보호 관련법규를 인지시킨다.

셋째, 광고와 기업의 판매촉진 활동을 이성적으로 평가할 수 있도록 한다.

넷째, 대량생산· 대량판매, 기술의 급격한 발달로 인한 새롭고 복잡한 상품의 출현, 기업의 다양한 판촉전략 등에 대처할 수 있는 능력을 기른다.

다섯째, 저소득층 소비자, 신체장애 소비자, 기타 소외된 소비자 등 특수계층 소비자들도 소비자서비스를 적극적으로 이용할 수 있도록 한다.

여섯째, 소비자문제의 발견 및 해결방안을 강구할 수 있도록 한다.

일곱째, 자신과 가족에 대한 책임감에서부터 지역사회에 대한 사회적 책임의 차원으로 인식을 전환할 수 있도록 한다.

2) 소비자교육의 유형

소비자교육은 가정, 학교, 사회를 중심으로 이루어지는데 가정소비자교육에서는 아동소비자, 학교소비자교육에서는 청소년소비자, 그리고 사회소비자교육에서는 성인소비자를 대상으로 하고 있다. 소비자교육은 생애주기에 따라 가정과 학교 그리고 사회의 차원에서 이루어지면서 유기적으로 연결되는 형태가 되어야 한다.

자녀들은 가정에서 부모들의 소비생활을 관찰하고, 스스로 소비생활에 참여함으로써 소비자 학습이 이루어지게 된다. 또 부모로부터 교육을 받거나 소비생활에 관하여 부모와 대화를 통해서 소비자교육이 자연스럽게 이루어지고 있다.

가정에서의 소비자교육은 자녀의 용돈관리와 구매행동의 지도가 중요한 부분을 차지하고 있다. 어린시절 소비자로서의 경험은 일생동안 영향을 미치기 때문에 자녀들이 효율적으로 화폐를 사용하도록 하기 위하여 부모들의 올바른 교육이 필요하다. 따라서 가정에서의 소비자교육이야 말로 그 중요성이 매우 크다고 하겠다.

학교에서 실시하는 소비자교육은 일정한 교육과정과 교재를 통한 제도교육 하에서 이루어지는 교육이므로 다른 소비자교육방법에 비해 단계적이며 체계적으로 이루어진다. 학교소비자교육은 청소년들의 올바른 소비문화를 형성시키고 합리적 소비생활을 영위해 나갈 수 있는 소비자능력을 제고시킨다는 인간교육에 그 목표를 두고 있다.

사회소비자교육은 성인들을 대상으로 사회적· 경제적 상황에 대응할 수 있는 소비자 능력을 제고시키기 위한 소비자교육이라고 할 수 있다. 사회교육으로서의 소비자교육은 학교소비자교육에 비해, 피교육자의 교육동기를 유발시키기가 어렵다는 측면과 체계적인 교육을 실시하기가 힘들다는 제약점을 갖고 있다.

그러나 사회소비자교육은 소비자의 '재사회화' 과정이라는 측면에서 학교에서 학습하지 못했던 사회변화로 야기된 새로운 소비생활에의 적응, 그리고 실제 생활에 필요한 소비자정보의 제공과 이를 활용할 수 있는 소비자능력을 개발하여 자아욕구를 충족시킬 수 있는 내용을 중심으로 실시된다는 관점에서 중요하다.

〈그림 2-4〉 소비자교육의 유형

제 3 장

소비자 정보처리행동모델

3.1 소비자 정보처리행동 접근방법

블랙박스 모델은 소비자 행동의 전통적 모델로서 특정상황하에서 소비자 행동을 이해하기 위한 가장 간단한 모델형태이다.

이 모델은 소비자의 마음속에서 일어나는 심리적 변화는 관찰할 수 없다는 전제하에 외부로 표출되는 행동들을 관찰함으로써 암흑상자 속의 심리적 변화에 대하여 추론하는 연구방법이다.

그림에서 자극변수는 소비자의 외부환경에 존재하는 것으로서 광고· 정보· 제품 등과 같은 기업의 마케팅활동에 의한 것과 친구나 친지와 같은 타인에 의한 자극 등이 있다. 반응변수는 자극변수에 의해 유발되는 결과변수로서 특정한 몸짓이나 제품의 구매처럼 관찰가능한 행위뿐만 아니라 제품에 대한 지식의 증가, 태도의 변화, 구매의도의 증감 등의 개인의 내부적 반응활동에 속하면서 외부로 들어나지 않는 것들도 있다. 이러한 자극(투입)변수와 반응(산출)변수의 가운데는 인간의 심리장(psychological field)이라고 하는 것이 존재하는데 그 구조를 명백히 관찰할 수 없기 때문에 가설적 추론에 의해서만 설명하고 있다.

이 모델은 자극이 직접적으로 반응을 유도하는 것이 아니라 인간내부의 심리적 측면을 반영하여 동기, 대상에 대한 태도, 외부세계에 대한 지각 등이 포함된다. 이러한 매개변수는 개인마다 차이가 있기 때문에 동일한 자극 하에서라도 상이한 반응이 나타난다..

〈그림 3-1〉 Black Box 접근법과 CIP 접근법의 비교

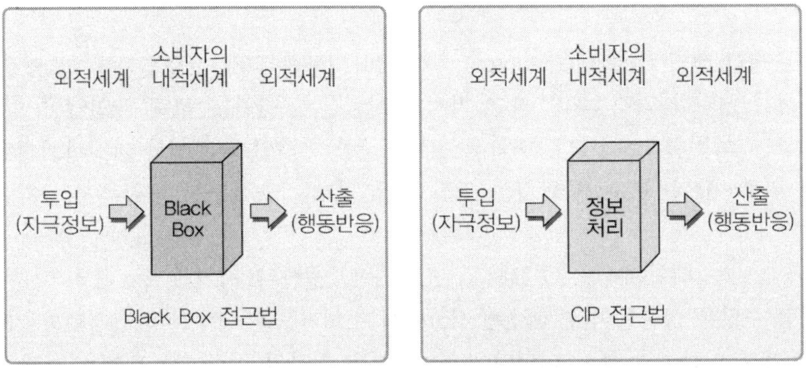

그러나 최근에 주목을 끌고 있는 소비자 정보처리 접근법(Consumer Information Processing Approach : CIP 접근법)에서는 암흑상자 접근법과는 달리 소비자의 내적·심리적 행동을 직접 연구대상으로 하고 있는 것이 특징이다.

CIP 접근법에 의하면 소비자의 심리적 행동이나 변화는 소비자의 내적활동시스템인 감각시스템(sensory system)과 관념시스템(conceptual system)에 의해 결정된다고 한다.

감각시스템이란 인간의 오감(미각, 후각, 청각, 시각, 촉각)의 활동체계를 의미하며 관념시스템 지적 사고를 위한 활동체계를 의미한다.

CIP 접근법은 소비자들이 외적 세계에 존재하는 다양한 자극과 정보를 자신의 내적 감각시스템과 관념시스템에 의해서 지각하고 처리한다고 가정 하에 소비자들의 정보처리행동을 주 연구대상으로 하고 있는 것이 핵심적 특징이다.

CIP 접근법은 최근 소비자 행동 연구가들에게 매우 높은 관심의 대상이 되고 있는데, 그 이유는 제품의 품질, 가격, 상표 등에 대한 소비자들의 정보처리과정을 규명할 수 있다면 소비자 구매행동은 예측 가능하다고 보는 것인데, 결국 의사결정은 정보처리 행동의 함수이기 때문이다.

대한민국 소비자들은 과연 어떻게 소비행동을 하고 있을까? 소비자의 심리적 행동과 외부로 표출되는 행동을 관찰함으로써, 최근 소비시장의 트렌드는 다음의 다섯 가지로 설명할 수 있다.

<사례 3-1> 최근 소비자시장의 트렌드

1. 트레져 헌터(Treasure Hunter) : 최고의 상품을 위해 보물찾기를 한다.

트레져 헌터란 가격 대비 최고 가치의 상품을 구입하기 위해 끊임없이 정보를 탐색하는 '똑똑한' 소비자다. 비약적으로 성장한 온라인 시장에서 자신만의 보물을 찾기 위해 애쓰는 트레져 헌터는 직접 상품 정보를 습득하고 품질을 꼼꼼히 확인한다.

쇼핑경로는 대형쇼핑몰, 중고시장, 오픈마켓, 생산자 직거래 등 매우 다양하다. 이처럼 수많은 상품들이 존재하는 시장에서 소비자들은 다양한 쇼핑경로와 자신만의 쇼핑의 노하우를 통해 어딘가에 숨어 있는 최적의 상품, 즉 보물을 찾기 위해 노력한다.

트레져 헌터의 부상은 소비자들이 더욱 똑똑해지고 있음을 시사한다. 이제 그저 그런 평범한 상품으로는 소비자들로부터 외면당하기 십상이다. 기업은 명확한 상품 포지셔닝을 수립·추진해야 한다. 단순히 고가 혹은 저가의 양극단적 선택이 정답은 아니다. 중요한 것은 가격이 아니라 가치에 있다. 자사제품을 살만한 가치가 충분하다면 소비자들은 기꺼이 지갑을 연다.

'코스트코'는 고급제품을 할인 가격에 파는 전략으로 저가 유통 월마트와의 차별화에 성공했다. 코스트코는 고급제품 가운데 과다한 재고를 보유하고 있는 제품이나 생산 중단된 제품을 사들여 14% 할인된 가격에 판매한다. 고급소비에 대한 니즈를 가지고 있으나 주머니 사정도 고려해야 하는 일반 소비자들에게 '최저가격이 아닌 최고 가치'를 제공하고 있다.)

2. 아티젠(Artygen) : 예술을 담은 상품이 좋다.

아티젠은 '감성세대(Art Generation)를 줄여서' 만든 말로 세련되고 예쁜 디자인을 넘어서 예술을 담은 디자인 상품을 선호하는 소비자를 일컫는 말이다. 패션회사 쌈지가 앤디 워홀의 디자인을 적용한 의류 상품을 선보인 것은 이런 추세를 반영한 것이라고 보고서는 소개했다.

최근 아트디자인은 패션은 물론 전자, 가구, 인테리어, 건축 등 다양한 산업으로 확장되고 있다. LG전자는 꽃의 화가라 불리는 하상림의 작품을 접목한 '아트 디오스'를 출시해 인기를 모으고 있다.

3. 크리슈머(Cresumer) : 기업의 활동에 깊숙이 관여한다.

크리슈머는 창조적인 소비자(Creative Consumer)을 의미한다. 그들은 단순한 고객 모니터링과 단발성 이벤트에 수동적으로 참여하는 것을 넘어 기업의 제품 개발, 디자인, 판매 등에 적극적으로 개입한다. 크리슈머의 경영참여는 소비자와 기업과의 직접적인 커뮤니케이션을 통한 쌍방향 마케팅 전략의 일환이다. 과거 옴브즈맨 제도가 진화한 프로슈머의 전형이라고 할 수 있다.

롯데마트는 PB(자체브랜드)상품 개발과 판매의 전 과정에서 소비자를 참여시키고 있다. 식품의 경우 20여 명의 크리슈머가 샘플 상품을 미리 시식한 후 작성한 평가 결과를 반영해 최종적으로 PB상품을 결정한다. 이 과정에서 크리슈머로부터 좋은 반응을 얻지 못하면 상품개발을 다시 하는 과정을 거치게 된다.

4. 몰링(Malling) : 쇼핑과 여가, 두 마리 토끼를 잡는다.

몰링은 대형 쇼핑몰에서 쇼핑뿐만 아니라 오락 등 다양한 여가 활동을 즐기는 소비 행위를 일컫는다. 이제 쇼핑의 개념이 달라지고 있다. 단순히 물건을 사는 행위를 넘어 쇼핑 자체를 하나의 즐거운 경험으로 여기는 소비자들이 늘고 있다.

서울 삼성동의 코엑스몰에는 가족 또는 연인과 함께 쇼핑과 외식, 영화, 오락 등 여가를 동시에 즐기는 몰링족들이 몰려들고 있다. 해외에서도 몰링은 보편적 소비 패턴으로 자리 잡고 있다. 미국의 몰 오브 아메리카, 일본의 커넬시티, 홍콩의 하버시티 등은 몰링족을 위한 대표적 공간으로 자리 잡았다.

5. 마이크로미디어(Micro-media) 소비 : 1인 미디어로 세상과 소통한다.

마이크로미디어 소비는 네티즌들이 온라인상에서 1인 미디어인 UCC(사용자 생산 콘텐츠), 블로그, 미니 홈피 등을 제작/공유하는 것을 의미한다. 마이크로미디어 소비는 TV, 신문 등의 시청 및 구독을 일컫는 매스미디어 소비와 상반된 개념이다.

최근 소비자들은 기업에 의해 일방적으로 업데이트되는 정보 및 콘텐츠를 수동적으로 소비하는 것에서 벗어나 적극적인 정보 생산자 및 주체로 거듭났다. 실제로 웹 2.0 등 인터넷의 발달에 힘입어 마이크로미디어에 대한 소비가 크게 늘고 있는 상황이다.

출처 : LG경제연구원, 2007.7.2

<사례 3-2> 천편일률적인 모습은 싫다. 형식을 파괴하는 과감함이 필요하다.

광고효과에 대한 연구결과

1980년대

· 한 광고 안에서 같은 내용의 이미지를 반복적으로 보여 주면 효과가 크다는 연구결과가 많았음

1980년대 후반

· 사람의 지적발달 능력에 기초한 학습효과 이론이 등장
· 광고시간이 길수록 시청자들이 광고에 함축된 의미와 메시지의 적정성을 더 잘 파악한다는 연구결과임

⇩

광고는 TV시간대를 돈 주고 사는 것이기 때문에 투입비용과 광고의 매출효과를 토대로 시간당 광고비용을 따져봐야 한다는 견해도 많음

최근 '시간파괴' 광고가 등장하고 있다. 기존의 TV광고 시간은 대부분 15~20초, 이 시간에 각종 상품의 특성이나 기업 이미지를 하나의 말과 행동, 이미지로 보여주어야 한다. 그런데 광고시간을 기존의 절반으로 확 줄이거나 4배로 늘린 광고가 잇달아 선보여 눈길을 끌고 있다. 과거 국내외 연구사례를 보면 '광고효과는 광고시간에 비례한다'는 것이 정설로 돼 있는데, 광고환경과 비용 대비 효과 등을 감안하면 반드시 그런 것만은 아니라는 의견도 있다.

그 첫 번째 사례는 'KTF, 7.5초에 승부를 건다'이다. 이동전화회사 KTF의 '해브 어 굿 타임(Have a good time)' 광고는 보다 짧은 시간에 시청자의 눈길을 사로잡는 전략을 택했다. 이동전화번호 앞자리가 '010'으로 통일되면서 이동통신 회사들은 기업이미지 제고에 사활을 걸고 있는데요. KTF는 좀더 파격적인 형식으로 고객들에게 접근하는 방식을 선택한 것이다. 7.5초짜리 기업이미지 광고 5개를 계속 방영함으로써 '고객의 시간은 소중하고 KTF는 고객에게 소중한 시간을 만들어준다'는 이미지를 굳힌다는 전략입니다. 일반광고와 달리 대사도, 배경음악도 없이, 오로지 'Have a good time'이라는 모토만을 전달합니다. 이동통신회사를 대표했던 011, 016, 019 등 식별 번호가 사라지는 만큼 확실하게 튀어야만 고객의 기억에 남는다는 판단에서이다.

그 두 번째 사례는 '삼성생명, 60초로 감성에 호소'입니다. 생명보험회사의 특성을 반영하여, 지금처럼 경기가 어려울 때 보험사가 서민의 든든한 버팀목이 된다는 점을 강조했다. 조금이라도 생활비를 아끼기 위해 재래시장에서 물건을 고르는 아내, 회사 업무에 지쳐 좌석버스에서 졸며 퇴근하는 남편, 그리고 언제나 힘을 주는 자녀들…. 이들 가족 곁에 항상 삼성생명이 있다는 이미지를 전달하고, 시간대도 심야시간이 아닌 주말 프라임 타임에 맞춰 '선택과 집중'의 원칙을 선택했다.

제일기획 이정은 차장은 "생명보험사의 특성에 맞게 시청자의 감성에 호소하고 뭉클한 감동을 주기 위해 광고시간을 길게 했다."고 설명한다.

80년대 미국에서는 한 광고 안에서 같은 내용의 이미지를 반복적으로 보여주면 효과가 크다는 연구결과가 많았다.

그러나, 80년대 후반으로 넘어가면서는 사람의 지적발달 능력에 기초한 학습효과 이론이 등장했다. 광고시간이 길수록 시청자들이 광고에 함축된 의미와 메시지의 적절성을 잘 파악한다는 연구결과인데요. 어쨌든 더 많이, 더 길게 보여줘야 광고효과가 크다는 이론이다.

하지만 광고는 TV 시간대를 돈 주고 사는 것이기 때문에 투입비용과 광고의 매출효과를 토대로 시간당 광고비용을 따져봐야 한다는 견해도 많습니다. 눈길을 끌고 있는 '시간파괴 광고'가 어떤 성과를 낼지 두고 볼 일이다.

· 7.5초짜리 기업이미지 광고 5개를 계속 방영함으로써 '고객의 시간은 소중하고 KTF는 고객에게 소중한 시간을 만들어 준다'는 이미지를 굳힌다는 전략!

3.2 소비자 정보처리과정

1. 소비자정보처리 과정

소비자는 자극에 대하여 반응하면서 이들 자극 중 일부를 선택하여 자신에게 유용한 정보로 가공하여 저장한다. 이에 따라 현재 직면하고 있는 문제뿐만 아니라 앞으로 발생할 수도 있는 새로운 의사결정 상황에 이들 정보를 활용할 수 있게 된다.

소비자의 정보처리과정은 기억이라는 인지적 저장창고에 정보를 저장하기 위해 정보를 가공하고 수용하는 것을 의미한다. 소비자는 특정 자극을 선택·이해·수용할 뿐 아니라 적당한 수단을 이용하여 이를 저장한다.

소비자 정보처리과정을 하나의 인지과정으로 가정하게 되면 자극에 노출이 되면서 시작되는 일련의 과정을 해석과정과 통합과정으로 양분할 수 있다. 소비자의 인지적과정은 환경으로부터의 외적 자극이나 정서적 반응과 같은 내적 자극 요인에 의해서 시작된다. 욕구와 관련된 정보에 노출되면 소비자는 자신의 관심사, 가치관 그리고 지식을 기준으로 그 의미를 해석하고자 한다. 해석과정에서는 물리적·사회적 환경의 측면뿐만 아니라 개인의 행동이나 심리상태의 측면에서도 중요하게 여겨지는 속성을 기준으로 그 의미를 이해하려고 한다.

일반적으로 소비자의 정보처리과정은 노출, 주의, 이해, 수용, 보유의 다섯 단계 활동과정으로 구분한다.

〈그림 3-2〉 소비자 정보처리행동모델

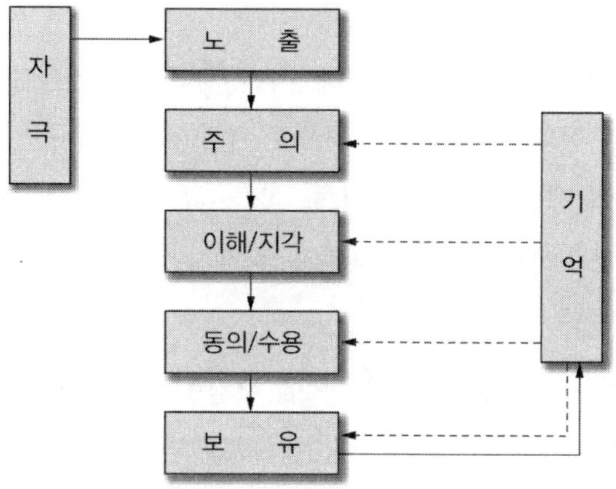

노출단계

노출(exposure)은 마케팅자극을 감지하는 단계로서, 어떤 자극이 소비자에게 투입되면 에너지가 소비자의 오감(미·시·청·후·촉감) 중 어떤 감각기관과 접촉하여 감각등록기가 환기 또는 활성화되어 소비자가 그 자극요인에 물리적으로 접근하게 되는 현상이다.

이러한 자극은 소비자에게 노출되어야만 비로소 정보처리행동이 시작된다. 정보가 소비자에게 필요하고 유용한 것이라고 하더라도 소비자에게 노출되지 못하면 무용지물이 된다. 따라서 마케터는 가능한 한 많은 소비자에게 정보를 노출시키고 이 정보에 주의하도록 해야 한다.

소비자 개인의 성격이나 특성에 따라 노출된 광고의 효과가 모든 소비자에게 유용한 것은 아니다. 그러나 최근 광고시간과 광고빈도를 높이는 것이 노출에 효과적이라는 통념을 깨고 7.5초의 짧고 강력한 광고메시지가 시도되어 광고의 노출효과뿐만 아니라 주의집중효과를 거두고 있다.

노출의 유형

① 의도적 노출

특정한 목적을 갖고 정보탐색을 위해 어떤 자극에 스스로를 노출시키는 것이다. 주로 외적 정보탐색을 하여 의도적으로 정보에 접근하는 것이다. 어떤 제품을 구매하기 위하여 관련 인터넷 사이트, 신문, 잡지, 브로셔 등에서 정보를 탐색할 때는 해당자극에 대한 의도적인 노출을 하게 되는 것이다.

② 우연적 노출

소비자의 의지와는 상관없이 우연적으로 오감을 통하여 감지되는 자극을 말한다. 길을 가다가 옥외 광고인 대형전광판을 보게되는 경우, 지하철 벽에 부착된 광고를 보는 경우 등 수많은 광고에 우연히 노출이 되고 있다.

③ 선택적 노출

자신에게 필요없거나 관심이 없는 정보는 의식을 하지 않고, 자신에게 필요한 정보는 의식적으로 노출시킨 것이다. 냉장고나 에어컨 등과 같은 가전제품에는 주부들이 선택적 노출을 주로하고 신형의 휴대전화나 MP3 등은 청소년들이 선택적 노출을 주로 한다.

주의단계

유입된 자극 중에서 일부를 선별하여 특정 자극에 정보처리능력을 집중시키는 단계이다.

인간의 정보처리능력에 한계가 있기 때문에 노출되는 모든 자극에 주의를 기울이지 못다. 선택된 특정 자극에만 정보처리능력을 할당하고 집중하게 되는데 이것을 선택적 주의(selective attention)이라고 한다. 마케터가 제공한 자극이나 정보가 소비자에게 노출되었다 하더라도 주의를 끌지 못하면 무의미하다. 따라서 주의 끌기 위한 마케팅전략이 필요함을 알 수 있다.

광고에 접한 소비자들로 하여금 궁금증을 유발시켜 관심을 갖게 하고 시리즈 형식으로 광고를 하는 티저광고가 한 예이다.

주의(attention) 현상은 다음과 같이 세 가지 유형으로 구분할 수 있다.

▸계획적 주의(planned attention) : 소비자가 의식적으로 특정 자극에 관심을 보이는 현상이다. 소비자는 쇼핑이나 구매에 필요한 정보를 얻기 위하여 의도적으로 정보탐색을 함으로써 노출을 시도하고 노출된 정보를 주의 깊게 관찰하는 목적지향적 주의현상이다.

▸무의식적 주의(involuntary attention) : 외부자극이 강렬해서 무의식적으로 그 자극에 관심을 보이게 되는 현상이다. 어떤 갑작스런 상황이나 자극에 의해 의식적이지 않은 채로 관심을 갖게 되는 관심표출현상이다.

▸자발적 주의(spontaneous attention) : 주의를 기울이는 행동이 의식적이긴 하지만 목적지향적은 아닌 주의의 유형으로서 새롭고 신기한 자극이 주어졌을 때, 자연적인 호기심으로 인해 발생하는 관심 표출 현상이다.

<사례 3-3> SK 텔링크

소비자는 어떤 제품을 광고하는지 모르는 상황 하에, 차범근 부부가 싸웠다는 광고에 노출되고, 이 광고는 소비자들로 하여금 왜 싸웠을까?라는 호기심을 자극하여 주의하게 만든다.

그 호기심을 더욱 자극하기 위하여 파경위기라는 강력한 메시지를 전달하고 소비자는 도대체 무슨 광고이길래?라는 호기심이 더 커지게 된다.

소비자의 호기심을 자극하여 주의를 끌은 후 비로소 하단에 00700에 관한 정보를 제공하며, 확대해 나간다.

휴대폰도 집전화도 국제전화 00700이라는 확대한 광고를 노출하며 화목한 상태로 결론을 맺는다. 이와 같이 정보의 일부만을 제공하다가 점진적으로 정보를 확대하면서 시리즈 형식으로 광고를 내보내는 티저광고는 소비자들의 호기심을 자극하여 주의를 끌기 위해 많이 이용되는 광고 방식의 한 예이다.

이해 및 지각단계

소비자가 선별된 자극을 해석하고 의미를 부여하는 단계이다. 소비자가 어떤 자극에 주의를 집중하게 되면 그 자극(정보)을 어떻게 이해하고 해석하느냐에 따라 태도와 동방향이 다르게 결정된다. 일단 자극이 소비자에게 의미있는 정보로 해석이 되면 다음 의사결정 때 활용할 것인가에 대한 것을 결정하게 된다. 이해는 유입된 정보의 내용을 조직화하는 지각적 조직과 그 정보의 의미를 해석하는 지각적 해석의 유형으로 분류한다. 주의와 이해는 명확히 구분하기가 어려우므로 이 두 개념을 지각이라는 하나의 개념으로 이해하기도 한다.

수용단계

지각된 자극의 메시지가 소비자에게 의미있는 유용한 정보로 해석되어 그 내용과 의미가 이해되면 소비자는 해석된 정보에 대해 앞으로의 의사결정상황에서 이를 활용할 수 있는 가능성을 결정한다. 이때 지각된 자극의 메시지가 하나의 가치 있는 정보로서 지각주체의 신념 가치 태도 등이 형성되는 인지체계 속에 수용되는 과정이다. 수용(yielding/acceptance)이란 기존의 인지내용을 재확인시키거나 수정 또는 변경시킴을 의미한다. 따라서 수용된 정보는 향후 소비자의 구매행동에 영향을 미칠 확률이 매우 높다. 즉 수용된 정보는 특정시점에 기억에서 인출되어 구매의사결정에 직접 이용될 수 있음을 의미한다. 그러나 자극 메시지가 모두 인지체계 속에 수용되는 것은 아니다. 어떤 자극메시지가 완벽하게 이해되었다 하더라도 지각주체가 그 자극메시지에 동의하기 않으면 결코 인지체계에 영향을 끼치지 못한다.

지각된 자극에 대한 지각주체의 인지적 반응 유형은 일반적으로 세 가지 유형이다.

- 동의 : 정보메시지의 의미에 대한 찬성과 승인의 긍정적 반응으로서 이때에만 인지체계 속에 수용되어 신념/가치/태도 등에 영향을 미친다.
- 거부 : 정보메시지의 주장에 대한 부정적 반응
- 정보원 불신 : 메시지원천에 대한 부정적 반응

보유 및 기억 단계

보유(retention)는 수용된 자극메시지를 기억 속에 저장하는 과정으로서 기억 속에 보유되어도 반복학습되지 않으면 망각되기 쉽다. 반복학습을 통하여 장기기억 속에 저장하게 된 정보는 필요한 시점에 다시 인출되어 구매의사결정의 기초자료로 활용된다.

〈그림 3-3〉 기억(memory) 시스템

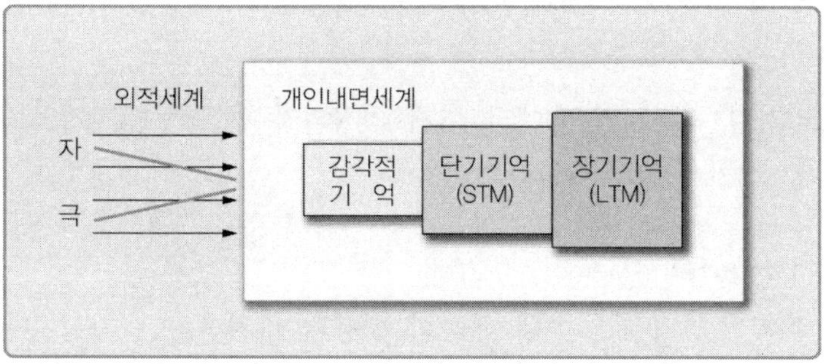

감각적 기억(Sensory register)

감각등록기는 외부로부터 입력된 정보를 오감을 통해 처음 보관하는 곳이다. 감각기관을 통해 현실세계의 자극이 본래 모습 그대로 잠시 보존되는 것으로서 감각적 기억시스템은 수용능력이 매우 커서 눈, 코, 입 등 감각기관을 통해 많은 자극을 감지하고 정보처리과정을 통하여 여과한다. 기억의 지속시간은 매우 짧아 불과 몇 분의 1초밖에 되지 않음으로 다음단계인 단기기억으로 이전되지 않은 정보는 곧 망각된다.

단기기억(Short-Term Memory : STM)

일 단계의 지각적 처리를 거친 정보가 단기기억고 속에 보유되어 정보처리된다. 단기기억은 정보를 잠시 보관하는 역할뿐만 아니라 장기기억 속에 저장되어 있는 관련정보를 인출하여 이들 정보를 분류·종합·해석하여 실제 사용할 수 있는 정보로 만드는 역할을 한다. 따라서 정보의 단기 보유뿐만 아니라 정보를 이용 가능하도록 적절히 운용한다하여 운용기억(working memory) 또는 작업공간(work space)이라고도 한다. 인간의 단기기억고는 그 수용능력이 제한되어 있어 동시에 많은 양을 수용하지 못하고 대체로 동시에 5~7개 정도만을 수용하기 때문에 기억하기에 용이한 특성을 지니고 있지 않은 정보는 단기기억고에 쉽게 저장되기 어렵다. 그러므로 단기기억에 저장된 정보는 예행연습(rehearsal)되거나 반복해서 학습되지 않는 한 이내 망각되기가 쉽다. 이러한 단기기억시스템은 마케터에게 중요한 마케팅적 시사점을 제공한다. 즉 제품, 상표명, 광고 등은 소비자들이 일단 단기기억고에 쉽게 보유할 수 있도록 하고 경쟁제품과 식별이 가능한 특징을 만드는 것이 중요하다.

또한 소비자의 단기기억 속에서 쉽게 망각되지 않도록 단기기억을 강화시켜 장기기억고로 이전시키는 전략이 필요하다.

장기기억(Long-Term Memory : LTM)

지각된 정보가 인지체계 속에 완전히 수용되어 지속적인 지식이나 정보로서 저장되는 상태이다. 인간의 장기기억 수용능력은 무제한적이며 영구적인 기억으로서 시각, 청각코드 등의 다양한 코드형태로 기억된다. 장기기억은 평상시에는 의식으로부터 단절되어 있다가 정보처리가 이루어질 때 정보처리와 관련된 정보가 의식수준으로 인출되어 정보처리가 이루어진다. 이러한 사실에 기초하여 단순히 기억을 장기간 보유한다는 의미의 '장기기억'을 영원히 정보를 저장한다는 의미인 '영구기억(permanent memory)'이라고도 한다.

<사례 3-4> KTF 광고 성공 스토리

'쇼'를 했다… '대박' 터졌다
'만년 2등' 이미지 벗고 영상통화 1위로

2006년 여름, 제일기획의 광고기획 6팀은 거의 매일 야근을 했다. '지금까지 없는 새로운 서비스, 동종업계 2위에서 1위로 올라서는 콘셉트, 일반인들의 눈길을 확 끄는 매력' 등의 조건들을 만족시키는 3세대(3G) 이동통신 서비스 광고를 만들어야 했다.

우선 이름부터 고민이었다. 네이밍 전문 업체와 수십 번 회의하고, 사내 공모까지 진행해 500여 개의 명칭 후보를 모았다. 최종적으로 비욘드(V-yond), 홧(What), 더블유(W), 쇼(SHOW) 등 4개를 뽑았다. 쇼는 부정적인 느낌을 준다는 이유로 우선순위에서 밀렸다. 하지만 "오히려 기존의 틀을 깰 때 혁신적인 브랜드가 되지 않느냐"는 조영주 KTF 사장의 결단으로 쇼는 세상의 빛을 보게 됐다.

쇼는 광고업계에서 대히트를 쳤다. 제일기획은 쇼 광고로 2007 대한민국광고대상을 받았고, 프랑스 칸에서 열리는 '2008 칸 국제 광고제'에서는 쇼 마케팅 성공사례를 발표했다. 제일기획 측은 쇼 광고의 매력에 대해 "3단계 광고 전략이 제대로 주효했다"고 설명한다.

우선 도발적인 문구를 담은 티저(Teaser)광고로 호기심을 일으켰다. 2007년 2월 "세상에 없던 세상이 기다리는 쇼가 시작된다"는 슬로건을 담은 광고를 내보내면서 쇼에 대한 정보를 주지 않았다. KTF이름도 철저히 숨겼다. 기존 음성통화 시장에서 '만년 2등'이라는 꼬리표를 달고 있는데, 새 영상통화 시장에서도 그런 이미지가 겹치면 신선함을 주지 못하기 때문이다.

2007년 3월1일 제일기획은 쇼의 실체를 공개했다. 이때부터 이미지 광고와 메시지 전달 광고에 주력했다. 광고 제작진은 쇼의 핵심 가치로 '창의성'을 꼽았고, 광고도 형식과 내용에서 새로움을 강조했다. 한국을 대표하는 예술가인 백남준 선생을 등장시켜 '똑같은 걸 하느니 차라리 죽지!'라는 광고를 내보낸 게 대표적인 예다.

메시지 전달도 중요하게 여겼다. 제품의주요 속성을 광고에 담아야 실제 제품 소비가 일어나기 때문이다. 제일기획은 '영상전화'편을 통해 사람들이 똑같이 "사랑해"라고 말하지만 표정이나 상황에 따라 얼마나 다양한 의미를 갖는지 보여 줬다. 듣지 못하는 친구를 위해 손그림자로 케이크와 초를 만들어 축하하는 광고도 내보냈다.

이 메시지 광고는 영상통화를 주요 특징으로 하는 3G 이동통신의 특징을 잘 보여 줬다는 평가를 받았다. 그런 만큼 쇼 가입자도 빠르게 늘어났다. 2008년 6월14일 현재 쇼가입자가 600만 명을 넘어섰고, KTF는 3G시장에서 1위를 달리고 있다.

출처 : 〈동아일보〉, 2008.6.19

한국의 웰빙 정서는 개인적인 차원의 행복을 추구하는 '개인의 가치'에 두고 있다. 전반적으로 인간의 수명이 길어지면서 소비자들은 남녀노소를 불문하고 건강에 관심을 보이고 있다.

<사례 3-5> 한국의 웰빙정서

뽕나무의 재발견 · · · "성인병 · 다이어트에 좋다" 인기
뽕잎 · 오디 넣은 음료, 냉면 제품 잇따라

최근 뽕나무 열매(오디)와 뽕잎을 원료로 한 웰빙 식음료들이 부쩍 눈에 띈다. 뽕나무 성분이 함유된 식초음료, 두유, 냉면 등 신제품이 쏟아져 가히 '뽕나무의 재발견'이라고 부를 만하다.

어린 시절 뽕밭에서 입 주위를 까맣게 물들이며 오디를 따먹던 중 · 장년층에겐 향수를 일깨우는 건강식품으로, 젊은 층에게 새로운 다이어트 식품으로 부각되며 인기를 끌고 있다. 뽕나무가 웰빙 먹거리 재료로 부각된 것은 어떤 먹거리 재료보다 영양소가 풍부하고 성인병 예방에 도움이 되기 때문.

뽕나무 잎과 오디는 녹차보다 섬유질이 4.7배나 많고 50여종의 미네랄, 20종의 아미노산, 59종의 유기성분이 함유돼 있다. 특히 예로부터 오디 속의 '가바'와 '루틴'이란 성분은 고혈압 · 당뇨 · 건망증 · 소화장애 등 각종 성인병을 억제하는 효과가 있는 것으로 알려져 있다. 청정원은 국산 뽕잎과 오디 과즙을 넣은 '청정원 마시는 홍초 오디'를 선보였다.

신제품 출시 후 한 달간 3,000만 원 이상 팔리면 '대박'으로 보는 식초음료 시장에서 이 제품은 한 달 새 5,000만 원 이상의 매출을 올려 데뷔가 성공적이란 평이다. 청정원 홍보차장은 "오디에는 소량의 당분이 들어 있어 새콤달콤하면서 향기가 좋아 젊은층에서도 인기"라며 "예로부터 의약서에 오디가 성인병 치료제로 많이 쓰였다는 점에 착안해 오디를 이용한 상품을 만들게 됐다"고 설명했다.

뽕잎 음료도 있다. 롯데칠성은 '내 몸에 흐를 류(流)를 출시했다. 대한한의사협회에서 인증받은 순환차로, 음료업계에선 처음으로 뽕잎을 재료로 사용했다. 롯데칠성 관계자는 "몸 속 모세혈관을 강화해 신진대사와 순환을 원활하게 해 준다는 뽕잎 성분이 다량으로 들어가 있어 생리통과 변비를 겪는 20~30대 여성들이 주로 구입한다"고 말했다.

2008년 5월 매출이 15억 원으로 4월에 비해 10%가량 늘었다. 매일유업은 두유에 오디 등을 넣은 '뼈로 가는 칼슘두유 흑(黑)'을 출시했다. 이 제품은 항산화 작용을 하는 것으로 알려진 오디, 검은 깨, 검은 콩, 흑미, 아마씨, 흑마늘 등 검은색 식재료를 원료로 한 점이 특징. 이 밖에 CJ제일제당은 뽕잎을 면발에 담아 '남원골 뽕잎냉면'을 2007년 여름 출시해 꾸준히 매출을 올리고 있다. 관계자는 "뇌혈관을 강화하는 루틴성분이 일반 메밀보다 18배나 많고 혈압까지 낮춰준다는 연구결과를 토대로 제품을 만들었다"고 설명했다.

출처 : 〈한국경제〉, 2008.6.17

3.3 소비자 정보처리 행동의 특징

소비자는 기업의 마케팅활동이나 다른 외적 탐색에 의해 특정 자극에 노출된다. 이러한 자극 정보는 소비자의 지각 능력이나 시간상의 제약으로 인해 일부만 소비자에 의해 수용된다. 이때 수용된 정보는 효과의 위계에 의해 일정한 단계를 거치면서 처리된다. 효과의 위계란 '설득 커뮤니케이션에 노출된 소비자가 경험하는 정신상태와 행동의 단계'이다.

외부의 자극이 감각등록기에 등록되면, 감각기관은 신경계를 통해 대뇌의 기억장치로 전달한다. 이렇게 전달된 자극은 자세히 분석되어 새로운 의미로 지각된다.

소비자 정보처리 모델에 의하면 마케팅주체가 제공하는 정보나 자극은 소비자에게 노출되어 소비자의 기억 속에 의미있는 어떤 것으로 보유되기까지 다섯 단계의 정보처리과정을 거치게 된다. 그리고 그 정보가 어떤 것이든 이들 다섯 단계의 과정을 원활하게 통과해야만 비로소 정보로서 효과를 나타내게 된다. 가령 광고 메시지가 소비자에게 제대로 노출되지 않았다거나, 노출은 되었다 하더라도 주의를 끌지 못했다거나, 또는 광고메시지가 소비자에 의해 마케팅주체의 의도와는 상반되게 해석되는 등 정보처리과정의 어느 한 단계에서라도 문제가 발생하게 되면 사실상 광고효과는 제대로 발생하지 못한다.

마케팅주체가 제공하는 정보는 소비자의 내부에서 다섯 단계의 처리과정을 모두 원활하게 거쳐야 하기 때문에 항상 마케팅주체가 의도하는 대로 결과를 기대하기란 사실상 어려운 문제다. 만일 각 단계마다 성공률이 50%정도 된다고 가정하더라도 최종적인 정보효과발생 기대치는 3.125%(즉, 0.55=0.03125) 밖에 안 된다는 점만 보아도 이를 쉽게 이해할 수 있다. 흔히 광고가 기대한 만큼의 효과를 얻는데 성공할 확률보다는 실패할 확률이 높은 이유도 바로 이 때문이다. 1,800개의 TV 상품광고를 대상으로 조사한 한 연구보고서에 의하면 광고에 노출된 사람들 중 광고된 상품명을 기억하는 사람은 겨우 16%에 불과한 것으로 나타났다. 따라서 마케팅주체가 정보활동의 효과를 높이기 위해서는 소비자의 정보처리행동에 영향을 미치는 요인들에 대하여 깊이 이해하는 일이 무엇보다도 중요하다.

■ 정보처리 행동에 관한 일반적인 특성

(1) 소비자의 정보처리 능력은 무한하지 않고 제한적이다. 따라서 많은 정보를 동시에 처리할 수 없으며, 그 결과 선별적인 처리를 하게 된다. 또한 일반적으로 최적의 처리결과를 산출하지 않으며, 만족할만한 수준에서 처리를 종결시키려는 경향이 있다.

(2) 소비자의 정보의 처리는 전적으로 소비자의 마음속에서 이루어지므로, 정보처리의 전 과정에 걸쳐서 소비자의 지각 및 인식구조와 소비자의 사고능력에 영향을 주는 "기억"의 역할이 매우 중요하다. 즉 소비자의 기억고에 보유되어 있는 기존의 지식과 경험은 정보처리의 전 과정에 걸쳐 지대한 영향을 미치게 된다. 이를테면 며칠 후에 있을 가족 구성원의 생일을 기억하고 있는 소비자는 그렇지 않은 소비자에 비해 선물용품으로 적당한 상품이 광고될 때 좀더 많은 주의를 기울이게 되고, 그 광고가 제공하는 정보의 처리에 보다 적극성을 보이게

될 것이다.

(3) 소비자의 정보처리는 다분히 상황중심적이다. 상황에 따라 정보에 대한 소비자의 지각이 달라지고 정보처리과정이 상이해진다. 정보처리의 기본 목적이 외적 세계에 대한 대응하기 위한 방안에 있기 때문에 정보처리과정은 상황에 따라 상당히 신축성이 있고, 상황적응적인 특성이 있다.

<사례 3-6> 입구엔 과일코너 '기저귀 옆엔 맥주'

지난달 말 문을 연 이마트 하남점에는 계산대 옆 진열대 크기가 다른 점포보다 1.5배 크다. 걸려 있는 제품들도 건전지, 껌, 초콜릿 등의 품목 대신 참외, 사과 등 제철 과일을 1, 2개씩 담은 소포장 제품, 200g짜리 1인용 혼합잡곡 제품 등이 진열돼 있다. 가족 단위 쇼핑객에 비해 상대적으로 쇼핑 동선이 짧은 싱글족들을 겨냥했다는 게 이마트 측의 설명이다.

경영학에서는 장기간에 걸쳐 고객의 구매습관과 동선을 분석해 맞춤형 점포로 운영효율을 극대화하는 것을 데이터 마이닝(Data Mining)이라고 한다. 데이터 마이닝의 사례로 언급되는 단골메뉴는 월마트의 '맥주와 기저귀' 사례이다. 퇴근길에 아내의 부탁으로 기저귀를 사러 마트에 들렀다가 함께 맥주를 구입하는 소비자가 많다는 것에 착안해 월마트가 두 제품을 함께 진열하자 매출이 늘었다는 것이다. 국내 유통업체들도 고객의 편의를 고려해 연관 제품을 한자리에 진열하는 추세이다.

이마트 도농점은 우유와 시리얼을 함께 구매하는 고객이 많다는 점에 착안해 아예 우유 판매대 한가운데에 시리얼 판매대를 설치했습니다. 매출은 400% 늘었으며 이마트 방종관 마케팅팀장은 "2, 3년 전만 해도 연관진열 품목 수가 3, 4개였지만 최근에는 30여 개로 늘었다."며 "신규 점포는 매장 설계 때부터 연관 진열을 고려한다."고 말했다.

같은 대형마트지만 매장 진열도 지역별로 차이가 있습니다. 롯데마트는 전체 라면 매출에서는 신라면이 1위지만 지역별 매출 선호도에 따라 서울 등 수도권과 충청권에서는 신라면을, 영남권에는 안성탕면을, 호남권에서는 삼양라면을 가장 넓게 진열한다.

또한 홈플러스는 기후에 민감한 소비자의 취향을 감안해 매주 매장 진열을 바꾼다. 이번 주부터 면류 판매대에 진열된 스파게티 제품을 줄이고 냉면을 늘렸다. 같은 가공우유라도 소비자가 선호하는 순서대로 왼쪽에서 오른쪽으로 바나나, 딸기, 초코, 커피맛 순으로 배치한다.

출처 : 〈동아일보〉, 2008.6.14

국내 유통업체들도 고객의 편의를 고려해 연관제품을 한자리에 진열하는 추세임

- 이마트 도농점은 우유와 시리얼을 함께 구매하는 고객이 많다는 점에 착안해 아예 우유 판매대 한가운데에 시리얼 판매대를 설치 → 매출은 400% 늘었음
- 이마트 방종관 마케팅팀장은 "2, 3년 전만해도 연관진열 품목 수가 3, 4개였지만 최근에는 30여 개로 늘었다."며 "신규 점포는 매장설계 때부터 연관진열을 고려한다."고 말했음

- 같은 대형마트지만 매장 진열도 지역별로 차이가 있음
- 롯데마트는 전체 라면 매출에서는 신라면이 1위지만 지역별 매출 선호도에 따라 서울 등 수도권과 충청권에서는 신라면을, 영남권에서 안성탕면을, 호남권에서는 삼양라면을 가장 넓게 진열

- 홈플러스는 기후에 민감한 소비자의 취향을 감안해 매주 매장 진열을 바꿈
- 이번 주부터 면류 판매대에 진열된 스파게티 제품을 줄이고 냉면을 늘렸고, 바나나, 딸기, 초코, 커피맛 순으로 배치함

정보처리의 기본 목적이 외적 세계에 대한 대응책을 마련하는 것이기 때문에 정보처리과정은 상황에 따라 상당히 신축성이 있고, 상황적응적 특성을 갖는다. 따라서 소

비자의 정보처리는 다분히 상황중심적이다.

정보처리의 전 과정에 걸쳐서 소비자의 지각 및 인식구조와 소비자의 사고능력에 영향을 주는 '기억'의 역할이 매우 중요하다. 즉 소비자의 기억고에 보유되어 있는 기존의 지식과 경험은 정보처리의 전 과정에 걸쳐 지대한 영향을 미치게 된다. 경기침체와 고유가가 지속되고 있는 요즈음 소비자들의 정보처리행동을 보자.

<사례 3-7> 고유가 시대, 소비자들이 달라졌다.

2008년 고유가・고물가 속에 소비자들의 구매 패턴이 '지름신'에서 '짠돌이'로 바뀌고 있는 것으로 분석됐다. 또 명품 붐에 힘입어 백화점의 강세가 두드러진 반면 서민 소비 위축으로 재래시장의 부진은 더 심화된 것으로 조사됐다. 신세계가 23일 전국 7개 신세계백화점과 114개 이마트의 상반기(1월~6월) 소비 패턴과 각 부문의 마케팅 자료를 분석한 결과 소비양극화(polarization)심화, 계획구매(planned purchase) 증가, PL(자체상표 = PB)상품 매출확대, 인구・세대가 밀집된 포켓(pocket)상권 점포 강세 등 이른바 '4p현상'이 두드러졌다고 분석했다.

신세계는 소비 양극화 현상이 더욱 심해져 소득계층 간, 백화점 및 대형 마트 등 기업형 유통업체와 재리시장 간 극심한 소비 편차가 나타나고 있다고 지적했다. 신세계백화점의 상반기 매출은 2007년 같은 기간 대비 19%, 이마트 7% 신장했지만 서민들이 주고 찾는 재래시장은 물가 폭탄의 가장 큰 타격을 받았다는 분석이다.

또 가격에 구애받지 않는 고소득층과 가격에 민감한 서민층의 소비행태가 확연히 구분된다. 2008년 신세계백화점의 명품 매출 증가율(전년 동월 대비)은 지난 4월 30%, 5월 38%, 6월 46%로 갈수록 커지는 양상이다. 특히 연간 1,500만원 이상 구매하는 'VIP고객'이 작년 상반기에 비해 35%나 증가했다.

일단 사고 보자는 '지름신(충동구매)'행태에서 '짠돌이(계획구매)'로 변모하는 양상도 눈길을 끈다. 이마트의 행사 전단 상품 매출 비중은 2007년 4월 15.4%였지만 2008년 4월 행사에선 12.8%로 낮아졌다. 이는 전단 상품에 가격 메리트가 큰 '미끼 상품'을 넣어도 소비자들이 꼭 필요치 않으면 사지 않는 경향이 확산되고 있다는 얘기다.

반면 PL상품은 일반 브랜드(NB)에 비해 가격이 20~40%가량 저렴하면서 품질이 높아져 매출 증대로 이어지고 있다. 이마트의 PL상품 매출 비중은 2008년 1월 11.3%에서 6월에는 19.7%로 뛰었다. 이 중 PL가공식품(양조간장, 조미료)브랜드 '베스트 셀렉트'의 상반기 매출은 42.1%나 급증했다.

이 밖에 원거리보다는 근거리 점포 선호 현상으로 이른바 '포켓 상권'의 강세가 두드러졌다. 상권 밀집 지역에 있는 이마트 산본·동백·광명·수서점 등 상반기 10% 안팎의 매출 신장률을 보인 반면 양재·창원·부산 사상점 등 시 외곽의 점포들은 거꾸로 3~5%가량 매출이 줄었다.

출처 : 〈한국경제〉, 2008.7.24

소비자의 정보처리는 소비자의 마음 속에서 이루어진다. 또한 소비자의 정보처리는 다분히 상황중심적이다.

<사례 3-8> 무의식중에 빠져들게 만드는 TV 홈쇼핑

TV홈쇼핑의 심리테크닉

어느 날 TV홈 쇼핑에서 텔레비전을 켜자 TV 홈쇼핑을 하고 있었다.

큰 스튜디오에서 쇼호스트가 제품에 대한 설명을 하고 있다.

"이 제품은 정말 추천하고 싶은 제품입니다. 저도 하나 사고 싶은데 지금 살 수가 없군요. 고객여러분이 먼저이니까요. 게다가 이것은 수량이 한정되어 있어서 빨리 신청하지 않으시면 매진이 됩니다. 지금 주문전화가 너무 많이 쇄도하고 있으므로 상담원연결이 어렵습니다. 자동주문전화를 주십시오."

한참 설명이 계속되며 시청자가 보고 있는 텔레비전 화면에는 그 제품이 얼마 남지 않았다는 수량이 표시됩니다. 물론 그 숫자는 점점 줄어들면서 마침내 한자리 수까지 왔다.

"예, 드디어 성황리에 매진이 되었습니다. 이런 훌륭한 제품을 구입하신 분들, 축하합니다. 분명히 여러분의 마음에 들것입니다."

이러한 TV홈쇼핑에는 다음과 같은 심리테크닉이 사용되었다.

① 스튜디오의 관객들은 세상 사람들의 의견을 대표하는 '타인의 행동'이다.

② 사회자는 '권위'이며

③ 체험담은 '구체성'

④ 주문전화의 쇄도는 '타인의 행동'으로 작용하고

⑤ 희소성입니다. '수량의 한정', '기한의 한정', '재고수량의 표시' 등이다.

이런 것에 의해 시청자는 자기 혼자만이 아닌, 여러 사람들이 이제 품을 구입하고 있다는 것을 느끼게 되고 빠져들게 되는 것이다.

출처 : 〈살아있는 마케팅 심리학〉, 시게타 슈지, 도서출판 일빛, 2004.

참고문헌

1) William J. Mcguire, "Some Internal Psychological Factors Influence Consumer Choice ," *Journal of consumer Research*, vol. 2, March 1976.
2) Harry W. McMahan, "TV Loses the 'Name Game,' But Wins Big in Personality," *Advertising Age*, December 1, 1981.

제 4 장

소비자 지각과 정보처리과정

4.1 지각의 일반적 원리

1. 지각의 개념

지각이란 입력된 정보를 처리하는 일련의 과정으로서 여러 감각기관을 통해 두뇌로 유입된 자극을 개인의 주관적 기준으로 해석하고 이해하는 과정으로 외적 세계를 보는 시각이다.

즉 지각이란 개인이 외적·물리적 세계에 존재하는 제반 현상, 사건 또는 자극들을 감지하고 판별하여 의미를 부여하는 과정이다. 사람들은 외적 세계의 객관적 현실을 주관적 현실로 변화시켜 자기방식대로 보고 느끼기 때문에 동일한 현상에 대한 해석/평가가 저마다 다르다. 개인마다 지각체계가 다르기 때문에 두 사람이 동일한 조건하에서 동일한 자극에 노출되었다고 하더라도 자극을 식별, 선택, 조직화, 이해하는 과정에 따라 그 반응이 달라질 수 있다.

마케팅담당자들이 지각개념을 중요하게 생각하는 이유는 소비자들의 태도 및 행동의 형성과정에서 지각이 수행하는 역할이 대단히 중요하기 때문이다.

2. 지각에 영향을 미치는 요인

욕구

사물을 지각하는 과정에서 개인의 잠재적 욕구는 가장 중요한 영향요인의 하나이다. 사람들은 사물의 실체에 근거를 두기보다는 자신의 감정이나 욕구에 기인한 소망적 사고(wishful thinking)에 의해 사물을 판단하는 경향이 있기 때문이다.

갈증난 사람이 오렌지모양의 공을 보았을 때 오렌지주스를 생각할 것이다. 이것은 소비자가 욕구에 의존하여 지각하고 있다고 볼 수 있다. 또한 소비자욕구는 개인의 지각에 영향을 받고 있다. 오렌지를 보기 전에는 갈증에 대하여 지각하지 못하였는데 오렌지를 보니 갑자기 갈증을 지각하고 시원한 오렌지주스를 마시고 싶어한다.

기대 및 고정관념

지각은 개인이 지니고 있는 어떤 고정관념이나 기대 등에 의해서도 영향을 받는다. 자신이 원하는 방향으로 지각하는 경향이 있다. 이러한 기대에 부응하는 것은 과거의 경험이나

친숙성 또는 사전에 조건화된 상황에 따라 영향을 받는다.커피의 카페인 때문에 밤에 잠이 안 온다는 사람들을 대상으로 실험을 하였다. 그 커피에는 카페인 성분이 없었는데도 커피를 마신 후 잠을 못 잤다고 했으며, 우유에 카페인을 넣어 마신 사람들은 잠을 잘 잤다고 한다. 이것은 카페인 때문에 잠이 안 온다는 고정관념에 의해 지각이 영향을 받았기 때문이다.

자극의 특성

자극의 강도, 모호성, 첫인상 등 자극 자체의 특성도 지각에 상당한 영향을 미친다. 자극의 강도가 낮아서 절대식역 수준에 미달되면 예민하지 않은 사람들은 아예 그 자극을 감지하지도 못한다.

자극이 모호할수록 소비자가 상상력을 동원하여 나름대로 해석해야 할 부분이 많아지기 때문에 자극의 실상이 정확하게 지각될 가능성이 낮아진다. 그러므로

실상에 근접한 소비자 지각을 유발시키기 위해서는 "자극의 명료성"이라는 선행요인 필수적이다.

언어심리학에서는 언어학적 표현방법에 따라 지각에 차이가 있다고 한다. 즉 수동문이 능동문보다 지각상 오류 유발 가능성 높다고 한다. 따라서 정보나 자극은 가능한 한 쉬운 용어와 능동문형태로 사용하는 것이 소비자 지각을 정확하게 하는 것이다.

자극의 상황적 특성

자극이 주어지는 시간적공간적 상황에 따라 지각에 차이가 있다. 예를 들어 판매원이 거스름돈을 잘못 계산하여 주었다고 가정하자. 계산대 앞이 붐비는 상황이었다면 판매원이 실수했다고 생각하겠지만, 붐비지 않은 상황이었다면, 판매원의 계산능력을 의심하거나 판매원의 고의적 행동으로 지각할 가능성이 있다.

또한 배고픈 사람은 식당의 간판을 더 쉽게 찾고 지각한다.

<사례 4-1> 지각에 영향을 미치는 요인

내리막길에서 액셀을 밟는다

'내리막길에서 액셀을 밟는 그런 바보 같은 녀석…' 하고 생각하는 사람이 많겠지만 실제로 기복이 많은 도로를 주행할 때 흔히 그렇게 하는 일이 많이 일어난다. 지금은 내리막길이지만 저 앞은 오르막길이라고 생각했을 때 운전자는 '속력을 내어 오르막길을 단숨에 올라가 버리자!' 하고 액셀을 밟지만 실은 오르막이라고 생각했던 곳이 내리막이어서 사고가 생기는 경우가 많이 일어나는 것이다. 이것을 착시 현상이라고 한다. 즉 실제와 다르게 보이기 때문이다.

도로에 대한 착각은 그림과 같이 경사도가 각기 다른 길이 이어져 있기 때문에 일어나는 현상입니다. 완만한 경사를 경사가 급한 언덕 위에서 내려다보면 완만한 경사면이 마치 오르막길처럼 보이기 쉽다.

이것은 항상 자기 자신을 중심으로 외계의 환경을 보는 인간의 버릇이 가져다 주는 현상이다. 즉 자기가 있는 위치와 자신이 받고 있는 중력감 등을 기준으로 하기 때문에 자기가 현재 서 있는 급한 경사면을 마치 평면처럼 느끼게 되는 것이다.

이런 현상은 여러 가지 장면에서도 나타난다. 어떤 사람이 가장 크게 보일까?

실제로는 똑같은 크기이다. 그런데 이 그림을 보게 되면 왼쪽에서 오른쪽으로 옮아감에 따라 사람이 점점 더 크게 보인다. 그 이유는 사람의 배경 때문이다. 이렇듯 여건이나 환경의 차이 때문에 이런 식으로 크기의 차이를 느끼게 되는 것이다.

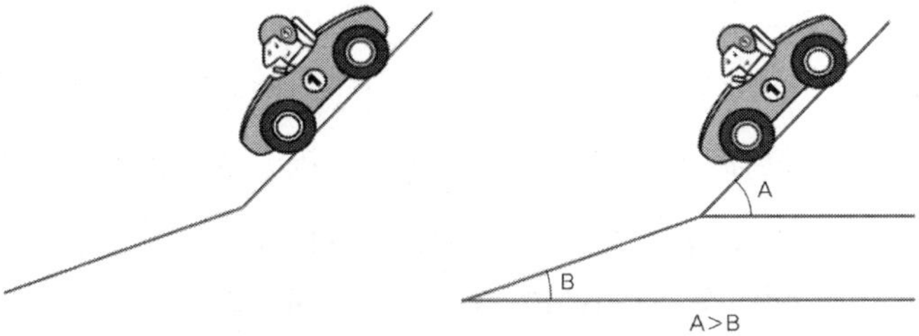

3. 지각구성의 일반원리

지각구성(perceptual organization)이란 지각대상의 구성요소들을 하나로 결합시켜 그 전체에 의미를 부여하는 과정이다. 지각구성은 지각대상(자극요인)과 지각주체(개인적 요인) 사이의 상호작용에 의한 타협의 산물이다. 자극요인이 명확하면 자극을 감지하고 해석하는 과정에 개인적 요인이 개입될 소지가 적어 거의 객관적 실체대로 지각이 구성된다. 그러나, 자극이 모호할수록 자극의 해석과정에 개인적 요소가 개입될 소지가 많아 실체의 본질과 지각적 현상 간에 상당한 격차가 생긴다. 심리학자들은 자극 모호성의 원리를 이용하여 모호한 자극을 제시하고 그 자극에 대한 개인의 반응을 관찰함으로 개인의 자아개념 등에 대한 통찰을 얻을 수 있다.

지각구성원리

그림과 배경의 원리

벽에 걸린 그림을 보면, 대부분의 장면들은 형상과 배경으로 구성되어 있다. 형상은 물체로서 나타나며 공간에서 특별한 위치를 점유하고 있으며 배경은 일정한 형태를 갖추지 못하고 대부분 대상물 뒤에 있는 구조물일 뿐이다. 그러나 형상과 배경의 구분은 보는 사람이 어느 것에 관심을 기울이고 보는지에 따라 달라질 수 있다. 동일한 형상이라도 어느 부분을 형상으로 보고 어느 부분을 배경으로 보는가에 따라 소비자의 지각이 달라진다. 지각의 직접 대상인 자극은 "그림(figure)"을 형성하고, 주변상황은 "배경(ground)"의 역할을 담당한다.

자극이 애매모호할 때에는 무엇이 지각 대상인 "그림"이고, 무엇이 "배경"인지에 대한 혼란이 초래되어 "그림-배경"의 반전현상이 나타날 수 있다. 마케팅 담당자는 제품광고에서 모델이나 음악 등이 "그림"이 되고 제품이 "배경"으로 지각되는 현상이 되지 않도록 해야 한다. 모델이나 음악이 그림이 되는 경우에 소비자들은 무슨 제품의 광고였는지 기억하지 못하는 경우가 생긴다.

〈그림 4-1〉 그림-배경관계

동류화(Similarity)

소비자들은 외형상으로 유사한 것들은 같은 집단에 속하거나 상호 밀접히 관련되어 있는 것으로 지각되는 경향이 있다.

〈그림 4-2〉 동류화의 예

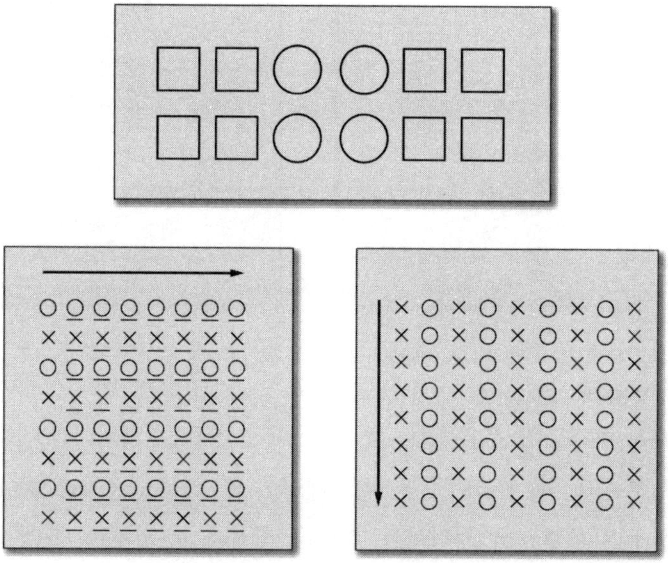

8개의 정사각형과 4개의 원들은 그것들의 유사성 때문에 3개의 집합으로 집단화되어 보인다. 정형적 이미지(stereotype)를 갖는 것은 유사성에 의해 정보가 집단화된 결과라고 할 수 있다.

근접성(Proximity)

근접성이란 지리적으로 근접해 있거나 시간적으로 근접해서 발생한 것들에 대해 상호 관련시켜 지각하는 경향을 말한다.

소비자들이 어떤 광고에 노출되었을 때 이 자극요인을 감지하고 해석하는 과정에서 근접해해 있거나 근접해서 발생한 다른 요인들과 연계시킬 가능성이 매우 높다. 따라서 마케팅담당자들은 TV광고를 위한 프로그램을 선정할 때나 자사제품을 진열하는 장소나 위치 등을 결정할 때 신중하게 해야 한다.많은 광고들이 근접성의 원리를 이용하여 제품을 그것과 근접한 호의적인 상징이나 이미지와 연상시키고 있다. 실제로 미국의 코카콜라회사는 뉴스시간대에는 절대로 광고를 하지 않는다고 한다. 혹시라도 나쁜 소식 후에 광고가 나가면 제품이미지에 좋지 않은 가능성이 있기 때문이다.

〈그림 4-3〉 근접성의 예

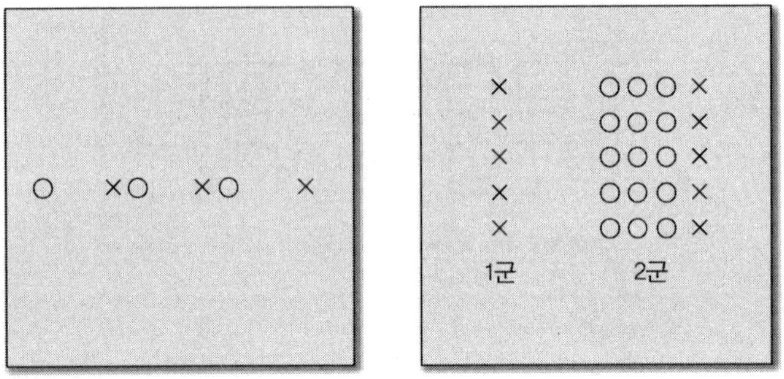

완결성(Closure)

완결성이란 자극물이 불완전할 때 잘못 된 요소를 고치거나 빈 것을 채우려는 지각자의 성향이다. 즉 소비자들은 지각대상이 불안전한 형태로 주어지면 나름대로 어떤 형태로 완결시켜 지각하는 경향을 말한다. 소비자는 불완전한 광고메시지에 노출되면 스스로 불완전한 메시지를 완성하고자 한다. 따라서 소비자가 광고에 관심을 기울이는 정도가 강해지며 동시에 메시지를 더 잘 회상할 수 있게 된다. 시험결과, 불완전한 자극이 완전한 자극에 비해 소비자들의 관심과 흥미를 보다 많이 유발시켰을 뿐만 아니라 광고 후에도 소비자들의 기억도가 더 높았다. 즉 소비자에게 완전한 광고와 불완전한 광고를 제시했을 때 불완전한 광고가 더 잘 회상되었다.

〈그림 4-4〉 완결성의 예

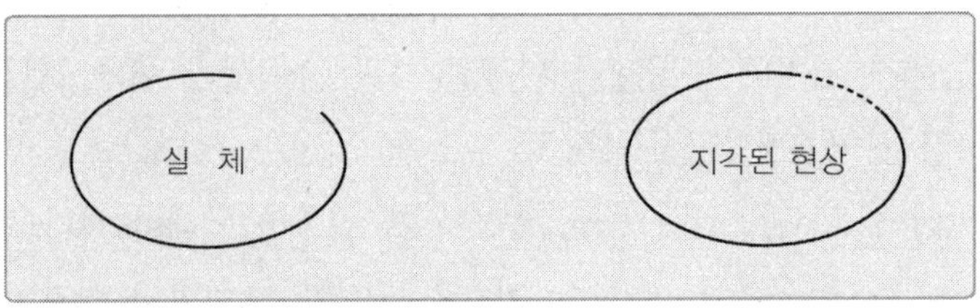

연속성(Continuation)

사람들은 맨 처음에 주어지는 자극의 방향을 기점으로 선이나 원을 형성하는 요인들을 동일한 집단으로 지각하는 경향이 있는데 이것을 연속성의 원리 또는 집단화의 원리라고도 한다. 연속성의 원리에 의하면 판매 메시지의 기본흐름은 상표확인에서부터 소비자에게 주는 혜택, 나아가 해당 상표의 구매암시까지 연속적으로 나아가야 된다. 소매점에서 연속성의 원리를 적용하면, 진열대간에 제품의 유형이 너무 크게 차이가 나면 안 되고 적당히 연속적으로 진열되어야 한다.

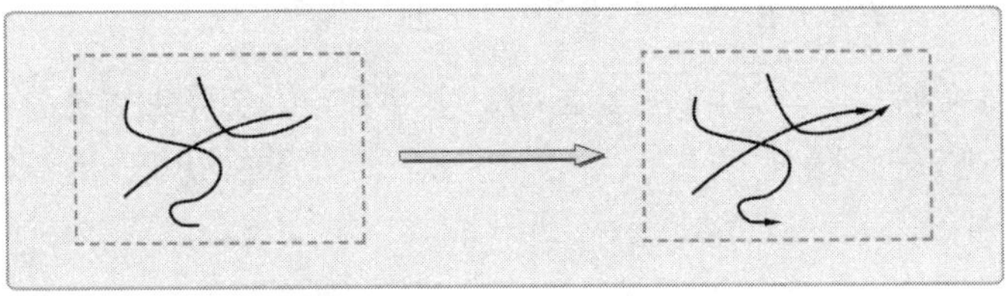

기타

이 외에도 사람들은 가능한 한 단순한 형태로 지각하려고 하는 단순성(simplicity)의 원리, 같은 방향으로 움직이는 요소는 동일 집단으로 지각하려는 공동체(commom fate)원리, 그리고 정상적이고 조화된 형태를 선호하는 균형성(symmetry)의 원리 등이 있다.

<사례 4-2> 완결성의 원리를 이용한 광고

마케팅담당자들은 완결성의 원리를 이용하여 소비자들의 관심과 흥미를 유발시키는 광고를 한다. 즉 표제에서 질문을 던지고 소비자로 하여금 해답을 구하게 하거나, 광고문안의 뒷부분을 생략하고 그 부분을 소비자로 하여금 상상하게 하는 방법들이 이에 속한다.

예를 들면 제품 특징을 설명한 후, "현명한 주부라면…" 하고서 광고 문안을 끝맺음으로써 "당연히 이 제품을 선택해야 한다"는 식으로 문안을 완결지어 주지 않고 소비자로 하여금 스스로 이 문안을 완결시켜, 보다 확실하게 이해하도록 하는 방법이다.

마케팅담당자들이 이와 같은 방법을 많이 이용하는 이유는 불완전한 자극이 완전한 자극에 비해 소비자들의 관심과 흥미를 보다 많이 유발시킬 뿐만 아니라 광고 후에도 소비자들의 기억도가 더 높은 것으로 판명되었기 때문이다.

양주회사 Jin&Beam 에서는 이러한 완결성의 원리를 이용하여 광고효과를 보았는데, Jin의 첫자 J와 Beam의 첫자 B를 이용하여 미완성된 광고를 완결시키려는 소비자 지각을 이용하여 소비자들의 관심과 흥미를 유발시켰다.

광고에는 ingle ells라는 문구가 있는데, 무언가 빠진 듯한 완성되지 않는 뜻이 없는 글자이다. 이 단어 앞에 Jin&Beam의 J와 B를 넣어 Jingle Bells라는 단어를 완성하고 크리스마스 분위기를 상상하며 제품을 구입하도록 유도하는 광고이다.

<사례 4-3> "빛깔 고운게 맛도 좋지요" 컬러 먹거리 인기

패션업계에서는 불경기일수록 밝고 화려한 옷차림이 유행하는 경우가 많다.

이런 트렌드를 제품에 적용하는 식품업체가 늘어나고 있다. '컬러 먹거리'로 소비자의 구매 욕구를 자극하고 있는 것이다.

한국야쿠르트가 출시한 '하루야채 레드 · 옐로 · 퍼플' 3종은 다양한 야채와 과일만으로 음료 색상을 차별화한 제품이다.

유기농 야채와 과일이 70% 이상 들어 있으며 일체의 첨가물 없이 야채와 과일만220g 함유하고 있다고 회사 측은 밝혔다.

대상 청정원은 순돈육에 기능성 원료를 넣어 맛을 낸 '칼라팜' 5종을 선보였다. 칼라팜은 핫팜 · 카레팜 · 마늘팜 · 스파이시팜 · 마늘팜 5종이다. 제품마다 차별화된 색을 부여했다. 또 표면을 특수코팅 처리해 캔째 전자레인지에 조리할 수 있다.

빙그레의 '5색 5감'도 5가지 컬러를 가진 요쿠르트라는 점을 내세우며 컬러 마케팅을 활용한 경우다. 5색 5감은 현재 레드 · 옐로 · 화이트 · 그린 4종이 출시돼 있다. 기린이 선보인 '써니펀치'는 상큼한 과일 맛과 통통한 타피오카의 쫄깃함을 느낄 수 있는 아이스크림이다. 노란색과 분홍색으로 디자인돼 있다. 이롬과 민들레영토가 손잡고 내놓은 '민들레영토 로즈티'는 여성 고객의 감성적 욕구를 만족시킬 수 있는 빨간 장미를 주재료로 썼고 포장에도 이를 반영했다. 파스퇴르유업의 저과즙 웰빙음료 '아이브 & 사과'는 빨강과 노랑을 사용해 화려한 색감을 살렸다. 이항용 한국야쿠르트 마케팅 팀장은 "컬러는 소비자의 눈을 효과적으로 자극, 가장 빠르게 브랜드를 각인시키는 효과가 있다"며 "불황일수록 화려한 컬러의 제품이 소비심리를 자극한다"고 말했다.

출처 : 〈중앙일보〉, 2008.5.2

4.2 정보처리과정에서 지각의 영향

1. 노출단계에서의 영향

소비자 지각을 형성시키는 기초요인으로서의 자극은 환경자극과 마케팅자극으로 구분할 수 있다. 마케팅담당자들은 경쟁상황에서 우위를 확보함으로써 마케팅 목표를 실현시키기 위해 잠재소비자로 하여금 2차적 자극에 계속적으로 노출될 수 있도록 마케팅전략을 수립해야 한다. 그러나 모든 마케팅 자극이 항상 누구에게나 노출되는 것은 아니다. 자극성격이나 개인의 특성 등에 따라 노출여부나 노출 정도는 상이하다. 노출에 영향을 미치는 일반적인 요인들은 다음과 같다.

1) 식역수준(threshold)

식역수준(threshold)이란 심리학이나 생리학에서 의식의 경계를 표시하는 용어로서 문턱, 한계점, 발단 등의 의미이다. 식역이란 자극에 대해 반응이 시작되는 자극점으로서 감각을 활성화시키는데 필요한 자극 에너지의 강도이다.

(1) 절대식역(absolute threshold)

인간은 오감을 통하여 외적자극을 감지한다. 그러나 자극의 강도가 너무 높거나 너무 낮으면 그 자극을 감지할 수 없다.

절대식역이란 보통의 사람들이 자극을 지각하는데 필요한 자극에너지의 최소치이다.

〈표 4-1〉 절대적 식역수준

시각	맑은 날 밤 50km 떨어진 곳의 촛불의 빛
청각	조용한 가운데 6m 거리에서의 손목시계 소리
미각	8ℓ의 물에 녹아 있는 설탕 한 스푼의 맛
후각	3개의 방이 있는 아파트에서의 향수 한 방울의 냄새
촉각	1cm 높이에서 뺨 위로 떨어지는 벌의 날개에 대한 감촉

일정한 자극이 지속적으로 주어지면 그 자극에 익숙해지고 감각이 둔해져 그 자극에 의해서 더 이상 영향을 받지 않게 되는데, 이는 그 자극에 대한 절대식역수준이 시간이 변화함에 따라 높아진 결과이다.

이러한 식역수준의 개념은 마케팅담당자에게 중요한 시사점이 되고 있다. 옥외광고의 카피가 아무리 좋아도 글자가 너무 작아서 지나다니는 사람들이 읽을 수 없다면 무용지물일 것이다. 마케팅담당자는 이러한 식역개념을 이용하여 제품설계, 포장설계, 제품 진열 및 광고 등에 유용한 전략으로 이용할 수 있다.

(2) 차별적 식역(differential threshold)

차별적 식역은 한계식역이라고도 하며 이는 자극이 변화했을 때 사람들이 거의 감지할 수 없는 범위 내에서의 최소치 변화를 말한다. 즉 변하기 전과 변한 후의 두 자극 간 변화의 정도가 미미하면 사람들은 변화를 감지하지 못한다.

차별적 식역은 자극변화의 감지를 가능하게 하는 자극변화의 한계치로서 '두 자극간에 겨우 알아차릴 수 있는 차이(JND: Just Noticeable Difference)'라고 하며 이 개념은 웨버의 법칙으로 공식화되었다.

독일의 과학자 Ernst Weber에 의하면 자극간의 변화차이를 지각할 수 있는 사람들의 식역 수준은 맨 처음 주어진 자극의 강도에 의해 가장 큰 영향을 받는다고 하였다. 즉, 최초의 자극수준이 높으면 높을수록 다음 자극의 변화폭이 커야만 그 변화차를 쉽게 감지할 수 있다는 것이다.

$$K = \frac{\Delta I}{I}, \qquad 즉,\ \triangle I = K \cdot I$$

K = 상수
I = 기존의 자극수준
$\triangle I$ = 자극변화에 대한 감지가능 한계치

여기서 I는 원래의 자극수준이며 $\triangle I$는 알아차릴 수 있는 변화의 양이다. 그러므로 K는 변화가 감지될 수 있는 증가율 또는 감소율이 된다. 가격의 단가가 높으면 가격변화의 폭도 커야 소비자들이 그 변화를 감지할 수 있다.

차별적 식역 (한계식역)의 마케팅 시사점

판매촉진을 위한 가격의 변화폭을 결정함에 있어 한계식역 개념을 유용하게 이용할 수 있다. 할인판매를 실시하려는 경우, 가격이 최소한 변화감지가능한계치(JND) 수준은 인하되어야 하며, 그렇지 않으면 사실상 할인판매의 효과를 기대하기 어렵다. 반면 소비자가 감지하지 못할 정도의 가격의 인상은 판매량에 영향을 주지 않으므로 결과적으로 총 매출액의 증가를 기대할 수 있다.

원가절감을 위해 품질수준을 낮추려 하거나, 경쟁력 신장을 위해 품질개선을 도모하려 할 때, 과연 어느 정도의 제품(품질)변경이 최적인가를 결정함에 있어서도 한계식역 개념을 유용하게 이용할 수 있다.제품의 포장 및 규격에 변화를 주려고 할 때에도 한계식역 개념을 활용함으로써 변화에 대한 소비자의 지각을 보장함과 동시에 원가 합리화도 추구할 수 있다.

2) 시나브로 지각(Subliminal Perception)

식역 이하의 자극은 사람들에게 쉽게 감지 · 식별되지 않는다. 시나브로 자극이란 순간적으로 투사되는 시각적 자극이나 매우 낮은 소리로 스쳐 지나가는 청각적 자극 등과 같이 사람들의 통상적인 지각활동에 의해서는 쉽게 식별되지 않는 자극이다. 시나브로 자극은 무자극과는 달리 식역수준 이하의 자극(시나브로 자극)에 의한 무의식 속에서의 지각이다.

시나브로 지각에 대한 문제는 1956년 James Vicary에 의해 처음 제기되었다.

그는 소비자가 과연 무의식 속에서도 광고에 의해 설득될 수 있는가를 실험하기 위해 시나브로 투사법(subliminal projection)을 사용하여 광고효과를 측정하였다.

Vicary는 미국 New Jersey의 한 극장에서 '피크닉'이라는 영화 필름에 "Hungry? Eat PopCorn", "Drink Coca Cola."라는 문구를 삽입하여, 1/300초씩 5초 간격으로 6주일 동안 투사하였다. 이영화의 관람객은 45,000명 정도였는데 실험 기간 중 Pop Corn 매출 57.7%증가하였고 Cola는 18.1% 증가하였다. 1/300초 동안 순간적인 노출은 분명히 식역이하의 자극수준이다. Vicary는 이 실험을 통하여, 소비자는 지극히 순간적인 시나브로 광고에 의해서도 무의식 속에서 설득될 수 있다고 발표하였다. 그러나 T. E. Moore는 "시나브로 자극은 설혹 지각된다 하더라도 그 강도가 미미해서 행동에까지 영향을 미칠 것으로 기대하기는 어려우며, 역시 강도 높은 자극이 훨씬 효과적"이라는 주장을 하였다. 시나브로 효과가 미약하다면, 소비자에게 마케팅자극이나 정보의 노출을 가능한 한 완벽하게 노출시키는 것이 최선책이 될 것이다.

3) 선택적 노출(selective exposure)

소비자들은 자신의 마음에 드는 메시지에 대해서는 주의를 기울이지만, 자신이 원하지 않는 정보에의 노출은 스스로 회피하고, 원하는 정보에만 의식적으로 노출하려는 성향이 있다. S. H. Surlin과 T. F. Gordon 의 연구에 의하면 사람들은 자신이 지지하는 후보자의 정치적 메시지에 더 잘 노출된다고 한다. 또한 J. F. Engel은 신차구매자에 대한 연구에서, 사람들은 자신이 구매한 차종에 대한 광고에 대하여 보다 큰 관심과 회상수준을 나타내는 것으로 밝혔다. 또한 이미 구매한 자동차에 결함이 있다는 신문보도에 접한 소비자는 그 신문기사를 자세히 읽으려 하지 않음으로써 자기가 애용하는 자동차에 있을 지도 모르는 결함에 대해 회피하는 선택적 노출을 한다.

소비자의 선택적 노출 경향은 마케팅담당자에게 시사점을 주고 있다. 대부분의 소비자들은 단골상점만 방문하고, 좋아하는 TV프로그램만 선별하여 시청하며, 원하지 않는 광고메시지가 방영되는 동안 채널을 바꾸거나 다른 일을 하는 경향이 있다. 단골상점에서 취급하지 않는 상표제품에 대해서는 거의 노출될 기회가 없으며, 광고메시지도 소비자의 욕구와 필요에 따라 선택적으로 노출된다.

노출 영향요인의 마케팅 시사점

마케팅 담당자는 소비자들에게 마케팅자극 (또는 정보)을 가능한 한 완벽하게 노출시켜야 하고 표적시장 소비자들이 가장 선호하는 매체를 선정하여 정보를 노출 시켜야 한다. 또한 표적소비자들이 즐겨 찾는 판매점에 제품을 노출시키고, 즐겨보는 프로그램에 광고를 노출시키고 그들에게 어필할 수 있는 메시지 전달 방법을 택해야 한다. 최근에는 광고 노출시간을 기존의 시간보다 줄이거나 크게 늘려 시청자의 시선을 끄는 광고전략이 선보이고 있다.

<사례 4-4> CNN 딕 체니 연설 생중계 화면에 X마크

미국의 뉴스전문채널 CNN이 21일(현지 시간) 낮 딕 체니 부통령이 미국기업연구소에서 행한 연설을 생중계하는 과정에서 체니 부통령 얼굴 위에 '엑스(X)' 표시가 여러 차례 나타났다고 인터넷신문 〈드러지 리포트〉가 보도했다.

우파 성향의 뉴스전문채널〈폭스 뉴스〉의 한 대담 프로그램에 출연한 드러지 리포트의 맷 드러지는 화면을 가득 매운 X표시가 체니 부통령의 얼굴 위에 수차례에 걸쳐 나타났으며 X표시가 화면에 등장한 시간은 1/15초에 불과했다고 말했다. 맷 드러지는 이것이 시청자들의 무의식을 조정하려 한 시도가 아닌지에 대해 의혹을 제기한 뒤 "CNN 측이 적절한 해명을 해야 한다."고 주장했다. 드러지의 말은 영화 필름 사이에 수십분의 1초 길이로 광고 자막 등을 삽입해 관객들의 무의식을 자극하자 콜라나 팝콘 등의 구입량이 늘었다는 유명한 실험결과를 빗댄 것이다. 드러지 리포트가 공개한 당시 동영상 캡쳐 화면에 따르면 체니 부통령 얼굴 위에 X표시가 나타난 것과 동시에 화면 아래에 "체니 부통령: 비판하는 것이 잘못이라고는 생각지 않는다"라는 CNN 측의 요약 자막이 떠 있었습니다. 백악관의 한 고위 관계자는 이에 대해 "CNN의 누군가가 우리에게 무슨 메시지를 전하려는 것 아니냐?"며 우려를 표명했다.

한편 CNN은 대변인 발표를 통해 화면 위에 짧은 순간 '그래픽'이 지나간 사실을 확인하고 CNN 고위층에서 이 사건에 대해 즉각 조사를 시작했다고 밝혔다. CNN은 "이번 해프닝이 기술적 결함 때문에 발생했을 뿐 방송 기술자의 실수는 아니며 스위치 장비 일부가 순간적으로 결함을 일으켰다."고 해명했다.

이에 대해 맷 드러지는 "이런 결함이 어떻게 반복적으로 그것도 하필이면 그런 순간에 발생할 수 있는지 흥미로운 일"이라며 CNN의 공식 발표에 의혹의 시선을 거두지 않았다.

출처: 〈오마이뉴스〉, 2005.11.22

2. 주의단계에서의 영향

소비자는 지지정보에 대하여는 많은 주의를 기울이나 자신의 생각과 반대되는 반박정보에 대해서는 회피하려는 경향이 있다. 선택적 주의가 발생되는 이유는 소비자의 인지용량 상의제약으로 인해 노출되는 모든 정보를 처리하는 것이 불가능하기 때문이다. 따라서 소비자는 선택적 주의과정을 통하여 자신에게 중요한 것으로 인식되는 정보만을 선택할 수 있도록 정보처리의 우선순위를 결정한다.

선택적 주의(selective attention)에 영향을 미치는 요인은 다음과 같다.

1) 소비자 개인의 특성

소비자의 욕구 · 동기 · 신념 · 태도 등은 자극에 대한 선택적 주의에 영향을 미친다.

소비자개인의 특성은 마케팅담당자의 통제 하에 있지 않기 때문에 마케팅담당자는 소비자들의 개인적 특성요인에 대한 충분한 이해가 필요하다.

욕구와 동기

- 소비자들은 그의 활성화된 욕구와 관련이 있는 자극에 대해서는 즉각적인 관심을 보이고 주의를 기울이지만, 그렇지 않은 자극엔 무관심 하다. 따라서 마케터는 소비자의 잠재된 욕구를 활성화시키는 일을 선행해야 한다.
- 욕구는 생리적 욕구뿐만 아니라 정보나 지식 등에 대한 욕구도 포함된다.

태도

- 선택적 주의는 인지적 일관성을 유지하려는 소비자 개개인의 태도에 의해서도 영향을 받는다.
- 사람들은 노출된 정보 중 기존 신념에 상반되는 정보는 의식적으로 회피함으로써 선택적 주의를 통해 그들의 인지적 일관성을 유지하게 된다.

2) 자극의 특성

자극의 크기 색 강도 등 자극 자체의 특성도 주의의 유발 및 집중정도에 영향을 미친다. 자극의 특성은 마케팅담당자가 통제할 수 있는 요인이므로 소비자들의 주의를 끌기위한 정보메시지 개발과정에서 중요한 변수로 작용한다. 주의의 활성화에 영향을 미치는 자극의 특성요인은 다음과 같다.

- 자극의 크기(size) : 상표·표찰·광고 등과 같은 자극의 크기가 클수록 소비자의 주의와 관심을 끌 수 있다. 크기가 작은 것보다 큰 자극이 소비자의 주의를 집중시키는데 더 효과적일 가능성이 크다.
- 색상(color) : 자극의 색상도 주의의 환기에 많은 영향을 미친다. 판매촉진메시지를 전달하는 포스터의 색상, 진열대에 놓인 제품의 포장과 표찰의 색상 등은 소비자의 주의를 집중시키는 중요한 역할을 한다. 일반적으로 소비자의 주의를 끄는데 흑백광고보다 유색광고가 더 효과적이라는 것은 이미 입증된 사실이다. 그러나 대비효과(contrast effect)에 기초한 자극의 현출성(prominence) 때문에 같이 게재된 광고가 모두 칼라인 경우에는 흑백광고의

주목률이 높을 수 있다.

- 강도(intensity) : 자극의 강도가 높을수록 주의를 환기·집중시키는데 효과적이다. 높은 음향, 강렬한 빛깔 등은 신속하게 사람들의 주의를 끌 수 있다.
- 대조(contrast) : 대비를 활용하여도 쉽게 소비자의 주의를 유도할 수 있다. 완전히 흰 배경 위에 그린 제품의 그림은 소비자의 주의를 쉽게 끄는 능력이 있지만 이런 현상이 반드시 소비자의 이해와 기억을 향상시키는 것은 아니다. 방송광고의 경우 음량의 변화를 통해 적당히 대비시킴으로써 주의수준을 향상시킬 수 있다.
- 위치(position) : 점포 내 제품의 진열위치, 인쇄매체에서 광고가 게재되어 있는 위치, 광고내의 메시지의 배열 등은 모두 소비자의 주의환기 및 집중에 영향을 준다. 진열대의 위측 선반에 진열된 제품이 아래측 선반에 놓인 제품보다 고객의 주의를 끌 수 있다. 이 때문에 마케팅담당자들은 자사제품을 눈의 위치(golden line)에 진열함으로서 판매증대를 도모하려 한다.

〈그림 4-6〉 제품진열대 위치와 효과

- 활동성(movement) : 정적인 자극에 비해 동적인 자극이 주의를 더 많이 끌 수 있다. 벽에 부착된 포스터보다는 회전식이나 전광식 표시판이 소비자들의 주목률이 높다.
- 기타 : 자극은 형태, 색상, 소재 등 어떤 측면에서든 그것이 약간 비정상적인 경우 훨씬 쉽게 소비자들의 호기심을 유발시켜서 주의를 기울이게 할 수

있다

3. 이해 및 지각단계에서 영향

지각적 해석

이해는 감지된 자극정보의 해석과정으로 이 단계에서 소비자는 자극의 특징을 분석하고 해석할 뿐 아니라 이를 조직화함으로써 기억구조에 저장하기 쉬운 형태로 정보를 처리한다. 자극과 정보를 해석하고 이해하는 과정은 지극히 주관적이고, 어떤 자극을 어떻게 해석하느냐는 전적으로 개개인의 지각에 의존 한다. 소비자가 마케팅자극을 이해하는 정도는 욕구와 관계된 자극을 처리하려는 동기수준, 기억장치에 보존되어 있는 기존지식의 크기, 그리고 소비자가 환경으로부터 기대하는 것을 감자하려는 개인적 지각성향 등에 의해 달라질 수 있다.

사람들이 자극에 대해서 "사실적 해석"을 하지 않고 "지각적 해석"을 하게 되는 것은 저마다 보고, 느끼고, 이해하는 시각이 다르기 때문이다. Gestalt심리학에서 소비자는 자극(즉, 제품, 점포, 포장, 상표, 광고 등)을 해석할 때, 자극의 구성 요소 하나하나를 각각 분리해서 지각하지 않고 그들을 통합하여 하나의 전체로서 이해한다고 하였다.

지각적 범주화

지각적 범주화란 정보나 자극을 하나의 논리적인 범주 속에 배치하는 것으로 이미 노출된 정보를 신속하고 효과적으로 처리하는 데 도움을 주며 소비자로 하여금 새로운 정보를 보다 용이하게 인식할 수 있도록 한다. 소비자는 외적 세계의 다양한 자극물을 이해하기 위하여 인지구조 속의 범주화 스키마를 이용한다. 범주화 스키마(schema)란 정보나 자극을 조직적 단위로 분류하여 통합하는 가설적 인지구조(hypothetical cognitive structure)이며 투입되는 모든 자극을 일정한 범주로 분류하고 조직화하는 기능을 수행한다. 이것에 의해 사람들은 여러 자극물을 단순화시켜 지각하게 된다.

범주화 스키마는 경험과 학습을 통해 개발된 후 개개인의 기억고속에 저장되며 비교적 높은 안정성을 유지한다. 그러나 개인마다 경험과 학습과정이 달라 상당한 개인차를 보이는 것이 특징이 있다. 마케팅담당자는 이러한 속성을 이용하여 마케팅전략을 수립할 수 있다. 즉 소비자가 자사상표를 특정 제품군의 일부로 인식하기를 기대하며 동시에 다른 상표들과 다르게 인식할 수 있도록 할 수 있다. 따라서 소구전략을 통한 제품포지셔닝은 제품범주화와 제품차별화라는 두 가지 목표를 동시에 달성할 수 있는 전략이다.

지각적 왜곡

개인의 지각적 해석이 얼마나 진실에 근접한가 하는 것은 자극의 명료성, 지각자의 과거 경험 및 지각시점의 동기와 관심에 달려있다. 그러나 소비자는 자극을 해석하고 이해하는 과정에서 여러 가지 영향에 의해서 왜곡하며 오해가 발생할 가능성이 높다. 왜곡현상은 아주 단순하고 명확한 물리적 자극에 대해서도 발생 가능하며 자극이 불명확하거나 복합적 의미를 내포하고 있을 경우 왜곡과 오해의 발생 소지는 훨씬 커진다. 주로 다음과 같은 요인들에 의해 자극이 왜곡되고 있다.

① 겉모양(Physical Appearances)

소비자들은 겉모양이 좋으면 품질도 좋다고 지각하는 경향이 있다. 자동차 구매의사결정에 관한 연구에 의하면 구매자들은 자동차 성능에 관한 판단을 할 능력이 별로 없으며 외관에 의한 구매를 한다고 한다.

② 정형적인 이미지(Stereotypes)

소비자들은 다양한 종류의 자극이 주는 의미에 대하여 마음속에 이미 그림을 그리고 있다. 정형적 이미지란 어떤 특정상황, 인물 및 사건들이 무엇과 같을 것이라는 기대를 갖는 것이며 이에 영향을 받아 새로운 자극이 궁극적으로 어떻게 지각될 것인가를 결정하게 된다.

③ 신뢰의 원천 (Credible Sources)

신뢰하는 발신인으로부터 받는 자극에 대해서는 다른 발신인에게 받는 자극에 비해 더 큰 비중을 두려고 하는 경향이 있다. 치약광고에 치과의사를 출연시킴으로서 전문성에 의한 신뢰를 받고, 여성용품광고에는 순수한 이미지의 여대생을 출연시키는 경우에는 상업적이지 않다고 지각하기 때문에 소비자들은 더 큰 신뢰를 한다.

④ 외재적 단서(Extrinsic Cue)

주어진 정보를 소비자가 이해하기 어렵고 정보의 양이 너무 많으면 이로 인하여 지각적 판단이 어려워지게 된다. 이때 소비자들은 외재적 단서로 제품을 구매선택하는 경향이 있다. 제품의 성능을 나타내는 전문용어는 일반 소비자가 이해하기 어렵다. 이런 경우 소비자는 제품의 성능과 관계없는 디자인, 색깔 같은 외재적 단서를 기준으로 구매하는 경우가 있다.

⑤ 첫인상(First Impression)

첫인상은 오래 지속되는 경향이 있다. 소비자는 제품을 사용한 첫인상을 오래 간직한다. 사용해본 제품이 소비자의 기대에 미치지 못하면 그 제품이 개량되어 좋은 품질로 출시되었다 하더라도 재구매하지 않는다. 반면 사용해 본 제품에 대한 첫인상이 좋으면 상표충성을 보일 확률도 높다.

⑥ 성급한 결론(Jumping to Conclusions)

소비자는 중요성이 적은 정보를 처리할 때나 처리할 정보의 양이 많을 때는 모든 관련증거를 검토하기도 전에 미리 결론을 도출하는 경향이 있다. 소비자들은 광고메시지의 시작을 듣고 그러한 제한된 정보에 입각하여 광고된 제품이나 서비스에 관한 결론을 도출하기도 한다.

⑦ 후광효과(Halo Effect)

후광효과는 제품의 호의적인 인상이 직접적인 관련이 없는 자극의 해석에도 영향을 미치는 현상을 말한다. 특히 후광효과는 소비자가 과거에 구매하여 사용한 경험이 없는 제품을 평가하는 과정에서 많이 나타난다.

마케팅담당자는 소비자의 지각적 왜곡현상을 전략적인 활용 방안으로 이용할 수가 있다. 즉 단순히 제품의 외형적 디자인을 변형시켜 소비자의 지각에 영향을 줄 수 있고, 내용물의 양이 많아 보이게 포장을 디자인할 수도 있으며, 의류 디자인으로 소비자를 날씬하게 보이게도 하고 또는 뚱뚱해 보이게도 할 수 있다. 또한 광고모델에 따라 제품이미지에 대한 소비자의 지각에 영향을 줄 수도 있다.

〈그림 4-7〉 우리의 시력은 얼마나 정확한가?

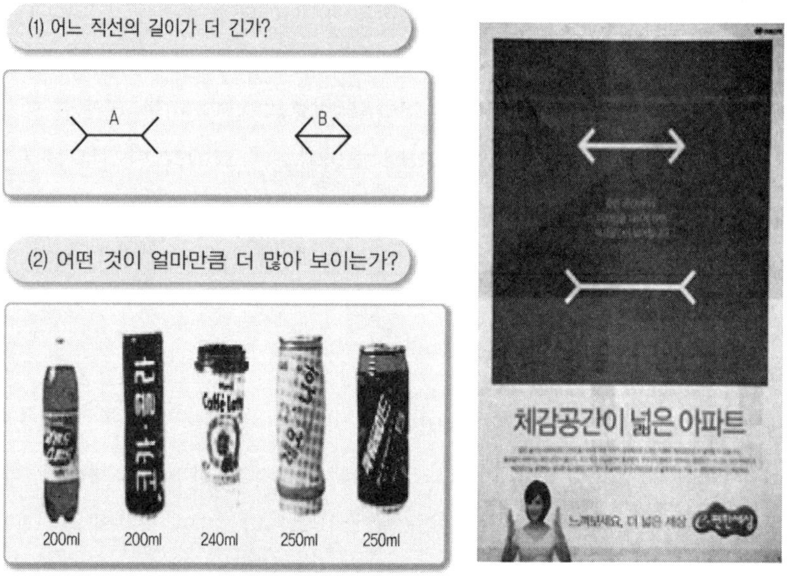

4.3 소비자의 지각과 마케팅

지각적 추정(perceptual inference)

지각적 추정이란 정보에 대한 "객관적 분석"에 기초하지 않고 "지각적 해석"에 기초하여 개발된 신념이다. 이런 소비자의 지각적 추정은 과거연상 등에 의해 형성된 대상들 간의 관계에 대한 신념이다. 소비자들의 실제 구매 결정은 그들의 지각적 추정의 결과로 나타나기 때문에 소비자들의 지각적 추정에 영향을 미치는 요인들에 대한 이해가 매우 중요하다. 소비자들은 제품이나 점포, 광고 등을 평가할 때 흔히 지각적 추정을 하게 된다. 소비자의 추정에는 다음과 같은 세 가지 유형이 있다.

① 평가에 따른 추정

특정상표에 대해 계속적으로 긍정적 혹은 부정적인 평가를 하게 된다. 특히 계속적으로 긍정적인 추정을 하게 되는 것을 후광효과라고 한다. 소비자가 벤츠차는 엔진이나 기어가 좋을 뿐만 아니라 심지어 에어컨이나 라디오도 좋을 것이라고 일관성 있게 믿는 경우 평가에 의한 추정을 한 것이다.

〈그림 4-8〉 어느 것이 진짜?

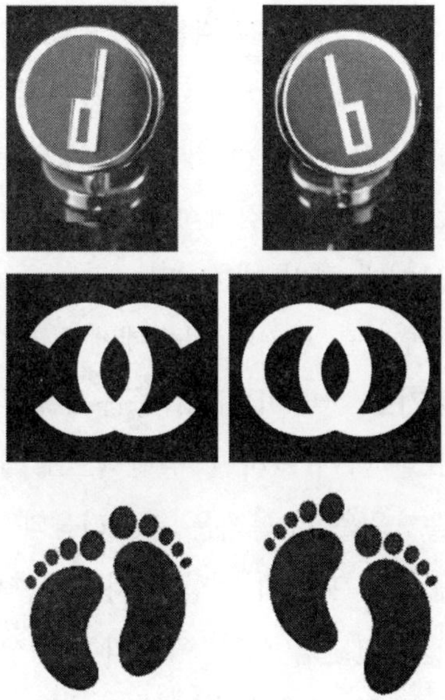

② 유사성에 따른 추정

한 대상이 다른 대상들과 비슷한 정도에 따라 형성한 신념이다. 종종 소비자들은 잘 모르는 제품에 대해서 친숙한 제품과 연관시켜 추정을 한다.

③ 상관관관계적 추정

일반적이거나 구체적인 연관관계에 근거한다. 예를 들어 소비자는 고가격이 고품질을 암시한다고 믿을 수 있다. 다른 정보가 없는 한 가장 비싼 제품이 최상의 제품이라고 추정할 수 있다.

〈소비자들의 품질지각에 영향을 미치는 요인〉

소비자들이 제품을 평가할 때에 제품의 성분이나 물리적 특성만을 고려하지는 않는다. 경우에 따라서는 품질과 직접 관련이 없는 부수적인 요인들이 오히려 품질평가에 결정적인 역할을 하는 경우도 있다. 소비자들의 품질지각에 영향을 주는 중요한 요인들은 다음과 같다.

감각적 암시요인(sensory cues)

감각적 암시요인들은 대상물이 지각되는 방법에 영향을 미친다. 주로 오감을 통해 느끼는 지각을 통해 영향을 받는다. 감각적 암시요인은 소비자의 감각기관을 직접적으로 자극하는 요인으로서 색상, 냄새, 촉감 등은 품질에 대한 지각적 추정에 중요한 변수로 작용한다. 감각적 암시요인은 제품이 마치 특정한 특성을 지니고 있는 것처럼 보이게 하기 때문이다.

- 색상 : 소비자의 주의를 환기시키는 데에도 영향을 주지만, 제품에 대한 어떤 의미를 시사하기도 한다. Bellizzi 등은 그들의 저널 '상점디자인의 효과적인 색상'에서 발표한 바에 의하면, 일반적으로 빨간색은 희망과 강렬함을, 노란색은 행운과 즐거움을, 초록색은 부드러움과 신선함을 연상시킨다고 하였다. 그러므로 제품이나 포장의 색상에 따라 그 제품의 품질을 지각하는데 영향을 주게 되고 상점간판의 색상, 광고의 배경색 그리고 모델의 의복색상 등도 점포나 광고에 대한 지각적 추정에 영향을 끼친다.
- 소리 : 제품이 작동될 때 나는 소리도 품질의 추정에 영향을 미친다. 예를 들면 오토나이나 잔디 깎는 기계는 모터소리가 클수록 성능이 좋고 강력한 것으로 지각하며, 자동차 엔진 소리나 냉장고 모터소리는 조용할수록 고급품으로 지각한다.
- 냄새 : 품질이나 모양이 동일한 제품임에도 냄새가 나지 않는 제품보다 좋은 냄새가 나는 제품을 좋은 품질이라고 지각적 추정을 한다. 여대생을 대상으로 조사한 연구 보고서에 의하면, 동일한 제품의 스타킹에 하나는 좋은 향을 첨가하고 다른 하나는 아무런 향도 첨가하지 않은 상태에서 우수해 보이는 제품을 선택하도록 하였다. 스타킹이라는 냄새와는 무관한 제품임에도 불

구하고 대다수의 학생들이 좋은 향이 나는 스타킹이 더 좋은 품질의 제품이 라고 선택하였다. 응답자들이 결과적으로 좋은 냄새에 의해 무의식중에 영향을 받았다는 결과를 보여준다.

- 기타 : 촉감, 맛, 크기 등도 품질의 지각적 추정에 영향을 받는다.

지각적 암시요인

지각적 암시요인이란 소비자가 제품 자체의 특징 외에도 제품 외적 요인에 기초하여 품질을 평가하고 추정하는 경향이 있음을 의미한다. 제품의 가격, 제조업자의 명성이나 상표이미지 그리고 상점 이미지 등에 의해 제품의 품질을 추정하는 경우도 적지 않다.

- 가격과 품질과의 관계 : 소비자들은 가격을 품질의 지표로 간주하는 경향이 있어서, 가격이 비싸면 품질이 좋고 가격이 저렴하면 품질이 좋지 않다고 지각한다.
- 기업명성과 상표이미지 : 상표는 품질수준과 제품의 특성을 암시하는 지표로 간주되기 때문에 소비자들은 명성 있는 상표의 제품은 품질이 우수할 것으로 지각하는 경향이 있다. 소비자들은 제품이 판매되고 있는 상점의 명성에 의해서도 그 제품의 품질을 지각하는데 영향을 받는다.
- 점포이미지 : 고급백화점에서 판매되고 있는 제품은 시장제품과 품질면에서 거의 차이가 없는 경우에도 더 좋은 제품으로 지각될 수 있다.

이상에서와 같이 소비자들은 제품의 품질을 평가하고 지각하는 과정에서 실제 제품가치의 인식보다 개인의 심리적·감정적·지각적 요인의 영향력이 크게 작용하는 것을 알 수 있다. 따라서 마케팅담당자는 소비자들의 지각적 추정이 왜곡되지 않고 가능한 한 사실에 근접하도록 소비자들에게 항상 정확하고 충분한 정보를 제공해야 한다.

〈그림 4-9〉 광고물 색상으로 제품 품질을 연상시키는 광고

<사례 4-5> 메트로폴리탄 라이프(Metropolitan Life)에서 메트라이프(Metlife)

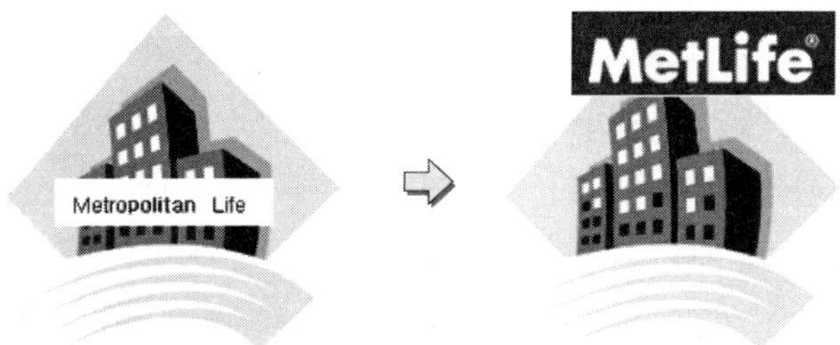

새 이름 속에서 옛 이름을 연상할 수 있음

Metropolitan이 Met로 바뀌더라도 로고의 시각적인 의미가 파악되고 있음

1994년, 메트로폴리탄 라이프(Metropolitan Life)라고 쓰던 기업명이 메트라이프(Metlife)로 바뀌었다. 하지만, 새 이름 속에서 옛 이름을 연상할 수 있다. Metropolitan이 Met으로 바뀌더라도 로고의 시각적인 의미가 파악되고 있다. 인간은 말(言)보다는 형(形)을 먼저 인지하고 기억한다. 그렇기 때문에 기업명의 변화에서도 이름만 생각해서는 곤란하며, 시각적인 커뮤니케이션을 동시에 고려해야 한다. 이름의 일부분이 생략되더라도 의미가 통하도록 단계적으로 진화되어야 한다. 그래야 연상이 가능해지기 때문이다.. 이처럼 연결고리를 가지면서 새롭게 변

화시켜나가는 것, 변화의 폭을 소비자의 상식선 안에 두는 것, 이것이 아트를 과학적으로 다루는 솜씨이다.

출처 : 〈CHEL communications〉, 2004년 11월호

제품의 가격, 회사의 명성 및 상표이미지, 상점이미지 등에 의해 제품의 품질을 추정하는 경우도 적지 않다.

<사례 4-6> 상점의 이미지가 소비자의 제품품질지각에 영향을 주는 전형적인 사례

명품 1위 '갤러리아 효과' 아시나요

롯데백화점과 신세계 명품관 매출을 합친 것보다 더 많은 명품을 팔아치운 곳. 샤넬, 에르메스 등 '톱 10'명품 브랜드를 가장 많이 판매하는 곳. 국내 백화점업계에 '명품쇼핑 1번지'로 불리는 서울 압구정동 갤러리아 명품관의 기세가 무섭다. 갤러리아명품관은 지난해 약 2,500억 원의 매출을 올려 명동의 에비뉴엘과 신세계 명품관 매출을 합친 금액을 웃돌았을 뿐 아니라 명품 브랜드별 '전국 1등 매장'의 분포를 조사한 결과 60~70%가 갤러리아 명품관에 밀집해 있는 것으로 나타났다.

◇ 갤러리아, 1990년 이래 줄곧 명품 1등

국내에서 명품관을 표방한 백화점은 1990년 9월에 문을 연 갤러리아 압구정점을 비롯해 롯데 에비뉴엘, 신세계 본관 등 세 곳. 명품 전용관은 아니지만 입점해 있는 명품 브랜드의 수가 40개를 넘는 곳까지 포함하면 현대 압구정 본점과 무역센터점, 신세계 강남점을 추가할 수 있다.

이들 점포 가운데 명품 매출이 2,000억 원을 넘는 곳은 갤러리아 명품관이 유일하다는게 업계의 공통된 견해다. 롯데쇼핑과 신세계측에 따르면 에비뉴엘과 신세계 명품관의 월평균 매출은 각각 100억 원, 90억 원 수준이다.

명품 브랜드별 '전국 1등 매장'이 어느 백화점에 있는지를 살펴봐도 갤러리아의 위세를 짐작할 수 있다. 업계에 따르면 지난해 매출 '톱 10'브랜드 가운데 샤넬, 에르메스, 까르띠에, 티파니, 크리스찬디올, 펜디 등 6개 브랜드가 갤러리아 압구정점 매장에서 매출을 가장 많이 올렸다. 루이비통, 구찌, 페라가모는 2006년 문을 연

롯데 에비뉴엘에서, 프라다는 현대백화점 부산점에서 각각 '1등 매장'을 배출한 것으로 알려졌다.

갤러리아 명품관이 개점 이래 줄곧 명품 매출 1등 자리를 고수하고 있는 비결에 대해 업계 관계자들은 '갤러리아 효과'를 꼽는다. 압구정, 청담, 신사동 등 트렌드에 민감한 쇼핑객들이 밀집해 있는 상권 덕에 각 브랜드마다 갤러리아 명품관을 테스트 매장으로 삼고 있다.

갤러리아 명품관은 수입명품으로 분류되는 120개의 브랜드 가운데 105개를 보유, 단일 점포 기준으로 최다 브랜드를 갖고 있다.

모든 쇼핑객들에게 발레파킹 서비스를 제공하고, VIP 전용 쇼핑공간인 '퍼스널 쇼퍼 룸'을 설치하는 등 서비스 면에서도 늘 새로운 시도로 업계를 이끌어 온 것도 갤러리아의 강점으로 꼽힌다.

출처 : 〈한국경제〉, 2008.2.22. 발췌 정리

<사례 4-7> 2008 Best of the Campaign

"인생은 한 편의 쇼와 같다"

KTF SHOW '내 인생의 쇼' 캠페인

SHOW가 런칭한 지 벌써 2년이 다 되어가고 있다. '세상에 없던, 세상이 기다리는 SHOW'라는 도발적인 티저광고가 집행된 직후에는 '도대체 SHOW가 뭐냐?'는 물음이 여기저기서 이어졌지만 이제는 SHOW를 모르는 사람이 별로 없다. 세계 어디서든 서로 얼굴보고 통화하고 대용량 데이터도 순식간에 다운받는 놀라운 WCDMA라는 차세대모바일 서비스가 대한민국에서는 SHOW라는 이름으로 기억된 것이다.

탄생에서부터 현재까지 SHOW는 대한민국의 새로운 이동통신 문화를 창조해 가고 있다. 올 초부터 새롭게 진행된 SHOW 캠페인은 인생이 결국은 한편의 쇼와 같다는 보편적인 공감에서 시작된 캠페인이라고 할 수 있다. 우리 인생이 한 편의 쇼와 같으니 멋지게 '쇼 하고 살자'라는 메시지를 전달하고자 했던 것이다. 이 캠페인은 공대의 꽃 '아름이'를 MT에 데려가기 위한 '20살의 쇼', 무관심한 엄마의 관심을 다시 찾기 위한 아기의 '1살의 쇼', 장래희망을 묻는 아빠의 질문에 천진난만하게 대답하는 '7살의 쇼' 등에서 쇼가 인생에서 어떤 의미가 있는지를 보여주고 있다. 캠페인 모두 소비자들로부터 좋은 반응을 이끌어 냈지만 그 중에서도 특히

'1살의 쇼'에 등장한 임주완 아기는 특별한 CG작업이 필요 없을 정도의 깐느급 명연기를 보여줘 전 국민의 사랑을 독차지 했다.

1살의 쇼 : 인생은 무한도전

7살의 쇼 : 인생, 정답은 없다.

20살의 쇼 : 인생은 무한경쟁

100살의 쇼 : 인생은 쇼다

쇼는 전 세대를 아우르며 쇼 브랜드를 타깃별로 적절하게 어필하고 있다. 친근한 대표브랜드의 이미지를 잘 구축해가고 있으며 각 편마다 아이디어가 살아 있다. 또한 누구나 보고 즐거워할 수 있는 아이디어로 지금까지 캠페인을 이끌어 왔다.

이러한 '내 인생의 쇼' 캠페인이 광고 사상 최고령 모델이 출연한 '100살의 쇼'가 새롭게 선보여 큰 인기를 끌고 있다.

한복을 곱게 차려 입으신 할머니의 생신잔치, 아들이 손자에게 영상전화가 왔다며 휴대전화를 건네준다. 파리에서 살고 있는 손자부부와 영상통화를 하는 할머니, 화면너머 손자부부가 "할머니 축하드려요~. 건강하세요!"를 외치면서 할머니께 축하인사를 드린다. 오랜만에 보는 손자부부에 할머니 얼굴에는 기쁨이 가득하고, 잔치 분위기도 점점 무르익어가는 이때 귀여운 증손자도 우렁차게 인사한다. "할머니, 백살까지 사세요!" 순간, 정적이 흐르고 손자부부는 이내 경악하고 만다. 할머니의 영상통화를 지며보던 하객들도 어안이 벙벙해진 표정을 짓는데, 도대체 무슨 일일까?

할머니는 "지금도 백살인디?"라며 심술 난 표정을 살짝 지으신다. 바로 오늘은 할머니의 100세 생신을 축하하는 잔치였던 것. 모두들 어찌할 바를 모르는 상황에서 할머니가 넉살좋은 웃음과 함께 "이백 살까지 살아야지"라고 말하며 껄껄껄 웃으신다. 긴장했던 사람들은 모두 크게 웃기 시작하고 초대된 모든 사람들이 할머니와 함께 덩실덩실 춤을 추며 흥겨운 잔치를 벌인다.

영상통화에 익숙하지 않을 것 같은 100세 할머니가 쇼를 한다는 놀라운 발상이다.

출처 : 〈AD TIMES〉, JANUARY, 2009. (No. 113)

참고문헌

1) "GF, Coke Tell Why They shun TV News," *Advertising Age*, January 28, 1980.
2) W. N. Dember, *The Psychology of Perception*, N.Y., : Holt, Rinehart, and Winston, 1961.
3) J. V. McConnell, R. L. Cutler, and E. M. McNeil, "Subliminal Stimulation : An Overview," *American Psychologist*, Vol. 11, 1958.
4) Timothy E. Moore, "Subliminal Advertising : What You see is What You Get," *Journal of Marketing*, Vol. 46. Spring 1982.
5) D.P. Spence, "Subliminal Perception and Perceptional Defence : Two Sides of Single Problem," *Behavioral Science*, Vol 12, 1967.
6) Joel b. Cohen, "The Role of Affect Categorization : toward a Reconsideration of The concept of Attitude," in Andrew Michell, ed., *Advances in Consumer Research*, Vol.9, Ann Arbor, Michigan : Association for Consumer Research, 1982.
7) Joseph A. Bellizzi, ayn E. Crowley, and Ronald W. Hasty, "The Effects of Color in Store Design," *Journal of Retailing*, vol, 59, Spring 1983.

제 5 장

문제인식

5.1 문제인식의 의의 및 유발요인

<사례 5-1> 기상천외한 기능성 상품들

"살찔 걱정 안 하고 시원한 맥주 좀 실컷 마셨으면 좋겠어요.", "꾀꼬리 같은 목소리를 만들어주는 묘약은 없나?"

상상 속에서 가능했던 아이디어들이 제품 출시로 현실화하는 것일까? 하이트맥주는 최근 신제품 'S'를 내놓으면서, 이 맥주는 식이섬유를 함유하고 있어서 체형관리에 도움이 된다고 마케팅을 벌이고 있다.

한국야쿠르트는 '브레인Q 148'이란 음료를 선보였다. 스트레스를 낮춰 학습능력을 높여주는 아미노산 분해 추출물이 들어있다는 설명이다. 이 음료는 일부 약국에서도 판다. 회사 측은 "수험생들을 집중적으로 노리고 있다."고 말했다.

노래를 잘 부르게 한다는 기능성 껌도 나왔습니다. 해태제과의 껌 "츄앤씽'은 마그네슘을 함유하고 있다. 그래서 성대를 부드럽게 해서 안정된 목소리를 낼 수 있다는 설명이다. 회사 관계자는 "사실 노래를 잘 하게 될지는 확신하진 않지만 적어도 목소리가 부드러워지는 것은 맞다."고 말했다.

기린이 내놓은 아이스크림 '포미(for me)'는 100% 식물성이어서 다이어트에 도움이 된다고 한다. 일명 '식욕을 억제하는 식빵(파리바게뜨)'도 시중에 나와 있다.

업체들의 주장처럼 실제로 살찌지 않고, 머리가 맑아지고, 식욕을 억제하는지 여부는 전문가들을 통해 정밀한 검증을 거쳐야 정확하게 밝혀질 듯싶다. 한 마케팅 담당 간부는 "진짜 효과를 내는지 여부와는 별도로 최근 식·음료 업계에 불고 있는 기능성 제품 출시는 고객들의 요구를 반영하고 있다."고 말했다. 요즘 소비자들은 웰빙·다이어트 제품을 원하고 있고, 업체들은 이를 근거로 마케팅한다.

출처 : 〈조선일보〉, 2007.7.3

상상 속 아이디어 제품 출시

식이섬유 함유되어 체형관리에 도움

아미노산 분해 추출물이 들어 있어 스트레스를 낮춰 학습능력 향상

마그네슘 함유로 성대를 부드럽게 해서 안정된 목소리

100% 식물성으로 다이어트에 도움

식욕을 억제하는 식빵

〈그림 5-1〉 소비자 의사결정 과정

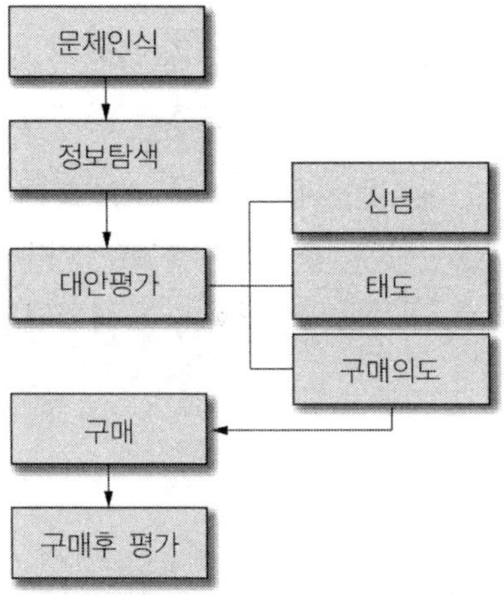

의사결정과정 단계

소비자의 상표선택은 일상적 의사결정과 같이 습관적이고 무의식적으로 일어날 수도 있으며 본격적 의사결정같이 광범위한 정보탐색을 통해 상표에 대한 정보를 충분히 수집한 후 각 상표를 비교하고 평가하여 상표에 대한 선호도를 결정하고 이에 따라 상표를 선택하는 과정을 거칠 수도 있다.

이 모델은 소비자들이 상표를 구입할 때 5단계를 모두 거친다는 것을 전제한다. 그러나 저관여구매인 경우 이 모든 단계가 적용되지는 않는다. 치약구매와 같은 일상적인 제품의 구매인 경우 문제인식을 하게 되면 곧바로 구매의사결정을 하게 되며 이 경우 정보탐색이나 정보평가는 이루어지지 않는다.

문제인식

문제인식이란 소비자가 어떤 구매의 필요성을 인지하고 느끼게 되는 심리적 불안상태를 구매를 통하여 해결하고자 하는 동기를 갖게 되는 것이다. 문제해결의 동기는 두 가지 요소, 즉 실제상태와 바람직한 상태간의 차이와 그 문제의 중요성에 의해 달라진다. 자신의 실제적 상황(the actual state)과 그가 기대하는 이상적 상황(the ideal state) 사이에 차이를 느끼게 되면 문제를 인식하게 되는데 이런 불일치의 정도가 특정 수준(threshold)을 초과할 때 발생하게 된다. 예를 들면 어떤 회사원이 지하철이나 만원버스 속에서 매우 힘들어 하면서 자가용 승용차만 있으면 이런 고생은 하지 않아도 될텐데 하는 생각이 든다면, 그는 자가용 승용차 구매에 대한 문제를 인식하게 될 것이다. 소유하고 있는 TV가 화면이 고르지 못하고 잡음이 심한 경우 이는 바람직한 상태가 아니므로, 새로운 TV를 구매하는 문제를 인식하게 될 것이다. 이처럼 소비자들은 소비 및 구매를 위한 문제를 일상생활 속에서 끊임없이 경험하게 된다. 소비자는 그가 기대하는 이상적 상태나 현재의 실제적 상태에 어떤 변화가 주어지면 반드시 문제를 인식하게 된다.

〈그림 5-2〉 문제인식 과정

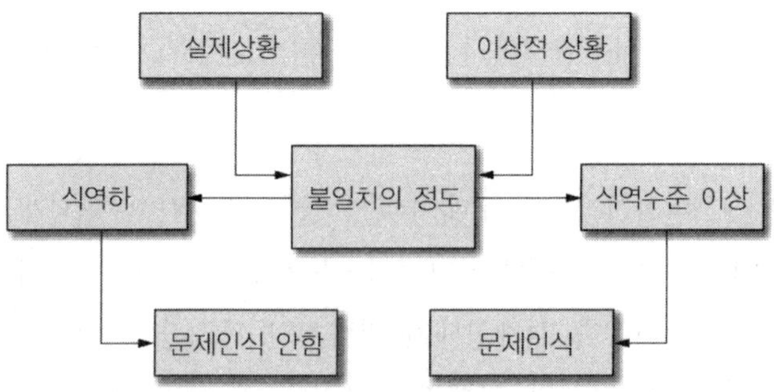

그러나 문제를 인식한다고 해서 반드시 다음 단계의 구매결정 행동으로 이어지는 것은 아니다. 문제를 인식하더라도 두 상태간의 지각된 차이가 별로 크지

않을 때 구매결정행동이 유발되지 않는다. 또한 두 상태간의 지각된 차이가 크더라도 문제를 해결할 수 있는 시간적, 경제적, 환경적 제반여건이 갖추어져 있지 않다고 지각될 때 이를테면 위의 예에서 자가용 승용차 구매의 필요성을 인식하는 계기가 수없이 주어진다 하더라도 경제적, 운전 기술적, 성격적, 또는 가족간 의견불일치 등의 이유 때문에 구매의 가능성이 전혀 없을 경우에는 문제를 인식하는 데 그치고 더 이상의 문제해결과정은 추진되지 않는다.

마케팅주체의 다양한 전략은 잠재되어 있는 소비자의 욕구와 동기를 끊임없이 자극하고 환기시키기 때문에 소비자들은 마케팅자극에 의해서도 문제를 인식하게 된다.

<사례 5-2> 던킨도너츠 . 맥도날드 커피 선전

한국인이 커피를 마시기 위해 가장 많이 선호하는 곳은 스타벅스이며, 던킨도너츠·맥도날드 등 비전문 커피매장의 저렴한 커피도 시장에서 선전하고 있는 것으로 타나났다.

이는 시장조사 전문기업 매경리서치(www.c-news.co.kr)와 엠브레인이 전국에 거주하는 만 20~49세 남녀 922명을 대상으로 한 '커피 소비행태와 이용 매장 만족도 조사'에서 나온 결과다.

커피를 마시기 위해 주로 이용하는 곳은 스타벅스(33.4%) 던킨도너츠(16.6%) 커피빈(10.8%) 맥도날드(8.5%) 순이었다. 커피는 주로 점심식사 후에(41.1%) 매장 안에서(51.2%) 마시는 사례가 많았다.

커피 맛보다는 접근성이 단골 커피판매점을 주로 이용하는 이유로 꼽혔다. '거리가 가까워서'는 34.6%, '맛이 좋아서'는 29.4%를 차지했고, '메뉴종류가 다양해서'와'가격이 적당해서'가 각각 9.3%로 나타났다.

최근 6개월간 커피를 마시기 위해 방문한 곳(중복응답)으로는 스타벅스(77.2%) 던킨도너츠(74.3%) 맥도날드 (49.2%) 커피빈(45.9%) 롯데리아(37.7%) 순으로 나타나 비전문 커피매장이 선전하고 있는 것으로 드러났다.

가격·커피맛·매장분위기 등 전반적인 만족도는 스타벅스(28.2%)가 가장 높았고 던킨도너츠(16.5%) 커피빈(12.9%) 맥도날드(7.6%) 엔제리너스(6.8%)가 뒤를 이었다.

이는 가격이 비싼 브랜드 커피 전문점에 비해 비전문 커피매장의 저렴한 커피가

시장에서 경쟁력을 확보하고 있음을 방증한다.

던킨도너츠 만족도가 커피전문점인 커피빈에 비해 4%포인트 정도 높게 나타난 것도 주목할 만한수치다.

만족하는 이유로는 스타벅스를 선호하는 응답자의 경우 '커피맛이 좋아서'란 응답이 59.2%를 차지했다. 던킨도너츠는 커피맛(32.2%)과 메뉴종류(23%) 가격(21.1%)등을 꼽았다.

커피빈도 스타벅스와 마찬가지로 커피맛 (59.7%)이 주요 만족 이유였고, 맥도날드는 가격(64.3%)이라는 응답이 압도적이었다. 엔제리너스는 인테리어가 편안해서(36.5%)가 많았다.

커피전문점은 '가격'에 대한 평가, 도넛전문점 · 패스트푸드점 · 카페형 베이커리는 '직원 친절도'에 대한 평가가 전반적으로 부족한 것으로 나타났다.

특히 스타벅스 · 커피빈 등 커피전문점은 응답자 중 88.3%가 가격이 비싸다고 응답해 소비자들이 비싼 커피 값에 부담을 느끼고 있는 것으로 조사됐다.

출처 : 〈매일경제〉, 2009.2.23

<사례 5-3> 캐주얼의류 '후부' 날다

대학생 타깃 힙합스타일 강조···올 10% 성장 기대

'돌아선 대학생 소비자 마음을 다시 잡아라.'

1년6개월 전 '후부'디자인팀에 떨어진 특명이다.

후부는 1999년 제일모직이 국내 최초의 힙합 전용 패션 브랜드를 표방하며 야심차게 론칭 했던 캐주얼 의류. 당시 힙합이 젊은 세대의 신문화코드로 떠오르면서 '후부'는 큰 인기를 끌었다. 하지만 2000년대 후반을 넘어서면서 시들어진 힙합 인기와 함께 브랜드도 하락세를 타게 된다.

제일모직 캐주얼사업부 박창근 전무의 진두지휘로 대수술에 들어 간 후부는 최근 이탈했던 20대 초반 대학생들을 다시 고객으로 끌어들이면서 올해 10%의 신장을 이룰 것으로 보인다.

후부는 낡은 이미지를 쇄신하기 위하여 신세대 힙합 가수 크라운제이를 모델로 전격 발탁했다. 그를 통한 단순 광고활동에 그치지 않고 협업(collaboration)상품인 '크라운제이'라인을 출시했다. 크라운제이의 아이콘인 왕관과 날개를 모티브로 한 이 상품은 스타를 따라 하기 좋아하는 20대들 사이에서 인기를 끌고 있다.

김종학 '후부'팀장은 "힙합 문화는 음악에만 한정되지 않고 젊은이들의 패션, 라이프스타일, 문화 등에 다양하게 영향을 미치고 있다"며 "신세대들이 선호하는 힙합 가수를 기용해 후부가 추구하는 도시적인 힙합 캐주얼을 전달하고자 했다"고 말했다.

후부는 19세부터 24세 대학생들에게 집중하는 마케팅을 벌였다. 그들의 활동영역인 캠퍼스, 홍대 부근 등을 찾아다니며 브랜드를 알리는 밀접 마케팅을 실시했다. 대학생 홍보대산인 '후부 스타일 리더'를 운영하면서 대학생들이 직접 친구들에게 브랜드를 알리는 역할을 하게 했다.

출처 : 〈매일경제〉, 2008.12.5.

5.2 문제인식의 유발요인

1. 문제인식 유발요인

소비자는 자신의 실제적 상태와 바람직한 상태의 차이를 느끼고 문제를 인식함으로써 구매과정은 시작된다. 이런 욕구는 내적 자극 또는 외적 자극에 의해 발생될 수 있다. 내적자극인 경우 인간의 정상적인 욕구, 즉 목마름, 배고픔, 성욕 등은 어떤 수준까지 오르게 되면 동인(drive)된다. 또한 욕구는 외적 자극에 의해서도 야기될 수 있다. 음식냄새를 맡는 순간 시장기를 느낀다던가, 옆집에서 산 승용차를 보고 구매의욕을 느낄 수도 있는 등 외적자극에 의해서도 야기될 수 있다. 그러나 전혀 외적인 자극 없이도 개인에 내재하는 잠재적 동기가 활성화됨으로써 문제를 인식하기도 한다. 문제인식을 야기시키는 주요인은 ① 욕구와 동기 ② 가족과 준거집단 ③ 상황적 요인 ④ 마케팅 전략 등이 있다.

〈그림 5-3〉 문제인식 유발요인

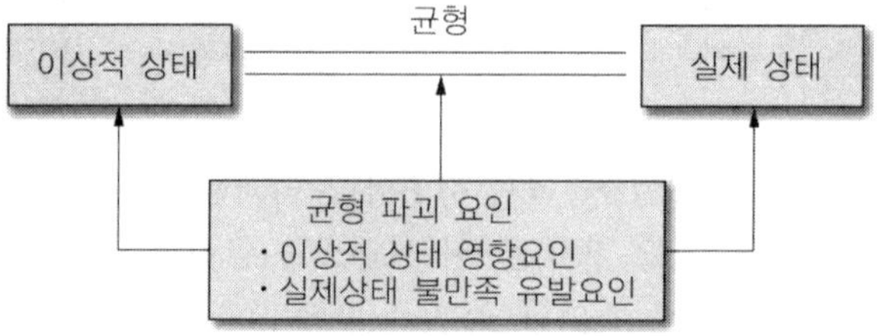

1) 문제인식에 대한 욕구와 동기의 영향

(1) 욕구의 활성화와 문제인식

인간의 행동은 의식적이든 무의식적이든 분명히 어떤 욕구를 충족시키기 위해 수행된다. 잠재된 욕구가 활성화되면 활성화된 욕구를 충족시키려는 개인내적 성향이 결국 문제인식을 유발시키게 된다.

Maslow는 개인의 잠재되어 있는 욕구를 다섯 단계로 구분하고 충족되지 않은 낮은 단계의 욕구로부터 높은 단계의 욕구에 이르기까지 단계적으로 활성화되면서 행동을 유발시킨다고 하였다. 미충족된 욕구는 심리적 긴장상태를 야기시키며 이 긴장상태를 해소하려는 행동을 하게 된다는 것이다. 따라서 욕구를 자극하고 활성화시키는 요인은 문제인식을 유발시키는 일차적 동인으로 작용한다고 할 수 있다.

Maslow의 이론은 사회전체의 차원에서 자아욕구나 자존의 욕구, 사회적 욕구보다는 생리적 욕구와 안정에 대한 기초적 욕구가 보다 강하게 지배하는 사회로서 흔히 저개발국가에서 발견되는 형태라고 할 수 있다. 따라서 Maslow의 이론은 현대에서는 반박의 소지가 충분한 이론이 되었으나 최초로 욕구계층이론을 제시하였다는데 그 의의를 두고 있다.

선진개발도상국인 우리나라는 사회적 욕구가 지배적인 사회라고 할 수 있다. 이런 사회에서는 소비자의 능동적이고 다양한 행동방식에 따라 자아의식도 점차 증가하기 시작하는 사회적으로는 구성원 간의 상호작용에 따른 소속감이나 인정감을 원하게 되고 타인을 수용하여 원만한 인간관계를 갖고자 하는 특성이 있다. 소비자는 준거집단에 대한 순응, 대리학습이나 모델링을 통한 모방적 소비경향을 나타내며 특히 타인의 눈을 의식하여 의류, 장신구, 화장품 등과 같은 가시성과 사회성을 강하게 표출하는 제품에 관심이 많다. 그러므로 마케팅담당자는 자사의 상표에 독특한 이미지나 상징적 의미를 개발하고 광고에서는 동일화의 효과를 발휘하도록 유명인사나 유명배우를 등모델로 하는 전략이 필요하다. 자아욕구가 지배적인 사회가 되면 자신들의 잠재능력을 개발하고 표출시키고자 하는 본능이 팽배해진다. 강한 자아실현이나 자존의 욕구를 지니고 있는 소비자나 사회는 새로운 것을 보고 능동적으로 경험하기 원하며 자신의 잠재적 능력을 극대화시켜 무엇인가 바람직한 것을 성취하려고하며 성취감을 느끼기 위해 노력한다는 특성이 있다. 이런 사회에서의 마케팅담당자는 커뮤니케이션의 메시지나 제품의 디자인에 사회적 신분과 명예 등을 상징할 수 있는 표현을 개발해야 한다. 특히 성숙한 인간으로서의 표상과 취미, 예술 등 문화적 감각을 강조하는 마케팅전략이 필요하다.

(2) 욕구와 동기의 활성화 요인

활성화된 욕구가 문제인식의 동인이라면, 욕구를 활성화시키는 데 영향을 미치는 요인, 즉 소비자의 욕구를 자극하여 문제인식을 유발시키는 요인으로는 충동, 공상적 사고, 환경의 자극을 들 수 있다.

① 충동

어느 순간 생체 내의 변화로 인해 충동이 일어나면 문제인식을 하게 된다. 동기이론에 의하면 본능적 또는 생리적 요인에 의해 야기되는 내적 긴장상태가 충동을 불러일으킴으로써 동기가 활성화된다고 한다.

② 공상적 사고

인간은 어떤 상황에 직접 접하지 않아도 그 상황을 충분히 상상할 수 있는 능력을 가지고 있다. 그 결과 혼자서도 많은 것을 상상하게 되는데, 이와 같은 공상세계 속에서 극히 주관적인 상상을 하는 것을 공상적 사고라고 한다. 소비자는 내적 충동이나 외적 자극이 선행하지 않아도 순전히 공상적 사고에 의해서 문제를 인식할 수 있다.

③ 환경의 자극

마케팅적인 요인, 기후나 계절변화, 오감을 자극하는 감각적 요인 등 외부로부터 주어지는 자극에 의해서도 구매행동에 대한 문제인식은 유발된다. 따라서 마케팅담당자의 다양한 활동, 즉 신제품개잘, 포장개량, 광고 등을 통하여 소비자의 잠재된 욕구를 활성화시킴으로써 문제인식에 중요한 역할을 수행해야 한다.

2) 문제인식에 대한 가족과 준거집단의 영향

소비자가 구매 및 소비에 대한 문제를 인식하게 되는 데에는 가족구성원의 영향과 준거집단에 의한 영향도 받는다. 문제인식에 관하여 영향을 받는 가족과 준거집단을 보기로 하자.

(1) 문제인식에의 가족의 영향

가족은 생활권이 같은 소집단으로서 소비자가 스스로 문제인식을 하지 못하는 경우에 가족의 영향을 받음으로써 문제를 인식하는 경우도 있다. 가족구성원은 공동으로 사용하는 물건뿐 아니라 구성원의 개인용품에 대해서도 사용 및 구매와 관련하여 상당한 영향을 서로 주고받는다.

가족이 일상적으로 수행하는 역할은 도구적 역할과 표현적 역할로 나누어 볼 수 있다. 도구적 역할이란 재정지원 및 직접 구매하는 것과 같은 구매와 관련된 실질적이고 물리적인 역할이며 표현적 역할이란 제품의 색상, 디자인, 구매장소 등에 조언이나 충고를 하는 것과 같이 구매와 관련된 보조적 역할이다.

가족이 문제인식의 계기를 제공하게 되는 여러 가지 영향은 다음과 같다.

첫째, 실질적으로 도구적 역할 즉 재정지원 및 직접 구매하는 것과 같은 실질적 역할을 수행하고 있는 가족구성원의 지위 및 재정상태가 변화하는 경우 본인뿐만 아니라 다른 가족구성원도 모두 문제를 인식하는 계기가 될 수 있다.

둘째, 평소 표현적 역할을 수행하는 가족구성원의 어떤 조언이나 충고도 문제인식을 야기시키는 계기가 된다.

셋째, 가족구성원 중 어느 한 사람이라도 그의 이상적 상태나 실제상태에 변화를 초래하는 상황 발생 시 특히 구매결정권자와 구매대리인은 문제 인식을 하지 않을 수 없다.

넷째, 주부의 출산, 자녀의 출가, 가장의 근무지변경 등의 가족구성원의 물리적 변화도 문제인식의 유발에 중요한 변수로 작용한다.

〈그림 5-4〉 문제인식에의 가족의 영향

가족구성원 중 어느 한 사람이라도 그의 이상적 상태나 실제 상태에 변화를 초래하는 상황 발생시 특히 구매결정권자와 구매대리인의 문제 인식

평소 표현적 역할(구매관련 보조적 역할)을 수행하는 가족구성원의 어떤 조언이나 충고로 인한 문제인식

실질적으로 도구적 역할(재정지원 및 구매결정)을 수행하고 있는 가족구성원의 지위 및 재정상태가 변화하는 경우 본인뿐만 아니라 다른 가족구성원도 모두 문제 인식

가족구성원의 물리적 변화 -주부의 출산, 자녀의 출가, 가장의 근무지변경 등

(2) 문제인식에의 준거집단의 영향

소비자가 소속하고 있거나 소속하고 싶어 하는 준거집단의 규범이 그가 바라는 이상적 상태에 영향을 끼침으로써 문제인식을 야기시킨다.

특히 준거집단은 개인의 자아개념 개발에 큰 영향을 주기 때문에 자아개념에 대응하는 많은 문제인식을 야기시킨다. 이렇듯 준거집단의 영향에 의해 개인의 자아개념이 변하게 되면, 새로운 자아개념에 조화되는 구매행동을 하기 위하여 여러 문제를 인식하게 된다.

〈그림 5-5〉 문제인식에의 준거집단의 영향

3) 문제인식을 야기 시키는 상황적 요인

소비자의 현상태가 불만을 초래하는 상황에 있거나, 소비자의 이상적 상태에 변화를 초래하는 상황적 요인이 발생하게 되면 소비자는 문제를 인식하게 된다. 현재 사용하고 있는 물건이 완전히 소모되거나 재고가 불충분할 경우 재구매에 대한 문제를 인식하게 되며, 사용하고 있는 제품이 자주 고장이 나거나 성능이 좋지 않을 경우 새로운 제품의 구매에 대한 문제를 야기시키게 된다. 또한 유행의 변화는 현재 사용하고 있는 상품의 디자인이나 스타일에 불만을 초래함으로써 새로운 제품을 구매하고자 하는 문제인식을 유발시킨다. 새 아파트로 이사하는 등의 주거환경의 변화는 기존 소유상품에 대한 불만을 초래하여 더 좋은 제품을 구매하고 싶어하는 문제인식을 야기시키게 된다. 직장에서 본인의 직위가 향상되어 승진을 하게 되면 자금사정이 호전됨으로써 그 동안 잠재되어 있던 고가의 신제품에 대한 욕구가 활성화되어 문제인식을 하게 된다.

4) 문제인식을 야기시키는 마케팅 자극

기업이 소비자의 문제인식에 영향을 미치는 능력에는 한계가 있다. 이러한 제약 하에서도 기업은 소비자의 문제인식에 영향을 미칠 수 있도록 다양한 방식으로 접근할 필요가 있다. 마케팅담당자의 다양한 전략은 잠재되어 있는 소비자의 욕구와 동기를 끊임없이 자극하고 환기시키기 때문에 소비자들은 마케팅 자극에 의해서도 문제를 인식하게 된다. 마케팅 자극은 소비자의 현 상태와 이상적 상태의 양 측면에 영향을 줌으로써 문제인식을 야기시킬 수 있다. 그러나 대부분의 마케팅 활동은 주로 소비자들이 기대하는 이상적인 상태에 영향을 줌으로써 문제인식을 야기시키려는 경향이 있다.

〈그림 5-6〉 제품의 새로운 특징에 대한 강조를 통해 문제인식을 야기시키는 광고 1 :

얼음정수기 광고

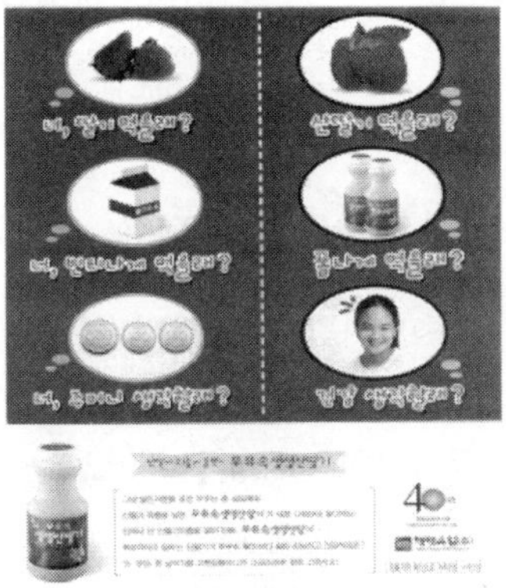

우유 속 생생 산딸기

〈그림 5-7〉 욕구환기를 통해 문제인식을 야기시키는 광고 2 :

아식스 광고

〈소비자들의 문제인식을 유발시키기 위한 마케팅 전략〉

첫째, 소비자들의 욕구환기를 위한 시각적 광고를 한다.

둘째, 구매시점 광고를 통해 충동에 의한 동기를 유발시킨다.

셋째, 신제품 개발 또는 기존제품 개량을 통해 기존제품의 문제점 부각 및 새로운 혜택을 제시한다.

이러한 마케팅전략의 노력에도 불구하고 소비자는 관심이 없는, 아직 동기가 유발되지 않은 상황에서는 광고메시지에 주의를 기울이지 않는 경향이 있다. 일반적으로 소비자는 문제를 인식하고 난 후 문제와 관련된 광고메시지에 관심을 보이며 주의를 집중하게 된다. 그러므로 문제인식을 유발시키기 위한 마케팅 자극은 고도의 전문성을 요구한다.

<사례 5-4> 맛있는 온도 즐거운 미각…외식업계 '온도 레시피' 마케팅

외식업체들이 까다로운 소비자들의 입맛을 잡기 위해 '온도 레시피(조리법)' 마케팅에 심혈을 기울이고 있다. 갓 구운 스테이크는 섭씨 70도, 막 얼려 나온 아이스크림은 영하 15도, 피자는 60도 등 금방 만든 음식이 가장 맛있다는 점에 착안, 메뉴에 가장 적합한 온도 궁합을 쓰고 있는 것이다.

CJ 푸드빌의 패밀리레스토랑 빕스는 이달 초 스테이크 전용 '천연 돌팜'을 개발했다. 강원도산 편마암으로 만든 이 돌판(무게 1.15kg)은 열 전도성과 내열성이 일반 철판보다 뛰어나 한 번 달궈 놓으면 스테이크를 가장 맛있게 먹을 수 있는 온도인 70도를 한 시간가량 유지해 준다. 권형준 CJ 푸드빌 홍보팀장은 "예전에는 유리 접시에 스테이크를 내놨는데 금방 식어 이 돌판을 고안했다."며 "특수 레이저 온도계를 사용해 스테이크가 처음 올려질 때의 돌판 온도를 정확히 섭씨 300도에 맞춤으로써 스테이크 기름이 빠져나가 육질이 저하되는 것을 방지했다."고 설명했다.

매장에 아예 아이스크림 전용 대리석을 가져다 놓은 곳도 등장했다.

배스킨라빈스는 지난 달부터 전국 7개 매장에 두께 2cm, 길이 8cm 대리석을 비치, 영하 15도 이하로 꽁꽁 얼린 돌판 위에서 요거트 아이스크림을 만든다. 20~30초의 짧은 제조 시간에도 아이스크림이 제 맛일 잃지 않도록 배려한 것이다. 최근 더워진 날씨에 매출도 덩달아 뛰어 이달 들어 지난 26일까지 전체 아이스크림 매출은 전년 동기 대비 30%가량 늘었다.

피자 맛의 최적 온도는 화로에서 막 만들어져 나왔을 때인 60~65도, 피자 전문업체 피자헛은 작년 말부터 배달 중 피자 온도가 60도 이하로 식지 않도록 보온 기능을 유지하는 특수 배달 상자를 쓰고 있다. 또 피자를 먹는 도중 온도가 내려가 맛이 떨어지는 것을 방지하기 위해 피자 포장 밑바닥에 '핫(hot)'이라는 글씨를 새겨 넣어 45도 이하 땐 글씨가 저절로 사라지는 '핫카드 표시제'도 도입했다.

출처 : 〈한국경제〉, 2008.5.28

온도 레시피(조리법)

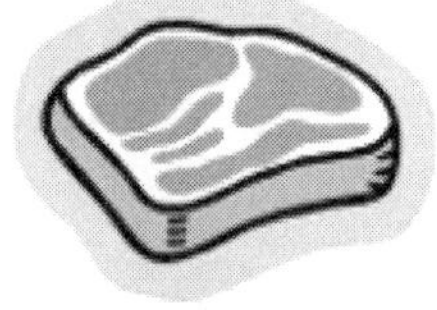

갓 구운 스테이크
섭씨 70도

막 얼려 나온 아이스크림
영하 15도

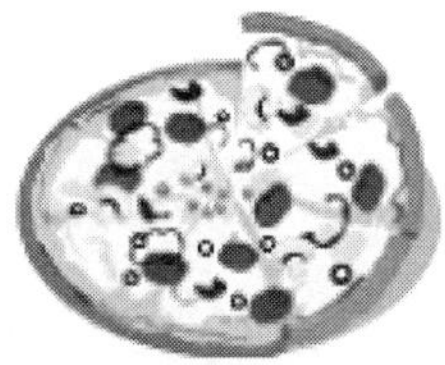

피자 60도

스테이크 전용 '천연 돌판'

- 소재: 강원도산 편마암
- 무게: 1.15kg
- 특징: 열전도성과 내열성 우수
  70도 1시간 가량 유지

- 60도 이하로 식지 않는 특수 배달 상자
- 45도 이하일 때는 핫(hot) 글씨가 사라지는 '핫카드 표시제'

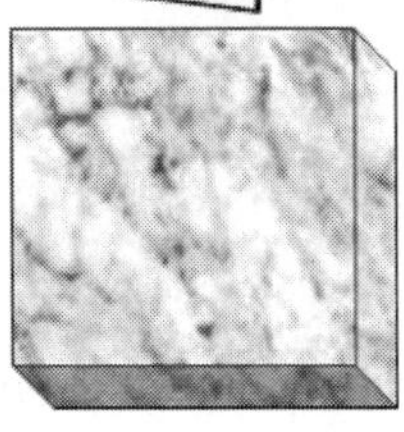

- 아이스크림의 맛 유지
- 매출 증가에 기여

영하 15도로 꽁꽁 얼린 돌판

2. 문제인식의 유형

소비자들이 인식하고 있는 문제의 성격에 따라 의사결정에 투입되는 시간과 노력에 차이가 있다. 문제가 사전에 예상된 것인가의 여부는 고려해야 할 대체안의 수와, 의사결정과정에 이용되는 정보원천의 선택에 영향을 미친다. 또한 문제의 중요성은 이들 두 가지에 모두 영향을 미치는 요소라고 할 수 있다. 소비자들이 인식하는 문제의 유형은 문제해결의 긴급성 여부와 문제발생의 예상 여부를 기준으로 네 가지 유형으로 나눌 수 있다.

〈표 5-1〉 문제인식의 유형

구분	문제해결의 긴박성	
	즉각적 해결 필요	즉각적 해결 불필요
문제의 발생을 사전에 예상함	일상적 (생활필수품, 생필품 등)	계획적 (재구매, 신제품 등)
문제의 발생을 사전에 예상못함	비상적 (자동차의 갑작스런 고장)	진화적 (유행상품의 수용)

① **문제의 긴박성** : 의사결정을 할 때에 얼마나 신속하게 문제를 해결하여야 하는가하는 것으로서 의사결정을 할 때 필요한 시간을 말한다. 이때 시간적 압력의 크기는 의사결정에 소요되는 시간의 영향에 따라 의사결정에 할당할 수 있는 노력의 양을 결정한다.

② **일상적 문제** : 실제상태와 이상상태 간의 차이에 의한 문제발생이 예상되고 즉각적으로 문제를 해결해야 할 필요가 있는 것으로 대부분 생활필수품이나 편의품 등이다. 이러한 제품들의 특징은 소모성이 강하며 구매 후 곧 소진되어 자주 구매를 해야 한다.

③ **계획적 문제** : 문제발생은 예상되지만 즉각적인 해결이 필요하지 않은 경우이다. 현재 사용하고 있는 내구재를 교체하거나 신제품을 구매해야 할 때, 또는 과년한 자녀를 위한 혼수품 구매 등의 문제이다. 이때 소비자들은 해당제품의 특성이나 기능 등과 관련된 광고에 대하여 관심이 고조되며 쇼핑이나 대화중에 자연스럽게 이들을 화제로 삼을 수 있다.

④ **비상적 문제** : 전혀 예상치 않은 상태에서 발생된 경우로서 즉각적인 해결

이 필요한 경우이다. 즉 실수로 인하여 안경이 파손되었다든지 자동차사고가 발생하여 사고난 차를 수리해야 하는 것과 같은 급박한 문제가 발생한 경우로서 이때에는 최적안을 선택하기보다 적정한 수준에서 만족스런 대안을 선택하는 것이 보통이다.

⑤ **진화적 문제** : 문제의 발생도 예상되지 않을 뿐만 아니라 즉각적인 해결의 필요도 없기 때문에 상당한 정도의 시간과 노력이 요구된 이후 구매행동이 나타난다. 유행상품의 수용과정에서 나타나는 유형이다. 대부분의 소비자들은 어떤 상품이 시장에 출시되었더라도 즉시 구매욕구를 느끼지 않는다. 혁신수용층이 사용한 후 시간이 흐르고 해당제품이 급속하게 확산이 된 시점에서 구매욕구를 느끼게 된다.

<사례 5-5> 젊어지고 싶은 개인의 욕구

-소비자들 '나이의 경계' 무너진다.

서울 명동의 캐주얼 의류 브랜드 갭(GAP)매장. 주부 김희조(48세)씨가 자식뻘 되는 20대들 사이에서 인기인 후드 티셔츠를 고르고 있다. 김씨는 "아들이 아닌 내가 입을 옷"이라며 "활동적이고 젊어 보이면 좋을 것 같다"고 말했다.

길 건너 롯데백화점 본점 모피 매장에서 여대생 김모(23세)씨가 회색 모피 조끼를 만지작거리고 있었다. 김씨는 "예전엔 모피를 주로 중년 부인들이 많이 입었지만, 요즘엔 그런 구분이 없다"며 "짧은 조끼는 고급스러워 친구들도 많이 구입한다"고 말했다.

소비시장에서 나이 구분이 사라지고 있다. 중년층이 캐주얼 의류를 구입하고, 20대가 중년의 전유물로 생각되던 한방 화장품을 구입하는 것이다. 유통업체들도 디자인 등에서 여러 계층을 함께 아우를 수 있는 제품을 내 놓고 있다.

-무너지는 나이의 벽

'나이 파괴' 현상은 의류 시장에서 두드러진다. 우선 부유한 중년 부인의 상징이던 모피의 구입 연령대가 부쩍 낮아졌다. 모피 전문업체 근화모피의 20대 고객 비중은 전체의 약 15% 정도. 곽미경 매니저는 "특히 올 겨울에는 지난해보다 20대 고객이 50% 가까이 늘어났다"고 말했다.

10~20대를 겨냥한 모피를 생산하는 회사도 늘었다. 엘페와 진도모피, 국제모피

등은 '패션 모피'라는 이름을 붙여 모피로 만든 조끼와 짧은 소매의 재킷 등을 선보였다. 가격대도 100만~200만 원 정도로 일반 모피의 절반 가격이다. 사틴이나 미니멈 등 젊은 층이 주로 찾는 캐주얼 브랜드도 올해 모피 제품을 전년보다 20% 정도 확대했다.

같은 백화점에서 이와는 정반대의 현상도 나타난다. 50대 초·중반의 여성들이 '영캐주얼' 매장을 찾는 것. 몸매가 드러나는 청바지 제품이나 몸에 붙는 스판덱스 소재의 운동복도 적극 구입한다. 10~20대를 겨냥한 BNX는 30대 이상의 소비가 전체 매출의 15% 가까이 이른다. 매니저 천현희씨는 "10대 딸과 40대 어머니가 함께 같은 옷을 사는 '모녀 커플룩'이 요즘 유행"이라고 말했다.

40대 이상 중년 남성의 청바지 구매도 부쩍 늘었다. 로가디스와 마에스트로, 맨스타 등 정장 브랜드도 최근 캐주얼 의류를 선보이고 있으며, 이들 브랜드의 청바지 매출은 해마다 25~30% 이상 급증하고 있다.

-나이 파괴 겨냥한 브랜드·디자인 봇물

소비시장에서 나이 파괴 현상이 가속화하자, 업체들은 이를 흡수하기 위한 브랜드와 제품을 속속 선보이고 있다. '설화수'로 40대 이상 중년 사이에서 한방화장품 유행을 이끌었던 아모레퍼시픽은 최근 젊은 한방 화장품을 내세운 '한율'이라는 새 브랜드를 선보였다. 25~34세가 전체 한방화장품 소비자의 23%를 차지하는 등 젊은층의 한방화장품 수요가 급증했다는 분석에 따른 것이다.

현대약품은 젊은 여성의 다이어트 음료로 인기가 높던 '미에로화이바'의 페트병 제품을 새로 출시했다. 중년 남성들로 제품의 소비층이 확대되면서, 기존의 100ml와 210ml의 병 제품이 이들에게 너무 작다는 건의가 많이 제기됐기 때문이다.

제일기획 브랜드마케팅연구소 박재항 소장은 "최근 중년층은 조금이라도 젊어지려고 하는 반면, 젊은 세대는 또래에서 차별화를 위해 중년층의 제품을 적극 소비하고 있다"고 말했다.

에이지리스(ageless) : 사전적으로 '불로(不老)의' 또는 '영원(永遠)한'이라는 뜻을 갖는다. 마케팅에서는 나이를 초월해 자신의 스타일을 추구하는 소비계층을 말한다.

출처 : 〈조선일보〉, 2008.2.18.

<사례 5-6> 문제인식을 야기시키는 상황적 요인

핸드백 · 시계 등 과시형 명품 잘나가

명품 중에서도 핸드백 · 시계 등 브랜드 이름이 겉으로 잘 드러나 보이는 상품군이 특히 많이 팔린 것으로 나타났다. 이는 남에게 보이기 위한 '과시형 구매'를 하는 소비자가 많기 때문인 것으로 분석된다.

에비뉴엘의 2008년 1~5월 매출을 전년도 같은 기간과 비교하면 핸드백 · 구두 등 잡화류는 34.6%, 시계 · 보석류는 43.5% 성장한 반면 의류는 10.1% 늘어나는 데 그쳤다. 이에 따라 전체 명품 매출 중 잡화류 비중도 66%에서 68.5%로 높아졌고 시계 · 보석류도 10%에서 11.1%로 상승했다. 두 부문에서 늘어난 만큼 의류 비중은 줄었다.

잡화 · 시계가 호 성적을 보인 것은 루이비통, 구찌, 페라가모, 롤렉스, 까르띠에 등 브랜드 이름이 겉으로 잘 드러나기 때문. 핸드백이나 구두, 시계에는 브랜드 특유의 문양이나 로고가 새겨져 있어 남에게 어떤 브랜드인지를 알리기 쉽다는 얘기다.

반면 의류는 레이블이 옷 속에 감춰져 있어 브랜드를 알아보기가 어렵다. 잡화의 경우 값이 저렴하다는 점도 작용했다. 명품에 발을 들여놓는 '초보자'들이 해마다 늘고 있는 가운데 이들이 첫 구매상품으로 20만~100만 원에 살 수 있는 잡화를 선호한다는 설명이다. 시계 · 보석은 고소득 남성들이 자신을 치장할 수 있는 패션 아이템으로 선택하면서 판매가 늘어났다.

출처 : 〈매일경제〉, 2008.6.18

5.3 문제인식에 대한 정보와 마케팅전략

소비자의 문제인식여부는 실제로 측정이 가능하기 때문에 마케팅에 있어서 매우 유용하게 활용된다. 문제인식의 측정은 소비자의구매의도를 측정하는 방법을 주로 이용한다. 특히 구매의도의 측정은 다양한 세분시장에 있어서 시간경과에 따른 구매확률의 변화와 속도, 방향, 크기 등에 대한 정보를 제공하기 때문에 소비자의 문제인식과 매출간의 관계 및 그 영향력의 크기와 시기 등을 예측할 수 있게 한다는 점에서 매우 유용한 마케팅수단이 된다.

1. 문제인식 세분화 전략

세분시장에서 소비자들의 문제인식 상황과 상표선호에 대한 정보를 수집·분석하는 마케팅정보시스템의 하나를 문제인식 단면분석이라고 한다. 마케팅담당자는 이 문제인식 단면분석(PRPA : Problem Recognition Profile Analysis)을 이용하여 효과적인 커뮤니케이션 전략을 개발할 수 있다.

이 기법에 의하면, 표에서와 같이 소비자의 문제인식 여부와 자사상표에 대한 선호 여하에 따라 시장을 세분화한 후 세분된 시장의 특성에 맞추어 촉진전략을 개발한다.

문제를 인식하고 있는 소비자들의 세분시장에서는 소비자들이 제품이나 상표에 관한 정보를 얻기 위하여 능동적으로 광고에 노출한다. 그러나 문제를 인식하고 있지 않은 세분시장에서의 소비자들에게는 소비자들의 능동적인 태도를 기대할 수 없다. 그러므로 이들 세분시장에 대한 마케팅전략이 차별화되어야 한다.

〈표 5-2〉 문제인식 단면분석(PRPA)

문제인식 여부 즉시해결 여부		자사상표 선호여부	
		예	아니오
문제인식 즉시해결 필요	일상적/비상적 문제	Ⅰ	Ⅱ
문제인식 즉시해결 불필요	계획적/진화적 문제	Ⅲ	Ⅳ
문제 불인식 즉시해결 불필요		Ⅴ	Ⅵ

시장I과 시장II는 문제를 인식하고 있으며 문제의 즉각적인 해결을 필요로 하는 소비자들로 구성이 되고, 시장III과 IV는 문제는 인식하고 있으나 즉각적인 해결을 필요로 하지 않는 소비자들로 구성이 된다. 전혀 문제를 인식하지 있지 않은 시장V와 VI에 대해서는 문제인식을 야기시키는 전략이 일차적으로 필요하다.

시장 I, 시장 II

시장Ⅰ, 시장Ⅱ의 공통적 특징은 문제를 인식하고 있으며 즉각적인 문제해결을 필요로 하는 소비자들로 구성되어 있다는 것이다.

예를 들면 TV, 냉장고, 세탁기 등의 가전제품시장에서 주로 사용기간이 길어 잦은 고장으로 교체시기가 된 낡은 구형의 제품을 소유하고 있는 소비자들이다. 이미 문제를 인식하고 있으므로 효과적인 광고를 할 수 있다. 우선 낡은 구형의 제품을 소유하고 있는 소비자들의 인구통계적 자료를 분석하고, 이들에게 접근하기 쉬운 매체를 선정하고 소구력 있는 광고내용을 개발해야 한다.

자사상표를 선호하는 시장Ⅰ의 마케팅전략은 상표충성을 유지하기 위하여 광고 외에도 구매시점 촉진전략이 필요하다. 시장Ⅱ에 대하여는 경쟁상표와 비교하여 자사상표의 강점을 강조하는 비교광고가 필요하다. 이렇듯 시장Ⅰ, 시장Ⅱ는 마케팅 전략상 차이가 있어야 한다.

시장 III, 시장 IV

시장Ⅲ, 시장Ⅳ는 문제는 인식하고 있으나 즉각적인 해결을 필요로 하지 않는 소비자들로 구성된다. 현재 소유하고 있는 제품이 자주 고장이 나거나 수명이 다하진 않았지만 신제품을 교체하고 싶은 소비자들로 구성된 시장이다. 이시장의 소비자들에게는 가능하면 빨리 다음 단계의 구매결정행동을 하도록 유인하는 마케팅 전략이 필요하다. 즉, 신제품구매에 대한 설득광고를 통하여 구매인식을 활성화시키고, 가격할인 판매를 실시하는 것도 효과적이다.

▸번호이동성 제도의 도입
▸신규고객의 확보
▸경쟁사의 모델을 데려와 광고에 활용

시장Ⅴ, 시장Ⅵ

시장Ⅴ, 시장Ⅵ는 전혀 문제를 인식하고 있지 않은 시장으로서 일차적으로 문제인식을 야기시키는 전략이 필요하다.

<사례 5-7> "비교광고 재치있네" 경쟁사 심기 소비자 어필

이동통신회사인 KTF는 최근 "추천합시다"라는 광고 편에서 경쟁사인 SK텔레콤 모델 출신인 A를 등장시켰다. 또 다른 모델인 B가 "진정한 친구는 좋은 것을 함께 한다"며 '11'이라는 번호를 쓰는 A에게 "친구야, 너를 KTF에 추천한다"고 말한다. 이에 대해 "친구 따라 KTF로 가자"는 게 A의 화답. '번호 이동성 제도'의 도입을 앞두고 신규고객 확보에 나선 이동통신업계에서 아예 경쟁사의 모델을 데려와 광고에 활용한 사례이다.

치킨 전문 프랜차이즈 업체인 BBQ가 최근 내놓은 광고도 철저하게 경쟁사인 교촌치킨을 염두에 둔 것. 모델 C가 BBQ의 '닭다리'를 들고 걸어 나오자 "촌닭들이 긴장했다"는 카피와 함께 '촌닭네'와 '거촌회관'이라는 간판이 잇따라 쓰러진다.

주위 사람들이 '와우~'하며 놀라자 C는 "촌닭들은 이런 맛 못 내지!"라고 말합니다. 촌닭은 최근 치킨 프랜차이즈 업계에서 인기를 얻고 있는 교촌치킨을 말하는 것이다.

최근 들어 경쟁사를 은근하게 빗댄 광고가 늘고 있습니다. 이전의 비교광고가 성능이나 특징을 직접 겨냥했다면 최근엔 한층 발전해 재치가 넘친다는 것이 특징이다.

OB맥주가 대용량 페트병에 담은 신제품 'OB큐팩'을 내놓으면서 제작한 광고도 마찬가지. 한 남자가 힘들게 병맥주 5병을 두 손에 들고 걸어가며 "맥주는 왜 큰 게 없지?"라며 투덜거린다. 이 때 OB맥주에서 1.6L짜리 대용량이 나왔다는 사실을 알리는 광고판을 단 버스가 지나간다. 남자는 뒤돌아 달려가서 새로 나온 맥주를 여유 있게 들고 온다. 눈을 크게 뜨고 들여다보면 남자가 들고 가던 무거운 병맥주의 브랜드가 '화이트(White)'임을 알 수 있다. 경쟁 제품인 '하이트(Hite)'를 슬그머니 빗댄 것이다.

사실 재치가 넘치는 비교광고는 선진국에서도 많이 활용된다. 국제화물운송회사인 페덱스는 경쟁사인 DHL를 겨냥한 광고로 2001년 칸 국제광고제에서 금상을 받았다. 페덱스라는 박스 안에 아주 작은 글씨로 'DHL'이라고 쓰인 박스가 들어 있는 것, DHL도 페덱스를 이용한다는 의미이다. 웰콤의 신경윤 대리는 "과거처럼 단순히 제품의 기능을 비교하거나 감정적으로 경쟁사의 심기를 건드리기보다는 재치와 유머가 넘치는 창의성으로 소비자들에게 깊은 인상을 남기는 게 최근 비교광고의 특징"이라고 말했다.

출처 : 〈동아일보〉, 2003.12.16

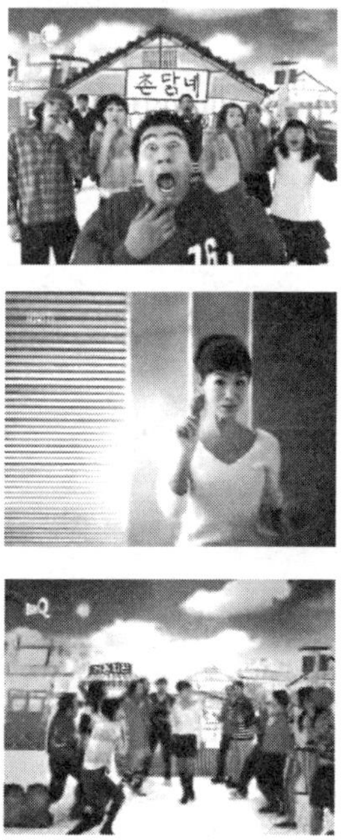

2. 상표선호와 구매의 일관성 분석

소비자가 문제를 인식할 무렵 선호했던 상표와 실제 구매한 상표의 일치성 여부를 조사·분석함으로써 전략의 효과를 평가하고 전략을 개발할 수 있다.

〈표 5-2〉 상표선호와 구매의 분석

상표	문제를 인식한 시점에 자사상표를 선호한 소비자의 비율	실제로 자사상표를 구매한 소비자 비율
A	50%	30%
B	30%	50%
C	20%	20%

상표 A,B,C의 선호도와 구매에 관한 자료가 문제인식단면분석에서와 같다고 가정한다.

이에 의하면 문제를 인식하고 즉시 해결을 필요로 하는 소비자들에서 (시장 Ⅰ과 Ⅱ의 소비자) 중에서 A 상표를 선호하는 소비자의 비율은 50%였다. 그러나 실제로 A 상표를 구매한 소비자의 비율이 30% 밖에 안 된다면, A 상표의 마케팅담당자는 유리했던 자사의 이점도 살리지 못한 셈이 된다. 따라서 A 상표의 마케팅담당자는 그 이유를 분석하고 이를 전략개선에 반영하여야 할 것이다.

B상표는 문제를 인식한 시점에 자사상표를 선호한 소비자의 비율이 30%이었으나 실제로 자사상표를 구매한 소비자는 50%였다. 이는 어떤 의미에서는 마케팅담당자의 전략이 주효했다고 볼 수 있다. 광고, 판매촉진, 구매시점전략 또는 호의적인 구전을 통해서 자사상표에 대한 긍정적인 이미지를 창출한 효과가 나타났다고 할 수 있다.

C상표는 자기상표를 선호한 소비자를 그대로 고객으로 확보하긴 했지만, 시장점유율이 낮다는 점을 인식하고 고객증대를 위한 전략개선을 도모해야 할 것이다. 마케팅 주체는 소비자의 문제인식을 유발시키는 전략도 중요하지만, 문제를 인식하고 있는 소비자를 자사상표의 구매자로 유도하는 전략이 더 중요하다. 마

케팅담당자는 문제를 인식하고 있는 소비자를 판별한 후 그들의 특성을 분석하여 이를 전략개발에 활용해야 할 것이다.

문제를 인식하고 즉시 해결이 필요한데 자사상표를 선호하지 않는 경우에는 자사상표의 강점을 강조하는 비교광고의 필요성이 매우 크다.

<사례 5-8> SK텔레콤과 LG텔레콤의 비교광고

SK그룹과 LG그룹의 통신 계열사들이 경쟁사의 이동통신·국제전화 광고를 놓고 법원과 공정거래위원회에 제소하는 등 '이전투구' 양상을 보이고 있다. SK텔레콤은 LG텔레콤의 3세대 이동통신 무선인터넷 '오즈(OZ)'의 광고에 대해 공정위에 시정조치를 요청했다고 밝혔다.

SK텔레콤은 "LG텔레콤이 오즈 광에서 '힘이 되는 3G(3세대 이동통신), 힘이 드는 3G'라고 한 문구는 비방광고이며, LG텔레콤(월 6,000원) SK텔레콤(월 26,000원)의 상품은 월간 데이터 이용한도가 다른 상품인데, 이를 비교한 것은 부당하다"고 주장했다. 이에 대해 LG텔레콤은 "광고에 'SK텔레콤' 대신 'A사'로 표시했고, 상대적으로 경제적인 요금제를 부각한 광고인데, SK텔레콤이 문제 삼는 것은 이해할 수 없다"고 밝혔다.

LG데이콤은 휴대폰 국제전하 할인상품인 '002 모바일 스페셜' 사용자들에게 통화료를 문자메시지로 보내주면서, 경쟁사인 SK텔링크의 '00700 일반요금'을 이용했을 때와 비교해 절감된 통화료를 함께 알려준다. SK텔링크 관계자는 "LG데이콤이 자사의 국제전화 할인요금 상품을 휴대폰 화면으로 광고하면서 이보다 비싼 SK텔링크의 일반요금 상품을 비교한 것은 부당하다"고 주장했다. LG텔레콤의 오즈 서비스는 출시 1개월 반 만에 17만 명의 가입자를 모집했고, LG데이콤의 '002 모바일 스페셜'은 두 달 만에 사용자가 10만 명을 돌파했다.

대신 증권 이동섭 애널리스트는 "이동통신과 휴대폰 국제전화 시장의 지배적 사업자인 SK 계열사들이 LG측의 비교광고에 민감한 반응을 보이는 것은 이들 광고의 파괴력이 크기 때문"이라고 말했다.

출처 : 〈조선일보〉, 2008.6.1

<사례 5-9> 백화점 문화센터는 미끼상품?

이용하는 고객 매출이 20~30% 더 높아

서울 종로구 삼청동에 사는 주부 허모씨(45)는 지난해 봄부터 한 달에 두세[번 성루 소공동 롯데백화점 본점을 찾아 13층 문화센터에 마련된 각종 강좌를 듣고 있다. 지금까지 수강한 강좌는 벨리댄스와 이탈리아 요리, 일본어, 요가 등. 강좌가 끝나면 수강생들과 함께 차를 마시고 쇼핑도 한다. 지난 1년간 백화점에서 쇼핑으로 지출한 돈은 1,000만 원이 조금 넘는다. 그는 "문화센터를 이용하지 않을 때보다 지출이 20~30% 늘긴 했지만 생활에 유익한 강좌를 들을 수 있어 좋다"고 말했다.

백화점 문화센터 고객이 일반 고객에 비해 훨씬 '큰 손'인 것으로 나타났다. 시간 여우가 상대적으로 많은 주부가 많은 데다 수강을 위해 백화점에 자주 들르다 보니 쇼핑할 기회를 자주 접하기 때문인 것을 보인다. 롯데백화점은 2006년 12월부터 2007년 11월까지 1년간 본점 문화센터 수강자 중 롯데멤버스 카드 회원 12만 9,000명을 조사한 결과 8만 8,000명이 한 번이라도 물건을 산 것으로 집계됐다고 밝혔다.

문화센터 고객 3명 중 2명꼴인 68%가 구매를 한 셈이다. 이들이 롯데백화점에서 구매한 금액은 1인당 290만원으로 나타났다. 평균 구매횟수는 한 달에 세 번꼴인 35회였다. 반면 같은 기간 롯데 멤버스 회원 1,200만 명 가운데 롯데백화점에서 한 번 이상 물건을 산 고객은 420만 명(35%)이었다. 이들 420만 명이 구매한 금액은 1인당 평균 140만 원으로 분석됐다. 구매 횟수는 14회다.

결국 문화센터 수강생은 일반 고객에 비해 2배 이상 자주 쇼핑하고, 2배나 많은 돈을 백화점에서 지출하는 것이다. 문화센터가 '우수고객 양성소' 기능을 하는 셈이다.

수강생이 많아질수록 매출이 덩달아 늘어남에 따라 백화점들은 '문화센터 마케팅'에 총력을 기울이고 있다. 고객을 끌 수 있는 좋은 강좌를 마련하고 할인혜택을 제공하는 등 수강생을 늘릴 수 있는 묘책을 짜내고 있다.

출처 : 〈매일경제〉, 2008.3.17

<사례 5-10> 고객변화 관찰해 '숨은 수요 찾기'

(주)아모레퍼시픽의 현재와 미래 성장전략은 '숨은 수요 찾기'이다. 불황의 장기화가 예상되는 가운데 고객과 유통의 변화를 면밀하게 관찰한 다음 적절하게 대응해 새로운 기회를 만들자는 것이다. 구체적으로 고객관계관리 강화, 강한 상품만들기, 영업력 향상, 총비용감소 등을 중점적으로 추진한다.

고객관계관리 강화는 고객과 물리적, 심리적으로 가깝게 다가가 고객을 최우선시 하겠다는 의지를 담고 있다.

고객군(群)별로 필요로 하는 상품을 개발하고 고객의 회사에 대한 충성도를 높이려는 활동을 펼친다. 강한 상품만들기는 시장을 선도할 수 있는 기술과 품질 차별화로 고객만족을 극대화하는 제품과 서비스를 공급하겠다는 목표에서다. 히트상품 개발에 주력하며 상품개발속도를 향상시켜 변화하는 시장에 빠르게 대응할 계획이다.

영업력향상은 영업력 강화 프로그램의 실행력을 높여 숨어 있는 수요를 찾고 서비스 경쟁력을 향상시키겠다는 계획을 나타낸다. 수요에 따른 생산대응력을 높여 물류효율성을 향상하고 1000억 원 이상의 가치를 창출하는 '글로벌 메가 브랜드'도 적극 육성할 예정이다. 효율적이고 집약된 업무를 통해 낭비비용을 줄이는 '총비용감소'활동도 박차를 가할 방침이다. 핵심 프로젝트에 연구를 집중하며 생산구조를 혁신해 생산과 물류의 가격 및 속도 경쟁력을 증진시키겠다는 차원에서다.

출처 : 〈조선일보〉, 2009.3.5

참고문헌

1) James F. Engel, Roger D. Blackwell, and Paul W. Miniard. *Consumer Behavior*, 5th ed., The dryden Press. 1986.
2) Abraham H. Maslow, *Motivation and Personality*, N.Y., : Happer & Row Publishers, Inc., 1954.

제 6 장

정보의 탐색

6.1 정보탐색행동 개관

1. 정보탐색(Information Search)

소비자들은 인식된 문제를 해결하기 위하여 정보를 탐색한다. 욕구가 발생된 소비자들은 더 많은 정보를 탐색할 수도 있고 그렇지 않을 수도 있다. 정보탐색이란 "소비자의 기억 속에 저장되어 있는 지식이나 환경으로부터 정보획득을 촉구하도록 동기부여된 행위"(motivated actions of knowledge stored in memory or acquisition of information from the environment)라고 정의할 수 있다.

즉 정보탐색이란 제품, 서비스, 점포, 또는 구매에 관하여 어떤 지식을 얻으려는 소비자의 의도적인 행동이다. 소비자는 구매에 관한 문제를 인식하게 되면, 합리적이고 만족스러운 구매결정을 하기 위해 충분한 양의 신뢰할 수 있는 정보의 탐색이 필요하다. 그러나 모든 소비자가 어느 경우에나 항상 많은 양의 정보를 적극적으로 탐색하는 것은 아니다. 소비자들의 정보탐색행동은 여러 요인의 영향을 받아 다양한 행태로 나타나는데 적극적일 수도 있고, 소극적일 수도 있으며, 정보탐색을 하지 않을 수도 있다. 따라서 소비자의 정보 탐색여부 및 탐색

정도 등에 따라 구매행동에 상당한 차이가 발생하게 된다.

〈그림 6-1〉 정보탐색모형

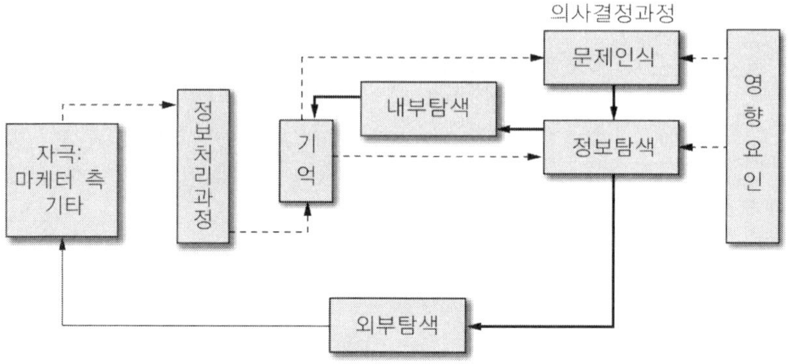

2. 정보탐색의 유형

소비자가 문제해결을 위한 정보의 탐색활동은 정보원천을 기준으로 외적탐색과 내적탐색을 구분할 수 있다. 내적탐색은 소비자의 장기기억에 저장되어 있는 지식을 검색하여 필요한 정보를 인출하는 것이며 외적탐색은 외부환경에 존재하는 다양한 정보원천으로부터 필요한 정보를 획득하는 것이다.

또한 정보가 의도적인 탐색활동에 의해 획득되어진 의도적 탐색인지, 우연한 접촉에 의해서 이루어진 우연적 학습에 의한 탐색인지에 따라 구분되기도 한다. 우연적 학습에 의한 탐색은 실제구매의사와는 상관없이 평소 소매점의 진열대를 지나치면서 얻는 탐색활동을 말하며 의도적 탐색은 소비자의 특정한 문제를 해결하기 위해 필요한 정보를 획득하고자 이루어지는 자발적이고 의도적인 탐색활동이다.

1) 정보의 내적탐색(Internal Search)

정보의 내적탐색이란 소비자의 경험에 의해 축적되었거나 수동적으로 학습된 사전 정보를 얻기 위해 개인의 기억을 활성화시키는 정신적 활동을 말한다.

소비자의 기억 속에 보유하고 있는 지식의 크기와 지식의 인출능력에 따라 내적탐색의 성공여부를 결정짓는다. 일상적이고 정형적인 구매행동(routine purchase behavior)의 경우 주로 내적탐색만으로 구매의사결정이 이루어진다. 소비자가 내적탐색에 의존하는 경우 여러 가지 요인들에 의하여 영향을 받지만 특히 기억 속에 저장되어 있는 정보의 성격에 의해 영향을 받는다. 과거경험에 대한 만족여부를 볼 때 만족한 소비자는 내적탐색 의존도가 높은 편이다. 그러나 불만족한 제품이나 상표에 대하여서는 재구매하지 않으며 새로운 대체안을 검토하기 위하여 필요한 정보를 외적탐색할 가능성이 높다.

따라서 마케팅담당자는 자사상표에 대하여 소비자들이 부정적인 정보를 갖지 않도록 해야 한다. 제품을 구매하여 사용해 본 후 오랜 시간이 경과한 경우 기억 속의 정보가 망각되거나 퇴색되어서 신뢰도가 낮아지므로 외적탐색에 의존할 가능성이 높다. 또한 대체안의 변화 정도에 따라 내적탐색 의존도 낮다. 즉 새롭게 개발된 신제품, 가격, 디자인 등에 변화가 클수록 외부탐색의 가능성이 높아진다. 현재 인식된 문제가 과거 경험 문제와 다른 경우에는 기억 속에 저장되어 있는 정보가 현재의 문제와 관련성이 낮기 때문에 내부탐색의존도 낮아지며 실제로 내부탐색만으로 구매결정이 이루어지는 경우로는 상표충성구매와 충동구매가 대표적이다. 충성구매인 경우는 과거 제품에 대한 만족의 경험에서 기인하여 내적탐색만으로 충분한 경우이고 충동구매인 경우는 순간적인 충동으로 인하여 외부탐색기회를 스스로 상실해서 일어나는 경우이다.

내적탐색에 의한 정보탐색이 주는 시사점

소비자가 문제해결을 위한 여러 가지 대안에 모든 정보를 이미 확보하고 있는 경우, 추가적 정보탐색을 위한 동기가 부여되지 않는다.

내적탐색에 의한 정보는 구매대상으로 고려되는 상표의 품질에 대한 소비자 지각에 영향을 미친다. 내적탐색을 통해 인출된 정보가 각 대체안 간에 큰 차이가 없다고 해석되면 적극적 정보수집 가능성이 낮기 때문이다.

① 일반적으로 사람은 외적탐색보다 내적탐색에 의존하려는 경향이 있다.

② 경험 많은 소비자들도 처음에는 내적 탐색에 의존하기 때문에 어느 경우 어떤 제품군에서 부적당한 선택을 하기 쉽다.

③ 이전에 구입했던 제품의 만족도의 정도가 내적 신뢰성을 결정한다.

2) 정보의 외적탐색(External Search)

정보의 외적탐색이란 소비자의 기억 속에 저장된 정보가 아니라, 광고, 판매원, 친구나 친지, 이웃, 구매시점전시, 전문잡지 및 인터넷 등으로부터 새로운 정보원천으로부터 추가적인정보를 수집하는 과정이다. 소비자는 내부탐색만으로 정보가 부족하다고 느낄 때 외부 탐색에 적극성을 보이지만 소비자 특성이나 상황에 따라 외부정보탐색의 정도에는 차이가 있다.

소비자 외적탐색의 기초가 되는 것은 비용과 혜택의 관계이다. 추가적 탐색활동을 위해 소요되는 자원의 가치에 비해 탐색으로부터 기대되는 추가적 혜택의 크기가 상대적으로 더 크다고 판단될 때 소비자가 적극적으로 외적 탐색을 하게 된다.

3) 마케팅 시사점

소비자가 내적탐색만으로 상표를 결정하는 경우는 상표충성적 결정이라고 한다. 내부탐색만으로 소비자가구매를 고려할 때에 떠오르는 상표들 중의 하나가 되는 것은 매우 중요하다. 기업의 입장에서는 소비자가 구매시점에서 고려하는 상표 중위 하나가 되기 위해서 많은 노력을 하게 된다. 상표가 이와 같이 구매시점에서 소비자의 마음속에 활성화될 잠재력을 Top-of-Mind Awareness(TOMA)라고 한다. 많은 기업들이 광고비에 막대한 투자를 하는 것도 소비자의 환기상표군에 자리하기 위함과 동시에 고려상표군에 포함되기 위해서는 자사의 상표가 높은 TOMA를 유지할 필요가 있기 때문이다. 특히 시장점유율이 낮고 소비자들'에게 잘 알려지지 않음으로써 소비자들이 별로 구매를 한 적이 없는 상표는 획기적인 광고캠페인이 필요하다.

한편, 환기상표군 속에 바로 구매할 정도로 만족할 만한 상표가 없는 경우에는 외부탐색을 하게 된다. 외부탐색에 의해 알게 된 상표들과 환기상표(evoked set)들을 합쳐서 고려상표군(consideration set)이라고 하며 구매시점에 소비자가 집중적으로 고려하는 상표들이다.

<사례 6-1> 정보탐색 구전효과를 노리는 블로그 마케팅

소비자가 제품 및 구매에 대해 더 많은 것을 알고자 하는 욕구가 있다면 기업은 소비자의 구매와 관련해서 필요한 정보를 충분히 제공하고 구매과정에 대한 신뢰와 믿음을 구축하려 한다. 최근 인터넷 커뮤니티가 블로그 문화로 급속히 진화하면서 개인 간 저보공유를 통한 '블로그 쇼핑'이 인터넷 쇼핑의 새 트렌드로 자리잡고 있다. 인터넷 쇼핑이 보편화되면서 똑똑한 소비자들 사이에 합리적인 쇼핑이 정착되고 있다는 반증이다. 이러한 소비 트렌드에 발맞추어 '블로그 마케팅'이 기업들의 새로운 마케팅 활용도구로 떠오르고 있어 그 효과가 주목되고 있다.

블로그 마케팅은 소비자와 기업 간의 끊임없는 상호교류로 이루어지기 때문에 우선 제품에 대해 소문을 내는 시더(Seeder)와 글을 읽는 소비자 간의 신뢰도가 높습니다. 또한 제품에 대한 소문을 모아 부정적이거나 잘못된 것은 바로 잡으며 양질의 긍정적인 소문을 피드백할 수 있으며 이것은 곧 소비자들의 의견을 즉각적으로 수렴할 수 있어 소비자와 기업 간의 Win-Win을 가져올 수 있습니다. 게다가 통상적으로 한 명의 블로그는 50~200명의 방문객을 가지고 있기 때문에 전파력이 다른 마케팅 방법보다 매우 높다는 특징이 있다.

명품 브랜드인 '지방시'는 향수 홍보를 위한 미니홈피를 열어 소비자들의 눈길을 끌고 있다. 최근에는 카드사들에서 사회 초년생인 젊은 층을 붙잡기 위해 미니홈피 마케팅이 한창이다. 삼성카드는 포털 사이트 네이버에 사회 초년생을 대상으로 한 블로그를 개설해 '블로그 마케팅'을 진행하고 있다. '슈퍼루기 되기'라는 이름의 블로그를 통해 20~30대 젊은 네티즌 세대를 고객으로 유치하는 한편 이들을 장기 우량고객으로 육성한다는 전략을 세우고 방문자들에게 재테크와 쇼핑생활 정보 등을 제공하는 한편 회사의 이미지를 제고하고 있다.

소비자들의 정보의 외적탐색을 타겟으로 하는 마케팅전략

· 미니홈피를 열어 소비자들의 눈길을 끌고 있다.

· 포털사이트 네이버에 사회 초년생을 대상으로 한 블로그를 개설해 '블로그 마케팅'을 진행하고 있다.
블로그 마케팅! 기업들의 새로운 마케팅도구로 부상!

3) 탐색순서 및 방법

J. R. Bettman & C. W. Park은 소비자의 정보탐색이 어떤 순서에 의해 이루어지는가를 정보전시판(information display board)을 이용하여 연구하였다. 이 연구결과에 의하면 소비자의 정보탐색유형은 상표별 탐색(PBB: Processing By Brands)과 속성별 탐색(PBA: Processing By Attributes)으로 구분된다.

상표별 탐색은 소비자의 고려상표군에 포함된 각 상표에 대해 한 번에 한 상표씩 그 상표의 모든 속성과 특징에 대하여 정보를 탐색한 후, 상표별로 정보를 종합평가하는 방법이다. 속성별 탐색은 제품의 어떤 하나의 속성에 대하여 여러 상표에 대한 정보를 탐색한 후, 또 다른 속성에 대하여 다시 각 상표에 대하여 정보를 탐색하는 것과 같이 속성별로 정보를 탐색·분석하는 방법이다.

탐색순서에 따른 차이는 소비자들이 상표평가나 속성의 선호순위를 결정짓는 방법에 대해 많은 정보를 제공하기 때문에 마케팅담당자로 하여금 효과적인 마케팅 전략을 수립할 수 있도록 한다.

상표별 처리방법(PBB)이 더 많이 이용되긴 하지만, 개인의 특성, 상황, 의사결정단계에 따라 차이가 있다. 일반적으로 의사결정의 초기단계에서는 속성별 탐색처리방법이 많이 이용되지만 마지막 결정단계에서는 상표별 탐색처리방법이 이용되는 경향이 있다. 그리고 제품에 대한 지식이나 과거 구매경험이 많은 소비자들은 상표별 탐색처리방법을 주로 이용하게 된다.

〈그림 6-2〉 정보탐색방식

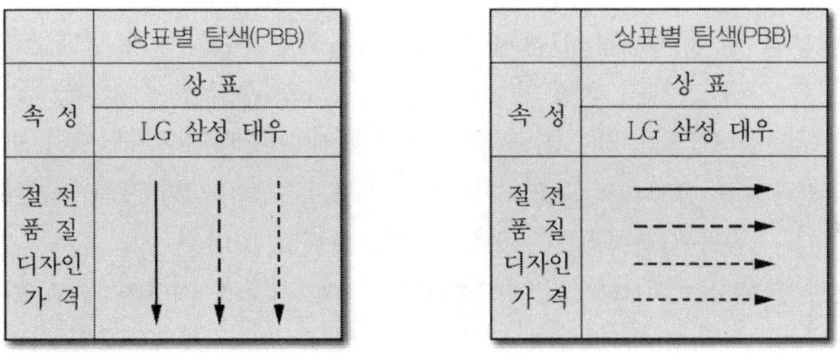

<사례 6-2> 리모컨으로 쇼핑한다 - TV홈쇼핑과 T-커머스

현재 TV 홈쇼핑은 정보탐색에 대한 소비자의 욕구를 충분히 만족시킬 수 없다는 한계를 갖고 있다. 그러나 이러한 한계점은 상호작용을 할 수 있는 텔레비전(interactive television)에서의 기술적 발전과 함께 곧 사라질 것이다. 즉 TV홈쇼핑은 T-커머스를 통해 사용 편리성, 감성 자극적 특성과 인터넷 쇼핑의 상품 다양성, 경제성을 동시에 구현 가능하게 되었다.

T-커머스 서비스는 소비자들이 TV에서 상품을 보고, 리모컨(remote control)을 통해 선택하고, 리모컨으로 주문하여 바로 집으로 배달될 수 있도록 구매하는 것을 도와준다. 이러한 T-커머스 서비스는 개인화된 요구에 잘 맞춰 방송시간과 제품에 제한을 받지 않을 수 있다. 국내에서는 2005년 12월부터 CJ홈쇼핑 등 주요 홈 쇼핑 업체들이 T-커머스 서비스를 시작했다.

이제 TV홈 쇼핑은 소비자에게 최상의 편의를 제공한다. 더불어 TV홈쇼핑은 TV방송을 통해 제공되는 상품에 소비자가 흥미를 느끼게 하도록 하는 것이 중요하다. 그동안 홈쇼핑의 단점으로 얘기되었던 생방송이라는 점과 상품의 제한성이라는 점은 곧 의미가 없어질 것이다. 다음의 사례에서 알 수 있듯이 가격과 제품 분류 차원에서 결코 온라인 시장에 맞지 않을 것 같은 상품들이 TV홈쇼핑을 통하여 소개 · 판매되고 있다.

<사례 6-3> 수입차 '홈쇼핑' 자리잡나

TV홈쇼핑 수입차 판매 루트로 급부상하고 있다. 홈쇼핑 채널에서 도요타, 포드, 크라이슬러 등 해외 유명 수입차를 심심찮게 만날 수 있고 한차례 방송을 통한 판매량이 오프라인 매장의 연간 판매량과 맞먹는 경우가 생기기도 한다. 15일 업계에 따르면 CJ홈쇼핑은 이달 8일 크라이슬러 'Jeep COMAPSS'(2천 990만원) 판매 방송을 내보낸 결과 가계약 실적 400대를 올려 최근 이를 실제 판매로 연결하기 위한 시승과 상담 절차를 진행 중이다. 2003년 처음 수입차 포드 '몬데오' 판매에 나섰다가 중단한 CJ홈쇼핑은 최근 수입차 수요가 급증하면서 3월부터 판매를 재개했다. 3월과 4월 한차례씩 포드 '이스케이프XLT'(2천 970만원)를, 5월에는 도요타 '캠리'(4천 350만원)를 내놓고 판촉에 열을 올리고 있다.

CJ홈쇼핑 관계자는 "전국으로 방송이 나가므로 지방에 매장이 별로 없는 수입차 업체로서는 지방 고객을 상대로 판로를 넓힐 수 있는 게 큰 장점"이라고 말했다. 실제로 지역별 구매고객 분포를 분석한 결과 서울, 인천, 경기 등 수도권은 49%, 비수도권 51%로 나타나 비수도권은 오프라인 판매에서 차지하는 비중에 비해 15.4% 포인트가량 높았다고 이 관계자는 전했다. 특히 소비자들은 1시간 분량의 방송을 통해 제품에 대한 상세정보를 얻은 뒤 가계약금 20만원만 걸면 3일 안에 전국 어디서나 시승시뢰를 가질 수 있을 뿐 아니라 시승 후 구매하지 않더라도 가계약금을 돌려받을 수 있어 판촉에 도움이 되고 있다고 CJ홈쇼핑은 밝혔다. 그러나 이런 점 때문에 가계약이 실제 판매로 이어지지 않는 경우도 부지기수라는 단점이 있다. 예컨대 3월 '이스케이프' 가계약분은 820대에 이르렀으나 지금까지 정시계약으로 이어진 물량은 50대에 불과한 실정이다.

한마디로 시승만하고 구매하지 않는 고객이 많다는 것이다. 하지만 CJ홈쇼핑 측은 "소비자 수요조사를 통해 미국과 유럽에서 인정받은 3천만~4천만 원 가격대의 제품, 그리고 30대 후반 이상의 연령층이 선호하는 제품 등도 추가 판매할 계획"이라며 판매확대 방침을 밝혔다. GS홈쇼핑도 작년 말과 올해 3월 각각 GM대우

'젠트라 X'와 '라세티 The Style' 판매방송을 통해 '몸풀기'를 끝낸 뒤 4월 푸조 '307SW HDi'(3천 590만원), 5월 푸조 '207GT'(2천 990만원) 등 수입차도 내놓기 시작했다.

GS홈쇼핑은 "홈쇼핑 채널의 남성 시청자 유치, 수입차 업계의 잠재고객 발굴 등의 효과를 노리고 판매를 개시했다"면서 "최근 수년간 성장이 정체하고 있는 홈쇼핑업계의 새로운 수익원이 될 것을 기대한다"고 말했다. 롯데홈쇼핑도 GS홈쇼핑과 CJ홈쇼핑이 이렇게 치고 나오자 경쟁에서 밀리지 않기 위해 수입차 판매를 검토한다는 방침 아래 제조사와 차종을 살펴보고 있다.

그러나 홈쇼핑의 수입차 판매는 업체 간 외형 경쟁과 상품구색 경쟁력 강화 등의 면에서는 의미가 있지만 수익 창출 측면에서는 부정적인 평가가 많기 때문에 최근의 수입차 판매 흐름이 내내 지속될지는 미지수라고 업계 관계자들은 지적했다.

출처 : 〈연합뉴스〉, 2008.6.15

6.2 정보탐색수준 결정요인

<사례 6-4> 고객손 거쳐야 대박 '슈머 마케팅' 뜬다!

국산 벽지 1롤의 값은 비싸야 고작 몇 만 원이다. 하지만 이 평범한 벽지도 주부를 만나면 얘기가 달라진다. 수천만원 혹은 수억 원대 홍보 효과를 올리는 마케팅 수단으로 탈바꿈한다. LG화학은 지난해 건축자재 통합 브랜드 지인(Z:IN)홍보를 위해 주부 모니터요원 30명을 선발해 새로 출시한 벽지 1롤씩을 주고 자신들 집에 직접 바르게 한 뒤 사진을 블로그에 올리도록 했다. 반향은 기대 이상이었다. 주요 인터넷 포털 사이트 메인 화면에 이 블로그가 장시간 노출되면서 블로그 방문자는 100만 명을 넘었다. 주요사이트 메인화면 배너 광고 단가가 수천만 원인 점을 감안하면 단순 계산상으로도 수억 원대의 광고비를 절감한 셈이다. 이뿐만 아니다. 블로그 방문자 대다수가 이 내용을 스크랩할 정도로 관심을 보이면서 제품 인지도도 단시간에 껑충 뛰었다. 바로 마담슈머(madam+consumer)의 위력이다.

미래학자 앨빈 토플러가 『제3의 물결』에서 생산자(producer)와 소비자(consumer)를 합성한 신조어 '프로슈머'를 처음 만들어 낸 이래 프로슈머 경제는 우리 시장에 주요 경제 현상으로 자리 잡았다. 그는 최근의 저서 『부의 미래』에서도

"기업은 돈을 주지 않고 고객에게서 유용한 신제품 아이디어, 광고 아이디어, 슬로건을 얻고 있다."고 말했다. 요즘엔 프로슈머 자체가 다양하게 진화하면서 기업도 이에 맞춰 마케팅 전략을 짜고 있다. 마케팅 활동에 직접 고객을 참여시키는 슈머(consumer의 sumer) 마케팅이 재부상하고 있는 것이다. '고객의 상상을 현실로 만들어라'는 모토 아래 기업들은 ▶주부 시각에서 상품을 평가하고 홍보하는 마담슈머, ▶아이디어를 상품화할 때 고객이 주도하는 크리슈머(creative+consumer), ▶직접 제품을 사용한 뒤 적극적인 홍보맨이 되는 트라이슈머(try+consumer)를 적극 활용하고 있다. 토플러의 말처럼 아이디어 개발부터 홍보까지 전 분야에 고객이 참여하는 셈이다. 마담슈머가 제격인 상품은 주부들 입김이 강한 아파트나 건축자재 분야다. 대우건설의 경우 8명으로 이루어진 마담슈머 그룹 '리더스 클럽'을 운영 중이다. 이 클럽은 아파트 내·외부 시설, 조경, 홈페이지에 이르기까지 자신들이 살고 있는 아파트의 모든 것에 의견을 제시하고 회사가 이를 반영한다. LG생활건강은 올 8월 출시할 10대 전용 화장품을 위해 일종의 크리슈머인 아이디어 그룹 '틴스터(일종의 크리슈머)'를 모집했다. 실제 제품 사용 연령인 14~19세 300명은 10대 전용 화장품의 개발부터 광고까지 모두 책임지게 된다. 첨단 전자제품은 트라이슈머의 역할이 절대적이다. 최근 한 인터넷 쇼핑몰이 고객 구매 자료를 분석한 결과 상품 소개 코너에 고객 상품평이 있는 상품의 구매 건수가 최고 5배까지 많은 것으로 나타났다. 홍보성 문구로 채워진 카탈로그보다 비슷한 입장의 고객이 직접 체험한 사용평을 더 신뢰한다는 얘기다. 그래서 LG전자는 노트북을 무료로 사용하게 한 뒤 사용 후기를 올리는 트라이매니어를 운용하고 있다. 코엑스몰처럼 사람이 많이 몰리는 곳이면 어김없이 등장하는 닌텐도 체험장도 트라이슈머를 활용한 예다. LG관계자는 "소비자 수준이 전문가와 맞먹으면서 똑똑한 고객을 만족시키는 방법은 고객에게서 찾을 수밖에 없다."고 말했다.

출처: 〈중앙일보〉, 2008.5.5

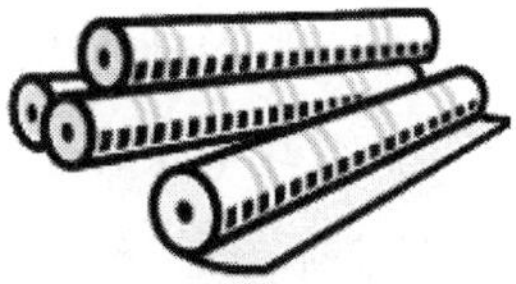

평범한 벽지

+

주 부

수천만원 혹은 수억 원대 홍보 효과를 올리는 마케팅 수단으로 탈바꿈함

▶마담슈머(Madam+Consumer)의 위력!

〈표 6-1〉 정보탐색 수준의 영향요인

영향요인의 분류	각 수준별 영향 요인	
	저수준의 정보탐색	고수준의 정보탐색
종합적 결정요인	· 고비용의 탐색으로 낮은 효과 기대	· 저비용의 탐색으로 높은 효과 기대
심리적 요인	· 저몰입 · 과거 구매경험 많음 · 현상표에 대한 고만족 · 쇼핑을 싫어함 · 상표 충성	· 고몰입 · 과거 비슷한 구매경험 적음 · 쇼핑을 즐김 · 호기심 · 다양한 상표와 상점에 호의적 태도
상황적 요인	· 특정상표의 구매에 대한 준거집단(즉, 친구, 가족 등)의 압력 · 구매의 긴급성 · 정보탐색에의 물리적 제약 · 용이한 반품 및 보증조건 · 저가격/저위험 · 효과적 판촉활동	· 정보탐색에 대한 준거집단 압력(특히 배우자의 요구) · 쇼핑의 용이 · 많은 정보원이 가능 · 구매경험 후 경과시간이 긴 경우 · 제품의 사용년수가 긴 경우 · 제품 기술혁신이 있는 경우
정보처리 요인	· 정보의 이해능력이 낮은 경우 · 판매원을 다룰 자신감의 결여	· 제품에 대해 알고 싶은 강한 욕구 · 정보처리능력에의 자신감 · 다수의 대안평가기준의 고려기준 필요함

〈정보탐색수준에 영향을 미치는 요인〉

(1) 정보의 지각된 가치와 비용

탐색정보의 기대가치 및 탐색에 소요되는 비용은 탐색정도에 상당한 영향을 미친다. 소비자가 정보탐색에 투입하는 비용에는 시간, 금전, 심리적 부담감 등이 포함된다. 기대가치란 보다 유리한 가격의 확인, 품질과 성능에 대한 확신 등이다. 소비자는 구매행위에서 요구되는 노력과 비교하여 탐색의 기대가치가 크게 인식되는 경우 보다 적극적으로 정보를 탐색할 것이다. 정보탐색의 혜택으로 합리적인 구매결정의 결과 얻게 되는 경제적이 이익뿐만 아니라 소비자는 개인적·심리적 만족감을 얻게 된다.

정보가치의 영향요인

지각적 가치가 비용보다 클 경우 고수준 정보탐색이라 하고, 지각적 가치가 비용보다 작을 경우 저수준 정보탐색이라 한다. 정보의 탐색에 의해 물질적으로나 심리적으로 상당한 혜택을 얻을 것으로 기대된다면 정보의 가치 높게 판단된다. 소비자는 대체로 중요한 구매결정을 할 때 정보가치를 높게 평가하고 외부탐색활동을 적극적으로 수행한다. 소비자는 대체로 다음과 같은 중요한 구매결정을 할 때 정보가치를 높게 평가하고 적극적으로 외부탐색활동을 수행한다.

- 고가품의 구매 : 구매 시 비용이 많이 소요되는 제품일수록 재정적 위험 줄이기 위하여 정보탐색활동이 활발해진다.
- 내구재의 구매 : 사용기간이 긴 제품일수록 그 제품의 성능적 위험이 크게 지각되므로 이러한 위험을 줄이기 위하여 적극적인 정보탐색을 한다.
- 가시적 제품의 구매 : 물질적 풍요나 사회적 과시를 하기 위한 제품을 구매할 경우 심리적 위험 줄이기 위하여 정보탐색의 필요성이 크게 인식된다.
- 안전성이 요구되는 제품의 구매 : 제품사용방법이 복잡하거나 고장이 빈번한 제품, 건강에 해를 끼칠 수 있는 제품 등을 구매할 때는 물리적인 위험이 지각되므로 이러한 위험을 줄이기 위하여 정보탐색을 신중하게 한다.
- 연쇄결정을 유발하는 구매 : 연속적으로 구매를 해야 하는 경우 후속결정에 영향을 주기 때문에 재정적·심리적 위험을 줄이기 위해 첫 번째 구매결정

에 신중을 기하기 위하여 외부탐색수준이 높아진다.

정보탐색 비용

정보탐색과 관련하여 여러 가지 비용이 발생할 수 있다. 교통비, 전화료, 자료 구입비 등과 같은 탐색활동에 소요되는 직접경비가 있고, 정보탐색을 하는 동안 다른 일을 하지 못하는 기회손실로 발생하는 기회비용이 있다. 시간의 가치를 높이 평가하는 소비자는 정보탐색활동을 적게 하기 원하는데 그 이유는 기회비용을 지각하기 때문이다.

결정 지연으로 인한 심리적 비용이 발생하게 되는데, 아무리 쉬운 결정이라고 하더라도 대안을 선택해야 하는 과정에서는 심리적 갈등을 겪게 된다. 또한 결정이 지연되는 동안 제품사용의 혜택을 받지 못한다는 데서 오는 심리적 비용부담이다. 많은 정보로 인하여 오히려 구매결정을 어렵게 만드는 경우 심리적 갈등을 느끼게 된다. 과도한 정보는 대체안을 증가시키고, 구매결과에 대하여 불확실성을 초래하기 때문에 오히려 정보의 과부하로 인한 심리적 비용이 발생하게 된다. 또한 정보를 얻기 위하여 탐색활동을 하는 중에 환경적인 문제로 인하여 스트레스를 받거나 심리적 갈등이 발생하게 되는 경우의 심리적 비용이 발생한다.

(2) 개인적 및 심리적 요인

소비자의 구매경험과 학습

현재와 유사한 상황 하에서 만족한 결과를 경험한 경우, 정보탐색에 대한 의지는 상대적으로 약해질 것이다. 그러나 이런 경험이 부족하다면 새로운 정보를 얻기 위하여 적극적인 탐색활동을 할 것이다. 소비자가 현재의 문제와 유사한 상황의 경험을 충분히 갖고 있다고 하여도 정보를 인출해내는 능력이 부족한 경우에는 필요한 만큼의 정보를 확보할 수 없으므로 추가적인 정보탐색이 필요하게 된다. 탐색활동을 통하여 얻은 정보는 문제해결에 충분할 만큼의 학습범위를 지니고 있어야 한다. 따라서 학습의 방법이나 학습차원에 따라서도 정보탐색의 정도가 달라지게 된다. 한 보고서에 의하면 구매경험이 적고 교육수준이 높은 젊은층이 외부정보탐색을 많이 하고 구매 경험이 많고 지식이 풍부한 소비자는 외부탐색 정도 낮다고 한다.

기존 상표에 대한 만족 정도와 상표충성 유형

소비자가 현재 사용하고 있는 상표에 대하여 만족하면 재구매를 할 가능성이 높아지고, 이로 인하여 상표 충성이 높은 소비자가 될 가능성이 크다. 이러한 경우의 소비자들은 외부탐색 정도 낮으며 반대로 특정한 단일 상표에 충성을 보이지 않고 여러 상표와 여러 상점에 호의적인 태도를 갖고 있는 소비자는 정보탐색을 많이 하는 경향이 있다.

기타

쇼핑을 즐기는 소비자는 그렇지 않은 소비자에 비해 많은 정보탐색을 하는 경향이 있으며 호기심이 많고 정보민감도가 높은 소비자는 정보탐색활동이 활발하다. 교육수준이 높고, 잡지, 신문의 구독수준 높은 소비자는 외부탐색성향 높으며 내구재를 구매할 때에는 남성에 비해 여성이 정보탐색을 하는 성향이 높다.

(3) 상황적 요인

정보탐색은 시간적·공간적 상황과 개인적인 상황에 의해 영향을 받는다. 소비자에게 이용가능한 시간이 많을수록 외부정보탐색량은 증가하게 된다. 물리적·공간적 환경도 정보탐색에 영향을 미친다. 환경이 쾌적할수록 정보탐색량이 증가하게 될 것이다. 선물을 위한 구매를 하는 것과 같은 상황적 요인도 상대적으로 정보탐색량을 증가시킨다. 또한 소비자의 신체적·정신적 에너지 상태도 정보탐색활동의 수준을 결정하는 요인이 될 수 있다. 즉 신체적으로 활력이 있고 정서적으로 여유가 있을 때에는 정보탐색활동이 더 활발해진다고 볼 수 있다.

이렇듯 다양한 구매상황 및 여러 가지 환경요인에 의해서 소비자의 정보탐색활동은 영향을 받는다.

① 준거집단

준거집단(가족/친구/동료 등)의 영향력 및 순응력에 따라 정보탐색 정도 달라진다.

② 구매의 긴급성

시간의 압박 등으로 인하여 구매를 신속히 결정하여야 할 경우 충분한 정보탐색을 할 수 없게 될 것이다.

③ 마케팅 자극

가격할인이나 경품판매 실시하는 경우 소비자들의 정보탐색수준이 낮아지는 경향이 있다. 또한 설득력 높은 유능한 판매원을 대할 경우에도 그의 설득력에 의해 시간과 노력을 절약하게 되어 정보탐색 수준이 낮아지게 된다.

④ 정보의 접근가능성

접근 가능한 정보원 많을 때 정보탐색 활발해진다.

⑤ 시장의 경쟁 및 기술혁신 상황

품질과 가격 면에서 경쟁이 심한 경우에 소비자들의 탐색수준이 활발해지며 제품의 기술 혁신속도가 빠르고 신제품 개발이 활발한 경우에도 탐색수준이 활발해진다.

(4) 제품유형

제품의 특징은 소비자의 정보탐색활동에 영향을 미친다. 제품차별화의 정도는 매우 중요하다. 만일 모든 상표가 동일하다면 소비자는 정보탐색을 할 필요를 느끼지 않을 것이다. 그러나 제품의 차별화가 심할수록 성과차이가 커질 수 있기 때문에 외적 탐색량이 증가하게 된다. 제품의 차별화요인은 가격, 성능, 스타일 등 다양하며 의복, 가구, 자동차 등은 대체로 제품의 차별화가 많은 제품들이다. 구매할 제품의 성격에 따라 소비자의 정보탐색수준은 달라진다. 주택, 자가용승용차, 가구 및 가전제품과 같은 내구성 고가품의 경우 소비자들의 정보탐색수준은 높다. 고가품인 경우 지각적 위험이 커 구매 관여도가 높고, 구매 빈도가 낮아 구매 경험이 적기 때문이다. 또한 제품의 품질개선이 지속적으로 이루어져 제품관련 정보의 지각적 가치가 크기 때문이기도 하다.

의류 또는 보석 및 장신구와 같은 선매품(shopping goods)의 경우에도 소비자들의 탐색활동은 적극성을 보이는 경향이 있다. 선매품은 높은 사회적 가시성 때문에 지각된 심리적 위험이 높고 자아개념 보호욕구를 충족시키기 위하여 많은 정보를 탐색한다.

(5) 기타

소비자의 정보처리능력의 정도에 따라 정보탐색수준에 영향을 미치게 됩니다.

정보처리능력이 낮은 소비자는 정보탐색을 즐겨하지 않지만, 제품속성에 대해 알고 싶은 욕구가 높은 소비자는 정보탐색을 활발히 수행한다. 희소가치가 있는 정보탐색에 대해서는 일반적으로 강항 의욕을 보이지만 상식적인 정보탐색에 대해서는 흥미를 보이지 않는 경향이 있다. 반품이나 교환이 용이하거나 품질보증이 잘 되어 있는 제품 구매 시에는 소비자가 정보를 소극적으로 탐색한다.

<사례 6-5> 맞춤스캐너 · UCC거울 · 전자카탈로그 활용

디지털 매장서 편하게 옷 골라요

매장에 가서 옷 사는 것을 즐기지 않던 윤성훈 씨(45 · 대기업 부장)가 최근 자주 들르는 의류 매장이 있다.

FnC코오롱이 서울 논현동에서 운영하고 있는 '엘로드 힐스'다. 이곳에서는 매장 내 대형 스크린을 통해 신상품을 확인할 수 있고, 손가락으로 스크린을 만지면서 아래 · 위 옷을 맞춰볼 수 있다. 정밀한 스캐너가 자기 체형을 정확하게 분석해준다.

전자 카탈로그에서 옷을 선택하면 윤부장 아바타가 컴퓨터 화면에 나타나 옷을 입은 모습을 보여 주는데 마음에 드는 것을 고르면 된다. 윤씨는 "번거롭게 일일이 옷을 갈아입을 필요 없이 스크린을 통해 가상으로 여러 벌 맞춰 볼 수 있다는 점에서 편한 데다 재미도 있어 이곳을 자주 이용한다"고 말했다.

첨단기기를 갖춘 디지털 패션매장이 속속 등장하고 있다.

터치스크린 방식으로 신제품을 볼 수 있는 전자 카탈로그, 디지털로 촬영한 의상을 현장에서 비교해 볼 수 있는 UCC거울, 스캐너로 체형을 분석한 후 아바타가 대신 옷을 갈아입게 만드는 '오더메이드(맞춤)' 스캐너 등을 갖춘 매장들이 선을 보이고 있는 것.

경기침체로 위축된 소비심리에 불을 지피고 좀 더 편한 서비스로 소비자들 이목을 끌기 위한 업계의 노력을 보인다.

2일 현대백화점 신촌점에 문을 연 '루이까또즈' 매장 한가운데는 터치스크린 방식 전자 카탈로그가 비치돼 있다. 스크린에 댄 손의 움직임에 따라 핸드백과 기갑 등 봄 신상품 이미지가 나타난다. 뿐만 아니라 원하는 제품의 가격과 소재 등 관련 정보가 입체적인 삼차원 홀로그램 이미지로 뜨기 때문에 일일이 제품을 살펴보지 않고도 편리한 쇼핑이 가능하다.

루이까또즈 측은 "패션브랜드 매장에서 멀티 터치 기술을 접목시켜 획기적인 고객 서비스를 제공한다는 점에서 큰 관심을 끌 것"이라며 "이번 디지털 매장은 IT 기술과 패션이 융합돼 소비자 일상생활에 어떠한 변화를 예고하는지 보여주는 혁신적인 사례"라고 말했다.

올해 초 아디다스가 리뉴얼 오픈한 명동 1호점은 '최첨단 테크놀로지 스포츠 매장'을 표방하고 있다. 일단 외관부터가 다르다. 대형 LED스크린이 실시간으로 아디다스 관련 영상을 보여준다. 매장 안에는 고객들이 사진을 찍고 현장에서 이메일로 사진을 전송할 수 있는 터치스크린과 의류를 장착한 모습을 디지털로 촬영해 현장에서 비교해 볼 수 있는 UCC거울 등이 있다. 스포츠웨어인 뉴발란스 명동 매장은 개개인의 달리기 패턴을 분석해 주는 러닝 전문공간으로 꾸며져 있다. 트래드 밀과 캠코더, 스크린 등 최첨단 전문 러닝 패턴 분석장비를 갖춰 고객들의 러닝 수준을 분석하고 자세를 교정해 주는 서비스로 인기를 모으고 있다.

출처 : 〈매일경제〉, 2009.3.3

<사례 6-6> 식품 · 유통업체가 고객에게 듣고 싶은 말

"그 제품은 믿고 살 수 있잖아"

이력제도 강화 및 확대

먹을거리에 대한 정보를 소비자에게 공개함으로써 믿고 사 먹을 수 있도록 하기 위해 '이력제'도 강화하고 있다.

수신물 이력제를 시행하고 있는 롯데백화점은 오는 3월부터 '한우 생산 이력제'를 실시할 예정이다.

한우 생산 이력제는 청풍명월 한우 사육농가에서 고유의 귀표번호를 부착해 사육하기 때문에 고객이 고유번호를 통해 구매한 소의 사육농가·사료·도축장·가공장·판매장 등의 모든 정보를 한눈에 확인할 수 있는 시스템이다. 현재 시스템 마련을 위한 제반시설의 설치를 마쳤으며 프로그램 가동을 위한 예행연습을 진행 중이다.

이마트도 상품의 신선도를 유지하기 위해 품질 실명 표시제, 산지 직거래, 기업형 영농법인 등을 진행하고 있다. 이를 통해 이마트는 누가, 어떻게 상품을 생산하고 얼마나 우수한 상품인지를 소비자가 한눈에 알기 쉽게 아이콘화하여 고객에게 제공하고 있다.

롯데마트가 단독 판매하는 브랜드 한우 '지리산 순한 한우'는 지난해 '국립 순천

대학교 산한 협력단'으로부터 친환경 무항생제 축산물로 인증 받았다. 친환경 무항생제 축산물은 사료는 물론 축산물에서도 항생제 성분이 검출되면 안 되고, 음용수 기준의 수질을 갖춘 물을 사용하며, 사육 면적당 사육 두수를 적정하게 유지하는 등 까다로운 기준을 통과해야 비로소 인증 받을 수 있다.

출처 : 〈파이낸셜 뉴스〉, 2009.2.24

6.3 정보원

<사례 6-7> LG전자 '디오스 光波오븐' 소비자 입부터 구워 삶았다

LG전자의 '디오스 광파(光波)오븐'은 체험 마케팅으로 시장을 개척한 대표적 제품이다. 주부 대상의 체험 행사를 통해 제품의 우수한 성능을 알리고, 이들의 입소문을 통해 매출을 늘리는 마케팅 공식을 제대로 이행했다. 전자레인지와 전기오븐 기능을 모두 갖춘 복합 오븐기기 '디오스 광파오븐'이 세상에 첫 선을 보인 것은 2004년. 광파오븐은 첫해 7000대를 판매한 데 이어 2005년엔 3만 6000대로 514%가 넘는 판매 실적을 보였다. 지난해엔 6만대 이상이 팔렸다. 출시 2년 만에 860%나 늘어난 수치다.

체험 마케팅으로 고속 성장한 디오스 광파오븐이 고속 성장을 거듭한 데는 '체험' 마케팅에 이은 '버즈(buzz)' 마케팅이 큰 역할을 했다. 광파오븐을 직접 이용해 요리의 속도와 차원이 달라짐을 소비자들에게 몸소 체험하게 한 후 자연스럽게 긍정적인 입 소문이 퍼지도록 한 것이다. 광파오븐을 이용한 요리 경연대회가 대표적이다. 작년 11월 열린 이 대회에는 전국에서 1250여개 팀이 참가, 광파오븐의 성능을 직접 체험했다. 작년 10월부터 2개월 간 총 100회에 걸쳐 전국 유치원과 어린이집에서 실시한 요리 처험 학습도 입 소문을 퍼뜨리는 데 큰 역할을 했다. 소비자들의 '체험 학습'은 입 소문으로 이어져 LG전자의 광파오븐은 AML(어드밴티지 마케팅랩)에서 수여하는 2006년도 '입 소문 브랜드' 대상을 수상했다. 광파오븐은 해동·데우기 같은 전자레인지 기능은 물론 구이 등 오븐과 그릴 기능을 하나의 기기에 모두 채용한 제품이다. 설치 공간을 대폭 줄일 수 있다. 열선을 이용한 기존 전기오븐과 달리 디오스 광파오븐은 할로겐 빛(광파)을 이용해 일반 제품보다 3배 빠르게 요리할 수가 있는 것이 특징이다. 이 제품은 조리 열원으로 빛과

열을 동시에 사용했다. 태양광선의 복사열 원리를 이용한 할로겐 램프를 채용하고, 열풍을 순환시켜 음식을 골고루 빠르게 익게 하는 기법이다. 일명 광파(光波) 조리기법이다. 과자나 빵을 요리하는 데 일반 오븐이 30분 정도 소요된다면 광파오븐은 3분의 1 정도인 10분이면 충분하다. 통닭의 경우도 한 마리를 요리할 때 24분이 소요돼 일반 전기오븐(75분)보다 평균 3배 빠르게 요리된다. 조리 시간이 짧아 영양소 파괴와 수분 증발이 적고 음식 고유의 맛을 그대로 유지할 수 있다고 LG전자는 설명한다.

출처: 〈조선일보〉, 2007.3.28

1. 정보원의 유형

마케팅담당자의 주요관심사 중의 하나는 소비자가 의존하는 중요한 정보원천과 이러한 정보원천들이 계속적인 구매의사결정에 미치는 상대적인 영향력이다. 소비자의 정보원천은 네 개의 집단으로 나눌 수 있다.

상업적 원천 : 광고, 판매원, 상인, 포장, 진열

공공적 원천 : 대중매체, 소비자단체, 정부기관

개인적 원천 : 가족, 친구, 이웃, 친지

경험적 원천 : 취급, 조사, 사용

이 정보원천의 상대적인 양과 영향력은 제품범주와 구매자의 특성에 따라 다르다. 일반적으로 소비자는 마케팅담당자가 지배하는 원천인 상업적 원천으로부터 제품에 대한 대부분의 정보를 받는다. 그러나 가장 효율적인 노출은 개인적 원천으로부터 나온다. 원천의 각 유형은 구매의사결정에 영향을 미칠 때 서로 다른 기능을 수행할 수도 있다. 마케팅담당자는 소비자의 정보원천을 신중하게 파악해야 하며 정보원천의 상대적 중요성을 평가하여야 한다.

〈표 6-2〉 정보원의 유형

	인적 정보원	비인적 정보원
마케터측	· 판매원 · 소비자 상담부서 직원	· 매체광고 · 구매시점 광고 · 기업홍보지, 기업인터넷 · 포장, 가격 등
일반	· 구전에 의한 광고 · 전문가 조언 등	· 일반매체
소비자 자신	· 시험 구매 · 견본 사용 등	-

마케팅주체측 정보원

상업적원천으로서 인적정보원과 비인적정보원으로 구분할 수 있다. 인적 정보원으로는 판매원이 중요한 정보원이며, 비인적정보원으로는 매체광고와 구매시점 광고 등이 있다. 최근에는 인터넷이 가장 중요한 정보원으로 대두되고 있다.

- 판매원 : 소비자들은 판매원을 통해 많은 정보를 얻을 수 있다. 특히 사용방법이나 품질평가에 전문적인 지식이나 기술이 필요한 제품의 경우 판매원은 소비자에게 많은 도움을 준다. 인적정보원과는 쌍방커뮤니케이션이 이루어지기 때문에 효과적인 정보획득이 가능하다.
- 매체광고 : 매체광고의 정보전달효과는 제품특성, 매체특성 그리고 개인에 따라 약간 차이가 있다. 즉 소비자들은 제품의 스타일과 디자인에 대한 정보는 주로 TV광고를 통해서 얻으며 가전제품의 경우는 인쇄매체광고를 더 선호한다. 한 연구보고서에 의하면, 조사대상자의 50% 이상이 잡지광고나 상업광고를 본 후 제품을 구매한 것으로 나타났다. 특히 가격할인이나 경품판매에 대한 광고는 중요한 정보원으로 이용되고 있다.
- 구매시점광고 : 소비자들이 대규모 유통기관을 방문하여 점포내의 구매를 하는 경향이 높아지고 있다. 대규모 유통업체는 구매시점광고에 상당히 유능하다. 포장, 라벨, 전시, 경품판매 포스터, 가격표 등이 모두 정보원으로서 기능을 수행한다.
- 인터넷 : 인터넷이 새로운 생활공간이 되면서 소비자들은 인터넷에서 많은 정보를 얻는다. 인터넷은 특성상 소비자에게 많은 정보를 제공할 수 있으며

정보의 상호교환도 가능하다. 특히 인터넷은 시간과 공간을 초월하여 신속한 정보를 획득할 수 있기 때문에 급속한 확산이 이루어지고 있다.

일반 정보원

일반정보원은 마케팅담당자의 통제 하에 있지 않기 때문에 마케팅 주체측의 정보원보다 소비자의 신뢰가 있다. 일반 정보원으로는 공공적 원천과 개인적인 원천으로 나누어볼 수 있다.

- 구전과 전문가 조언 : 가족, 친구, 이웃, 친지 등은 개인적 원천으로서 가장 중요한 역할을 수행한다. 이들을 통한 구전광고는 설득력이 강하고 효과가 매우 크다.
- 일반매체 : 소비자들의 경제적·사회적 성숙과 더불어 신문, 잡지, 연구기관의 보고서, 소비자단체의 정보, 정부기관의 자료 등이 소비자들의 중요한 정보원으로서의 중요성이 한층 높아지고 있다. 이 정보원은 비교적 공정하고 신빙성이 높다는 장점이 있으나, 정보를 얻는데 시간과 노력이 필요하고 정보를 이해하는 데 상당히 높은 수준의 지적능력이 요구된다는 단점이 있다.

소비자자신의 경험

가장 확실하고 신빙성 있는 정보원은 경험적 원천이다. 소비자 자신이 직접 구매하고자 하는 제품을 취급, 조사, 사용 하는 것이 가장 신뢰성 있는 정보를 얻는 방법이다.

〈그림 6-3〉 정보원 특성에 대한 매체별 비교

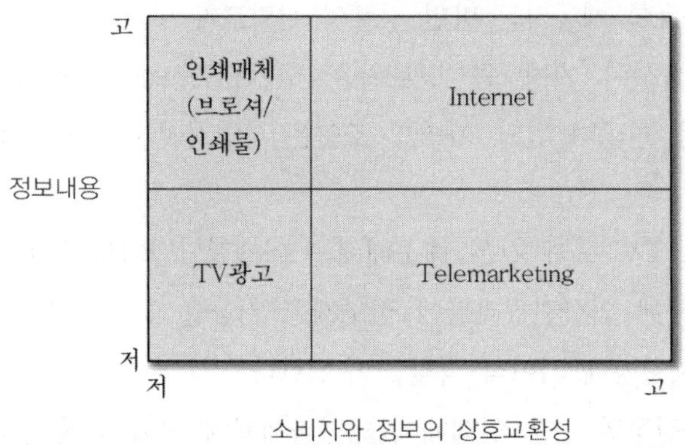

2. 정보원의 유효성

정보매체는 각각 나름대로 특성을 지니고 있어 상호보완적이다. 따라서 어떤 정보원을 이용하는 것이 가장 효과적인가하는 판단에 절대적 기준이 없다. 각각의 정보매체는 나름대로의 특성이 있기 때문이다. 그러므로 정보원의 상황적·상대적 중요성을 평가하는 것이 더 의미가 있다

상황적 중요성을 평가하는 기준은 다음과 같다.

- 결정적 효과(decisive effectiveness) : 구매결정에 결정적 기여를 한 정보는 결정적 유효성이 있다.
- 기여적 효과(contributory effectiveness) : 정보가 문제해결상의 불확실성을 제거하는 데 기여한 효과
- 무효과(ineffective) : 구매결정과정에 전혀 기여도가 없는 정보

정보는 결정적 효과가 큰 경우만 가치 있는 것은 아니고 구매결정의 전 과정을 통해 기여적 효과를 가진 정보는 모두 가치가 있고 필요하다. 정보의 다양한 유효성을 기준으로 하여 각 정보원의 상황적 중요성에 대하여 조사한 실증적 연구결과는 다음과 같다.

〈각 정보원의 상황적 중요성에 관한 실증적 연구〉

- 마케팅 주체측 정보원은 결정적 효과를 갖는 정보보다 기여적 효과를 갖는 정보를 얻는데 유용하다. 이는 마케팅주체측 정보원은 제품속성에 대하여 다양한 자료를 제공하는 반면 정보의 신뢰도가 낮기 때문이다.
- 결정적 유효성이 가장 큰 정보원은 구전광고(word-of-mouth communication)이다. 친구나 친지, 가족의 조언은 상업적이지 않고 신뢰도가 높기 때문이다.
- 신문, 잡지, TV 등과 같은 대중매체는 마케팅담당자의 통제 여부와 관계없이 고관여구매 의사결정과정에 정보제공 기능을 수행하며 이들이 제공하는 정보는 구매결정에 기여적 역할을 수행한다.
- 고관여의사결정의 경우 인쇄매체는 전파매체에 비해 훨씬 중요한 역할을 수

행한다.

• 소비자는 단일의 정보원에만 의존하지 않으며 복수정보원을 이용하는 경향이 있다.

3. 소비자의 정보탐색 및 쇼핑행동에 대한 마케팅전략

마케팅담당자는 정보탐색에 대한 소비자들의 성향 및 행동을 이해하고 이에 적응할 수 있는 마케팅전략을 개발하여야 한다. 소비자의 정보탐색 및 쇼핑 행동에 대응하기 위한 마케팅 전략은 다음과 같다.

(1) 유통전략

시간의 가치를 높게 평가하는 소비자들에 대해서는 정보탐색 및 제품구매를 쉽게 할 수 있도록 하는 마케팅전략이 필요하다. 즉, 카탈로그 판매, TV홈쇼핑, 인터넷 쇼핑몰 등을 통한 전자상거래는 정보탐색이나 쇼핑에 소요되는 시간으로 인한 기회손실에 대하여 상당한 비중을 두는 소비자들에 대하여 정보탐색이나 제품구매를 쉽게 할 수 있도록 하는 마케팅전략이다.

(2) 마케팅커뮤니케이션 전략

효율적인 매체믹스 전략	· 소비자는 특정 매체에만 의존하지 않고 활용하는 매체도 다름 · 따라서 여러 매체를 효율적으로 활용하는 것이 커뮤니케이션 효과를 높일 수 있음
POS(Point of Sale)의 중요성	· 대중매체에만 과도하게 의존하지 말고 판매시점 커뮤니케이션의 중요성도 인식해야 함 · 판매시점 광고를 통해 소비자들이 구매현장에서 정보를 얻을 수 있도록 지원하는 것이 중요함
효율적인 매체선정	· 매체의 청취자, 시청자, 구독자 등의 특성을 정확히 분석한 후 매체를 선정해야 함
구체적인 목표 설정과 커뮤니케이션 효과 측정	· 상표의 인지도를 높이려는 것인지, 제품속성에 대한 정보전달이 목표인지, 구매유도나 설득을 하기 위한 것인지에 대한 명확하고 구체적인 목표설정이 중요함

(3) 판매원 교육 및 훈련

매장내에서 고객의 구매활동을 가장 직접적으로 촉진하는 요소는 판매원이다. 판매원의 자질과 능력에 따라 마케팅담당자와 소비자는 다 같이 영향을 받을 수 있다.

판매원은 고객에게 제품에 대한 전문적인 지식을 제공함으로써 선택상 용이함을 제공할 수 있으며 또한 판매원이 얼마나 믿음직스럽고 외모상으로도 얼마나 신뢰를 주는가에 따라 소비자는 구매결정시 영향을 받게 된다.

판매원의 진정한 판매술은 고객을 설득하는 능력이 아니라 고객에게 도움을 줄 수 있는 능력이다. 판매원이 소비자의 구매를 여러 측면에서 도울 수 있는 능력이 있다면 구매설득은 쉬워질 것이기 때문이다.

능력있고 바람직한 판매원은 소비자의 마음을 읽을 줄 알고 판매화법 또한 갖추어야 할 것이며, 무엇보다 서비스정신이 있어야 한다. 따라서 마케팅담당자는 판매원 교육 프로그램을 통하여 판매원을 훈련시켜야 할 것이다.

어떤 정보원을 이용하는 것이 가장 효과적인가의 절대적 기준은 없으며, 정보원의 상황적 중요성을 평가하는 것이 더 중요하다.

마케팅주체측 정보원은 인적정보원과 비인적 정보원으로 대별되며, 인적정보원으로는 판매원이 가장 중요한 정보원이고, 비인적 정보원으로는 매체광고와 구매시점광고를 들 수 있다. 최근에는 인터넷이 중요한 정보원으로 이용되고 있다.

한국에서는 연예인이 영화나 드라마를 통해 획득한 이미지를 광고에 그대로 전이시키는 예가 많다. 일단 유명한 연예인이 광고 모델로 등장하면 상당한 주의를 기울인다. 기업들이 많은 돈을 써가면서 빅모델 전략을 구사하는 이유가 여기 있다.

<사례 6-8> 분양 현장 '스타 모시기' 열풍

이영애 등 자사 광고모델 활용···
불황극복 안간힘

지난 21일 GS건설 '자이'의 모델 이영애씨는 일산 자이 계약자 행사에 모습을 드러냈다. 2002년부터 이 회사 모델을 한 지 7년 만에 처음 있는 일이다. 5월30일 대우건설의 광주시 서구 상무 푸르지오 모델하우스 개관일에는 이 회사 모델인 탤런트 김태희씨가 참석해 사인회를 가졌다. 대우건설 역시 자사 모델을 현장에 동원한 것도 처음이다.

아파트 고객 행사에 좀처럼 모습을 드러내지 않던 건설사 빅모델들이 최근 달라졌다. 주택 시장 침체가 이어지면서 건설사 마케팅 방식이 변하고 있기 때문. 과거 자자모델들의 행사참석을 자제하며 고급 이미지를 고수하던 건설사들은 최근 인지도가 높은 자사 모델을 분양에 적극 활용하는 방식으로 방향을 틀었다.

대우건설 관계자는 "모델을 김태희씨로 교체하면서 연간 2회 정도는 팬 사인회를 개최해 고객들과 접촉을 할 수 있도록 했다"며 "13년 만에 광주 시장 진출이라는 마케팅에 신경을 좀 썼고, 역시나 톱스타 효과인지 대부분 평형이 3순위에서 마감돼 분양 성적이 기대보다 좋다"고 말했다.

사정이 이러하다보니 다른 대형건설사들도 자사 모델을 활용하는 마케팅 방식을 적극 고려중이다. 최근 전지현씨로 모델을 교체한 롯데건설 '롯데 캐슬'은 적절한 시기를 봐 전씨가 고객과 마주할 수 있는 자리를 마련할 계획이다. 롯데건설 관계자는 “본격적으로 자사모델로 활동한지 두 달여밖에 되지 않지만, 전지현씨라면 확고부동한 톱 모델인 만큼 고객 관련 행사에 돋움이 될 것”이라고 밝혔다.

탤런트 고소영씨가 모델로 활약중인 현대건설 ‘힐스테이트’도 올 가을 모델 재계약 시점이 다가오면서 계약 조건에 고객 접촉 관련 부분을 고려중이다.

중견건설사의 톱스타 활용도 뜨겁다. 요진건설은 최근 새 브랜드 ‘Y city’를 런칭하면서 배우 황정민씨를 모델로 기용하고 주말 아산신도시에 위치한 분양 모델하우스에서 황씨의 사인회를 열기도 했다.

출처 : 〈헤럴드경제〉, 2008.6.27

<사례 6-9> ‘뉴하트’ 최강국 교수로 새 이미지 메이킹

심평원, 조재현씨 홍보대사 위촉 · · · 8월 공익광고 예정

건강보험심사평가원이 올 해 초 인기리에 종영된 MBC 의학드라마 ‘뉴하트’에서 최강국 교수 역할을 맡은 배우 조재현씨를 홍보대사로 위촉해 심평원의 ‘참(眞)’이미지를 강조하고 나선다. 심평원 홍보실 차장은 “6월까지 촬영하고 7월 중 편집 및 시사회를 갖고 8월부터 KBS, MBC, YTN 등에 송출할 예정”이라고 밝혔다. 앞으로 조재현씨는 심평원에서 개최하는 행사에 참석하고 심평원과 관련된 광고나 이미지에 모델로 활동한다.

홍보실 차장은 “심평원 홍보 캠페인은 진료비확인신청제도와 병원검색서비스, 평가결과 공개서비스 등을 직접 홍보하고 약제비 적정화 방안의 국민 이해도 향상을 위한 정책홍보를 촬영했다”며 “매년 약제비 15% 증가의 주요요인을 데이터를 통해 홍보한다”고 설명했다.

이차장은 “의학 드라마에 출연한 다수의 연예인들이 있지만 심평원 내에서 조재현씨 추천이 가장 많아 그가 선정됐다”고 말했다. 심평원 홍보대사에 위촉된 조재현씨나 이선균씨(지난해 홍보대사)는 극중에서 의사 본연의 역할에 충실한 배역이었다. 심평원이 투명하고 깨끗한 이미지를 강조할 수 있는 인물을 선택한 것으로 보인다.

출처 : 〈데일리메디〉, 2008.6.23

참고문헌

1) James R. Bettman, *An Information Processing theory of Consumer Choice*, Reading, mass : Addison-Wesley, 1979.
2) James R. Bettman and C. Whan Park, "Effects of Prior Knowledge and experience and Phase of the Choice Process on consumer Decision Process : a Protocol analysis," *Journal of consumer Research*, Vol. 7, December 1980.
3) Raymond A. Bauer, "Consumer Behavior ad Risk Taking," in Robert S. Hancock, ed., *Dynamic Marketing for a Changing World*, Chicago : American Marketing Association, 1960.
4) Charles M. Schaninger and Donald Sciglimpaglia, "The Influence of cognitive Personality Traits and Demographic on consumer Information acquisition," *Journal of consumer Research*, Vol. 8, September, 1981.
5) Joseph W. Newman and Richard Staelin, "Prepurchase Information Seeking for New Cars and Major Household Appliances," *Journal of Marketing Research*, Vol. 9, August 1972.
6) James R. Bettman, "A Functional Analysis of Role of Overall Evaluation of Alternatives and choice Process," in Andrew Mitchell, ed., *Advances in consumer Research*, Vol. 9, Ann Arbon, Mich : Association for Consumer Research, 1982.
7) Robert D. woodruff, "Measurement of Consumers' Prior Brand Information," *Journal of Marketing Research*, No. 9. August 1972.
8) Flemming Hansen, "Hemispheral Lateralization : Implications for Understanding Consumer Behavior,: *Journal of Consumer Research*, Vol. 8, June 1981.

제 7 장

대안의 평가

7.1 대안평가과정 및 소비자신념

<사례 7-1> 세균 잡는 항균비누로 소비자 마음도 잡아

• 제품 판매보다 세균 위험성 먼저 알려 소비자들 요구 적극 반영 해마다 50% 이상 고성장 "보이지 않는 세균을 잡아라." 생활용품 기업 옥시의 항균(抗菌) 전문 브랜드 '데톨'이 2004년 첫 출시 이후 해마다 50% 이상 고성장을 기록하며 생활필수품으로 자리를 잡아 가고 있다. 초기에는 낯ㅊ선 제품에 대한 소비자들의 경계심 때문에 고전하기도 했지만, '제품'보다 '소비자 교육'을 더 앞세운 치밀한 마케팅 전략으로 국내 시장에 자리를 잡는 데 성공했다는 평가를 받고 있다.

• '데톨' 인지도 출시 4년 만에 80% 상승 생소한 제품에 대해 소비자들은 호기심과 경계심을 함께 보이기 마련이다. 옥시는 '데톨'에 대한 소비자의 경계심을 풀기 위해 제품 개발에 소비자 요구를 적극 반영했다. 우선 본사 차원에서 꾸준히 고수하던 제품의 향을 바꾸었다. 국내 소비자들이 '데톨' 고유의 향에 대해 부정적인 반응을 보였기 때문이다. 마케팅팀은 영국 본사를 석득, 국내에서는 자극적인 향을 제거한 제품을 출시했다. 또 일반 향균 제품이 피부에 자극적이라는 선입관을 극복하기 위해 보습력을 강화한 제품, 민감성 피부를 위한 비누 등 한국 소비자의 입맛에 맞는 제품을 지속적으로 소개했다. 이런 노력으로 '데톨'의 인

지도는 출시 4년 만에 80% 수준까지 상승했고, 향균 효과에 대한 소비자의 평가도 높아졌다. 매출도 지속적으로 증가해 지난해 매출액은 출시 첫해의 5배까지 성장했다. 특히 데톨의 대표 제품 중 하나인 향균 핸드워시(손 전용 비누)는 매년 50% 이상 성장하며, 핸드워시 시장에서 54%(AC닐슨 2007년 3~4월 판매 기준)의 시장 점유율을 기록하고 있다. 데톨 브랜드 매니저 양선영 대리는 "외국에서는 너무나 일반적인 향균 제품이 국내에는 뒤늦게 소개된 면이 없지 않다."며 "개인 위생에 대한 소비자 교육을 더욱 강화해 국민 건강 증진을 돕고 지속적으로 수요도 창출해 나갈 것"이라고 말했다.

출처: 〈조선일보〉, 2007.5.30

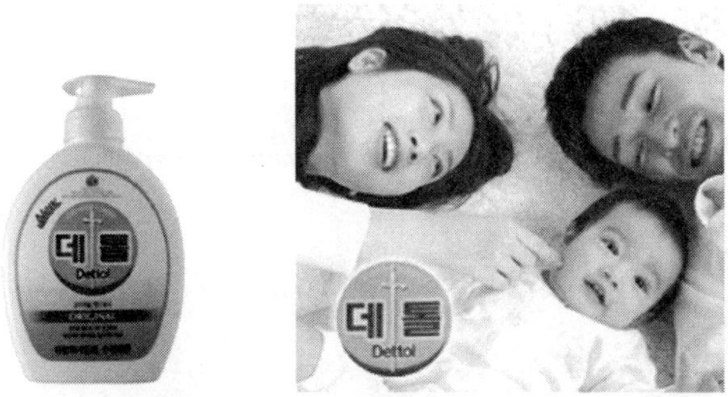

'제품'보다 '소비자 교육'을 더 앞세운 치밀한 마케팅 전략으로 국내 시장에 자리를 잡는 데 성공.

1. 대안평가 과정

소비자가 탐색활동에 의해 복수의 대안에 대한 정보를 입수하게 되면 이들 정보를 평가해야 하는데 소비자들에게 모든 구매상황 속에서 사용하는 간단하고도 유일한 평가방법은 없다. 그러나 상표애호구매나 습관적 반복구매의 경우에는 일반적으로 대안평가과정은 생략된다. 소비자가 대안을 평가할 때 시장에 존재하는 대안 전체를 평가하는 것이 아니라 정보수집을 통하여 자신이 구매할 가치가 있다고 판단되는 제품들만을 고려대상으로 삼게 되는데 이를 고려상표군이라고 한다.

대안의 평가과정은 소비자의 구매행동 유형에 따라 차이가 있다. 소비자는 의사결정에서 중요하다고 생각하는 평가기준이나 제품속성을 바탕으로 각 대안들을 비교하고 평가한다. 즉 대안의 평가는 소비자의 욕구를 충족시키기 위하여 구매하기 전 최종적으로 도출된 고려상표군에 속한 대안들을 평가하고 그중에서 하나를 선택하는 과정이다.

〈그림 7-1〉 고관여하의 대안의 평가과정

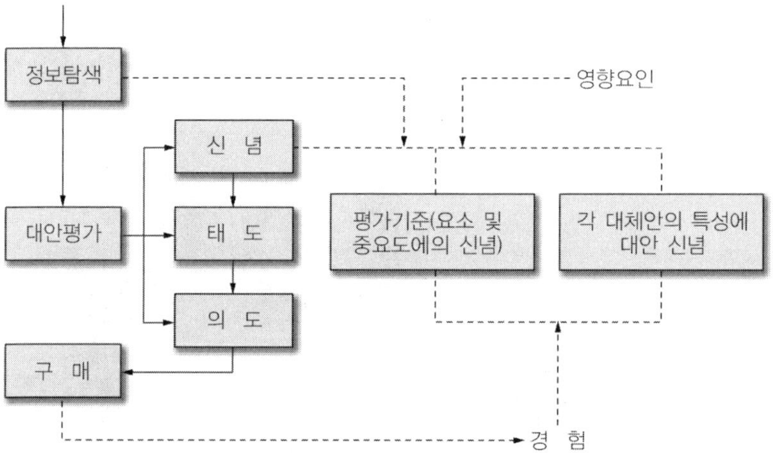

고관여 의사결정의 경우 대안평가과정은 그림에서와 같이 세 단계의 과정을 통해 다수의 대체안에 대한 평가가 이루어진다. 첫째는 소비자 자신의 신념에 따라 대안의 평가기준을 선정하고 각 대안들을 비교하고 평가하는 단계이며 평가결과로 각 대안들에 대한 태도가 형성되거나 변경되는 단계가 두 번째 단계이다. 마지막 단계는 특정 상표에 대한 구매의도가 형성되는 단계이다.

2. 대안에 대한 소비자신념

상표대안에 대한 신념은 평가기준의 관점에서 각 대안이 가지고 있는 특성에 대해 소비자가 지각하고 있는 주관적인 믿음으로 제품이나 상표이미지에 대한 소비자의 지각을 말한다.

이러한 소비자 신념이 중요한 이유는 대안평가 과정에서 가장 중요한 역할을 수행하기 때문이며, 또한 제품의 특성을 사실과 다르게 지각하여 왜곡된 신념을 가지는 경우 합리적 대안평가가 불가능하기 때문이다.

신념단계에서 소비자는 평가기준을 선정하고 대안을 평가한다. 제품이나 상표의 속성 중에서 중요하다고 생각하는 속성을 평가기준으로 선정하고 각 평가요소에 대하여 중요도에 따른 비중을 부여하며 평가기준의 관점에서 각 대안을 평가한다. 이때 제품의 특성을 사실과 다르게 지각하여 왜곡된 신념을 가지는 경우에는 합리적 대안평가가 불가능하게 된다.

태도단계에서 각 대안들에 대한 호의적 또는 비호의적인 태도 형성되지만 특정대안에 대하여 태도가 가장 호의적이라고 하더라도 그 대안이 선택된다는 것을 뜻하지는 않는다. 태도가 호의적이라고 해도 상황에 따라 구매가능성이 낮은 경우도 있기 때문이다.

의도단계에서는 구매가능성이 높은 대안에 대한 평가가 이루어진다.

〈소비자 신념과정에 영향을 주는 요인〉

경험과 정보

신념은 주로 과거의 경험이나 새롭게 탐색된 정보에 의하여 형성된다. 직접적인 경험으로 인하여 형성된 신념은 상당히 정확한 상표이미지를 형성하게 된다.

추론

신념은 여러 가지 상황에 기초한 추론과정을 통해서 형성되기도 한다. 이렇게 형성된 신념을 추정적 신념이라 한다. 추정적 신념은 부정확한 상표이미지를 개발할 우려가 있기 때문에 소비자 추론에 신중해야 한다. 일반적으로 제품의 가격과 광고는 상표의 신념을 추론하는 과정에 영향요인으로 작용한다.

- 「가격-품질」 연상작용 : 소비자는 가격을 보고 품질을 판단하는 경향이 있다. 가격이 비싸면 좋은 품질이고 값이 싸면 품질에 문제가 있다고 생각한다. 여러 학자들의 연구논문에 의하면 가격과 품질간의 연계관계는 제품종류에 따라 다르다고 하였다. 그러나 많은 소비자들은 가격과 관련하여 품질을 판단하고, 상표에 대한 이미지를 개발하는 경우가 있다. 기존연구에 의하면

다음과 같은 조건하에서는 긍정적인 「가격-품질」 연상작용의 성립조건이 된다고 한다. 즉 소비자가 가격에 신뢰감을 가지고 있을 때, 상표 간에 실제 또는 지각된 품질차이가 있을 때, 관찰에 의해서 품질을 평가하기가 용이하지 않을 때, 또는 품질을 암시해 줄 만한 마땅한 척도, 즉 상표평판 같은 것이 없을 때라고 한다.

- 광고에 기초한 추론 : 소비자는 광고를 보면서 다양한 제품특성을 추론하며 광고의 모델, 광고메시지, 광고의 분위기 등에 의해서도 상표이미지 개발에 영향을 받는다.
- 기업이미지 : 특정 기업에 대한 긍정적인 이미지를 갖는 경우에 그 기업의 제품을 구매할 가능성이 높다.

맥주라는 제품을 구매하려고 할 때, 소비자는 몇 개의 맥주상표를 확인하게 되며, 소비자 자신의 욕구에 합치하는 제품을 평가하게 된다. 수많은 맥주 중에 내가 원하는 가장 맛있는 맥주를 한 번에 고를 수 있을까?

<사례 7-2> "맛있는 음식에는 언제나 맥스"

월드스타 장동건은 맥주 색깔만 봐도 맛있는 맥주를 찾아낸다. 하이트맥주 맥스의 광고를 실감나고 코믹하게 연기하고 있는 장동건이 그 6번째 TV CF '색깔만 봐도 맛이 보인다' 편을 통해 수많은 종류의 맥주 사이에서 맥스를 단번에 알아보는 신기를 발휘했다. 그 만의 특별한 구별법은 무엇일까?

매번 다양하고 재미있는 상황을 연출하며 '맛있는 맥주'로 새로운 맥주 카테고리 형성에 기여한 맥스의 이번 광고는 '색깔만 봐도 맛있는 맥주를 알 수 있다'는 컨셉트로 만들어졌다.

음식과 맥스의 맛깔스러움을 한껏 고조시키기 위해 선별한 장소는 해산물 뷔페. 다채로운 색깔의 해산물 요리를 신중히 비교한 후 접시에 옮기던 장동건은 맥주 코너 앞에 섰다. 눈앞에 펼쳐진 수백 가지의 맥주잔 앞에서 순간 당황한 장동건. 하지만 그 순간도 잠시. 그는 이내 남다른 맥주 하나를 집어 들고 시원하게 들이킨다.

끝이 보이지 않는 맥주의 행렬 속에서도 역시 100% 보리로 만들어져 더욱 진하고 풍부한 맛과 색깔을 자랑하는 맥스를 주저 없이 선택하여 맛있게 들이킨다는 것이 메인 줄거리이다.

출처 : 〈AD TIMES, DECEMBER〉, 2008.(No. 112)

<사례 7-3> 오비맥주 카스 '테크토닉' 편

UCC시대를 사는 대학생들의 리포트, 테크토닉 댄스

한 대학 강의실, 긴장되는 레포트 제출시간, 근엄한 표정의 교수님에게로 학생의 손을 떠나간 리포트는 점수받기만을 기다리게 된다.

'서양문화의 이해' 조별 레포트 제출시간. 엄숙한 분위기 속 교수님은 C조의 리포트 제출을 기다리고 있다. 그런데 정작 리포트를 제출해야할 학생들의 모습은 보이지 않고 갑자기 스크린이 내려오면서 'C조 테크토닉의 이해'라는 레포트 제목이 나타난다. 당황스러워하는 학생들과 교수님의 모습. 스피커 붐 박스에서는 빠른 비트의 테크토닉 음악이 틀어진다. 그리고 음악과 함께 느닷없이 C라는 글씨가 프린트된 티셔츠를 입은 세명의 학생들이 등장하여 신나게 테크토닉 댄스를 추기 시작한다. 서양문화를 몸소 시연해 보이는 C조를 지켜보던 학생들은 어느새 그들과 하나가 되어 테크토닉 댄스를 함께 춘다. 이를 보던 교수님은 C조의 재기발랄함에 그만 웃고 만다. 교수님의 흐뭇한 표정을 본 C조 학생들이 좋은 학점을 따냈다는 성취감에 환호성을 지르며 시원하게 맥주를 마시는 컷으로 CF는 마무리된다.

오비맥주의 카스는 2008년 '톡하게 살자'라는 주제로 캠페인을 전개하여 젊은 타깃 층과 새롭게 그리고 더 깊이 교감하고자 한다.

출처 : 〈AD TIMES〉, OCTOBER, 2008.(No. 110)

7.2 평가기준

<사례 7-4> 자동차 구매로 살펴보는 대안평가

회사원 권민지 씨는 몇 년 동안의 준비기간을 거쳐 드디어 자동차를 사려한다. 그녀는 그동안 주위에서 신차를 구매하는 경우를 꾸준히 관찰하였고 자동차에 관한 정보도 많이 모은 편이지만, 실제로 차를 사 본 경험이 없는 초보 운전자인 그녀에게 자동차의 여러 많은 브랜드들이나 연비, ABS, 에어백 등의 여러 속성들을 아직 생소하기만 하다.

기억을 되살려보니 그녀의 사촌 언니가 자동차의 디자인에 중점을 두어 몇 가지 디자인이 괜찮은 차들을 골라 최종 선택한 것이 떠올랐다.

이에 비해 그녀의 남자 친구는 늘 그녀에게 중요한 속성들을 모두 고려하라고 충고했다. 또한 그녀의 어머니는 유가상승에 대비해 먼저 연비가 좋지 않은 자동차들을 제외시키고 생각하라고 한다. 이러한 복잡한 평가방식들에서 최선책을 찾지 못한 그녀는 차라리 많이 팔리는 브랜드의 자동차를 살까도 고민해 보지만 마지막 아버지의 충고가 그녀에게 적절한 해결책을 제시한다.

"일단 너와 전문가들이 가장 중요하다고 생각하는 속성들을 생각하렴. 그 속성에서 기준에 못 미치는 자동차들을 제외시키고 나면 나머지 자동차들은 좀더 줄지 않겠니? 그 소수의 자동차들을 좀더 세밀하게 비교하면 될 것 같구나" 최근 소비자들은 점점 더 많은 대안들을 접하게 되고 이러한 증가는 대안의 평가를 어렵게 만들고 있다. 따라서 앞의 사례와 같이 소비자들은 여러 가지 대안평가방식을 적절하게 사용하게 된다. 사촌언니의 경우와 같이 자신에게 가장 중요한 속성으로 평가할 수도 있고, 남자 친구의 조언처럼 모든 대안을 세밀하게 관찰할 수도 있다. 또한 어머니의 말씀처럼 일단 연비를 절약하는 방법을 쓸 수도 있다. 그러나 고관여 결정과정에서 가장 많은 예는, 일단 기준에 못 미치는 대안들을 탈락시키고 남은 소수의 고려상품군에서 세밀한 평가를 하는 방식이다. 따라서 기업들은 자사의 제품이 가진 우월한 속성을 강조함으로써 소비자가 중요하게 여기도록 하여 이를 바탕으로 일차적인 판단을 하도록 하는 전략을 사용하고 있다.

1. 평가기준의 유형 및 상대적 비중

소비자는 정보를 평가할 때 나름대로의 기준을 정하여 대안들을 정해진 기준에 따라 비교한다. 소비자의 평가기준(evaluative criteria)이란 복수의 대안들을 비교하는데 사용할 수 있도록 구체적 형태로 표현되어 대체안의 우열이나 순위를 결정짓게 하는 표준이나 명세를 의미한다. 그리고 이들 평가기준들은 평가대상인 제품이나 서비스의 특성, 소비자가 처해 있는 환경이나 소비자 개인의 특성에 따라 매우 다양해진다.

1) 평가기준의 유형

평가기준의 유형으로는 가장 많이 사용되는 평가기준, 제품이나 상황에 따른 평가기준, 소비자의 주관적인 평가기준으로 나누어 볼 수 있다. 가장 많이 사용되는 평가기준으로는 가격, 상표의 명성 그리고 기타 요인이 있다.

① 가격 : 일반적으로 소비자의 평가기준으로 가장 중요한 것이 가격이다. 가격의 중요성은 소비자의 가격민감성(price sensitivity)의 정도와 가격-품질연상기능(price-quality association)에 따라 달라진다. 소비자는 특정 제품에 대하여 그 정도면 지급해도 좋다고 생각하는 허용가격범위가 있는데, 이것이 실제가격을 평가하는데 있어 준거가격의 역할을 수행한다. 이 허용범위는 과거의 구매경험, 제품원가에 대한 지각, 그리고 대체상품의 가격 등에 의해 영향을 받아 결정 된다.

② 상표의 명성 : 상표명은 흔히 제품의 품질을 상징하는 도구로 이용되고 있다. 품질을 평가하기 힘든 제품일수록 소비자들은 상표의 평판에 의존하는 경

향이 있다. 오랜 기간 지속되는 상표의 명성은 우수품질임을 증명하는 하나의 수단으로 작용하기 때문이다. 특히 의복류, 화장품류의 경우 상표명성은 가장 중요한 평가기준이 되고 있다. 즉, 제품성분이나 배합 등에 대한 전문적 지식이 부족한 소비자들은 상표의 명성이나 소비층의 사회적 신분 등을 제품과 연결시킴으로써 구매위험을 피할 수 있다고 생각한다. 가격이나 상표명성 이외에도 디자인, 스타일, 사용편의성, 내구성 등의 다양한 평가기준이 사용될 수 있다.

③ 포장 : 포장은 기본적으로 제품의 보호와 저장기능을 수행하지만 정보제공과 촉진수단으로서의 기능도 중요하다. 마케팅담당자는 포장을 통해 상표선택의 잠재구매자를 설득할 수 있다. 특히 내용물의 품질이나 효능에 대한 차별화가 어려운 제품인 경우에는 포장이 중요한 평가의 기준이 되고 있다. 대부분의 제품이 성숙기에 있으므로 포장이 마케팅의 중요한 수단임을 시사하는 바가 크다.

④ 기타 : 가시적 제품의 경우 '디자인'이나 '스타일', 가전제품의 경우 '사용의 용의성', '에너지 절약성', '내구성', 그리고 가정용품의 경우 '편의성'이나 '견고성' 등 다양한 평가기준이 사용될 수 있다. 또한 소비자에 따라서는 지극히 주관적인 평가기준을 설정하기도 한다. '성공이미지', '성숙이미지', '성적 이미지' 등도 평가기준에 포함될 수 있다. 만일 소비자가 가격이 비싸더라도 성공의 이미지를 풍기는 상품을 구매하고 싶다면 대체안들의 평가기준에 '성공이미지'가 포함될 것이다.

2) 평가기준의 수

평가기준에서 중요한 두 가지 차원은 의사결정에 필요한 평가기준의 수(number)와 각 평가기준의 현출성(salience)이다. 소비자가 의사결정에서 이용하는 평가기준은 일반적으로 그 수가 6개 이내라고 알려져 있다. 그리고 그 수는 소비자의 몰입(involvement) 수준이 증가할수록 증가한다고 한다.

3) 평가기준의 상대적 비중

소비자가 처한 상황은 평가기준의 상대적 중요성을 결정하는데 매우 강력한 영향력을 행사한다. 편리한 구매장소라는 평가기준은 구매상황이 시간적 압박을 받는 경우, 가장 강력한 요인으로 작용하게 된다.

상표대안을 평가하는 과정에서 소비자가 중요하게 여기는 상대적인 비중은 제품의 성격이나 소비자의 특성에 따라 다르다. 구두를 구매하려고 할 때 '스타일', '가격', '발의 편안함' 등 세 가지 기준에 의해 평가한다고 가정하면 A 소비자는 스타일이나 가격은 상관없이 발의 편안함만 중요시하는 반면 B 소비자는 최신 스타일에만 관심을 보일 수도 있다. 또한 동일 소비자의 경우에도 시간이나 상황에 따라 평가기준의 중요도가 달라질 수 있다. 그 이유는, 소비자가 새로운 경험을 하거나 정보를 얻게 되면 이에 따라 소비자의 지각 및 신념이 변하기 때문이다. 결국 대안들의 상대적 평가에 영향을 미칠 수 있는 비중있는 평가기준은 제품의 차별적인 속성임을 알 수 있다.

2. 평가기준의 조사

평가기준을 조사 한다는 것은 소비자가 대안을 평가할 때 사용하는 기준의 종류와 수를 측정하는 것 뿐만이 아니라 상표대안을 평가할 때 소비자들이 중요하게 여기는 제품이나 상표의 속성이 무엇이며, 이 속성의 상대적 중요도는 어느 정도인가를 조사·분석하여 마케팅믹스전략 개발에 활용하는 데 있다. 평가기준을 조사하는 방법으로는 직접질문법, 간접질문법, 지각도 기법, 평점척도법이 있다. 직접질문법은 소비자들에게 구매결정 시 제품의 어떤 속성을 고려하는지 직접 질문하여 평가기준을 알아내는 것으로써 가장 많이 이용되고 있는 방법이다. 소비자들이 가장 많이 언급하거나 가장 중요한 것으로 언급된 제품속성이 중요한 평가기준인 것으로 간주된다.

간접질문법은 객관적인 회답을 유도하는 우회적 질문조사기법으로서 소비자들에게 질문했을 때 대답을 기피하거나 왜곡하는 경우에 이용하는 조사법이다. 지각도 기법은 소비자들이 자신의 태도나 행동에 대하여 분명하게 표현을 하는데 어려움이 있거나 질문자체가 애매하여 이유를 인식하지 못하는 경우에 지각도 개념을 이용하여 조사 하는 방법으로 요인분석법, 다차원척도법, 대응분석 등이 있다. 평점척도법은 여러 가지 제품관련 특성을 제시하고 소비자로 하여금 각 특성의 평점 척도 상에 직접 표시하게 하는 방법이다.

〈그림 7-2〉 평가기준조사법

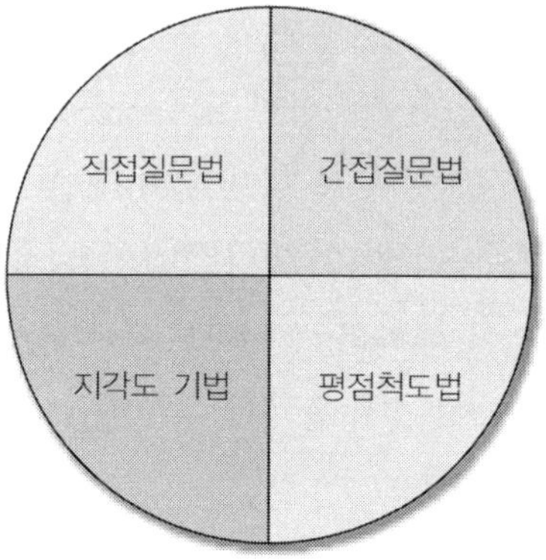

<사례 7-5> 드럼세탁기의 안심케어 기능과 슈즈케어 기능을 평가기준으로 한 제품

"겨울에도 트롬 아니면 안 되겠죠?"

제품 출시 이후 드럼세탁기 시장에서 뜨거운 관심을 받고 있는 슈즈케어 기능은 땀이나 비에 젖은 신발을 저온열풍 건조하여 탈취는 물론 살균까지 해줌으로써 늘 상쾌하게 유지하고 관리해 준다. 단순한 기능의 업그레이드를 말하는 경쟁사들의 광고와는 달리 트롬 세탁기 광고에는 언제나 소비자들의 인사이트를 한층 깊이 파고드는 날카로움이 있다.

2008년 '트롬답다' 캠페인은 3가지 대표적인 기능들로 자신과 가족을 위해 '보다 깨끗하게, 보다 건강하게, 보다 편하게' 라이프스타일을 업그레이드 하려는 주부들에게 큰 매력으로 다가갔다. 그 중에서도 드럼세탁기의 새로운 패러다임을 제시한 '슈즈케어' 기능에 포커스를 맞춰 제작되었다.

출처 : 〈AD TIMES〉, FEBRUARY, 2009.(No. 114)

<사례 7-6> 차별된 소비를 지향하는 여성을 위한 제품들

알래스카 빙하수 · 2030 여성전용 김치 · 빵 · · ·
'포미'족 제품 한번 써볼까

'알래스카 빙하수, 여선전용 김치, 2030여성만을 위한 빵…' 이른바 포미족을 겨냥한 상품들이 쏟아지고 있다. 이들은 합리적이라는 판단이 들면 돈 쓰기를 아까워하지 않는 특성을 보이고 있어 최근 소비 트렌드를 주도하는 세력으로 급부상하고 있다. 자기 자신이 무엇보다 소중하기 때문에 비용을 좀더 지불하더라도 고급제품을 구입해 사용한다는 점이 특징이다.

알래스카 빙하를 녹여 만든 '알래스카 글라시아 캡 골드'가 포미족 사이에 뜨는 대표적인 상품으로 꼽힌다. 미네랄이 풍부하게 들어 있어 체내 이물질을 배출하고 지방을 분해하는 등 다이어트에 도움을 주는 것으로 알려지면서 인기몰이를 하고 있다.

실제로 이 제품은 출시 후 매달 30% 정도 성장률을 보이고 있는데 구매고객 중 약 60~70%가 20 · 30대 여성이라고 수입 · 유통사인 AGR코리아는 밝혔다.

롯데칠성음료에서 내놓은 탄산수 '트레비'는 열량, 탄수화물, 당류, 포화지방, 나트륨 등이 전혀 함유돼있지 않은 기능성 음료다. 특히 체중조절에 관심이 많은 20대 여성들에게 인기가 높다.

롯데칠성음료 관계자는 "웹사이트 등을 통해 젊은 여성들 문의가 잇따르고 있다"고 설명했다.

다이어트에 민감한 여성전용 김치도 나왔다. 대상 종가집에서 내놓은 '미인의 선택'은 여성 전용김치라는 컨셉트로 판매되고 있다. 고추에 들어 있는 캡사이신 함량을 높여 다이어트에 도움을 주는 것으로 알려졌다. 이 제품 역시 출시 이래 매출 신장률이 지속적으로 오르고 있다.

샤니가 내 놓은 '미녀의 간식'은 20 · 30대 여성층을 겨냥한 제품이다. 빵 속에 유산균을 넣어 변비 예방과 피부미용에 도움을 준다고 샤니 측은 밝혔다.

포미족을 겨냥한 제품들은 경쟁상품과 비교해 10~20% 가격이 비싸 요즘 같은 불경기에 잘 팔리지 않을 것처럼 보인다. 그럼에도 출시 후 젊은 여성층을 중심으로 판매량이 꾸준히 늘고 있다.

이에 대해 전문가들은 적은 돈을 들여 다른 사람과 차별화하려는 소비심리가 반영된 결과라고 해석한다.

Y대학 경영학과 교수는 "요즘 소비자들은 제품 하나를 사용하더라도 자신이 남과 다르다는 차별의식을 느끼고 싶어 한다"며 "식음료 제품은 가격대가 높지 않기 때문에 적은 돈으로 남과 차별된 느낌을 받기에 적합하다. 식음료 분야에서 소비자 특성에 맞춘 특화 상품이 쏟아지는 것도 이와 같은 이유 때문일 것"이라고 풀이했다.

포미족 : 여성을 소비성향에 따라 구분하기 위해 만든 신조어. 소비를 자신에 대한 투자로 생각하고 남고 구별되는 차별된 소비를 지향하는 2030 여성들을 일컫는 말이다.

출처 : 〈매일경제〉, 2009.3.10

7.3 대안결정방식

<사례 7-7> 경쟁차 슬쩍 흉보고 우리차 살짝 뽐내고

'싼타페에 갔다. 좋은 건 다 옵션이란다.' 5일자 주요 일간지에 실린 GM대우 윈스톰 광고엔 미국 남부 뉴멕시코주의 주도 싼타페 풍경 사진이 실렸다. 경쟁차인 현대 싼타페를 빗댄 것이다. GM대우의 광고 담당자는 "윈스톰이 내비게이션을 기본으로 장착한다는 걸 분명하게 알리려는 광고"라고 설명했다. 그는 "싼타페가 국내 스포츠유틸리티차량(SUV) 가운데 가장 인기 있는 제품이라 비교 대상으로 골랐다."고 덧붙였다. 같은 날 다른 신문에 실린 볼보 C30 광고엔 골프채와 미니카가 등장했다. '미니카 갖고 놀 나이는 지났다.', '골프보다 재미있는 게 너무 많다.'는 카피는 경쟁차종인 BMW 미니와 폴크스바겐 골프를 겨냥했다. 자동차 비교 광고가 다시 등장한 것이다. 수입차 약진으로 내수시장의 경쟁이 치열해지면서 브랜드 인지도를 높이려는 비교광고 수법이 애용되기 시작한 것이다. 2위 업체나 후발업체들이 즐겨 쓰는 비교광고는 크게 두 가지다. 윈스톰과 C30의 경우는 은유적으로 소비자 관심을 불러 모으는 간접비교에 속한다. 이와 달리 실험 ·조사 결과를 보여주는 볼보S80D5는 직접비교에 해당한다. 이 광고는 디젤 세단인 벤츠 E220 C야, 아우디 A6 3.0 TDI, 폴크스바겐 페이튼 3.0TDI와 배기량 · 가격 · 연비 · 안전장치를 일목요연하게 대비시켰다. 볼보자동차코리아의 곽창식 과장은 "볼보는 튼튼하고 안전한 차라는 인상이 너무 강해 다른 장점도 많다는 걸 드러내려고 경쟁 차종과 비교했다."고 말했다. 지난달 판매 대수가 전달보다 50% 늘어나 광고효과를 봤다는 자체평가다. 아우디 A8과 정면충돌하는 장면을 담은 제네시스의 TV 광고도 직접비교다. 자동차는 비교광고가 잦은 품목에 속한다. 이명천 중앙대(광고홍보학) 교수는 "자동차나 정보기술(IT) 기기처럼 비싸고 고객이 고민 끝에 구매를 결정하는 제품일수록 비교광고가 효과적"이라고 설명했다. 그는 "구매에 필요한 정보를 준다는 점에서 소비자에게 도움이 된다."고 평했다.

자동차 업계에서는 10년 전부터 비교광고를 둘러싼 공방이 이어져 왔다. 1998년 현대 아토스와 대우 마티즈의 광고전이 유명하다. '몰랐다. 아토스만 3기통인 줄…'이라고 현대자동차가 포문을 열자 '숫자만 많으면 다냐? 힘이 좋아야지'라고 대우자동차가 맞받아 쳤다. 양사는 '기통 공방' 광고전을 벌이다 공정거래위원회의 시정명령을 받기도 했다. 1999년도엔 대우차는 누비라2 광고에서 '아, 반대로 힘없이 왕복할 것인가?'라는 카피로 현대 아반떼를 먼저 공격했다. 현대차도 '린번 엔진, 그건 현대 건데요'라는 TV 광고로 맞섰다. 당시는 부도난 기아차를 현대차가 인수한 직후라 현대차와 대우차의 양자 대결 구도로 좁혀진 시기였기에 두 업체 간 공방은 더욱 치열했다.

비교광고는 2001년 9월 공정위가 심사지침을 마련하면서 공식 허용됐다. 이후에도 현대 EF쏘나타와 르노삼성 SM5의 수출실적을 비교한 쏘나타 광고(2001년 현대차)와 아반떼 XD 차체를 보여주며 '껍데기만 조금 바꾼다고 신차입니까?'라고 한 라세티 광고(2002년 GM대우)가 줄을 이었다. 물론 비교를 가장해 비방하는 건 여전히 허용되지 않는다. 공정위는 일부 항목만 비교해 놓고 전체적으로 우수한 것처럼 알리거나, 사실이라 해도 경쟁사 이미지를 심하게 훼손하는 광고는 금하고 있다.

출처: 〈중앙일보〉, 2008.3.6

대안결정방식(decision rules)이란 대안을 평가하고 각 대안에 대한 태도를 개발하는 데 적용하는 절차와 방법이다. 대안결정방식은 단순한 방법부터 복작한 방법에 이르기까지 아주 다양하다. 소비자의 개성이나 제품의 특성에 따라 대안평가 방식이 다를 수밖에 없기 때문이다. 소비자들은 구매결정을 할 때마다 끊임없는 도전을 받고 있다. 적절한 상품을 결정하기 위해 중요하다고 판단되는 모든 속성과 이점을 파악하고 소비자들이 알고 있는 모든 평가기준을 고려한다는 것은 어려운 일이다. 따라서 소비자들은 구매결정이 필요할 때마다 이미 습관화된 결정방식(stored rules)을 따르기도 하고 쇼핑하는 동안 새로운 결정방식(constructed rules)을 고안하여 적용하기도 한다. J. R. Bettman과 M. A. Zin의 연구에 의하면 대부분의 소비자들은 기억 속에 정형화되어 있는 결정방식을 활용하는 경우가 더 많다고 한다. 그러나 쇼핑하는 동안 새로운 결정방식을 적용하는 경우도 전체 조사대상의 1/3 정도된다고 한다.

소비자들은 상표대안을 전부 고려하지는 않고 몇 개의 대안만을 대상으로 하고, 여러 기준을 하나의 순서로 통합하는 방법인 결정방식을 채택하게 된다. 이러한 방법은 소비자들이 모든 평가기준들을 하나의 선택으로 결합하는 데 도움을 준다. 소비자들이 대안을 결정하기 위해 적용하는 대안평가방식은, 평가기준에 포함되는 제품속성 중 어느 하나의 높은 성과가 다른 속성의 낮은 성과를 보상 유무에 따라 보상적 결정방식(compensatary decision rules)과 비보상적 결정방식(noncompensatary decision rules)로 구분된다.

1. 비보상적 결정방식

제품이나 상표가 지니고 있는 어떤 한 속성의 성과가 수용기준에 미치지 못하면 아무리 다른 속성이 우수하다고 평가를 받더라도 선택대상에서 제외된다. 즉 제품이나 상표의 약점이 다른 속성의 강점에 의해서 상쇄될 수 없다는 전제하에, 일정한 기준에 의하여 대안을 결정하는 방식이다.

〈표 7-1〉 비보상적 결정방식을 위한 예시

속 성 (평가기준)	중요도 (서열순)	상표신념			
		A	B	C	D
성 능	1	4	6	6	5
가 격	2	5	4	6	7
절 전	3	5	5	1	6
외형 및 내부구조	4	4	4	2	2

① 상표의 속성에 대한 신념: 7점 평정척도법을 사용하는 경우(*신념척도를 사용하지 않고 실수치나 서술식 표현의 사용도 가능함)

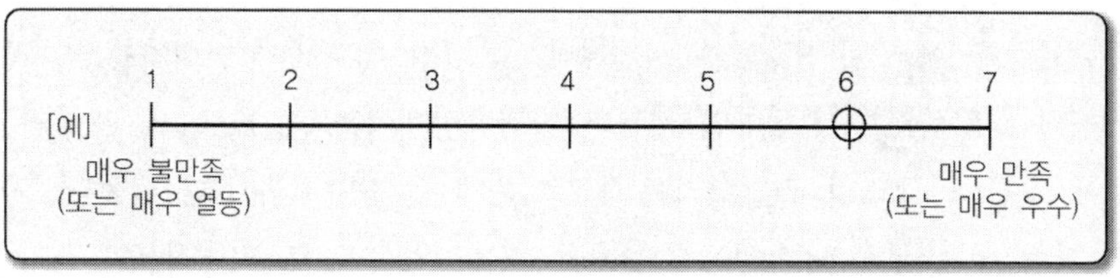

② 속성의 허용수준

-결합식 방식의 경우 속성별 허용수준: 각각 4.0

-분리식 방식의 경우 속성별 허용수준: 7.0

-속성별 제거방식의 경우 속성별 허용수준: 성능=5.0, 가격=0.6, 절전=3.0, 외형 및 내부구조=3.0

사전편집식 결정방식(lexicographic rule)

소비자가 자신이 가장 중요하게 여기는 평가기준(제품속성)에 서열을 정하고 가장 중요한 기준부터 차례로 적용함으로써 선택안의 범위를 축소하는 과정을 거친다. 복수의 대안이 남게 되면 그 다음으로 중요한 기준을 적용하여 평가하고 다시 복수의 대안이 남으면 그 다음의 기준을 적용하는 절차를 거쳐서 상표를 선택하는 방법이다. 〈표 7-1〉과 같은 평가기준과 상표속성에 대한 신념을 가진 소비자인 경우, 에어컨을 구매하려 할 때 성능을 가장 중요한 속성으로 평가하였으나 B상표와 C상표가 같은 평가를 받았기 때문에 두 번째로 중요하게 여기는 속성인 가격을 비교하게 된다. 이때 가격에서 더 적정하다고 평가를 한 C상표를 선택하게 된다. 그러나 상표를 평가할 때 속성에 대한 중요도가 바뀌면 선택대안도 달라진다. 이 방식은 속성별 정보처리(PBA: Processing by Attribute)에 의해 대안을 결정하는 대표적 대안 결정방식이다.

결합식 방식(Conjunctive rule)

평가기준이 되고 있는 여러 속성 중 어느 한 속성에서도 큰 결점이 발견되지 않는 비교적 안전한 제품을 선택하려는 결정방식으로, 소비자는 최소한의 허용수준(minimum cut off level)을 사전에 정하고 어느 한 속성에서라도 그 성과가 허용수준에 미달이 되면 선택대상에서 제외되는 방식이다.

〈표 7-1〉 예시에 의하면 'A'가 선택된다. 즉, 7점 척도에서 소비자는 각 제품마다 4점의 평점척도를 정했다면 성능과 가격속성에서는 A, B, C, D 모두가 고려대상에 속한다. 그러나 절전이라는 평가기준에 의하면 A와 D만 남는다. 마지막으로 외형 및 내부구조 속성에서 D는 2, A는 4가 되므로 최종적으로 A가 선택될 것이다. 이 결정방식은 일차 평가 후 하나의 대안도 남지 않게 되는 경우도

있고, 하나 이상의 대안이 남을 때도 있다. 기준에 도달한 대안이 하나도 남아있지 않은 경우에는 기준을 낮추어 다시 평가한다. 복수의 대안이 남을 때는 추가적인 결정방안이 필요한데 이에는 두 가지 방안이 있다. 하나는 속성별 허용수준을 조정하여 재평가하는 방법이고, 다른 하다는 남은 대안들을 대상으로 다른 결정방식을 적용하여 최종대안을 선정하는 방법으로 혼합결정방식(mixed decision rule)이라고 한다. 결합방식은 비교적 안전한 상품을 선택하기 원하는 비교적 보수적인 소비자들이 추구하는 방식으로 상표별 정보처리(PBB : Processing by Brand) 방식에 의한 대안 결정 방식이다.

분리식 방식(disjunctive rule)

결합식 결정방식에서는 결점있는 대안을 제외하기 위하여 허용기준이 필요하지만, 이 분리식 결정방식에서는 뛰어난 속성을 가진 대안을 선택하기 위하여 그것이 필요하기 때문에 허용수준은 높게 설정한다. 속성별 허용수준이 결정되면, 어느 한 속성에서라도 이 허용수준을 만족시키는 속성을 하였다면 어느 한 속성에서라도 이 기준을 충족시키는 가진 상표가 선택된다. 〈표 7-1〉 예시에서 소비자가 속성별 허용수준을 7점으로 결정했다면, 어느 한 속성에서라도 이 기준을 충족시키는 'D'상표가 선택 된다.

속성별 제거방식(elimination by aspects)

사전편집식 결정방식과 비슷한 방식으로서 중요한 속성에서부터 순차적으로 설정된 허용수준과 비교하여, 제외되지 않고 마지막까지 남은 상표대안이 선택된다. 사전편집식 결정방식에서는 중요한 기준부터 비교가 되지만, 속성별 제거방식에서는 기준별 최저수준을 정하여 이 수준을 넘지 못하면 제거 되는 방식이다.

〈표 7-1〉 예시에서 성능의 허용수준이 5점이라고 한다면 이 수준에 미달되는 A상표가 일단 제외된다. 두 번째 중요한 속성인 가격의 허용수준이 6점이라면 B상표가 다시 제외되고, 세 번째 중요속성 허용수준이 3점이라면 C상표가 제외됨으로 결국 D상표가 선택된다. 이 비교에서 상표결정이 되었기 때문에 네 번째 속성인 외형 및 내부구조 속성의 비교는 필요하지 않게 되는 것이다. 속성별 제거방식에서는 특별히 중요한 속성에 한해서 제한조건을 설정한 후 이 조건을 충족한 상표

대안을 일차 선정한 다음 다른 방법에 의해 최종대안을 결정하기도 한다.

보상적 결정방식

한 속성에 있어서의 평가된 낮은 성과가 약점이 되지만 다른 속성의 평가기준에서의 높은 점수로 인하여 하나의 약점이 다른 강점으로 상쇄 또는 보상된다는 전제하에 대안을 평가하고 결정하는 방법이다. 대안 평가를 위해 속성에 대한 정보는 상표별로(PBB)로 처리하고, 복잡한 평가과정을 거치게 되는 특징이 있다. 각 속성에 대하여 중요도에 따라 가중치를 부여하고, 상표속성에 대한 소비자의 신념에 이 가중치를 곱하여 상표대안별로 총체적인 지각적 가치를 산정한 다음, 가장 가치가 큰 대안을 선택한다.

〈표 7-1〉 예시에서 순위에 따른 각 속성별 중요도는 성능 40%, 가격 30%, 절전 20%, 외형 10%가 된다. 따라서 각 상표대안의 지각적 가치는 다음과 같이 산정된다.

A 상표가치: 4(.4) + 5(.3) + 5(.2) + 4(.1) = 4.5
B 상표가치: 6(.4) + 4(.3) + 3(.2) + 5(.1) = 4.7
C 상표가치: 6(.4) + 6(.3) + 1(.2) + 2(.1) = 4.6
D 상표가치: 5(.4) + 7(.3) + 6(.2) + 2(.1) = 5.5

그러므로 지각된 가치가 5.5로 가장 큰 D 상표 선택될 것이다.

소비자들이 제품을 평가할 때에 제품의 성분이나 물리적 특성만을 고려하지는 않는다. 상황에 따라 품질과 직접적인 관련이 없는 부수적인 요인들에 의해 품질평가가 수행되기도 한다.

<사례 7-8> 소프트가 힘이다 . . . 제품에 오감(五感)을 접목시켜라

운전자의 말과 행동을 알아듣는 자동차, 그에 반응해 운전자의 지시내용을 정확히 이행하는 자동차에 대한 개발 작업이 BMW · 렉서스 등 유수의 자동차 기업 연구개발센터에서 소리 없이 진행되고 있다. 세계 유수의 기업들이 '감성의 벽까지 넘어 서야 명품'이라는 인식 아래 소프트웨어 경쟁력 강화에 역량을 집중하고 있다. 하드웨어 보다는 소프트웨어가 기업의 성패를 좌우하는 시대로 바뀌었기 때문이다. 현대 사회로 갈수록 IQ보다는 EQ에 대한 관심이 높아져 가면서 경영자에게도 감성을 중요시하는 '소프트경쟁력'이 요구되고 있다.

감성에너지는 조직의 부정적 에너지를 긍정적으로 변환시키는 원동력이다. 감성경영이 접목되어야 하는 이유는 현대사회가 급속히 디지털화되어 간다는 데 있다. 디지털 시대는 인간의 감성적 요소들을 자극해질 높은 삶을 추구하는 게 목적이다 인간의 오감을 만족시킬 수 있는 정서적 마케팅도 바로 감성경영에서 시작된다.

과거에는 품질, 가격, 기술 등 이성적이거나 합리적인 판단에 근거하는 '비교경쟁력'이 기업경쟁력의 핵심요소였다면 앞으로는 사람들의 감성을 자극하고 이를 제품에 담아내는 소프트경쟁력이 핵심 요소로 떠오를 것이 분명하다. 명품 선글라스의 대명사인 '오클리'와 혁신의 아이콘이 되어버린 '애플'을 예로 들어보자.

오클리는 안경다리 부분에 MP3플레이어가 내장된 선글라스를 개발해 대박을 쳤다. '눈에 음악이 흐른다'는 파격으로 소비자들의 잠재된 니즈를 충족시킨 것이다. 애플은 휴대폰에서 중요한 기능이 음악과 같은 엔터테인먼트로 옮겨가고 있다는 것을 재빨리 읽어낸 제품을 개발, 경험이 없던 통신 분야에서 세계 10대 휴대폰 회사의 반열에 오르는 기염을 토했다. 휴대폰에 MP3 기능을 얹은 게 아니라 MP3에 전화기능을 얹은 '아이폰'으로 파격을 단행한 것이다.

오클리와 애플의 성공은 경영학의 새로운 키워드인 '사람들의 오감을 자극하라'는 개념이 현실에 접목된 사례다. 국가 간 기술격차가 점차 좁아지고 가격경쟁이 날로 치열해지는 글로벌 시장에서 예전처럼 기술이나 품질만으로 승부하려는 시도는 무모해졌다.

일류기업과 마찬가지로 중소기업의 최종 목표 역시 고객의 '오감만족'으로 이어져야 한다. 소비자들이 원하는 '이야기가 있는' 상품을 공급하면서 그 속에 '감성바이러스'를 담아내야 하는 지혜가 필요한 시대에 우리는 와 있다.

출처 : 〈한국경제〉, 2008.4.29. 발췌정리.

참고문헌

1) Kent B. Monroe, "Buyer's Subjective Perceptions of Price," *Journal of Marketing Research*, No. 10, February 1973.

2) Zarrel V. Lambert, "Product Perception : an Important variable in Price Strategy," *Journal of Marketing*, Vol. 34, October 1970.

3) Kent B. Monroe, "The Influence of Price Differences and Brand Familiarity on Brand Preferences," *Journal of consumer Research*, Vol. 3, June 1976.

4) Michael L. Rothschild, "Advertising strategies for High and Low Involvement situations," in John C. Maloney and Bernard Silverman, eds., *Attitude Research Plays for High Stakes*, Chicago : American Marketing Association, 1979.

5) Mark I. Alpert, "Identification of Determinant Attributes : A Comparison of Methods," *Journal of Marketing Research*, Vol. 4, 1971.

6) James R. Bettman and Michael A. Zins, "Constructive Process in Consumer Choice," *Journal of Consumer Research*, Vol. 4, 1977.

7) Peter L. Wright, "Consumer Choice Strategy : Simplifying Versus Optimizing," *Journal of Marketing Research*, Vol. 11, 1975.

제 8 장

태도와 구매의도

8.1 태도

<사례 8-1> SK텔레콤 사람을 향합니다.

기업철학 담은 따뜻한 통신 이야기

정보기술(IT) 분야는 눈 깜빡하면 새로운 서비스가 등장하는 기술 전쟁터이다. 올해 IT 분야 광고 대다수도 보는 전화, 편리한 로밍, 빛의 속도로 빠른 초고속인터넷 등 기술을 강조하기 바빴다. 새 기술을 알려야 서비스 기반이 넓어지니 어찌 보면 당연한 일이다. 2007 한국경제 광고대상에서 여예의 대상을 수상한 SK텔레콤의 '사람을 향합니다' 시리즈 광고는 기존 IT광고와 많이 다르다. 광고를 보고 나면 가족이 떠오르고 친구가 보고 싶어지는 마음이 절로 생긴다. '모든 기술의 근본이자 궁극적인 목표는 결국 사람'이라는 SK텔레콤의 기업 철학을 담아 올 한 해 많은 사람들에게 따뜻한 감동을 선사했다. '없애 주세요'란 제품을 단 최신 광고는 '사람을 향합니다' 시리즈의 주제를 단적으로 보여준다. 사랑하는 아이의 얼굴을 두 눈에 담고, 사랑하는 사람들이 다시 긴 연애편지를 쓰도록 카메라와 문자 기능을 없애달라고 한다. 기술 혁신을 강조하는 IT 기업이면서도 "기술은 언제나 사람에게 지고 만다."고 솔직하게 고백한다. '같은 사람입니다'란 카피의 송년 광고에서는 사람을 향한 따듯한 시선을 강조했다. 은행원과 손님, 공무원과 시민, 운전자와 보행자, 외국인과 내국인 모두 같은 사람이라고 강조한다. 업무 속에서는 서로 구분되는 사람도 일과를 마치고 나서면 모두가 내 자신이고 가족일 수 있다는 해석이다. '사람을 향합니다' 시리즈는 바쁜 일상 속에 잊고 살았던 사람과 사랑의 가치를 다시 깨우쳐주는 기획도 제공했다. 광고 속에서는 암 수술을 받은 어머니와 아이를 낳은 딸이 서로 병실에서 주고받은 "엄마 딸이 엄마가 되었어요"라는 감동의 메시지가 등장한다. 한 달간의 휴대폰 활용 교육을 받은 후 예순일곱살 할머니가 처음 할아버지에게 보낸 "영감! 사랑해" 메시지까지 사람과 사람을 이어주는 따뜻한 통신 이야기가 넘쳐난다. '사람을 향합니다' 시리즈에서 기술은 좋은 것을 보면 생각나고 헤어진 사람들을 다시 만나게 하는 생활의 도구일 뿐이다. 앞서가는 기술보다 새로운 것을 추구하는 혁신보다 사람을 사랑하는 것이 더 중요하다는 게 SK텔레콤의 구식 사랑법이다. 최근 SK텔레콤은 "사람을 향합니다. 두 번째 이야기" 캠페인을 시작했다. 이동통신에 얽힌 사람들 사이의 에피소드를 공모하고 이를 광고소재로 활용할 계획이다. 일상 속에서 놓친 사람의 가치를 재발견하려는 의도는 기존 시리즈와 비슷하다. 하지만 두 번째 이야기에서는 현대인에게 없어서는 안 될 이동통신의 의미를 보다 구체적으로 전달할 계획이다. 자신의 이야기, 가족의 이야기, 친구의 이야기를 보고 들으며 그 속에 담겨진 사람의 소중함을 느낄 수 있는 기회가 될 전망이다. 기술 속에서도 늘 사람을 향하는 SK텔레콤의 기업 철학을 담은 '사람을 향합니다' 시리즈는 올 한 해 최고의 감동을 전해준 광고로 손색이 없다는 평가이다.

출처: 〈한국경제〉, 2007.12.6

2007 한국경제 광고대상

'모든 기술의 근본이자 궁극적인 목표는 결국 사람'

[사람을 향합니다-'없애주세요'편]

기술은 언제나 사람에게 지고 만다.

[사람을 향합니다] 시리즈

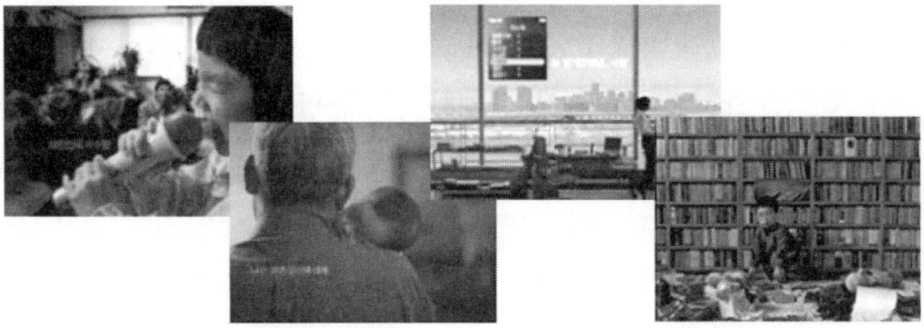

[사람을 향합니다] 두 번째 이야기

1. 태도의 정의

태도는 오랜 기간 동안 심리학의 중요 개념으로 주목받고 있으며 태도에 대한 정의는 학자와 연구목적에 따라 다양하다. M. Fishbein은 태도를 "개인의 특정한 대상에 대한 긍정적(positive)·부정적(negative)·호의적(favorable)·비호의적(unfavorable)·동의(pro)·거부 등의 느낌"으로 정의하여 태도를 느낌이나 평가적 반응행동으로 인식하고 있다. G. Allport는 태도를 "특정한 대상이나 집단에 대하여 일관적으로 호의적·비호의적으로 반응하려는 학습된 선유경향(learned predispositions)"이라고 정의하여 소비자의 성향이 강조되고 대상에 대한 반응준비가 포함되어 있다.

1) 구조적 접근법에 의한 태도의 정의

태도의 인지적 측면을 강조하는 사회심리학에서는 태도를 개인의 지각적, 감정적, 그리고 인식적 측면에서 어떤 대상물에 대하여 감지하고 있는 개인내적 상태로서, 그 대상물에 대해 반응할 준비가 되어 있는 정신적, 심리적 상태를 말한다.

태도를 광의로 해석하여 대상물에 대한 감정뿐만 아니라 행동경향도 포함시켰다. 태도를 구성하는 요인에 관한 이론은 전통적으로 3원론적 관점(tripartite view)에서 설명하고 있다. 이 견해에 의하면 태도는 인지적 요소(cognitive component), 감정적 요소(affective component), 행동성향적 요소(conative component)의 세 가지 구성요소로 복합된 개념이라고 할 수 있다. 그러나 최근의 연구에서는 이들 3가지 요소 중에서 감정(affection)만을 태도의 구성요소로 간주하며 나머지 2개는 태도와 관련된 별개의 개념으로 이해하려는 단일차원적 관점(unidimensional view)이 제기되고 있다.

〈그림 8-1〉 태도의 구성요소

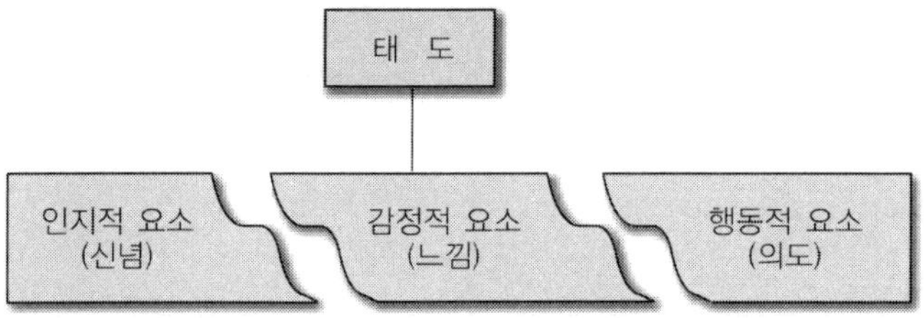

▸**인지적 요소**(cognitive component) : 인지적 요소는 지각적 요소 또는 신념요소라고도 하며, 대상물에 대하여 사람이 갖고 있는 지식이나 신념을 의미한다. 이러한 지식이나 신념은 대상을 직접 경험하거나 여러 원천으로부터 관련된 정보를 얻음으로써 갖게 된다. 소비자는 특정한 목적물에 대하여 많은 신념을 지니고 있는데 소비자가 상표에 귀인시키는 속성들은 상표에 대하여 믿고 있는 신념이며, 이러한 신념들의 총체적 집합을 특정상표에 대한 태도의 인지적 요소라고 할 수 있다.

▸**감정적 요소**(affective component) : 감정적 요소는 대상물에 대한 소비자의

느낌이나 평가를 포함한 총체적인 결과를 말한다. 소비자연구가들 종종 이러한 느낌이나 감정을 일차적 평가를 하는데 이용한다. 소비자들이 좋다거나 싫다거나, 나쁘다거나 좋다와 같은 대상물에 대한 개인의 직접적이고 전체적인 평가로 사용한다.

▸**행동성향적 요소**(conative component) : 행동성향적 요소는 행동적 요소(behavioral component) 또는 의도요소(intentional component)라고도 한다. 대상물에 대한 행동반응 경향으로서 특정대상에 대하여 특정행동을 취하려는 경향이나 가능성과 관련이 있다. '나는 카스를 사려고 한다'는 것은 구매하기 위한 의도(intention)라는 행동성향을 나타낸 것이다.

2) 개념적 접근법에 의한 태도의 정의

최근 소비자행동 연구에서는 태도의 개념을 협의로 정의하여 특정 대상물에 대하여 개인의 감정적 측면만을 보여준다. 특히 소비자행동을 예측하기 위해서 소비자태도의 측정 및 분석을 목적으로 하는 대부분의 조사연구에서는 태도의 조작적 정의를 위해 주로 감정적인 요소만을 고려하는 경우가 많다. 따라서 소비자행동 연구분야에서는 특별한 언급이 없는 한 소비자의 감정적 측면을 태도로 보는 것이 무리가 없다.

태도는 경험이나 학습을 통해 개발된 것으로서 어떤 대상물에 대한 평가적인 심적 반응을 의미함으로 개인으로 하여금 특정 대상에 대해 지각하고 행동하는데 일관되게 반응하도록 직접적인 영향을 준다. 소비자행동연구 분야에서는 '태도'를 협의로 해석하여 '신념'이나 '의도'와 구분한다. 즉 대상물에 대한 인지적 측면을 신념으로, 대상물에 대한 행동경향적 측면을 의도로 구분하고, 대상물에 대한 감정적 측면을 태도개념에 포함시킴으로서. 이들 세 요소는 상이한 행동요소로 분류된다.

〈그림 8-2〉 태도의 현대적 개념(contemporary view of Attitude)

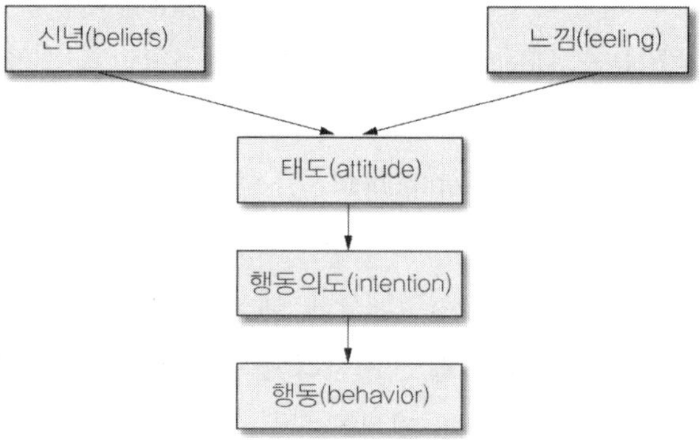

특정 대상에 대한 태도는 그 대상물에 대한 개인의 관여상황에 따라 인지적 학습과정을 통해 확고한 신념을 기초로 형성될 수도 있고, 확고한 신념이 없이도 친숙함고 같은 호의적인 느낌으로 인하여 그 대상에 태도가 형성될 수도 있다.

2. 태도의 개념적 특징

태도의 정의를 기초로 태도의 개념을 보다 자세히 살펴보면 다음과 같은 특성을 지지고 있음을 알 수 있다. 소비자의 태도는 몇 가지 중요한 특징을 갖고 있다.

1) 태도는 반드시 대상(an object)이 있다.

태도의 대상은 사상, 이념과 같은 추상적 개념일 수도 있고, 유형의 재화, 서비스, 사람, 사물, 또는 어떤 행동일 수도 있다. 또한 대상은 개인·특정상표와 같이 단일 목적물인 경우도 있으며, 사회집단처럼 단일 구성물의 집단이 될 수도 있다.

2) 태도는 방향과 정도, 그리고 강도를 갖는다

태도의 방향(direction)이란 소비자가 목적물에 대하여 갖는 감정으로서, 긍정적인가 부정적 인가, 목적물을 지지하는가 아니면 반대하는가, 호의적인가 비호의적 등과 같이 대상물에 대한 평가적인 감정을 의미한다. 태도의 정도(degree)란 개인이 목적물을 좋아하거나 싫어하는 감정으로 느끼는 느낌의 양적 크기이다. 또한 태도의 강도(intensity)란 태도에 대한 확신 및 신뢰하는 감정의 깊이를 말한다. 얼마나 분명한 신념 하에서 태도가 개발되었는가에 따라서 태도의 강도는 차이가 있다. 즉 강도가 높은 태도는 외적 요인에 의해 쉽게 영향받지 않는다. 결국 특정제품에 대한 소비자태도의 방향·수준·강도에 의해 마케팅담당자는 소비자의 자시제품에 대한 행위, 즉 구매의 사전준비상태에 대한 예측을 할 수 있다.

3) 태도는 구조를 갖는다

태도는 선유경향(predisposition)의 구조를 지니고 있다. 따라서 태도는 내적 일관성을 지니며 태도 상호간 구심성(centrality)을 갖는다. 태도는 개인내적 심리조직의 한 구성요소이고, 태도 간에도 계층이 있다. 인간의 태도구조는 복합적으로 구성되어 있으며, 이 구주의 중심에는 개인의 가치(value)와 자기개념(self-concept)이 있다. 그러므로 소비자의 태도구조체계의 중심에 자리한 태도는 강한 구심성이 있으며 중심에서 멀리 떨어진 태도는 구심성이 낮다. 여러 가지 태도는 독립되어 있지 않고 복잡한 전체를 구성하기 위하여 유기적으로 연결되어 있다는 사실은 태도가 상호간 어느 정도 일관성이 존재한다는 것을 의미한다. 이처럼 태도는 상호간 밀접하게 연결되어 있기 때문에 태도구조라는 하나의 시스템에 대한 적합성을 유지할 수 있어야 한다.

4) 태도는 경험과 학습을 통해 형성된다

태도는 선천적으로 형성된 것이 아니다. 태도는 가족이나 동료집단, 친지나 매체 또는 판매원으로부터의 정보의 정보와 개인적 경험, 개성 등에 의해 영향받는 학습과정을 통하여 시간이 경과함에 따라 형성된다. 소비자는 일상적 구매경험을 통해, 또 제품을 소비하면서 태도를 형성하게 된다. 태도는 이런 과정으로 학습되기 때문에 소비자의 태도 또한 외부의 정보와 경험을 통해 변경될 수 있다. 태도와 관련된 학습의 원리는 마케팅담당자가 소비자 태도를 분석하고 변화시키는데 도움을 줄 수 있다.

3. 태도의 영향요인

소비자의 태도에 영향을 미치는 일반적인 요인으로는 구매경험, 환경 그리고 마케팅정보원 등이 있지만 소비자의 욕구, 동기, 지각과 같은 개인적 요인들이 더 결정적인 역할을 한다. 소비자들은 개인적 요인으로 인하여 학습의 결과가 다르게 나타나기 때문에 같은 경험이나 동일한 마케팅자극에서 의해서도 차이를 보이는 경우가 많다. 따라서 소비자의 개인적 특성, 구매경험, 그리고 제반 환경 요인들은 태도에의 중요한 영향요인이다.

1) 소비자의 개인적 요인

태도의 방향, 수준, 강도 등은 소비자의 욕구, 동기, 지각, 개성 등에 의해 결정적인 영향을 받는다. 예를 들면, 식욕이 강한 사람과 약한 사람의 음식물에 대한 태도는 상이함을 보인다. 사람들은 자신이 보고 싶은 것만을 보려고 하는 경향이 있다. 자신이 보고, 듣고, 느낄 수 있는 범위 내에서 자기 나름대로 태도를 개발하기 때문에 다른 조건이 모두 동일하다고 해도 동일한 대상에 대하여 상이한 태도를 갖게 된다. 또한 사람들은 외부 자극이나 대상물에 대하여 선택적 지각(selective perception)을 하기 때문에 소비자의 지각도 태도개발에 중요한 변수로 작용한다.

소비자의 개성도 태도개발에 영향을 미치는데 성격의 개방적 및 보수적 성향, 외향적·내향적 성향, 적극적·소극적 성향 등에 따라 특정제품이나 상표에 대한 태도에 큰 차이를 보이며 라이프스타일도 태도형성에 중요한 영향요인이다.

2) 구매 및 사용경험

소비자가 특정 제품을 직접 사용해 본 결과로 얻는 만족·불만족은 그 대상물에 대한 태도에 가장 확실한 영향변수이다. 자신의 경험이상으로 분명하게 대상물에 대한 확신을 갖게 해 주는 것은 없기 때문이다. 사용 후 만족한 소비자는 대상물에 대하여 호의적이며 긍정적인 태도를 형성할 것이고, 불만족한 소비자는 비호의적이거나 부정적인 태도를 형성하게 될 것이다. 만족이든 불만족이든 동일한 느낌의 경험횟수가 많으면 많을수록 태도의 강도는 높아진다. 마케팅담당자가 소비자로 하여금 자사제품에 대한 확고한 긍정적 태도를 확보하기 위하여 무료견본 증정이나 사은품 증정판매, 가격할인판매 등을 하는 이유가 여기에 있다.

3) 사회적, 문화적 환경

소비자의 태도형성에는 가족, 준거집단, 종교, 교육제도 등도 태도형성에 중요한 영향변수로 작용한다. 개인은 가족, 사회, 문화의 생활권에서 사회화과정을 거쳐 가치체계를 확립하고 생활방식을 학습하기 때문이다. 부모의 가치관, 생활방식이나 가족의 생활습성은 가족구성원의 태도개발에 직접적인 영향을 준다. 특히 어린 시절 가족생활에서 개발된 태도는 그 강도가 높아서 쉽게 변하지 않는 경향이 있다. 인간은 독립적인 생활을 하지 않고 집단과 직·간접의 관계를 맺으며 살아가고 있다. 개인은 이들 집단으로부터 자신의 가치와 규범에 대하여 유·무형의 영향을 받음으로서 상호 의존적인 관계를 맺고 있다. 이러한 사회적 관계 속에서 살아가는 소비자는 자신이 속해있는 준거집단의 규범이나 타인의 기대 등에 부응하기위하여 자신의 태도를 변경하기도 한다. 특히 성인의 경우, 태도에 준거집단의 영향이 크게 작용한다.

4) 마케팅 정보원

마케팅 정보원도 소비자의 태도형성 및 변경에 많은 영향 준다. 특히 특정제품이나 상표에 대한 소비자의 새로운 태도의 개발이나 기존 태도의 변경에 판매원의 설득적 역할은 매우 중요하다. 대중매체도 소비자에게 끊임없이 새로운 정보를 제공하고, 간접적인 경험을 통한 대리학습기회를 갖게 함으로써 태도개발에 상당한 영향을 미친다.

4. 태도 모델

소비자들은 크게 두 가지 과정을 거쳐서 태도를 형성한다. 하나는 무의식적 · 자동적으로 제품이나 상표를 무작정 좋아하는 경우로서 감정적 학습(affective learning)이고, 다른 하나는 의식적으로 제품에 대한 정보를 처리하여서 태도를 갖게 되는 경우로 인지적 학습(cognitive learning)이라고 한다. 최근에는 감정적 학습에 관하여 많은 연구가 이루어지고 있으나 전통적인 소비자행동 연구에서 태도에 대한 연구는 인지적 학습을 중심으로 한다.

1) 다속성 태도모델(multiattribute attitude models)

다속성 태도모델은 보상적 결정방식을 적용하는 가장 대표적인 대안평가방식으로서, 인지적 학습이론(cognitive learning theory)에 의하면 소비자는 제품의 속성에 대한 신념에 의해 태도를 개발한다고 보는데, 이러한 소비자의 속성신념과 태도형성간의 관계를 설명하기 위해 개발된 대표적인 모델이 다속성 태도모델이다.

다속성 태도모델에 의하면 특정 대상에 대한 소비자의 태도는 대상물의 속성에 대한 그의 신념과 각 속성의 중요도에 의해 결정된다. 특히 대상물이 지니고 있는 여러 속성들이 포괄적으로 평가된 결과로서 소비자의 태도는 형성된다.

(1) Fishbein의 다속성 모델

'대상'에 대한 태도모델

대상에 대한 태도모델(attitude toward the object)은 특히 제품이나 상표에 대한 태도를 측정하기에 적합한 모델로서 다음과 같은 식으로 표현된다.

$$A_0 = \sum_{i=1}^{n} B_i a_i$$

A_0 =특정 대상에 대한 태도
B_i =특정 대상의 i번째 속성에 대한 신념
a_i =i번째 속성의 지각적 중요도
n = 평가기준에 포함된 속성의 수

이 모델에 의하면 소비자의 태도란 한 제품이나 특정의 상표가 지니고 있는 특정 속성과 속성에 대한 신념의 함수이다. 즉 적절한 수준의 긍정적 속성들을 지니고 있다고 평가되는 상표에 대해서는 일반적으로 호의적인 태도를 갖고 그러지 못하다고 느끼거나 부정적인 속성이 많은 경우에는 비우호적인 태도를 지니게 된다는 것이다.

이상에서 알 수 있듯이 Fishbein 모델은 두 가지 변수 즉 독립변수인 '신념'과 종속변수인 '태도'를 포함한다. 신념이란 소비자가 특정대상(상표, 제품 등)이 어떤 속성을 지니고 있으며, 그 속성들의 가치는 어느 정도인가에 대해 지각하고 있는 정도를 나타낸다.

대상물의 속성의 보유 정도와 속성의 중요도에 대한 소비자의 신념의 강도는 백분율로 표시하기도 하고 다음의 도표에서 예시된 것처럼 평점척도로 표시할 수도 있다.

본 모델을 이용하여 마케팅담당자들은 중요한 제품속성에 관하여 자신의 상표와 경쟁상표를 소비자들이 어떻게 평가하는가 하는 것을 파악하여 자사상표의 강점과 약점을 분석할 수 있다는 특징이 있다. 이렇게 강점과 약점분석을 통하여 특정 상표를 평가하는데 각 속성에 다속성 모델을 적용할 수 있다.

〈표 8-1〉 Fishbein 대상에 대한 태도 모델의 예시

속 성	a_i $((i=1, 2,\cdots n)$	$B_i\,(i=1, 2,\cdots n)$		
		상표 A	상표 B	상표 C
실용성/내구성	5	4	3	2
디자인	3	2	2	2
가격	2	4	4	5
$A_0=\sum_{i=1}^{n} B_i\,a_i$				

※B_i:특정상표가 속성 i를 어느 정도 보유하고 있는가에 대한 신념의 강도

(예) 상표 A는 "실용성" 면에서 우수하다고 생각하십니까?

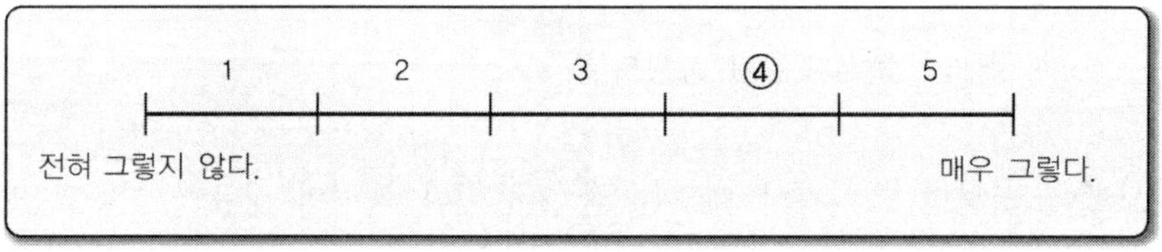

※ a_i:속성 i의 가치(또는 중요도)에 대한 평가

(예) 가구제품의 경우 "실용성"은 얼마나 중요하다고 생각하십니까?

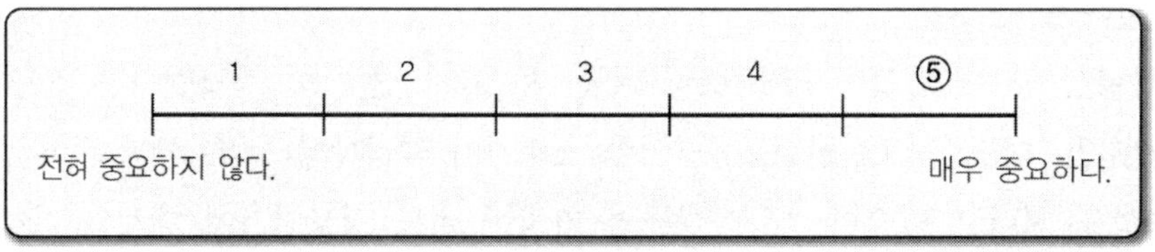

전략적 시사점

이 태도모델은 마케팅담당자에게 의미있는 지식과 정보를 제공함으로써 마케팅 전략개발에 기여하는 바가 적지 않다. 상표에 대한 소비자들의 호의적인 태도를 개발 또는 변경시키기 위한 마케팅에 대한 전략적 시사점 제시하고 있기 때문이다. 즉 상표의 대표적인 속성에 대한 소비자들의 신념 또는 각 속성의 중요

도에 대한 신념을 변경하는 마케팅 활동은 모두 소비자들의 태도를 변경시킬 수 있는 유용한 전략임을 시사한다.

문제점

소비자가 대안을 평가하는 궁극적인 목적이 구매할 최종대안을 선정하는데 있다면, 평가결과로 개발되어진 소비자의 태도는 그의 구매행동을 예측하는 하나의 지표가 될 수 있어야 함에도 불구하고 소비자의 구매행동을 예측하는 데에는 크게 기여하지 못하고 있다.

또한 '대안에 대한 태도'와 '대안의 구매에 대한 태도'의 차이점을 간과한 문제가 있다. '전통공예가구 자체'에 대한 태도와 '그 가구를 구매' 하는데 대한 태도는 다를 수 있는 것은 태도와 행동 간의 일관성에 영향을 미치는 요인이 많기 때문이다.

Fishbein-Ajzen은 이러한 문제점을 수정・보완하여 '행동'에 대한 태도모델을 제안하였다.

(2) Fishbein-Ajzen의 「행동」에 대한 태도모델

Fishbein의 초기모델과는 달리 이 모델은 특정 대상과 관련해서 수행될 어떤 '행동에 대한 태도(attitude toward the act)에 관한 것이다. Fishbein-Ajzen은 기존의 다속성모델을 확장하고 '이성적 행동모델(theroy of reasoned action) 또는 피쉬바인 확장모델(Fishbein's extended model)이라고 부르는 모델을 제시하였다.

행동을 예측하기 위해서는 '특정대상에 대한 태도'보다는 '특정대상과 관련된 행동에 대한 태도'를 측정하는 것이 보다 적절하다고 하여 다음과 같은 행동에 대한 태도모델을 제시하였다. Fishbein은 소비자들의 행동을 결정하는 직접적인 요인을 행동을 취하고자 하는 의도로 보고 있다. Fishbein-Ajzen은 소비자들이 주어진 상황에서 있을 수 있는 여러 가지 행동의 결과들을 의식적으로 검토하고 가장 좋은 결과를 선택한다고 하여 그들의 이론을 이성적 행동이론이라고 하였다.

$$A_B = \sum_{i=1}^{n} b_i e_i$$

A_B : 행동 B에 대한 태도

b_i : 행동 B의 수행이 결과 i를 유발시킬 가능성에 대한 신념

e_i : 결과 i에 대한 평가

n : 중요한 결과(평가기준)의 수

이 모델에서 A_B는 특정행동을 수행하는 태도를 표시한 것으로서 대상물 자체에 대한 태도와는 개념상 큰 차이가 있다. 대상물이 여러 속성 면에서 전혀 하자가 없다면 그 대상물에 대한 태도는 당연히 긍정적으로 형성되지만, 그 대상물과 관련해서 어떤 행동을 수행하는데 대한 태도도 당연히 긍정적일 것이라는 보장은 없기 때문이다.

'가격'이 중요한 속성이라고 하더라도 소비자에 따라서 고가품을 선호하는 소비자도 있고 저렴한 가격을 좋아하는 소비자도 있을 것이다. 이 모델의 e_i에서는 그에게 가격이 높아야 좋은지 낮아야 좋은지 표시한다고 볼 수 있다. 어떤 소비자가 상표대안에 대하여 다음과 같이 평가하고 있다

[b_i 측정] A상표의 가구를 구매하면 가격지불의 부담이 적을 것이다.

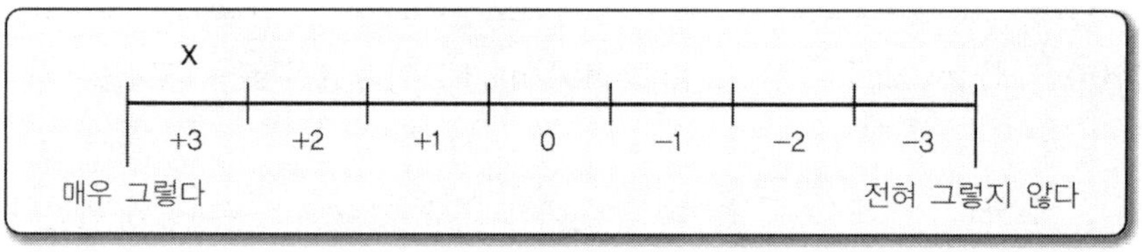

[e_i 측정] 가격이 싼 가구를 구매하는 것은 나에게:

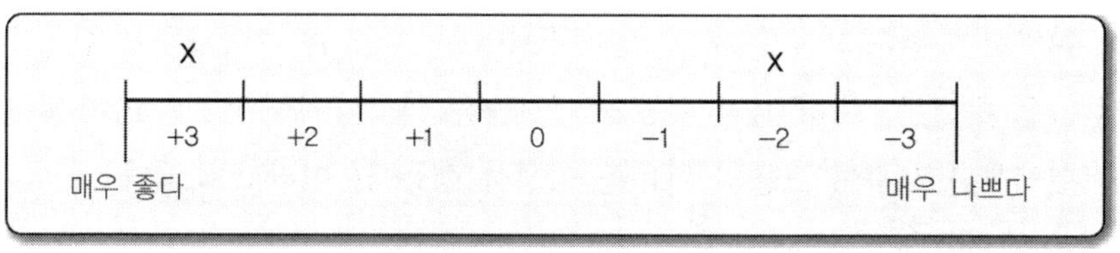

이 소비자는 가격을 매우 중요한 속성으로 보고 있으나, 고가품을 선호하고 있

음을 알 수 있다. 싼 제품에 대한 편견 때문에 위의 예시에서와 같이 평가하게 되고, 그 결과 이 소비자는 상표 A의 구매에 대하여 $b_i e_i$ =(+3)(-2)=-6이므로 부정적태도를 가지게 된다. 그러나 만일 경제적인 절약을 중요하게 여기는 소비자라면 e_i의 평가에서 '매우 좋다(+3)'에 평가하게 될 것이므로 결과는 전혀 달라질 것이다.

2) 저관여 태도 이론

저관여 제품을 대상으로 하거나 저관여 상황에서 구매결정을 하는 소비자들은 고관여 정보처리를 하지 않기 때문에 인지적 학습과정을 통하여 소비자의 태도가 형성된다고 보기는 어렵다. 저관여 상황에서 소비자들은 특정 대상에 대해 확고한 신념없이도 친숙도 여하에 따라 그 대상에 대해 어떤 태도를 갖는 경우가 많다.

〈그림 8-3〉 정보처리의 효과 계층

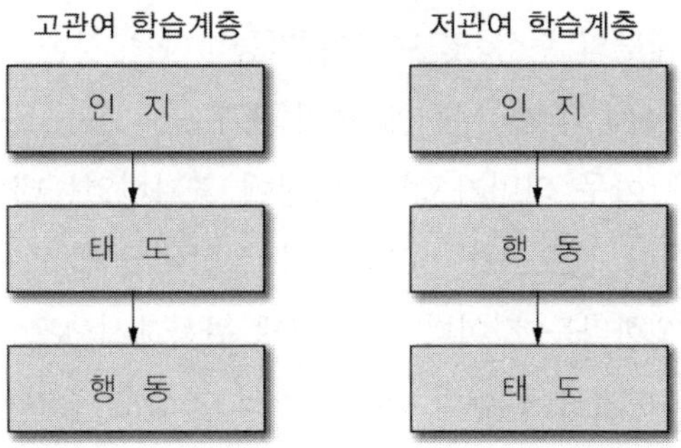

Krugman의 저관여(수동적) 학습이론(passive learning theory)

Krugman에 의하면 TV는 저관여 매체이며, TV광고제품은 대부분 저관여 제품이고, 소비자는 저관여 상황에서 TV광고에 노출되므로 광고내용에 대한 집중도가 낮다고 하였다. 그러나 동일한 광고에 반복적으로 노출되면 광고내용은 정확하게 기억하지 못하지만 상표명 정도는 상기할 수 있는 저관여 학습효과가 나타나서 그 상표나 제품에 대하여 호감이나 친숙함을 갖게 되고 그로 인해 광고에 노출된 적이 있는 제품 또는 상표를 구매하게 된다는 것이다. 그리고 제품이나 상표에 대한 태도는 구매 후 실제 사용경험을 통해서 비로소 형성된다는 것이다.

Krugman의 저관여 학습이론에 의한 태도형성과정

저관여 소비자의 경우 제품이나 상표의 속성에 대한 명확한 인지적 활동 없이 상표명 같은 단순한 정보의 인지를 통해 구매 행동 유발될 수 있으며, 행동을 수행한 후에 비로소 태도가 형성된다고 본다. 그러나 이러한 저관여 학습효과를 얻기 위해서는 최소한 3번 이상 광고에 노출되어야 한다.

Zajonc의 단순노출이론

R. B. Zajonc은 개인이 어떤 대상에 반복해서 노출되면 인지적 반응 없이도 그 대상에 대해 호의적인 태도를 형성하게 된다고 하였다. 즉, 개인이 어떤 자극에 반복적으로 노출되었을 때, 그 자극이 개인의 인지구조에 전혀 영향을 주지 않은 경우에도 편안함이나 친근감 같은 감정적 반응에 영향을 주어 그 대상에 대해 호의적인 태도를 갖게 된다는 단순노출이론을 제안하였다. 인지적 반응과 상관없이 감정적 반응만으로도 태도의 형성 및 변화가 가능하다는 것을 시사한다.

Zajonc은 미국대학신문의 한 구석에 한자(漢字)를 싣는 실험을 했는데 한자가 대부분의 학생들에게 아무 의미가 없는 상징에 불과하였는데도 그 것을 자주 보게 되니까 그것에 대한 선호도가 생겼다. 이 실험에서 알 수 있듯이 노출효과가 개인의 지각에서 발생한다는 것이다. 사람에게 반복해서 보여주면 시각적이든 사회관계를 통해서든 그 자극에 대한 피실험자의 관심도 증가한다. 이러한 노출효과는 광고의 기본적인 토대가 되었다.

Krugman이론과 Zajonc이론의 비교

Krugman이론에서는 특정 대상에 반복적으로 노출이 되면 상표명 또는 정보가 수동적이긴 해도 인지구조를 통과하면서 약간의 인지적 반응을 일으키고, 이에 의해 행동이 유발되고 행동을 수행한 후에 태도가 형성된다고 하였다. 그러나 Zajonc의 단순노출이론에서는 반복적인 노출이 직접 감정적 반응에 영향을 주어서 이로 인해 인지에 근거하지 않아도 태도가 형성되는 것으로 보기 때문에 두 이론 간에는 태도형성과정 상에 차이가 있음을 알 수 있다.

〈그림 8-4〉 Krugman이론과 Zajonc이론의 비교

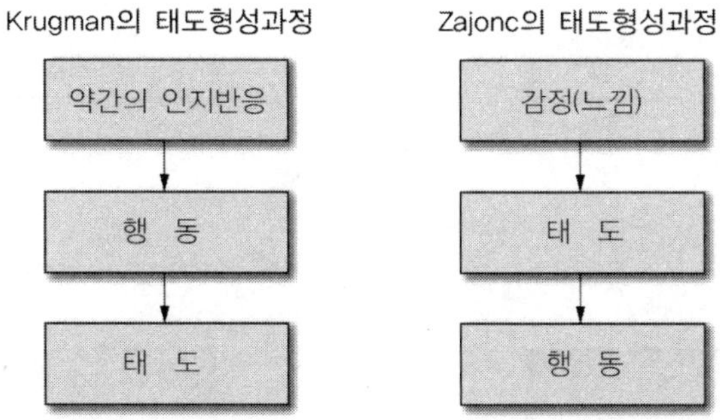

3) 정교화 가능성모델(ELM :Elaboration Likelihood Model)

정교화 가능성모델은 설득과정과 관련하여 어떤 경우에 어떤 커뮤니케이션 요소가 주도적 역할을 담당하는지에 대한 포괄적인 이론을 제시한다. 정교화 가능성모델은 R. E. Petty와 J. T. Cacioppo에 의해 제안되었는데 이 모델에 의하면 소비자의 정보처리 동기(Motivation)와 능력(Ability)여하에 따라 소비자의 태도는 두 가지의 상이한 경로를 통해 형성 또는 변화한다. 하나는 중심경로(Central route)이고 다른 하나는 주변경로(Peripheral route)이다. 중심경로란 핵심적인 메시지 중심의 정보처리를 통해 태도가 형성되는 경로이며, 주변경로란 메시지의 주장내용과는 상관없이 메시지 전달자(광고모델, 판매원 등)의 인상이라든가 광고 배경음악 등과 같은 주변요소의 영향을 받아 태도가 형성 또는 변화되는 경로이다.

〈그림 8-5〉 정교화가능성 모델의 요약

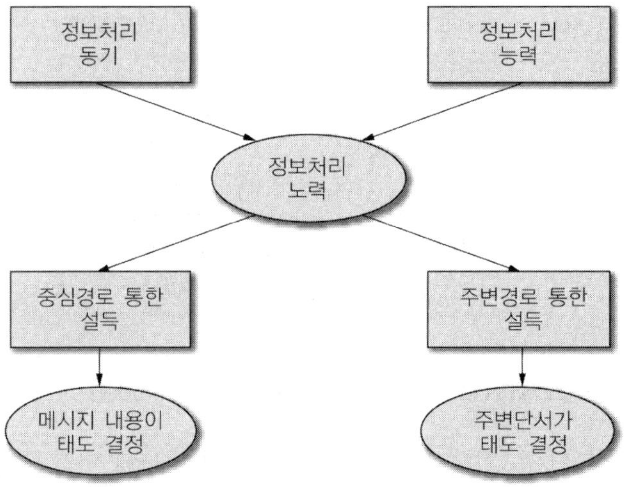

정교화 가능성 모델은 많은 연구자들에 의해 그 타당성이 검증되었다. Petty, Cacioppo와 Schumann의 연구결과를 보면 소비자의 관여도, 광고메시지의 강도, 그리고 메시지 전달자의 명성에 따라 제품에 대한 소비자의 태도 형성경로에 차이가 있음이 확인되었다. 그림에서와 같이 메시지가 시사하는 논점의 강도는 고관여 소비자의 태도형성에 더 많은 영향을 주는 것으로 밝혀졌다. 정교화가능성 모델에서는 인지적 정교화를 커뮤니케이션의 논점과 관련된 사고로 정의하고, 정교화가 가능성이 높을 때, 즉 논점과 관련된 사고가 많을 때에 중심경로를 밟게 되고, 정교화 가능성이 낮을 때에는 주변경로가 오디언스의 반응을 결정한다고 한다. Petty 등이 제안한 ELM은 소비자가 저관여 매체인 TV광고에 노출된 경우 주변단서의 영향에 의해 태도가 형성된다고 함으로써 TV광고에 노출되더라도 행동 이전에는 태도형성이 되지 않는다고 한 Krugman의 이론과는 차이가 있다.

8.2 구매의도

1. 태도와 행동의 관계

태도와 행동 간의 관계에 대한 초기의 연구는 La Piere(1934)에 의해 이루어졌다. 라피에르는 태도가 행동의 예측에 어떤 관련이 있는가를 연구하기 위해 사람들의 중국인에 대한 태도가 행동에 미치는 영향을 조사하였다.

Cory(1937)는 학생들의 시험 중 부정행위에 대한 태도와 부정행위 간의 관계를 조사하고, 이때의 태도와 행동간에는 전혀 상관관계가 없다는 결론을 도출하였다. Wicker(1969)는 그동안의 태도-행동간의 관계에 대한 문헌을 종합하여 "전반적으로 보아 태도가 행동과 상관이 있기보다는 무관하거나, 있다고 해도 아주 조근 관련이 있으며, 태도를 행동의 예측치로 사용하지 않는 것이 바람직하다"고 결론지었다. Juster(1964)는 810가구를 대상으로 자동차 구매의도를 조사하였는데, 자동차를 구매할 의도가 없다고 응답한 사람들의 11%가 의도와는 달리 자동차를 구매한 것으로 나타났다. Longman(1968)의 연구에서도 1년 내에 자동차를 구매할 의도가 없다고 응답한 사람들의 17%가 구매했으며, 구매할 의도가 있다고 한 응답자의 60%만 실제 구매한 것으로 나타났다. 기존의 실증연구결과에 의하면 "태도는 구매행동에 영향을 주는 중요한 변수의 하나임에는 틀림이 없지만, 구매행동의 유일한 결정변수는 아니다"

〈태도와 행동 사이의 일관성을 저해하는 요인〉

태도와 행동 간의 일관성 저해요인 문제는 많은 연구자들과 실무자들이 높은 관심을 보이고 있다. '태도-행동 일관성'에 영향을 미치는 요인들을 요약하면 다음과 같다.

(1) 태도의 강도

상표나 제품에 대한 소비자의 태도는 단순히 포장이나 광고 등을 보고 쉽게 개발되기도 하고, 구매하기 전에 다른 광고나 정보에 접하게 되면서 쉽게 변하게 된다. 이처럼 태도의 강도가 낮으면 상황의 영향을 받기가 쉬워 태도-행동 간의 일관성이 낮아진다.

(2) 경과된 시간

통상적으로 구매태도형성 시기와 실제 구매행동을 하는 사이에는 시간차가 발생한다. 이 기간 동안 많은 영향요인으로 인하여 결과적으로 태도변화가 발생하게 되고 행동도 변하게 된다. 한 조사에 의하면 조사대상 소비자의 75%가 6개월 이내에 상표 대안에 대한 태도를 변경하였고, 20%가 6개월 이내에 실제로 구매한 상표를 변경하였다고 한다. 따라서 태도형성시기와 실제 구매시기의 기간이 길수록 태도-행동 간의 일관성이 낮아진다.

(3) 개인적 요인

소비자 개인의 경제적·사회적 상황 변화가 태도와 행동에 대한 영향을 미친다. 경제적 여건이 호전된 경우에는 고가품에 대한 태도를 변화시키고 구매계획도 변하를 줄 가능성이 있다. 가족이나 준거집단성원에 대한 개인의 순응 의지 정도에 따라 태도와 행동간의 일관성에 영향을 받을 수 있다. 구매장소에 동반한 친구의 권유나 판매원의 추천에 의해서 자신의 의도와 다른 구매를 할 수도 있다. 상황변화에 예민한 소비자의 성격도 태도와 행동 간의 일관성을 저해하는 요인이 된다. 판매원의 설득에 쉽게 당하거나 판매장소의 분위기 등에 의해 자신의 태도와 일관된 구매행동을 수행하기가 어려워진다.

(4) 상황적 요인

의도대로 구매할 수 없는 상황이 발생할 수도 있다. 구매하려고 생각했던 품목이 품절일 경우, 또 큰 금전적 손실로 인하여 소비자의 힘으로 어쩔 수 없는 불가항력적인 일이 발생한 경우 등으로 현재 의도대로 행동하는 것을 포기할 수도 있다. 또한 매장내의 상황적 요인으로는 경품판매, 가격할인, 신상표의 출현 등

요인이 발생 하였을 경우에도 소비자는 자신의 태도와 상이한 구매행동을 하게 된다.

<사례 8-2> 국내 창호 업계의 마케팅 전쟁이 뜨겁다.

국내 창호 업계의 마케팅 전쟁이 뜨겁다. 25일 관련 업계에 따르면 KCC와 LG화학 지인(Z : IN)은 각각 '시스템'과 '아름다움'이라는 화두를 앞세워 치열한 광고전을 펼치고 있다.

KCC는 유리, 창틀, 건축물의 이음매를 메우는 재료인 실란트를 강조하는 '3Top System'를 광고의 주요 메시지로 정했다. 기술력을 부각하는 기존의 방향을 더욱 강화시킨 것이다. KCC는 '창은 인테리어가 아니다. 시스템이다'라는 메인 광고 카피와 함께 '창의 진실을 말한다'는 핵심 슬로건을 내걸었다. 또 KCC는 창을 창틀로 믿고 있는 소비자들에게 창은 유리와 실란트 등이 시스템적으로 어우러져 있는 과학적인 제품이라는 것을 강조한다. 이는 창호, 유리, 실란트 등 세 가지 제품을 모두 만드는 국내 유일의 회사라는 사실을 전달하려는 전략이다.

반면 LG화학은 틀 모델 이영애를 기용한 '지인' 광고를 통해 자사 창호 제품의 강점을 부각하고 있다.

LG화학 지인(Z : IN)은 기존 광고의 큰 틀을 살리면서 모델 이영애보다 창호에 주목해야 한다는 메시지를 던지면서 창의 아름다움을 강조한다. 지인(Z : IN)의 이런 광고전략은 창틀 색을 바꾸거나 덧창을 달아 집안 분위기를 바꾸려는 소비자들이 많아진 것에 주목했기 때문이다. LG화학 관계자는 "보온과 단열, 방음, 환기, 보안까지 창이 갖춰야 할 기능은 이제 기본"이라며 "이제는 집안 분위기를 맞출 수 있는 디자인이 중요하다"고 강조했다.

결국 KCC는 광고를 통해 기술적 강점을 부각함으로써 차별화를 시도한 반면 지인(Z : IN)은 고급스럽고 세련된 인테리어 브랜드로 차별화하고 있다. 이들의 광고전쟁 최후 승자는 소비자들이 창호의 기능과 디자인 중 어느 부분에 손을 들어 주느냐에 따라 좌우된다.

출처 : 〈파이낸셜뉴스〉, 2008.5.25

시스템 | vs | 아름다움

KCC

LG화학

2. 구매의도 모델

전통적인 소비자행동 모델에서는 구매의도를 별개의 행동변수로 취급하지 않았으나 Fishbein-Ajzen이 행동의도 모델을 제안한 이래 구매의도는 새로운 의사결정변수로 부각되었다. Engel-Blackwell-Miniard의 소비자행동 모델에서도 구매의도를 중요한 의사결정변수로 포함시키고 있다.

구매의도란 최종선택대안에 대한 구매결심 상태로 실제로 구매할 가능성 여부를 나타낸다. 소비자가 특정상표에 대한 태도는 호의적이지만 구매할 의도가 없다면 실제로 구매할 가능성은 낮다. 소비자행동연구가들은 소비자들의 그들의 태도가 지향하는 대로 구매행동을 수행할 가능성은 높다고 하지 않으며, 구매의향이 있을 때에 실제 구매행동이 이루어질 가능성이 있다고 한다. 즉 구매의도가 태도와 행동을 매개하는 변수로서 구매행동에 대한 예측변수의 역할을 수행하는 것이다.

〈그림 8-6〉 「태도-의도-행동」의 관계

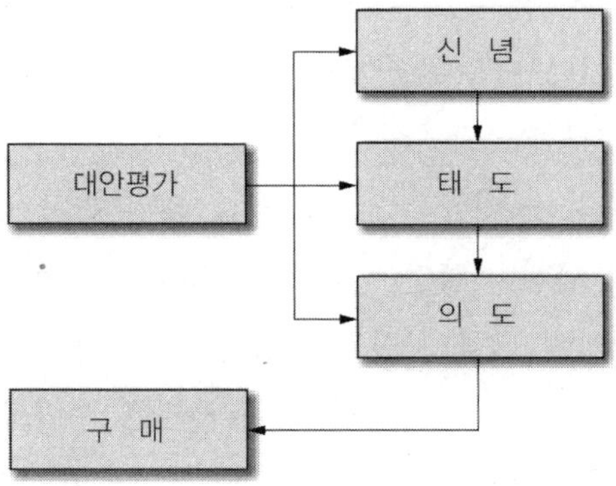

〈Fishbein- Ajzen의 행동의도 모델〉

$$B \sim BI = W_1(A_B) + W_2(SN)$$

$$A_B = \sum_{i=1}^{n} b_i e_i$$

$$SN = \sum_{j=1}^{N} NB_j MC_j$$

B : 구매행동 (behavior)
BI : 구매의도(behavioral intention to purchase)
A_B : 행동 B에 대한 태도(attitude toward behavior)
b_i : 행동 B의 수행이 결과 I를 초래할 것인가에 대한 신념
e_i : 결과 i에 대한 평가
n : 중요한 행동결과(평가수준)의 수
SN : 주관적 규범 (subjective norm)
NB_j: 규범적 신념(normative belief)(자신이 B행동을 수행하는 것에 대해 준거인 j가 어떻게 생각할 것인가에 대한 자신의 지각)
MC_j : 순응동기(motivation to comply with referent j)(준거인 j의 지각되는 의견에 순응하려는 의향)
j: 준거인
N : 준거인의 수
W_1, W_2: 행동의도에 대한 A_B와 SN 요소의 상대적 영향력의 가중치

특별한 상황적 요인이 개입하지 않는 한, 개인의 행동(B)는 행동수행에 대한 그의 의도(BI)와 거의 일치($B \sim BI$)한다. 즉 사람들은 의도한 대로 행동할 가능성이 매우 높다. 이 모델은 소비자의 구매의도를 알아낸다면 그의 구매행동을 예측할 수 있음을 시사한다.

구매의도는 구매행동에 대한 그의 태도(A_B)와 주관적 규범(SN)의 함수로 본다. 주관적 규범이란 자신이 특정 상표를 구매한다면 이에 대하여 다른 사람들이 어떻게 생각할 것인가에 대한 자신의 지각이다. 즉 특정상표에 대한 구매의도는 그 상표를 구매하는 자신의 태도뿐만 아니라 다른 사람의 기대에 대한 자신의 지각에 의해서도 영향을 받는다는 것이다. 다만 구매의도에 영향을 미치는 태도변수(A_B)와 규범변수(SN)의 상대적 영향력의 정도는 개인이나 제품과 상황에 따라 다르다고 보고 있다. 그 상대적 비중은 회귀분석을 통하여 측정될 수 있는데 그 가중치를 W_1, W_2로 표시하고 있다. 가령 어떠한 제품을 구매하는데 있어서 다른 사람들의 생각에는 관계치 않고 자신의 구매의도를 형성하였다면 이 소비자는 자신의 태도요소에 의해 결정한 것이고 따라서 $W_1 = 1$, $W_2 = 0$이 되며, 결국 구매의도대로 구매행동을 할 확률이 높은 것이다.

이 모델에서 구매의도는 주관적인 확률(subjective probability to perform)로 표시된다. 이 모델에서의 태도요소(A_B)는 특정 대상물에 대한 태도를 변수로 보지 않고 행동수행에 대한 태도를 변수로 보고 있다. 주관적 규범(SN)은 개인의 행동에 영향을 주는 어떤 규범에 대한 주관적인 판단이다. 주관적 규범은 규범적 신념(NB_j)과 순응동기(MC_j)에 의해 결정된다. 규범적 신념이란 자신에게 중요한 준거인(j)이 자신이 특정행동을 수행해야 한다고 생각할 것인가 수행해서는 안 된다고 생각할 것인가에 대한 자신의 신념을 나타낸다. 즉 주변인들의 기대에 대한 자신의 지각이다. 순응동기(MC_j)란 이들 준거인들의 기대에 순응하고 싶은 의향의 정도를 나타낸다. 아무리 중요한 사람이라도 순응하고 싶은 의사가 없으면 그 준거인에 대한 순응동기 MC_j=0이 될 것이다. 만일 준거인이 3명이라면 세 사람에 대하여 각각 주관적 규범치가 계산된 다음 이들을 합산한 값이 총 규범치($\sum NB_j MC_j$)가 된다.

〈그림 8-7〉 행동의도모델의 구성요소

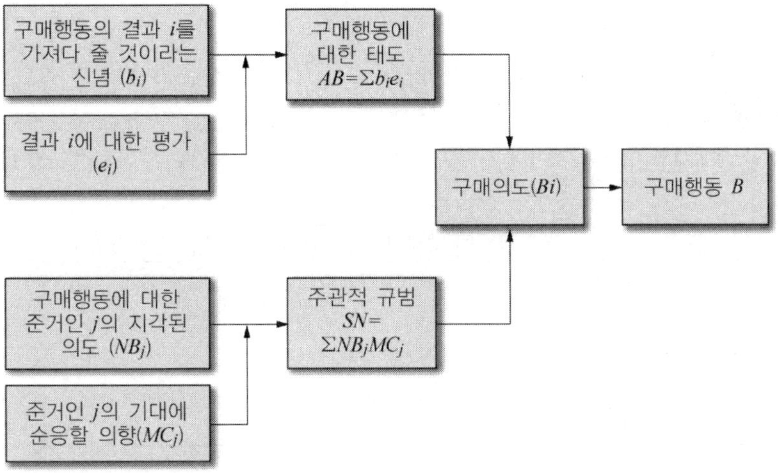

〈그림 8-8〉 행동의도 모델 변수의 측정 예시

〈**태도요소** : $A_B = \Sigma b_i e_i = 13$〉

b_i **측정** A상표 가구를 구매하면 가격의 부담이 많을 것이다.

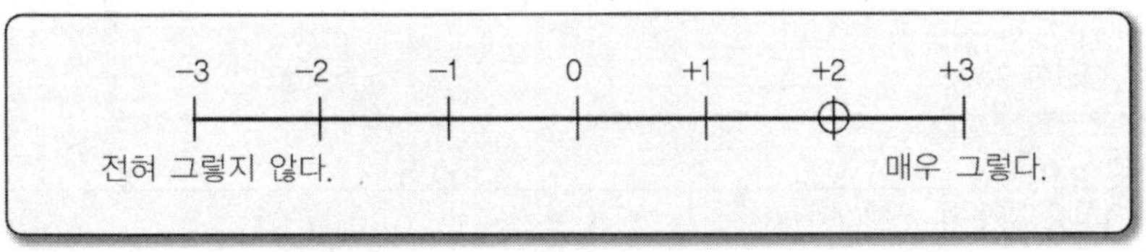

e_i **측정** 비싼 가격의 가구를 구매하는 것은 나에게

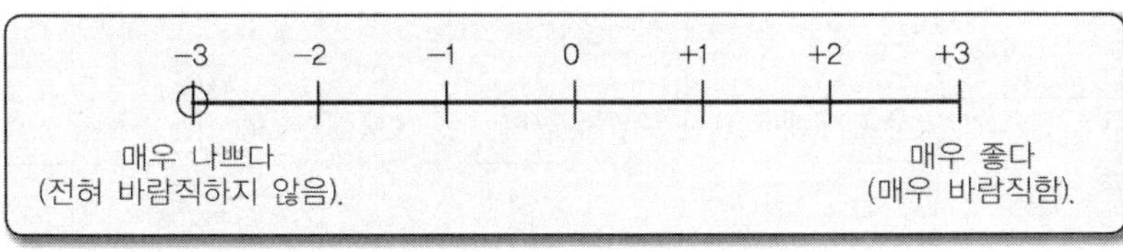

A상표 가구의 구매결과 i	신념 b_i	평가 e_i	$b_i - e_i$
· 가격부담이 클 것이다. · 오랜기간 사용할 수 있을 것이다. · 디자인에 만족할 것이다. · 집안 분위기와 어울릴 것이다. ⋮	+2 +3 +3 +2	-3 +2 +3 +2	-6 +6 +9 +4
A상표 가구구매에 대한 태도	$A_B = \Sigma b_i e_i = 13$		

〈규범요소 : $SN = \Sigma \, NB_j MC_j$〉

NB_j 측정 나의 남편은 A상표 가구를 구매하는 것을

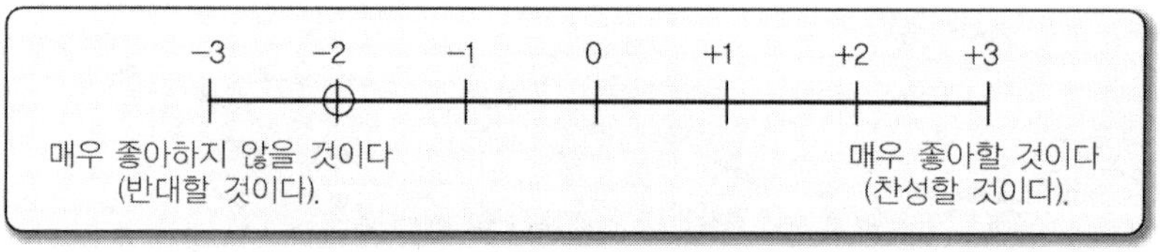

MC_j 측정 나는 남편의 의사를

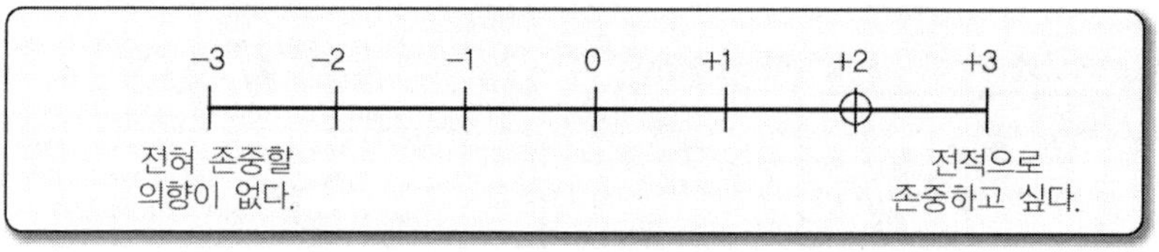

A상표 가구의 구매결과 준거인 i	신념 NB_j	평가 MC_j	$NB_j \cdot MC_j$
남편 자녀 ⋮	-2 +3	+2 +1	-4 +3
A상표 구매에 대한 주관적 규범	$SN = \Sigma NB_j \cdot MC_j = -1$		

몇 가지의 문제점이 지적된 가운데에서도 대부분의 소비자행동 연구가들은 '규범요소는 분명히 행동의도에 영향을 미치는 중요한 요인이며, 행도의도 모델은 태도모델에 비해 행동의 예측능력이 높다'는 점을 인정하고 있다. 특히 규범요소

는 마케팅담당자에게 유용한 정보를 시사하기 때문에 이 모델의 유용성은 크다.

<사례 8-3> 작은 게 잘 나가네

양도 값도 확 줄인 '미니식품'
여성 · 학생 · 싱글족 등에 인기

이마트가 지난해 10월 내놓은 '반반한 라면'(4개들이 1,480원)은 월 10만개 이상 팔리는 효자상품이다. 무게는 일반 라면(120g)의 3분의 2 수준인 81g이다.

롯데마트는 지난 1월말 신라면의 용량을 30%가량 줄인 '신라면 미니'(김치맛 84g)를 출시, 지난달에만 5만 여개를 팔았다.

이처럼 기존제품보다 양이 30~60%가량 적은 '미니제품'들이 인기를 끌고 있다. 칼로리에 예민한 여성이나 싱글족, 밤참을 찾는 학생들을 겨냥한 게 주효한 것. 웰빙바람에다 최근 생필품 가격이 급등하면서 가격도 저렴한 미니 상품의 붐이 더욱 확산될 전망이다.

소용량으로 포장한 두부, 만두 등도 눈길을 끈다. 이마트는 2인 가족이나 싱글족이 대개 두부 한모를 두 끼에 나눠 먹는다는 점에 착안, '투 컷 두부'를 개발했다. 두부(320g)를 160g씩 2개로 별도 포장, 신선도 저하를 막은 덕에 올 1,2월 매출이 지난해 같은 기간보다 14% 신장했다. 롯데마트의 와이즐렉 김치 찐만두와 부추 찐만두(6개들이 180g 1,300원), CJ햇반 '작은 두 공기', 소주 '처음처럼 미니어처' 등 기존제품보다 적은 용량으로 출시하여 좋은 반응을 얻고 있다.

일부 유통업체는 소용량 제품 매출이 늘어나자 아예 소용량 · 소포장 상품만 별도로 모은 코너를 운영하여 미니상품을 판매하고 있다.

출처 : 〈한국경제〉, 2008.3.24. 발췌정리.

8.3 태도변경과 마케팅전략

1. 태도변경

일반적으로 태도는 장기간에 걸쳐 다양한 요인들에 의해 형성되며, 일단 형성된 태도는 비교적 안정적 균형 상태를 이루고 있는 것으로 알려져 있다. 태도의 인지적요소와 감정적 요소가 균형을 이루면 행동의 일관성을 유지하려는 경향이 나타나고, 일관성에 저촉되는 정보나 자극에 대하여 저항하는 성질을 지닌다. 그러나 태도변화도 학습되며 개인적 경험이나 다른 정보원천에 의하여 영향을 받고, 개성에 따라 태도를 수정하는 수용성과 속도에 차이가 있다. 태도가 일관성을 유지하지 못할 만큼 강한 외적 자극이 주어지면 태도의 안정성을 깨지고 소비자는 기존의 태도를 재조직하게 된다. 소비자의 태도를 변경시키려는 일은 마케팅담당자에게는 핵심적으로 고려해야하는 전략사항이다.

2. 태도변경전략

소비자의 부정적인 상표이미지나 비호의적인 태도를 변경시키기 위한 전략으로는 다속성 태도 모델에 근거한 전략으로서 제품의 재 포지셔닝을 통한 상표이미지 변경, 제품속성의 중요도에 대한 소비자지각의 변경, 사회적 관습 또는 활동에 대한 소비자가치 변경을 시도하는 방안 등이 있고, 정교화 가능성 모델에 근거한 태도변경전략, 그리고 저관여 소비자의 태도변경을 위한 커뮤니케이션전략 등이 있다.

1) 다속성 태도 모델에 근거한 전략

(1) 제품의 재포지셔닝을 통한 상표이미지 변경

다속성모델, 특히 Fishbein의 확장모델의 기본구조는 상표신념과 소비자 욕구는 상표의전반적 평가에 영향을 미치며, 나아가 행위의도에 영향을 미쳐 최종적으로 행위로 나타난다는 가정에 입각하고 있다. 제품의 재포지셔닝을 통해 소비자의 상표이미지와 태도를 변경시킬 수 있다. 제품의 재포지셔닝은 상표의 대표적 속성을 변경시키거나 새로운 속성이나 혜택을 부가함으로써 가능하다. 자사제품의 특성을 바꾸게 되면 소비자의 상표신념에 변화를 줄 수 있다. 대표적 특성의 변화는 첫째, 실제로 품질개선을 통해 소비자가 가장 중요하게 여기는 속성에서 자사제품도 강점을 갖도록 하는 방법이다. 둘째, 자사상표의 대표적 특성을 자사 상표에 전혀 새로운 특성을 부여하는 방법이다. 약간의 품질개선을 통한 고가격의 최고품 상표로 포지셔닝하는 방법이다. 셋째, 상표의 특성을 변경시키는 대신 자사상표의 대표적 속성에 대한 소비자의 신념을 변경시키는 방법이다. 또한 기존의 제품에 새로운 속성을 부가하여 이를 부각시킴으로써 자사상표에 대한 소비자의 이미지를 개선할 수 있다. 제품에 물리적 변화를 주는 새로운 특징의 부가뿐만 아니라 새로운 혜택이나 용도의 개발에 의해서도 제품의 재포지셔닝은 가능하며 그 결과 소비자의 상표신념의 변경을 유도할 수 있다.

(2) 제품속성의 중요도에 대한 소비자지각의 변경

상표속성의 상대적 중요도에 대한 소비자의 지각을 변경시키는 것도 상표이미지 변경을 위한 좋은 방법이 될 수 있다. 소비자가 가장 중요하게 여기는 결정적 속성을 현재의 것에서 다른 것으로 변경시키는 방법이다. 특히 자사상표가 갖고 있는 속성으로 변경시킨다면 자사상표의 이미지를 어렵지 않게 변경시킬 수 있다. 이 전략을 이용하려면 먼저 경쟁상표에 비해 강점을 갖고 있는 속성을 선택한 후, 소비자에게 이 속성이 제품선택에 있어서 제일 중요하다는 사실을 인식시켜야 한다. 일반적으로 가격, 안전, 건강보호 등에 강점을 갖고 있을 대 효과적인 전략이 될 수 있다.

(3) 사회적 관습 또는 활동에 대한 소비자가치 변경 시도

사회적 관습이나 활동에 대한 가치에 영향을 끼쳐 제품이나 상표에 대한 소비자의 태도에 변화를 주려는 전략이다. 소비자들은 기존의 가치기준에 혼란을 야기 시키는 제품이나 상표에 대하여 부정적인 태도를 보이고 쉽게 수용하지 않는 경향이 있다. 이런 경우 마케팅담당자는 우선 소비자의 가치기준의 변화를 모색해야 한다.

이상의 방법 이외에도 자사상표가 약점을 갖고 있는 속성의 중요도에 대한 소비자지각의 변경을 시도하는 전략, 경쟁사의 약점을 찾아내어 이를 부각시키는 방안 등 여러 가지가 있을 수 있다.

2) 정교화가능성 모델에 근거한 태도 변경 전략

정교화 가능성 모델에 의하면 고관여 소비자는 중심경로를 통해 정보를 처리하고 태도를 형성하기 때문에 고관여 소비자의 태도변경을 목적으로 할 경우, 우선적으로 제품의 특징을 부각시키는 설득적 커뮤니케이션을 해야 한다. 특히 전파매체보다는 인쇄매체를 이용하여 메시지를 자세하고 명확하게 전달하는 것이 효과적이다. 저관여 소비자로 하여금 자사제품에 대하여 호의적인 태도를 갖게 하려면 메시지 내용보다는 커뮤니케이션의 주변요소에 호기심이나 호감을 갖도록 하는 것이 중요하다. 호의적인 정서반응을 유발시킬 수 있는 메시지 전달방법을 활용하는 것이 효과적이다.

3) 저관여 소비자의 태도변경을 위한 커뮤니케이션전략

저관여 소비자는 광고에 노출 되었을 때 광고메시지에는 별로 관심을 보이지 않기 때문에 다속성 태도모델에 근거한 태도변경 전략은 효과를 기대하기 어렵다.

그러나 Krugman의 저관여 학습이론에 의하면, 광고에 반복적 노출을 통해 소비자에게 약간의 인지적 반응을 일으키면 행동을 유발시킬 수 있고, 행동 후에 긍정적인 태도를 갖게 할 수 있다. 또한 Zajonc의 단순노출 이론에 의해서, 반복노출에 의한 친숙한 감정적 반응은 호의적인 태도를 갖게 한다. 따라서 저관여 소비자인 경우에는 광고의 노출빈도를 높이거나 호의적인 광고태도를 유발시키는 감성소구 광고를 함으로써 소비자가 광고제품을 상기할 수 있도록 하는 것이 효과적이다.

명성도 없고 저렴하지만
품질 좋고 실속 있는
제품으로 포지셔닝을
시도한 광고의 예

변경된 신념의
강화를 위한 재
포지셔닝 광고

냉장실과 냉동실의
위치를 변경한
삼성냉장고

<사례 8-4> 남성도 화장을 해야 한다?

남성 화장품도 성능 세분화 : 기능성미백주름 방지 등

남자 화장품도 이제는 선택을 해야 한다. 많은 제품이 나와 있어 자신의 피부에는 어떤 것을 사용하면 좋을지 따져보아야 한다. 흔히 남자의 피부는 여자와 다르다. 피지 분비는 많아도 수분의 양이 적다. 이 때문에 쉽게 당김 현상을 느끼고 건조하며 잦은 면도로 피부의 천연 보습막이 손상되어 메마르고 윤기 없는 피부가 되기 쉽다는 것이 전문가들의 지적이다. 특히 겨울철에는 남성 피부가 더욱 거칠어질 수 있다. 피부가 피지 때문에 번들거린다고 모두 지성 피부 타입은 아니다. 수분이 부족할 수도 있고 아예 건조한 건성 피부 타입일 수도 있다. 지성 피부 타입이라면 스킨과 로션, 에센스로 수분 공급과 피지 컨트롤에 신경 써야 한다. 건성 피부 타입이라면 스킨과 로션, 에센스로 보습뿐 아니라 영양 공급에도 관심을 가져볼 필요가 있다.

태평양의 신제품 미래파 리얼라이브 에센스는 미네랄 성분을 함유한 청정 해양 심층수와 산호, 라미나리아 등 해양성 식물 추출물을 이용한 남성 전용 에센스다. 하얗게 들뜬 각질을 잡아 주어 거친 남성 피부를 매끄럽게 가꿔 준다고 이회사는 설명했다.

헤라 포맨 화이트닝 플루이드는 미백 기능성화장품으로 자외선과 스트레스에 의해 탁하고 칙칙해진 남성 피부를 회복 시켜주는 스페셜 케어 제품. 부드럽게 발리며 오일감 없이 빠르게 흡수되는 플루이드 타입이다. 아이오페 옴므 화이트닝 플루이드는 푸석해지고 거칠어진 피부에 촉촉한 보습 효과를 주고 칙칙해진 피부를 하얗고 투명하게 가꾸어 주는 남성 전용 미백 기능성 제품이다.

LG 생활건강의 오휘 네오필 링클 에센스는 30대 이후 남성을 타깃으로 출시된 주름 개선 기능성 제품이다. 주름 개선에 도움을 주는 메디민 A 성분이 함유돼 피부를 젊고 탄력있게 가꾸어준다고 이 회사는 소개했다. 눈가나 입가등 굵은 주름이 생기기 쉬운 부위를 중심으로 얼굴에 발라 사용한다. 특히 이제품은 향 성분의 방출 속도를 조절하는 다공성 스폰지 제형의 캡슐을 제품에 적용해 9시간동안 향을 유지하게 한다는 것이다.

코리아나의 디벨로 EX 폼 워시는 천연 식물 팜유에서 얻은 지방산이 풍성하고 미세한 기포를 형성해 피부 노폐물과 노화 각질을 제거해 준다고 이 회사는 설명했다.

아마리스의 나이트 레스큐는 밤 사이 피부에 보습을 해주는 제품으로 저녁 세안 후 바르고 잠들면 된다. 발효 적포도 추출물, 비타민 C와 E등이 함유되어있어 피부 손상의 흔적을 줄이고 피부를 밤 사이에 재생시키는 데 효과가 있다는 것이다.

출처 : 〈중앙일보〉, 2004.1.6

사회적 행동이나 관습에 대한 가치에 영향을 끼쳐 소비자의 태도변경을 도모함

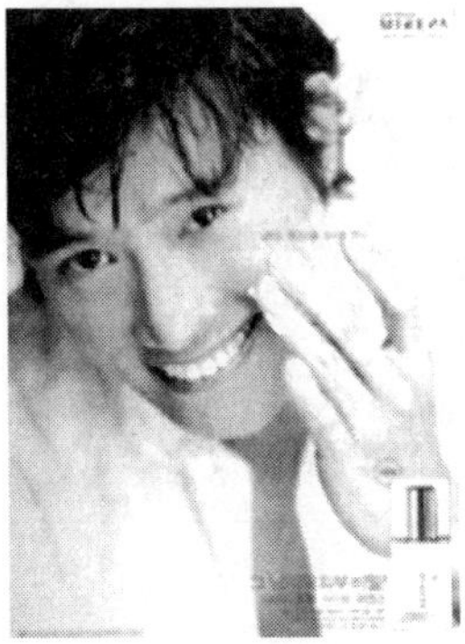

〈남성용 기능 화장품 광고〉

남성도 화장을 해야 한다?

남성 화장품도 성능 세분화: 기능성 · 미백 · 주름 방지 등

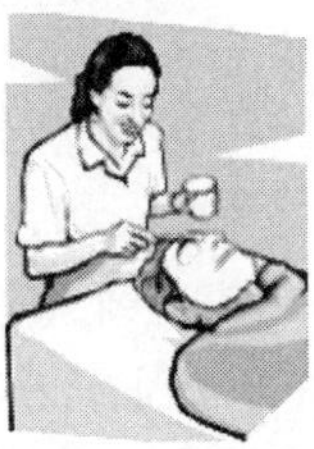

- 피지 분비는 많지만 수분의 양이 적음
- 쉽게 당김 현상 느끼고 건조
- 잦은 면도로 피부의 천연 보습막이 손상되어 메마르고 윤기 없는 피부가 되기 쉬움

상표속성의 상대적 중요도에 대한 소비자의 지각을 변경시키는 전략

〈데오니아 내의 광고〉

내의를 평가하는 중요기준을 내의의 착용감, 건강/피부 보호 등의 속성에서 땀냄새 제거로 변경시도

중심경로를 통한
태도형성 목적 광고
(정교화 가능성 모델에
근거한 전략)

주변경로를 통한 태도형성
목적 광고

<사례 8-5> 베이킹 소다의 변신

Arm &Hammer(A&H)는 소비자의 제품 사용행동을 유심히 관찰함으로써 단순한 제품에서 새로운 용도를 끊임없이 개발해 오고 있다. A&H는 빵을 구울 때 사용되는 베이킹 소다의 상표로서 시장을 독점하고 있었다. 그런데 사회가 부유해짐에 따라 고기와 같은 단백질을 더 많이 소비하게 되어 수요가 점차 감소하기 시작하였다. 매출하락을 지켜보던 A&H는 일부 소비자들이 베이킹 소다를 냉장고 탈취제로 사용하고 있는 것을 알고, 베이킹 소다의 기본특성을 이용하여 '천연'의 방취제로 판매하기로 하였다. A&H는 탈취제로서의 용도 확산에 성공하자 본격적으로 베이킹 소다의 특성을 검토하여, 새로운 용도 개발에 박차를 가한다. 미국 가정에서는 대개 카페트를 까는데 습기가 많은 여름에는 아무리 진공청소를 자주하여도 카페트가 꿉꿉한 느낌이 들게 마련인데 이에 A&H는 진공청소기 사용 전에 베이킹 소다로 뿌리도록 권하였다. 그리하여 무더운 여름에 상쾌한 기분을 가져다 주는 것이다. 판매의 활기를 되찾은 A&H는 이번에는 소다가 세척제로도 이용되고 있음을 발견한다. 오븐세척제, 냄비와 프라이팬을 위한 세척제 등 각 제품은 용도에 맞도록 적절히 수정하고, 포장은 기능에 맞게 변화시켰다. 먹어도 된다는 점과 연마성을 이용하여 치약도 만들었다. 대부분의 치약은 맛이 달아 어떤 때는 사래가 들기도 하나 이 치약은 달지 않고, 연마성을 느낄 수 있는데다 습기의 제거는 느낌이어서 이를 닦은 후 매우 상쾌한 기분이 든다. A&H는 F.R.E.S.H Ideas Council (Family-Rated-Every Solution for the Home)를 운영하면서 'Everyday

Miracle'이라는 표제 아래 끊임없이 소비자들에게 새로운 아이디어를 활용하고 있다.

출처 : 〈Oricom Brand Journal〉, 2003년 5월호

<사례 8-6> 매일유업 '매일우유 ESL 저지방&칼슘'

김연아도 마시는 깔끔한 저지방우유로 다이어트 하자

우유는 영양학적으로 볼 때 완전식품에 가까운 좋은 식품이지만 현대화, 기호화 경향을 보이고 있는 소비자들의 입맛에 타 음료에 비해 상대적으로 어필하지 못하여 수요정체 및 감소를 나타내는 대표적인 식품이라고 볼 수 있다.

최근의 사회적인 웰빙 분위기를 반영하여 소비자들의 저지방 우유에 대한 관심이 급속히 증가하고 있지만 저지방 우유 브랜드 간 차별화가 충분하지 않을 경우 소비자들은 특정 브랜드를 선호하기보다는 다수 브랜드 교체구매 행태를 보일 가능성이 높다.

◇증가하는 국내 저지방 우유시장 속 차별화

이러한 관점에서 볼 때 최근 매일유업에서 출시한 저지방&칼슘우유는 기존 저지방 우유와 상당한 차별화를 시도했다는 점에서 신선한 감을 준다하겠다.

저지방 우유란 일반 우유제품의 유지방 함량이 3.5%인데 비하여 유지방 함량을 1/2수준인 2% 이하로 줄인 우유를 말한다.

매일유업의 저지방 & 칼슘우유는 지방함량을 기존 저지방 우유의 1%보다 더 낮은 국내 최저 0.8%로 낮추고, 칼슘 함유량은 일반우유의 2배 이상인 220㎎으로 높였다. 주 소비자층인 젊은 여성들의 식이조절을 위한 것 뿐 아니라 아이들과 뼈건강을 챙기는 40,50대 주부들에게 까지도 적합한 제품이라는 평가를 받고 있다. 최근 다이어트에 대한 관심이 확산되면서 저지방, 저칼로리 제품이 대거 출시되고 있다. 특히 저지방 우유는 수요가 증가하는 다이어트 식품의 하나로 인식되어 가고 있다. 매일유업은 저지방 우유를 지난 '매일 로우팻 우유'로 국내 최초로 출시한 데 이어 올해 칼슘함량을 2배 이상 늘리고 기능성을 강화한 '매일우유 ESL 저지방&칼슘'으로 새롭게 리뉴얼 출시하였다. 이러한 제품상의 차별화뿐만 아니라 커뮤니케이션 측면에서도 내부 소비자 조사결과를 바탕으로 김연아의 깨끗한 이미지를 제품 이미지로 포지션하면서 소비자들의 이목을 끌고 있다.

시장 성숙기에 접어든 우유 업계에서 저지방 우유 시장점유율은 아직 미비하지만 잠재력만큼은 최고로 평가받는 가운데 업계의 경쟁도 치열해지고 있다.

문제는 저지방 우유의 차별화가 기술적으로 크게 힘든 것이 아니기 때문에 향후 더 격심한 차별화 시도가 경쟁기업들에 의해 시도될 것으로 예상된다.

출처 : 〈AD TIMES, SEPTEMBER〉, 2008. (No. 109)

참고문헌

1) Martin Fishbein, "The Relationship between Beliefs, Attitudes, and Behavior," in Shel Feldman, ed., *Cognitive consistency*, N.Y. : Academic 1966.

2) D. Krech and R. Crutchfield, *Theory and Problem in social Psychology*, N.Y. : McGraw-Hill, 1948.

3) Gordon W. Allport, "Attitudes," in C. A. Murchison, ed., a Handbook of social Psychology, Worcester, Ma.: Clark University Press, 1935, and Martin Fishbein and Icek Ajzen, *Belief, Attitude Intention and Behavior : an Introduction to Theory and Research*, Reading, Mass. : Addison-Wesley Publishing Company, 1975.

4) David L. Loudon and Albert J. Della Bitta, *Consumer Behavior : Concepts and Applications*, 2nd ed., N.Y. : McGraw-Hill Book Company, 1984.

5) Martin Fishbein, "An Investigation of the Relationship Between Beliefs about an object and the Attitude toward That object," *Human Relations*, Vol. 16, 1963.

6) Icek Ajzen and Martin Fishbein, *Understanding Attitudes and Predicting Social Behavior*, Englewood Cliffs, N.Y.: Prentice-Hall, 1980.

7) Robert B. Zajonce and Hazel Markus, "Affective and Cognitive Factors in Preferences," *Journal of consumer Research*, Vol. 9. September 1982.

8) Robert E. Petty and John T. Cacioppo, *Attitude and Persuasion : Classic and contemporary approaches*, Dubuque, Iowa : W. C. Brown, 1981.

9) Robert E. Petty and John T. Cacioppo, and David schumann, "Central and Peripheral Routes to Advertising Effectiveness : The moderating Role of Involvement," *Journal of Consumer Research*, Vol. 10, September 1983.

10) Robert E. Smith and William R. Swinyard, "Attitude Behavior Consistency : The Impact of Product Trial versus Advertising," *Journal of Marketing Research*, Vol. 20, August, 1983.

11) Alvin Achenbaum, "Advertising Doesn't Manipulate Consumers," *Journal of Advertising Research*, April 2, 1972.

제 9 장

관여도와 구매행동

9.1 구매의사결정 행동

현대의 소비자들은 일상생활을 하면서 여러 가지 형태의 의사결정에 직면한다. 이러한 소비자의 의사결정은 소비자와 관련한 내적·외적단서 또는 자극의 영향으로부터 이루어진다. 따라서 소비자의 구매행태는 상황이나 개인에 따라 상당한 차이를 보이게 된다. 소비자마다 기술, 습관, 반응체계가 다르며, 가치관이나 추구하는 목표가 동일하지 않다. 또한 보유지식의 수준이나 양이 같지 않다. 그러므로 소비자들은 경제적 인간으로서의 소비자, 수동적 인간으로서의 소비자, 감성적 인간으로서의 소비자 그리고 인지적 인간으로서의 소비자로 구분하여 볼 수가 있다. 이처럼 소비자의 구매행태가 다양성을 보이는 이유는 일차적으로는 제품의 특성 및 소비자 성향의 차이 때문이기도 하지만, 마케팅주체의 다양한 촉진활동도 소비자의 구매의사 결정에 영향을 미치기 때문이다.

1. 구매의사결정행동의 영향요인

소비자들의 구매의사결정 및 그 실행 행동은 여러 요인의 영향을 받아 다양한 행태로 나타난다. 소비자들의 구매결정 행동에 영향을 미치는 요인들 중 특히 중요한 것들은 다음 세 가지 범주로 요약할 수 있다.

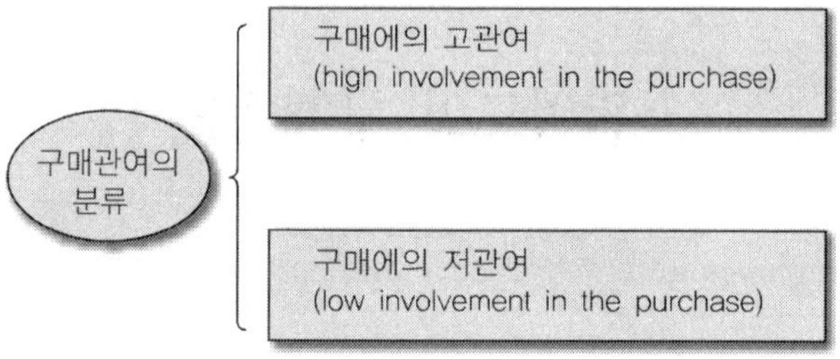

1) 소비자의 구매 관여수준

구매관여(involvement in the purchase)란 소비자가 특정제품의 구매에 부여하는 중요성 또는 관심의 정도를 말한다. 소비자가 최적의 구매를 하기 위한 구매관여수준에 영향을 미치는 요인은, 소비자의 제품 구매 관여에 대한 수준, 제품 차별화의 정도 그리고 구매의 긴박성 등이다. 제품구매의 고관여(high involvement)란 특정제품의 구매가 소비자 개인에게 중요한 구매라고 인식하고 그 제품의 구매결정에 심리적으로 몰입하는 현상이다. 구매결정 상의 오류를 범하지 않기 위해 비교적 안전하거나 완벽한 대안선정방식을 택하여 구매결정을 하려 한다. 제품구매의 저관여(los involvement)란 소비자가 제품을 구매할 때 구매결정과정에 별로 큰 관심이 없는 상태이다.

소비자의 구매관여수준은 소비자구매의사결정 및 그 실행행동에 많은 영향을 미친다. 구매관여수준은 동일한 제품이라 하더라도 개인의 가치, 자아개념, 사회적·경제적 상황 등에 따라 차이가 있다. 또한 구매관여수준은 동일인의 경우에도 상황에 따라 달라질 수 있다. 즉, 개인의 사회적·경제적 여건이 변하면 동일제품에 대한 그의 구매 관여수준이 달라질 수 있다.

소비자가 제품구매에 깊이 관여하는 경우 그 수준에 영향을 미치는 요인은 다음과 같다.

제품관여(product involvement)

제품관여란 소비자가 제품자체에 부여하는 가치나 관심의 정도이다. 제품의 성격상 소비자들이 중요하게 여기는 제품 즉, 고가품이나 가시성제품, 선물용 제품, 사용 중 위험성이 수반되는 제품, 전문품, 자아표현성 제품 등을 구매할 때 신중하게 구매하게 되는데 이러한 제품들을 고관여 제품(high involvement product)이라고 한다. 이러한 제품들은 제품단가가 높고, 구매에 따르는 지각된 위험이 크기 때문에 대부분 소비자들은 이러한 제품을 구매하려 할 때에는 자연히 구매결정에 신중하게 되고 구매에 대한 관여수준이 높아진다. 그러나 고관여제품의 경우, 상표애호구매를 하는 경우라면 구매관여수준은 높지 않다. 그리고 구매결정과정에서 부담없이 일상적으로 구매하는 제품을 저관여 제품(low involvement)이라고 한다. 그러나 저관여 제품이라고 하더라도 상표에 대한 관여수준이 높으면 그 제품의 구매결정에 높은 관심을 보이므로, 고관여제품의 경우에만 구매관여 수준이 높아지는 것은 아니다.

상표관여(brand involvement)

상표관여란 소비자가 특정상표에 보이는 애착의 정도이다. 고관여제품이지만 상표관여 수준이 높은 제품이 있는 가하면, 저관여제품이라도 상표관여수준이 높은 경우도 있다. 가구는 제품의 단가가 높고 내구성이 있는 제품이기 때문에 소비자가 가구에 대한 구매결정을 할 때에는 신중을 기하게 되는 고관여제품이다. 그러나 소비자가 가구 구매 시에 고려하는 요인은 주로 디자인, 색상, 가격 등에 높은 관심을 두는데 비해 상표에 대한 관여수준은 비교적 낮다.

그러나 구두, 핸드백, 머플러를 위시하여 운동화, 양말, 손수건에 이르기까지 특정상표를 고집하는 소비자도 많다. 이와 같이 상표관여수준이 높으면 비록 저관여제품이라고 하더라도 그 제품의 구대결정에 높은 관여를 하게 된다. 그러므로 상표관여 수준이 높으면 구매관여 수준도 높아진다.

〈그림 9-1〉 제품관여와 상표관여의 관계

제품관여(product involvement) \ 상표관여(brand involvement)	고	저
고	·자동차·의복 ·가정용 컴퓨터 ·화장품 등	·가구 ·가정용 설비, 가구 ·일용잡화
저	·구두, 핸드백, 머플러 ·음료수, 식수 등	·식료품

준거집단의 영향력

준거집단이란 소비자의 행동에 직접적 또는 간접적으로 영향을 미치는 모든 집단이다. 소비자는 가족집단부터 시작하여 학교친구, 동창, 취미집단, 직장동료, 종교집단, 지역사회에 이르기까지 다양한 집단에 관계되어있다. 소비자가 자신이 속한 준거집단의 규범에 순응하려 할 때에 소비자는 구매의 결정과정에 깊이 관여한다. 특히, 소비자자신의 신념이나 태도와 준거집단의 규범이 일치하지 않을 때 구매결정에 더욱 신중을 기하게 되고 구매에의 관여수준이 높아진다.

2) 제품차별화(product differentiation)

제품차별화란 상표 간에 지각되는 실질적이거나 형식적인 품질상의 차이를 말한다. 제품 간의 차별화 정도가 높다는 것은 소비자에게 선택할 상표대안이 많다는 것이다. 제품차별화 정도는 소비자들에게 구매대안 결정행동에 많은 영향을 준다. 만일 제품차별화가 안되어 있거나, 품질에 대동소이하다고 지각하는 경우 소비자들은 구매결정에 어려움이 없을 것이다. 따라서 어떤 제품을 구매해도 상관이 없다면 단순한 의사결정을 하게 되어 대안의 평가 및 결정은 형식적이 되기 쉽다. 제품차별화가 적정 수준일 때 신중한 대안 평가 가능성 높다. 상이한 특성의 제품 몇 개의 상표대안을 대상으로 평가하게 되면 신중하게 비교하여 검토하고 최선의 상표대안의 선정을 기대할 수 있기 때문이다. 제품차별화가 극심한 경우에도 소비자는 오히려 제한된 구매의사결정을 할 가능성 높다. 모든 상표대안을 어차피 완벽하게 비교·검토할 수 없다고 생각하면 아예 처음부터 편의적인 방법을 선택할 가능성이 크기 때문이다.

3) 구매결정의 시간적 제약

소비자에게 중요한 제품 구매라고 하더라도 구매결정에 주어진 시간적 여유가 없을 때는 충분하고 신중한 정보탐색 및 대안평가를 할 수 없다. 시간적 제약을 받는 경우 소비자는 가능한 과거의 경험이나 지식을 이용하는 구매전략을 사용하고자 하며 비계획적 구매나 당장 필요하지 않은 제품의 구매를 줄임으로써 구매시간을 최소화하려고 한다. 그러므로 시간적 제약은 소비자들이 합리적 구매의사결정을 하는데 하나의 저해요인으로 작용한다.

<사례 9-1> 산악자전거에 대한 다양한 관여도

산악자전거에 관여도가 높은 소비자를 대상으로 Zaltman이 개발한 ZMET의 절차에 따른 면접을 실시한 결과, 소비자들이 저마다 다른 이유로 산악자전거에 높은 관여도를 보임을 밝혔다. 한 소비자는 산악자전거를 타는 것과 관련된 사회적인 하부문화(social subculture)를 중시했다. 어떤 소비자는 자전거 탈 때 느끼는 스릴에 관심이 있었습니다. 흥미로운 것은 이들 다수는 산악자전거 자체에 대해서는 크게 흥미를 느끼지 않는다는 것이다. 자전거를 중요한 목적을 위한 수단으로 보는 경향이 있다.

물론, 산악자전거 자체에 직접적으로 관여된 사람들도 있다. 이들은 다른 사람들보다 자전거와 자전거 부품에 대해서 잘 알고 있었다. 또한, 자전거 제품 지식에 대한 정교한 수단·목적 구조를 가지고 있어서 제품속성을 기능적 결과와 가치와 잘 연결할 수 있었다. 이들은 자신들의 자전거를 목적 자체로 여기고 있었고 자전거와의 상호작용을 통해 중요한 가치를 충족시킬 수 있었다. 어떤 이들은 다음과 같이 말할 정도로 자신들이 선호하는 자전거에 대해 매우 강한 인간적 관계를 형성하고 있었다. "제 자전거는 오랜 친구예요. 믿을만해요. 전 그 녀석을 알아요. 정말 편한 운동화랄까." 이들은 다른 사람들보다 자전거를 보다 가볍고 강하게 만드는 등 성능향상에 많은 돈을 자전거에 투자하기도 했다.

출처 : Peter, J. Paul and Olson, Jerry C(2005), *Consumer Behavior and Marketing Strategy*, 7th Edition, McGraw-Hill, Irwin, p. 91.

2. 구매의사결정행동 유형

구매관여수준, 제품차별화 정도, 시간의 제한성 정도에 따라 소비자들의 구매대안을 결정하는 방식 및 의사결정행동의 유형은 다양하다. 구매관여도 높고, 제품차별화 수준이 적정하고, 충분한 시간 여유가 있을 때 가장 신중한 구매의사결정을 할 가능성이 높다. 소비자들이 상표대안을 결정하기 위해 이용하는 결정방식은 포괄적 의사결정, 제한적 의사결정, 정형적 의사결정 등 세 가지 유형으로 구분한다. 이들 세 가지 구매결정방식은 전혀 상이한 의사결정방식이라기보다는 상황에 따라 구매결정과정에 약간의 차이를 보이는 연속선상에 있는 다양한 의사결정방식 중 대표적인 것이다.

〈그림 9-2〉 구매의사결정방식의 유형 및 영향요인

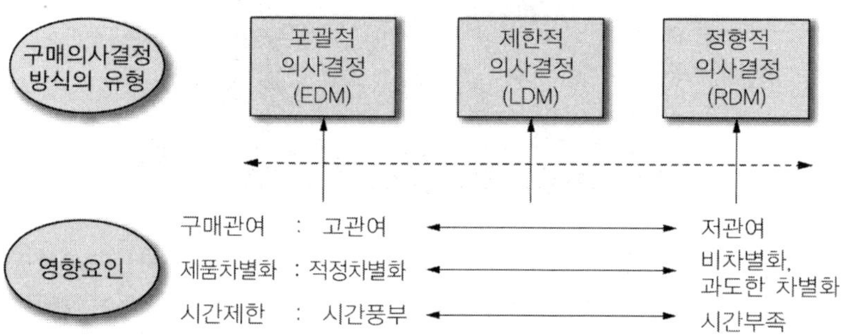

1) 포괄적 의사결정(EDM : Extensive or Extended Decision Making)

소비자들에게 중요한 제품의 구매의사결정으로서 한 번도 구매한 적이 없다든가 또한 문제해결이 소비자에게 중요할 뿐만 아니라 의사결정이 잘 못되는 경우에는 심리적·재무적 위험을 느끼게 되는 경우에 밟게 되는 문제해결과정이다. 이 경우 소비자는 다양한 정보원천과 접촉하여 의사결정에 필요한 정보를 폭넓게 수집하며 이를 바탕으로 각 대체안들을 비교·평가하여 최적안을 발견하려고 한다. 구매의사결정의 모든 과정을 다 고려하며 각 단계를 보다 광범위하게 거치는 형태를 취한다. 그러므로 이러한 경우 제품의 어떤 속성이 중요한지, 어떤 상표들이 있으며, 각각 어떻게 다른지에 대하여 정보를 탐색하고 평가할 수 있는 기준에는 어떤 것이 있는지 파악해야 한다. 즉, 소비자가 충분한 시간을 투입하여 신중한 구매결정을 하려 할 때 적용하는 전형적인 문제해결방식으로 다양한 정보를 적극적으로 탐색, 상표대안을 신중히 비교검토하며 구매 후 사용경험을 피드백하는 등 완벽한 구매결정을 하기 위해 필요한 모든 문제해결과정을 거치는 구매결정방식이다.

포괄적 의사결정에 참여하는 소비자들의 정보탐색은 의도적이기 때문에 기업들은 소비자들이 원하는 정보를 손쉽게 획득할 수 있도록 하여야 한다. 광고, 소책자의배부, POP광고 등 다양한 판매촉진활동에 대한 전략을 구사해야 한다. 자사제품이 후보상표군에 속한 경우는 소비자가 자사상표를 선호하도록 정보를 제공하는 것이 필요하다. 훈련이 잘된 전문적인 판매원이 소비자들을 접촉해야 하며, 소비자들에게 영향력이 있는 준거집단이나 의견선도자들을 파악하여 호의적인 구전이 되도록 하는 선호전략이 필요하다. 자사상표가 후보상표군에 포함되지 않은 경우에는 적극적으로 상표에 대한 정보를 탐색하도록 해야 하며, 이를 위해 상표가 소비자들의 후보상표군에 포함되도록 무료샘플, 쿠폰, 시용의 기회를 부여하여 자사상표를 받아들일 수 있는 상표중의 하나가 되도록 하는 수용전략(acceptance strategy)을 해야 할 필요가 있다.

〈그림 9-3〉 포괄적 의사결정과정

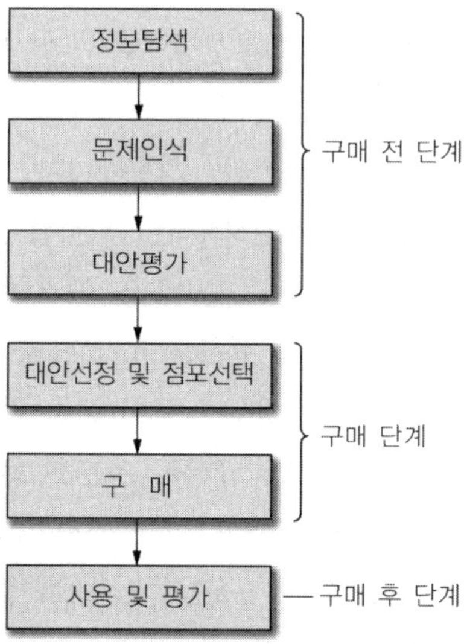

2) 제한적 의사결정(LDM : Limited Decision Making)

제한적 의사결정은 포괄적의사결정과 정형적의사결정의 중간적 유형으로서 구매의사결정의 모든 단계를 거치지는 않는다. 처음으로 구매하는 의사결정은 아니지만 그렇다고 자주 일어나는 것도 아니고 제한적으로 하는 의사결정방식이다. 제한적 구매의사결정과정하의 소비자는 제품군에 대한 지식은 어느 정도 있으나 상표, 스타일, 점포, 가격 등에 대한 지식은 결여되어 있다. 과거에 어떤 제품을 구매했지만 일정시간이 지난 후 다시 같은 제품을 구매하게 되었을 때는 그동안 새로 출시된 제품들이 있을 수 있다. 저관여 소비자가 사용제품이 마모되거나 상점 내 판촉에 노출되었을 때 문제인식을 하고 편의적 의사결정을 하는 유형이다. 소극적 정보탐색을 하며 제한된 제품 속성에 대해서만 피상적으로 정보탐색을 한다. 소수의 상표 대안을 중심으로 비교 · 검토하며 평가기준은 매우 단순하다.

일반적으로 [정보수집] → [대안평가] → [대안선정]의 세 과정이 거의 동시에 이루어지며 실질적인 대안평가는 구매해서 사용해 본 후에 이루어진다. 특히 제한적의사결정의 대표적인 구매행태인 충동구매나 다양성추구구매를 하는 소비자들은 상점내의 구매시점광고 노출되는 순간 바로 구매욕구를 느끼고 구매문제를 인식하기도 한다. 제한적 구매의사결정인 경우의 마케팅전략은 자사상표가 소비자들의 후보상표군에 포함되는 경우와 그렇지 않은 경우에 따라 다르다. 자사상표가 소비자들의 후보상표군에 포함되는 기호가 높은 경우 점유율을 더욱 높이기 위하여 소비자의 자사상표에 대한 태도를 강화할 필요가 있다. 기업은 상표와 제품속성에 대한 추가정보를 구하리라고 예상되는 지역 내 간행물과 점포 내 진열을 통해 자사상표에 유리한 정보를 제공함으로써 소비자의 마음을 사로잡는 포획전략(capture strategy)이 필요하다. 그러나 자사상표가 소비자들의 후보상표군에 포함되는 확률이 낮은 경우에는 제한적 의사결정을 하는 소비자자는 일상적 결정을 하는 소비자들보다는 타상표를 더 많이 탐색하기 때문에 자사상표의 인지도를 높임으로써 소비자들이 과거의 후보상표군내에서 선택을 좁혀 나가는 것을 막고 자사상표를 포함시키는 차단전략(intercept strategy)이 필요하다.

〈그림 9-4〉 제한적 의사결정과정

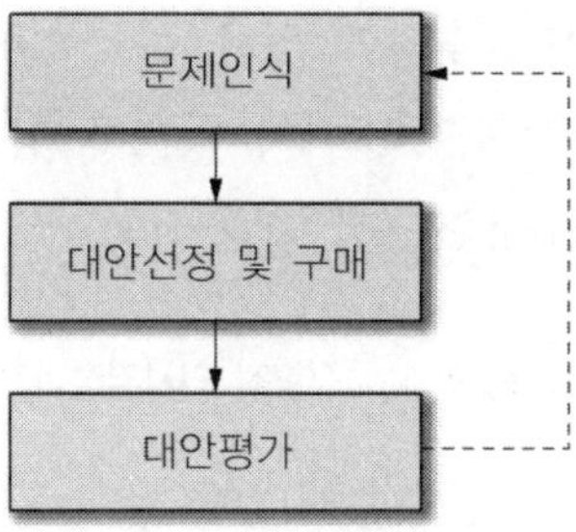

3) 정형적 의사결정(RDM : Routine Decision Making)

일상적인 방법에 의해 거의 습관적으로 구매대안을 결정하는 방식으로 상표에 대한 선호가 뚜렷한 경우와 타성적 반복구매를 하는 경우에는 의사결정과정을 거칠 필요도 없이 구매결정이 이루어진다. 과거 사용경험이 있는 상표에 대한 만족감이 그 상표에 대한 구매의도를 강화시킴으로써 그 상표의 재구매를 유도한다. 구매에 따르는 지각적 위험 부담을 줄이고, 시간과 노력 절약 가능하기 때문이다. 제품구매의 필요성이 인식되면 오직 내적 정보탐색만으로 구매할 상표를 결정한다. 이러한 경우 기업은 자사제품이 점유율이 높은 시장선도제품인 경우에는 현재 상황을 유지하는 유지전략이 좋으며, 자사 제품이 시장에서 열세에 있는 경우에는 소비자의 의사결정과정을 변화시키는 전략이 필요하다. 처음 구매결정이 고관여의 포괄적 의사결정이 이루어진 경우에는 최선의 대안이 선정되었기 때문에 구매 후 만족하고 차기 구매는 상표애호구매를 할 가능성 높다. 처음구매결정이 제한적 의사결정인 경우 비록 구매결과가 만족하였다 하더라도 구매상표에 대한 태도 형성이 불완전해서 구매상황의 변화 때문에 차기 구매 행태가 불확실하다. 저관여 제품의 경우 일반적으로는 제한적 의사결정을 하며 습관적 구매를 하는 경우에도 정형적 의사결정을 한다. 정형적 구매결정방식이 다른 구매결정방식에 비해 유리한 점은 구매에 따른 위험부담을 줄이고, 구매결정을 할 때에 소요되는 시간과 노력을 절약할 수 있다는 것이다. 이 상황 하에서 기업의 전략은 기업이 판매하는 제품이 시장점유율이 높은 상표인가 낮은 상표인가에 따라 달라진다. 시장점유율이 높은 상표인 경우에는 자사의 상표가 계속적으로 소비자의 후보상표군에 포함되도록 하는 유지전략(maintenance strategy)이 필요하다. 자사제품이 후보상표군에 포함되지 않은 신규상표인 경우에는 소비자의 주의를 집중시켜 구매과정이 일상적으로 되지 않도록 함으로써 소비자의 과정을 변화시키는 혼란전략(disrupt strategy)이 필요하다.

〈그림 9-5〉 정형적 의사결정과정

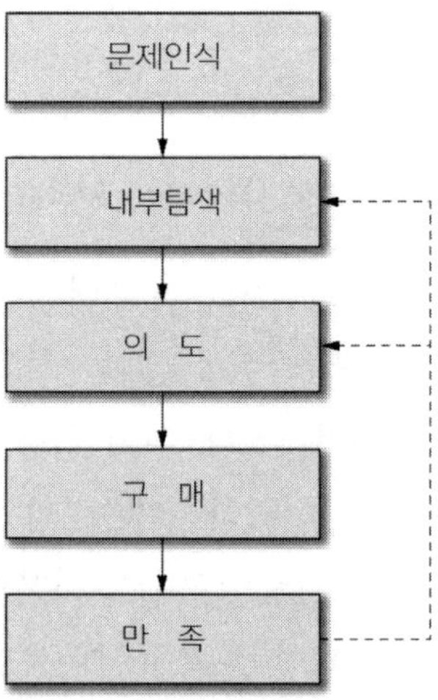

〈의사결정유형에 따른 마케팅전략〉

소비자의사결정 과정 / 상표 위치	포괄적 결정	제한적 결정	정형적 결정
후보상표군 내	선호전략	포획전략	유지전략
후보상표군 외	수용전략	차단전략	혼란전략

포괄적 구매의사결정 : 소비자가 충분한 시간을 투입하여 신중한 구매결정을 할 때 적용하는 전형적인 문제해결방식이며 5단계의 구매의사결정과정을 밟게 된다.

제한적 의사결정 : 적극적인 정보탐색을 하지 않으며 단순한 평가기준에 의해 소수의 상표대안만을 검토한 후 구매대안을 결정하는 방식이다.

정형적 의사결정 : 거의 습관적으로 구매대안을 결정하는 방식으로, 제품의 필요성을 인식하면 오직 내적 정보탐색만으로 구매 상표를 결정한다.

<사례 9-2> 한글상표 쓰면 오래 간다

특허청 장수상표 조사

한글로 표기된 상표가 오래 이용되면서 경쟁력 있는 것으로 조사됐다.

특허청이 지난 1960년 이후부터 올 3월 현재 등산복, 반바지, 스커트 등 의류 분야에 출원, 등록된 장수 상표를 조사한 결과 한글상표 또는 회사 명칭을 사용하는 상호상표가 대부분을 차지했다.

40년 이상 장수 상표로는 지난 1960년 등록된 '첨성대'를 비롯 '팔각정'(1963년), '광진'(1964년), '비너스'(1965년) 등이 포함됐다.

30년 이상 된 상표에는 '골덴텍스 GOLDEN TEX'(1971년),' '피에이티 P.A.T'(1971년), '영스타'(1975년), 쌍방울(1975년) 등이 이름을 올렸다.

특허청은 의류의 경우 일시적인 유행어, 당시 세태를 반영하는 단어 등 다양한 형태의 상표가 출원되지만 독자적이고 창의적인 상표가 가장 경쟁력 있는 것으로 분석했다.

이에 따라 브랜드 인지도 향상을 위해서는 토속적이고 정감 있는 우리말 상표, 기업상호 상표, 독창적 언어로 구성된 창작 상표 개발이 필요한 것으로 요청됐다.

출처 : 〈충청투데이〉, 2009.3.4

9.2 구매행동

1. 구매행동유형

소비자의 구매행동은 소비자 구매관여수준인 제품관여, 상표관여, 구매관여 그리고 선호하는 구매결정방식에 따라 고관여 구매형, 상표애호구매형, 다양성 추구형, 타성적 반복구매형의 네 가지 유형으로 구분할 수 있다.

고관여 상황 하에서도 많은 정보와 대안을 중심으로 합리적인 방법에 의해 인지적 구매결정(cognitive decision making) 뿐만 아니라 안전한 구매를 위해 평소 명성이 좋고 애호하는 상표를 거의 기계적으로 선정·구매하는 습관적 구매결정(habitual decision making)을 하는 경우도 있다.

〈그림 9-6〉 구매행동 유형 및 구매의사결정방식

구매결정 방식		구매관여 수준: 고관여 구매	구매관여 수준: 저관여 구매
구매결정 방식	인지적 의사결정	고관여 구매형 (포괄적 의사결정)	다양성 추구형 (제한적 의사결정)
	습관적 의사결정	상표애호 구매형 (정형적 의사결정)	타성적 반복구매형 (정형적 의사결정)

1) 고관여 구매형

최적의 구매결정 대안을 선정·구매하기 위하여 복잡한 인지적 의사결정방식을 선호하는 소비자의 행동유형을 고관여 구매형(high involvement behavior)이라 한다. 복잡한 의사결정은 관여도가 높고 많은 정보를 탐색하며, 여러 가지 대안들에 대한 차이가 심할 때 발생한다. 이러한 경우에 소비자들은 여러 가지 대안적인 상표들에 대한 적극적인 정보탐색 활동을 하며 여러 가지 평가 기준을 이용해서 상표들을 비교·평가한다. 인지적 학습이론이 이 유형을 잘 설명하는데 구매결정을 하기 위해서는 상표에 대한 태도가 형성되고 대안 상표들에 대한 신중한 평가가 있어야 행동을 한다. 이 유형은 구매결정을 하는 전 과정에 걸쳐 행동적으로나 심리적으로 깊이 몰입하는 전형적인 고관여 구매행동유형으로 포괄적 의사결정방식을 이용하기 때문에 구매결정에 많은 시간과 노력이 요구된다.

2) 상표애호구매형

소비자는 제품을 구매할 때마다 복잡한 의사결정을 하지는 않는다. 과거에 여러 번 구매한 경험에 비추어 가장 만족스러웠던 상표를 구매할 것이며 이러한 경우에는 의사결정이 거의 일어나지 않는다. 과거의 반복적인 구매에 대한 만족의 결과로 특정상표에 대하여 관여수준이 높아서 계속 구매하는 것이 상표애호도이다. 구매 관여수준이 높은 경우라 하더라도 구매에 수반되는 지각된 위험(perceived risks)을 피하기 위해 복잡한 구매결정방법 대신 단순하면서도 안전해 보이는 구매방식을 선택하는 유형이라 하겠다. 상표애호구매형은 단순한 타성적 반복구매형과는 다르며 구매하고 있는 상표에 대하여 심리적인 애착현상을 보인다. 고관여 제품의 경우 상표관여도 낮으면 고관여 의사결정에 의한 구매행동을 하지만 상표관여도 높으면 상표애호구매 가능성 높다. 저관여 제품이라고 하더라도 제품차별화로 인해 사회적 가시성이 높아지면 상표관여도도 높아지기 때문에 상표애호구매 가능성 높다. 상표관여도가 낮으면 다양성 추구 구매 또는 타성적 반복구매가능성 높다. 정형적 구매의사결정방식(RDM)에 의하며 구매하며, 기존 상표에 대해 불만족상황이 발생하는 경우에만 새로운 대안을 탐색한다. 구매결정을 위한 시간과 노력의 절약이 가능하며 잘못된 구매결정에서 오는 재정적, 사회적, 심리적 위험을 사전에 예방할 수 있는 비교적 안전한 구매행동유형이다.

3) 다양성 추구형

다양성 추구형의 소비자들은 관여수준이 낮고 저관여 제품을 구매할 때 점포 내에 진열되어 있는 상표만을 간단히 비교검토한 후 최종상표를 결정하므로 자주 상표변경을 하는 구매행동유형이다. 특정상표에 대하여 특별히 집착하지 않고 상황에 따라, 그리고 작은 유인으로도 상표 변경이나 다양한 상표의 구매를 시도한다. 실질적인 대안 평가는 구매 후 사용과정에서 이루어지며 대안에 만족하더라도 상표태도의 강도가 강하지 않기 때문에 상표변경 가능성 높다.

이러한 경우 시장 선도기업은 선반의 진열면적을 넓히고 적정재고수준을 유지하며, 상기적 광고를 빈번하게 제공함으로써 습관적 구매행동을 유도해야 한다. 그러나 도전기업이라면 가격인하, 특별가격 등 가격전략이 필요하고 또한 쿠폰을 제공하거나 무료견본 및 새로운 제품을 사용해 보아야 하는 이유를 제시할 수 있는 광고를 제공함으로써 다양성 추구를 조장해야 한다.

4) 타성적 반복 구매형

저관여 제품을 구매할 때 다양성 추구형과는 달리 상표를 자주 변경하지 않고 특정상표만을 반복해서 구매하는 행동유형이지만 반복구매하는 이유가 상표애호 때문이 아니라 습관적인 타성 때문이다. 상표 차별화가 되어 있지 않은 저관여 제품 구매 시 많이 나타나는 행동유형이다. 소비자들은 선택하는 제품의 상표에 대하여 정보탐색도 하지 않으며 그 특성을 평가하지도 않고 어떤 것을 구매할 것인가에 대해 신중하게 결정하지도 않는다. 상표간의 차이가 거의 없는 저관여 제품의 경우이므로 마케팅담당자는 소비자들이 어떤 상표에 크게 전념하지 않으므로 제품시용에 대한 보상으로서 가격촉진과 판촉을 사용하는 것이 효과적이다. 저관여제품 광고의 경우 많은 내용을 주장하는 것은 삼가야 하며 몇 가지 중요한 요점만을 강조하여 짧은 메시지로 반복하여 가시적 상징과 심볼로 그 상표를 쉽게 기억하도록 해야 한다.

<사례 9-3> 습관적 저관여의 의사결정

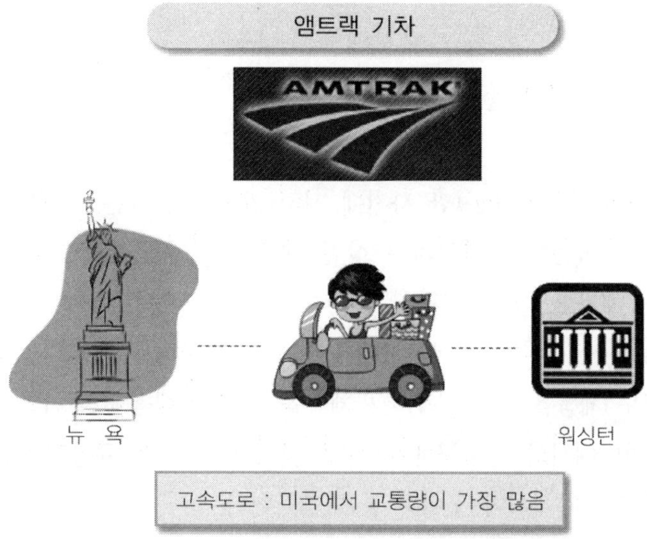

기차를 타고 가도 되지만, 별 생각 없이 차를 몰고 다님
▶습관적 저관여 의사결정

뉴욕과 워싱턴을 오가는 고속도로는 미국에서도 교통량이 가장 많은 곳이다. 이 도로에는 매일 출퇴근을 하는 사람들을 비롯하여 정기적으로 이용하는 사람이 많기 때문이다. 갈수록 번잡해지는 이 길을 손수 운전하고 가는 대신 기차를 타고 가도 되지만, 사람들은 별 생각 없이 차를 몰고 다니고 있었다.

이에 철도회사인 앰트랙은 사람들이 기차를 이용하도록 유도하기로 하였다. 그리하여 기차이용의 각종 편익을 사람들에게 효과적으로 전달하기 위해, 바로 고속도로 초입에 커다란 빌보드를 마련하였다. 그렇지만 기차를 이용하는 사람들은 늘지 않았다. 한 번만 생각해 보면 편리한 시스템임을 깨달을 텐데도, 빌보드는 사람들로 하여금 한 번 생각해 보도록 유도하지 못하는 것이었다.

이 때 한 광고담당자가 문제점을 수정하였다. 즉, 고속도로 초입에 설치한 빌보드를 고속도로 끝나는 지점에 옮겨놓은 것이다. 사람들은 여행을 시작할 때보다 몇 시간 운전에 지친 끝에 빌보드 내용에 대하여 더 많이 생각해 보는 것이다.

그 후 앰트랙 기차를 이용하는 사람이 늘자, 기차에 승객의 자동차를 탑재시키고 승객 자신은 열차를 타도록 하는 방안, 기차에서 경영학 강의를 받을 수 있도록 하는 방안 등 새로운 서비스들을 추가하여 뉴욕-워싱턴 간의 철도시스템은 완전히 틀을 잡게 되었다. 이와 같이 고관여 상황으로 유도하기 위해서는 문제점을 언제 부각시키느냐도 중요한 요소가 된다.

2. 비계획적 구매와 충동구매

충동구매(impulse buying)란 사전에 전혀 계획되지 않은 구매이다. 사전에 구매할 계획은 없었는데도 불구하고 상점 내에 진열되어 있는 제품을 보는 순간 그 제품을 구매하고 싶은 강렬한 욕구로 인하여 구매하였다면 충동구매가 되는 것이다. 그렇다고 사전에 비계획구매가 전부 충동구매는 아니다. 사전에 구매계획이 없었어도 제품을 보는 순간 그 제품을 다 사용했음을 상기하고 구매하였다면 순수한 의미에서의 충동구매는 아닐 것이다. 그러나 통상적으로 충동구매를 광의로 해석하면 비계획적 구매와 같은 맥락이다.

1) 비계획적 구매의 유형

H. Stern의 비계획적 구매유형은 네 가지로 구분 되었다.

- 순수충동구매(pure impulse buying) : 당장 필요하지도 않고, 당분간 구매할 필요도 없는 제품을 순간적인 충동에 의하여 구매하는 경우로서 정상적인 구매행동에서 벗어난 돌발적인 구매행동이다.
- 상기적 충동구매(reminder impulse buying) : 사전 구매계획은 없었지만 제품 구매의 필요성이 상기되어 구매하는 행동이다.
- 암시적 충동구매(suggestion impulse buying) : 특정제품에 노출되는 순간 그 제품을 잘 알지 못해 구매 계획조차 하지 않았던 제품의 유용성을 발견하고 사전계획 없이 구매하는 행동을 말한다.
- 계획적 충동구매(planned impulse buying) : 특정 제품이 할인판매나 경품판매를 하게 되면 그 제품을 구매하겠다는 계획은 하였으나 당장 구매할 필요는 없었던 제품을 구매하는 경우이다.

〈그림 9-5〉 비계획적 구매 유형

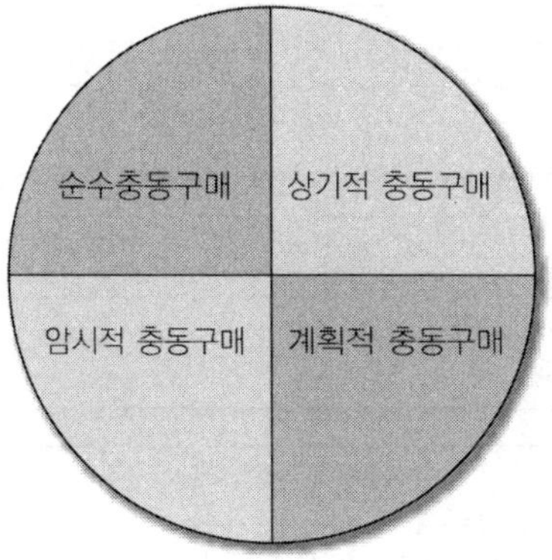

2) 비계획적 구매의 영향요인

요즘에는 소비자들의 생활수준 향상과 마케터들의 적극적인 판촉활동의 결과 충동구매의 비중이 높아지고 있다. 얼마 후 사용될 제품을 거래조건이 좋을 때 구매하여 둔다면 비계획적 구매라고 할지라도 해가 되는 것은 아니다. 그러나 마케팅담당자들의 과열된 판촉경쟁으로 인한 상황적 자극에 의해서 불필요한 제품을 구매한다면 그 행위는 충동구매가 되는 것이기 때문에 문제가 되는 것이다. 그러나 또한 마케팅담당자로서는 고객을 유치하기 위하여 다양한 구매시점광고를 하지 않을 수 없는 것이다.

비계획적 구매를 유발시키는 요인들은 다음과 같다.

- 상점 내 자극 : 진열이 멋있게 되어 있는 경우 소비자들은 충동구매를 느끼게 되며, 세련된 포장이나 가격할인, 경품 등의 요인들에 의한 유혹에 빠지기 쉽다.
- 제품 특성 : 저가품, 비내구성제품, 소형 또는 경량제품, 보관하기 쉬운 제품 등은 소비자가 부담없이 구매하기 쉽기 때문에 충동구매를 할 대상이 된다.
- 개인적 특성 : 쇼핑 빈도가 높은 소비자, 충동 성향이 강한 소비자는 충동구매를 할 가능성이 높다.

〈그림 9-8〉 비계획적 구매의 영향요인

상점 내 자극
진열, 포장, 가격할인, 경품 등

제품 특성
저가품, 비내구성제품, 소형 또는 경량제품, 보관하기 쉬운 제품 등

개인적 특성
쇼핑 빈도가 높은 소비자, 충동 성향이 강한 소비자 등

<사례 9-4> 덜 먹고 덜 써도 화장품은 산다

1~2월 매출 두 자릿수 성장세… "우울한 시기 기분전환용 활용"

"립스틱이라도 진하게 바르면 기분도 나아지고 자신감도 생기는 것 같아요" 요즘 화장품을 찾는 여성들이 부쩍 늘었다.

직장여성 이 모(30)씨는 "화장품의 경우 쉽게 줄이거나 바꿀 수 없는 것 아니냐"며 오히려 다른 생활비는 줄이더라도 화장품 등을 통해 더욱 아름다워지고 싶은 게 대다수 여성의 마음일 것"이라고 말했다.

불경기일수록 여성 스커트 길이가 짧아지고 빨간 립스틱이 유행한다는 말과 무관하지 않다.

이를 증명하듯 불황 속에도 화장품 매출은 호황을 누리고 있다.

한국은행 대전충남본부가 발표한 "2009년 2월 소비자동향"을 보면 현재생활형편 CSI(Consumer Survey Index, 소비자동향지수)는 76.

이는 310개 조사 가구(대전 · 충남지역)가운데 140가구 정도가 '형편이 좋지 않다'고 답한 셈(170가구는 '형편이 비슷하다'고 평가)으로, 현재 경기 및 향후 경기 전망에 대해 지역 소비자들은 비관적으로 인식하고 있는 것으로 풀이된다.

하지만 지역 대형 소매점업계가 지난 1~2월 매출 실적을 집계한 결과, 화장품 매출이 타 상품들에 비해9 월등히 높은 두자릿수 판매 성장세를 기록한 것으로 나타났다.

롯데백화점 대전점의 경우 지난 1월화장품 매출은 전년 동기 대비 16%정도 증가했고, 갤러리아 백화점 타임월드점도 지난해 리뉴얼 등의 영향으로 30%정도 신장한 것으로 조사됐다.

또 홈플러스 대전 둔산점의 1~2월 화장품 매출도 지난해 같은 기간보다 21.3% 신장했고, 이마트와 롯데마트 등의 대형 유통매장 역시 두 자릿수의 성장률을 보였다.

롯데백화점 관계자는 "경기가 안 좋다보니 값이 비싼 의루보다 화장품 등을 구입하는 사람들이 많이 늘었다"며 "고가보다는 10만 원 이하의 단품화장품의 판매가 늘었다"고 말했다.

이와 함께 불황으로 피부과를 찾는 이들이 줄어든 것 역시 백화점 화장품 판매 증가의 한 원인으로 분석된다.

경기침체로 비용이 많이 드는 피부과와 성형외과를 찾는 대신 상대적으로 저렴한 기능성 화장품을 통해 피부를 가꾸는 여성들이 늘었다는 것.

롯데백화점 화장품 매장 관계자는 "화장품에 피부과적 시술을 접목시킨 화장품이 잘 팔리고 있다"며 "특히 홈필링키트의 경우 피부과에서는 회당 10만 원대의 시술비용이 들지만 화장품을 사용하면 보다 저렴하다"고 설명했다.

출처 : 〈충청투데이〉, 2009.3.4

9.3 저관여소비자행동

저관여 소비자행동

관여도(involvement)란 특정상황하에서 자극에 의해 발생되어진 지각된 개인적 중요성이나 관심도의 수준이다. 저관여 의사결정은 소비자가 구매하고자 하는 상품이 그 소비자에게 별로 중요하지 않은 경우의 소비자행동이다. 일반적으로 가격이 싸고 구매빈도가 높은 상품으로 상품을 구매할 때 소비자의 관여수준은 낮다.

1. 저관여 소비자행동의 특징

저관여 소비자는 특정자극에 노출이 되면 신중한 정보탐색이나 대안 평가없이 구매를 결정한다. 합리적인 소비자는 「신념 → 태도 → 행동」의 구매행동을 수행하지만 저관여소비자 행동은 이와는 다른 양상을 보인다. 저관여 구매 하에서는 구매에 수반되는 지각된 위험이 낮기 때문이다. 저관여 소비자는 특정자극에 노출되면 신중한 정보탐색이나 대안평가없이 「신념 → 행동(→태도)」 또는 「행동 → 신념과 태도」의 구매행동과정을 보인다.

상표에 대한 선호(preference)보다는 구매상황 요인이 구매결정에 더 큰 영향을 미친다. 또한 구매 후 인지적 부조화현상은 크게 나타나지 않으며, 별다른 외적 자극이 없으면 동일상표를 습관적으로 반복 구매할 가능성이 높다. 저관여 구매행동의 대표적 유형으로는 다양성 추구형, 타성적 구매형, 충동적 구매형이 있다.

저관여하의 구매행동은 소비자의 일상생활에서 빈번히 발생하기 때문에 그 비중이 매우 크다. 따라서 마케팅담당자에게 시사하는 정보적 가치 또한 매우커서 그에 대한 이해와 연구가 필요하다.

〈표 9-1〉 저관여 구매행동의 유형

	다양성 추구	타성적 구매	충동적 구매
행동모델	신념→행동→평가(태도)	신념→행동	행동→신념(평가)
의사결정과정	제한적 문제해결(LDM)	정형적 문제해결(RDM)	제한적 문제해결
행동이론	수동적 학습	고전적 조건화	저관여 소비자행동

2. 저관여 소비자행동 이론

대부분 소비자행동연구는 고관여의사결정행동에 대하여 연구하여 왔으나 포괄적 구매의사결정방식으로 상표대안을 결정하는 소비자들은 그렇게 많지 않으며 오히려 저관여 구매행동이 더 보편적이다. 소비자들이 저관여 구매행동을 더 많이 하는 이유는 일상생활에서 빈번히 구매되는 제품은 주로 저관여제품군에 속하기 때문이다.

H. E. Krugman은 소비자의 고관여행동과 저관여행동 사이의 상이한 측면에 관심을 갖고 저관여학습이론을 제안함으로써 이 분야에 크게 기여하고 있다.

〈표 9-2〉 고관여 소비자 행동과 저관여 소비자 행동

행동구분	고관여 소비자행동	저관여 소비자행동
정보탐색	제품 및 상표에 대한 정보를 적극적으로 탐색한다.	소수의 상표와 제한된 제품속성에 대해서만 정보를 탐색한다.
인식적 반응	모순된 정보를 배제하고, 자기생각을 정당화시키기 위하여 항상 반론을 제기한다.	제한된 반론으로, 모순된 정보도 수용한다.
정보처리	정보의 처리 및 수용이 효과계층(hierarchy of effects)을 따라 이루어진다.	단순한 인식과정 속에서 시행착오에 의해 정보를 처리한다.
태도변화	일단 형성된 태도는 잘 변화하지 않는다.	태도변화가 쉽게 일어나며, 변화된 태도 또한 잠정적이다.
광고의 반복효과	소비자를 설득하는 데에는 광고횟수보다는 광고의 내용이 더 중요한 역할을 수행한다.	광고의 반복적 노출은 소비자의 태도 및 행동의 변화에 효과가 있다.
상표선호	상표에 대한 선호도가 높다. 상표애호구매를 할 가능성이 높다.	상표선호에 의해서가 아니라 습관적으로 동일상표를 구매하는 경향이 있다.
인지부조화	구매 후 인지부조화 현상이 상례적으로 나타난다.	구매 후 인지부조화현상은 별로 나타나지 않는다.
타인의 영향	타인을 정보원으로 활용하는 경향이 있다.	타인은 구매결정에 별로 영향을 미치지 못한다.

1) Krugman의 수동적 학습이론

(1) 연구의 내용

Krugman의 연구에 의하면 시청자는 TV를 볼 때 긴장을 푼 채, 메시지에 주의를 기울이지 않는 저관여 상태이기 때문, 광고메시지를 자신의 욕구나 상표신념이나 과거의 경험과 연결시키지 않는다. 다만 반복적인 메시지를 무작위로 기억하게 된다. 따라서 시청자는 TV광고를 잘 회상할 수는 있어도, 그 광고로

인해 시청자의 상표태도가 잘 변하지는 않는다. 그러므로 TV는 수동적 학습(passive learning)을 일으키는 저관여 매체이다.

저관여 매체인 TV의 경우, 활동적인 TV광고가 시청자를 비활동적이고 수동적으로 만들며, 시청자가 시청의 속도를 통제할 수 없어서 광고 메시지를 자신의 욕구나 상표신념과 연결시킬 겨를이 없다. 이러한 상황 하에서는 어떤 광고메시지도 소비자에게 설득적인 영향을 미치지 못하며, 소비자는 TV광고를 통해 제품에 대해 다만 수동적으로 학습되어질 뿐이라는 가설을 증명하였다.

(2) 연구의 시사점

Krugman의 업적은 소비자의 구매결정행동에 대한 전통적 이론에 대응하는 대안모델 제시하였다는데 있다.

전통적 모델에서는 「정보처리(신념) → 태도 → 행동」으로 이어지는 인지적 행동체계를 가정하였지만, Krugman의 저관여 학습이론에서는 「정보인지 → 행동 → 태도형성」의 구매행동과정을 시사하고 있다. 즉 소비자들은 상표들에 대해 수동적으로 학습하고, 대체안에 대한 구체적인 평가없이 학습한 내용에 따라 구매한다는 것이다. 저관여 소비자는 정보를 받아들이는 정보 포착자(information catcher)이다. 또한 제품을 구매 후에 상표에 대한 태도가 형성된다고 본다. 상점에 들어갔을 때, 상기효과(reminder effect)만 일어나도, 제품을 구매할 수 있다. 또한 기대되는 혜택이 최선의 제품을 탐색하는데 필요한 노력에 비해 크지 않기 때문에 상표 만족의 극대화 대신, 적당한 수준의 만족을 추구한다. 그리고 개성과 라이프스타일은 소비자행동과 관련이 적고, 준거집단은 저관여 상황에서 소비자행동에 큰 영향을 미치지 않는다. 저관여 상황 하에서는 소비자들의 구매행동이 이와 유사하기 때문에 Krugman의 수동적 학습이론은 저관여 소비자행동을 이해하는데 매우 유용하다.

(3) 마케팅적 시사점

Krugman의 이론은 소비자가 제품구매에 크게 관여하지 않는 저관여 상황에서는 소비자의 "제품관여수준"을 높이려는 설득적 광고는 효과 없음을 시사한다. 그러므로 수동적 학습의 효과를 높이기 위해 "광고관여수준"을 높일 수 있는 광고가 효과적이라고 하였다. 즉 광고메시지를 소비자의 잠재적인 욕구나 개인적 상황과 연계시켜서 광고에 대한 관심을 유발시키면 학습의 효과를 높일 수 있을 것이다.

〈표 9-3〉 능동적인 고관여 소비자와 수동적인 저관여 소비자의 비교

전통적인 관점 : 능동적 고관여 소비자	새로운 관점 : 수동적 저관여 소비자
1. 소비자는 정보처리자이다.	1. 소비자는 무작위로 정보를 학습한다.
2. 소비자는 정보 탐색자이다.	2. 소비자는 정보 포착자이다.
3. 소비자는 광고를 능동적으로 받아들이고 광고의 효과는 약하다.	3. 소비자는 광고를 수동적으로 받아들이므로 광고의 효과는 강하다.
4. 소비자는 구매 전에 상표를 평가한다.	4. 소비자는 제품 사용 후 상표를 평가한다
5. 소비자는 욕구를 최대한 만족시키기 위해 다양한 속성들의 평가에 근거하여 상표를 선택한다.	5. 소비자는 적당한 수준의 만족을 추구하므로, 소수의 속성의 평가에 근거하여 상표를 선택한다.
6. 고관여 제품은 소비자의 신념/정체성과 밀접하게 연결되어 있기 때문에, 성격/라이프스타일 특성은 구매와 밀접한 관련이 있다.	6. 저관여 제품은 소비자의 신념/정체성과 무관하기 때문에 성격/라이프스타일의 특성과 구매는 무관하다.
7. 고관여 제품은 집단의 규범/가치를 반영하므로, 준거집단이 구매에 영향을 미친다.	7. 저관여 제품은 집단의 규범/가치를 반영하지 않으므로, 준거집단이 구매에 영향을 미치지 않는다.

2) 사회적 판단이론(Social Judgment Theory)

Sherif의 사회적 판단이론에 의하면 이슈에 대한 개인의 관여수준에 따라 개인의 견해(position)를 수용하는 정도에 따라 정의하였다, 즉 소비자가 수용하는 영역, 거부하는 영역, 그리고 무관한 영역(중립영역)이 결정된다. 즉, 고관여자는 어떤 대상에 대한 자신의 분명한 견해나 신념을 갖고 있기 때문에 그에 상반되는 정보나 설득을 수용하는 영역(latitude of acceptance)은 좁고 거부영역(latitude of rejection)은 큰 사람이라고 정의한다. 이들은 자신이 동의하지 않는 설득적 정보에 대해서는 부정적으로 해석하고 거부하는 경향이 있다. 저관여자는 어떤 대상에 대해 분명한 의견을 가지고 있지 않아서 새로운 정보에 대한 수용영역은 크지만 거부영역은 크지 않은 사람을 말한다.

(1) Sherif의 이론에 의한 광고효과

Sherif의 이론에 의하면 광고의 효과는 세 가지 형태로 나타난다.

① 개인의 신념이나 견해와 일치하는 광고메시지의 경우

그 메시지가 개인의 수용범위 내에 동화되어 더욱 긍적적인 태도를 강화하여 동화효과를 발생시킨다.

② 개인의 신념과 일치하지 않는 광고메시지의 경우

개인의 거부영역에 작용하여, 메시지가 잘못된 것으로 평가되고, 부정적인 태도를 형성하여 거부효과가 나타난다.

③ 신념과 전혀 관련되지 않은 광고메시지

무관여범위(latitude of noncommitment)에 작용하여 동화효과나 거부효과 모두 발생시키지 않는다.

(2) Sherif 이론과 소비자 행동

고관여 소비자는 수용영역이 작기 때문에 광고메시지를 선택적으로 지각하고 자신의 편견에 기초하여 메시지 내용 왜곡 가능성 크다. 따라서 선호하는 상표에 대한 정보는 쉽게 수용하지만 그렇지 않은 광고 메시지는 거부반응을 보일 가능성이 크다. 고관여 소비자는 광고메시지를 자신의 기존신념에 기초하여 해석하고 선택적으로 수용하기 때문이다. 즉 고관여 소비자는 주어진 정보에 대하여 인지적 정보처리를 수행하며 이 결과에 따라 소비자의 태도는 영향을 받는다.

저관여 소비자는 수용영역이 커서 많은 상표에 대한 정보를 수용하며, 메시지 내용도 편견 없이 받아들일 가능성이 높다. 광고 메시지에 대한 인지적 처리 없이 수동적으로 지각하며 상표 전환이 용이하고, 친숙한 상표에 대한 습관적 반복구매를 한다.

3. 저관여 소비자행동과 마케팅 전략

소비자가 저관여제품을 구매할 때보다 더 관여하도록 하기 위하여 필요한 전략과, 소비자들이 관성에 의한 반복적 구매형태를 보이고 있는데 어떠한 전략으로 다양성 추구로 변환시킬 수 있을 것인가, 저관여 제품의 광고전략과 마케팅믹스는 어떻게 달라져야 하는가 등에 대한 사항들을 고려하여서 저관여 구매의사결정 여러 가지 전략이 필요하다.

1) 소비자를 저관여 상황에서 고관여 상황으로 전환

제품 구입 시 소비자가 문제 삼지 않던 제품을 중요한 문제와 연결시킨다.

① 저관여 상황에서 껌을 구입하던 소비자에게 자일리톨 성분 함유로 인해 충치예방효과가 있다는 광고를 함으로써 고관여수준으로 관여도를 높였다.

② 저관여제 품을 고관여 상황과 연결시키는 전략이다. 제품에 대한 관여는 그 상황과의 관련성으로 인해 증가한다. 사례에서 본 철도회사 앰트랙의 경우도, 소비자의 관여도가 높아진 시점과 상황을 잘 포착하여 성공한 사례이다.

③ 제품과 관여된 광고를 연결시킨다. 광고에 대한 관여를 높임으로써 제품에 대한 관여도를 높일 수 있다. 관여도를 발생시키는 광고는 자아방어적 광고와 가치표현적 광고가 있다. 자아방어적 광고는 소비자가 자신에게 적절하지 않은 것으로부터 자신을 방어할 수 있도록 한다. 가치표현적 광고는 소비자의 중심적 가치관과 신념을 표현한다. Lutz는 "제품이 저관여라고 해서 광고까지 저관여일 필요는 없다"고 하였다.

④ 제품혜택의 중요성을 변화시킨다. 소비자가 중요하다고 느끼는 제품의 혜택을 변화시키는 전략이다. 건강에 관심이 많은 소비자에게는 건강과 관련하여 건강 제품의 혜택을 강조하여 부각시킬 수 있다.

⑤ 제품의 중요 특성을 강조한다. 이전에는 중요시 되지 않았거나 존재하지 않던 속성들 추가할 수 있다. 첨가제가 함유된 휘발유, 검은 콩 두유 등이 있다.

⑥ 문제를 부각시키고 그것을 해결한다. 제품과 관련하여 소비자가 모르고 있었던 문제를 부각시키고 자사제품의 특성을 강조하여 해결하는 방안을 제시하는 전략이다. 빵의 유통기한 문제, 수입식품과 관련하여 신토불이를 강조하는 전략 등을 통하여 저관여 상황을 고관여 상황으로 전환시킬 수 있다.

2) 관성구매를 다양성 추구로 변환

시장선도 상표는 친밀감을 통해 자사상표를 습관적으로 구매하도록 하여야 한다. 광고를 통해 자사상표를 계속하여 상기시키는 한편, 상점 내에서 소비자에게 상표가 잘 보이도록 위치를 차지해야 한다. 후발상표의 경우는 소비자의 다양성 추구 행동을 유발시켜서 상표를 전환하도록 하는 전략이 필요하다. 즉 특별가격, 저가격, 쿠폰 및 무료견본 등을 통해 소비자의 다양성 추구를 독려해야 한다. 저관여 상황에서의 소비자는 폭넓은 수용영역을 갖고 있으므로 다양한 상표를 추구한다는 사회판단이론은 이론적 뒷받침이 된다.

3) 저관여 제품에 대한 차별적 광고전략 수립

① 다양한 정보보다는 몇 가지 핵심정보에 집중한다.

② 빈번한 반복광고와 짧은 메시지를 사용한다.

③ 광고를 통해 차별화한다.

④ 가시적 요소를 강조한다.

⑤ 인쇄매체보다는 TV광고를 중심으로 한다.

4) 고객 특성에 맞는 마케팅 전략 개발

(1) 고객의 특성에 대응한 마케팅 전략

① A상표를 모르는 소비자 : A상표의 인지도를 높이는 전략이 필요하며 이를 위해서는 광고가 가장 효과적이다.

② A상표를 알면서 구매경험이 없는 소비자 : 시험적으로 사용해 볼 수 있는 기회를 부여하는 전략이 필요하다. 무료견본제공, 쿠폰 등에 의한 시험구매 유도가 효과적이다.

③ 상표선호도가 불투명한 중성적 소비자 : A상표에 대한 애호구매자로 변환이 중요하다. 가격할인, 경품판매 등을 통하여 재구매를 유도해야 한다.

저관여제품의 경우에는 타상표를 선호하고 있는 소비자의 유인도 가능하므로 상표전환을 유도하는 마케팅전략이 필요하다.

〈그림 9-9〉 A상표에 대한 Ottesen의 시장상황도

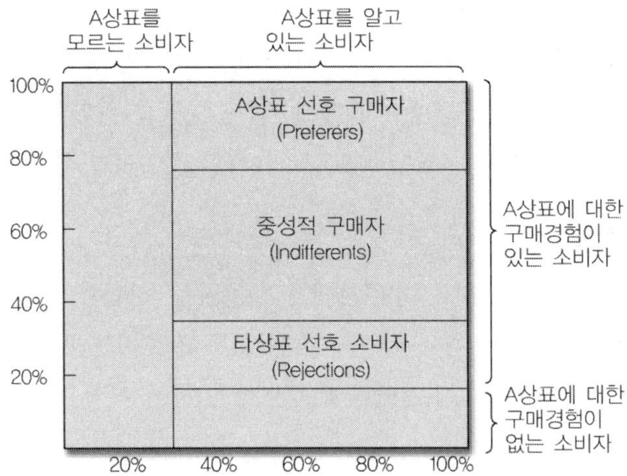

(2) 판매장내 판촉전략

판매장소 내에서는 소비자의 비계획 구매를 유도하는 것이 전략의 기본목표로서 소비자의 잠재욕구를 활성화시키고, 구매의 필요성을 환기시키면서 제품의 유용성을 부각시키도록 한다. 소비자의 충동구매를 유도하기 위한 매장 내의 촉진방법을 살펴보자.

① 특가판매 : 가격을 이용한 판촉활동은 많이 이용도고 있는 방법으로 판매증대에 상당한 효과가 있다. 그러나 가격인하는 기업의 총판매액 감소를 초래하기 때문에 주의해서 활용할 필요가 있다. 가격을 이용한 판촉방법으로는 할인판매, 쿠폰 판매가 있다.

② 경품판매 : 우리나라에서는 사은품을 증정하는 판매촉진 방법이 가장 많이 이용되고 있다. 자사제품을 일정액 구매하는 소비자에게 특별히 준비된 사은품을 증정하는 방법이다.

③ 제품진열 : 제품의 효과적인 진열은 구매시점 광고로서 중요한 역할을 수행한다. 특히 저관여제품인 경우 제품의 진열상태가 판매실적에 크게 영향을 미친다. 가장 효과적인 진열장소는 통로의 끝, 눈에 잘 띄는 곳이며 소비자의 눈높이(golden line)에 진열하는 것이 효과적이다.

④ 포장디자인 : 제품의 포장이 마케팅 수단으로 그 중요성이 날로 높아지고

있다. 마케팅믹스의 4P에 포장(package)을 더하여 5P라고 할 정도이다. 원래 포장의 기본적인 기능이 있지만 포장의 형태에 따라 판촉의 효과가 달라지기 때문에 판촉의 도구로 많이 이용된다. 포장 디자인은 소비자가 충동구매를 하도록 시각적인 자극이 충분할 정도로 매력이 있고, 쉽게 상표를 확인할 수 있도록 표시가 분명하고 색상이나 형태가 단순하면서도 독특한 것이어야 한다.

(3) 견본제공 전략

견본을 제공하는 기본목적은 수비자에게 그제품을 시험적으로 사용해 볼 수 있는 기회를 부여함으로써 자사제품을 구매하도록 유도하는데 있다. 자사제품의 품질이 우수함에도 불구하고 편견이나 타성으로 인하여 타상표를 구매하는 경우 견본제공은 상당한 효과가 있다.

(4) 광고

광고는 상표의 인지도를 높이는 것이 목적이다. 신제품을 개발했을 때와 같이 소비자의 인지도가 낮을 때는 정보적 광고를 집중적으로 실시하는 것이 바람직하다. 그러나 저관여 제품의 경우 소비자의 관여수준이 낮으므로 관여수준을 높이도록 하는 전략이 필요하다. 우선 저관여 제품인 경우 소비자가 상표명을 기억하도록 하는 것이 중요하다. 상표명이 인상적이어야 하고 쉽게 기억할 수 있어야 하며 제품의 특징과 상표가 잘 맞아야 한다. 또한 저관여 제품은 제품차별화가 용이하지 않으므로 광고에 의해 상표의 상징적 차별화(symbolic differentiation)를 시도하는 것이 바람직하다. TV광고뿐만 아니라 정보원 효과를 활용할 수도 있다. 이러한 광고를 할 때에는 신뢰성 있고 매력 있는 메시지 전달자를 선택하는 것이 중요하다.

저관여상황하에 광고의 기억효과를 높이는 광고메시지

① 따라 부르기 쉬운 음악멜로디에 메시지를 실어 보내는 방법
② 제품의 특징을 구체화하는 어떤 상징물을 창출해서 이용하는 방법 즉 동물을 이용한 풍자그림이나 동물형상이 많이 사용
③ 해학적인 자기비하의 독특한 발성표현법을 사용하는 방법
④ 제품의 이미지를 환상적인 영상으로 표현하는 방법
⑤ 제품사용과 관련되는 생활의 한 단면을 연출하는 방법
⑥ 제품에 적합한 라이프스타일을 영상화하는 방법 등

〈그림 9-10〉 독창적 표현방식 광고

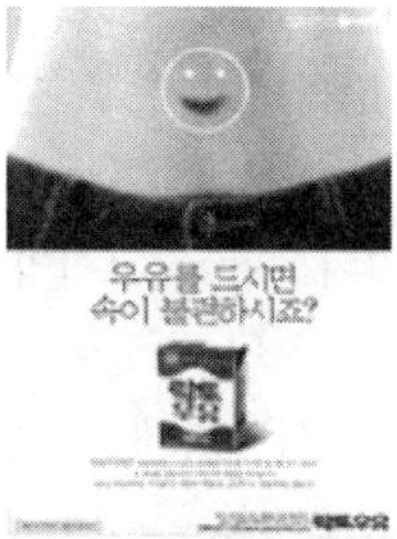

〈제품사용과 관련된 광고〉

〈동물을 이용한 풍자광고〉

〈제품의 이미지를 환상적인 영상으로 표현한 광고〉

(5) 상표의 고급화

저관여제품류를 상표의 고급화를 통해 고관여화하여 애호고객으로 유인한다. 예를 들면 실제로 저관여 제품인 손수건이나 양말 같은 제품에서도 소비자들이 상표관여도가 높은 것을 알 수 있다.

소비자의 상표관여 수준 높이는 방법의 하나는 광고를 통해 상표를 차별화시키는 것이다.

물론 상표차별화는 제품차별화에 기초하여야 한다. 상표차별화를 위한 구체적인 방안으로, 첫째, 저관여제품의 경우 새로운 특징을 부여하거나 품질개선을 통하여 새로운 특징을 부각시킨 신제품을 개발하는 것이 가장 효과적이다. 또한 포장, 표찰 등과 같은 제품의 외형적인 면을 차별화하고 광고를 통해서 상표의 고급화를 도모한다.

<사례 9-5> 멀티스팟 광고

반복광고는 제품에 대한 메시지를 여러 번 제시함으로써 소비자가 광고의 메시지나 이미지를 보다 잘 인지하고 기억할 수 있도록 하는 효과적인 광고기법이다. 일반적으로 생필품 광고와 같이 시청자가 저관여 상태로 접할 가능성이 높을 경우 반복광고는 매우 중요하다. 왜냐하면 저관여 상태의 소비자는 주어진 메시지에 대하여 구체적 분석을 시도하지 않으며, 수동적 학습을 할 가능성이 크기 때문이다. 그러나 광고를 여러 번 실시하면 오히려 부작용이 나타날 수도 있다. 우선 소비자들은 일정기간이 지나게 되면 익숙해진 광고내용에 더 이상 주의를 기울이려 하지 않을 것이고, 더 나아가 짜증과 같은 부정적 감정을 느낄 가능성이 높아진다. 또한 제품 또는 기업의 이미지가 단일 카피 또는 모델에 필요 이상으로 고착되어 향후 전략적 견지에서의 다양성 모색이 힘들어질 수도 있다.

최근 이러한 문제점을 해결하기 위해 유행처럼 번지고 있는 멀티스팟 광고기법이다. Multi-spot광고란 단일 제품에 대하여 서로 다른 내용으로 구성된 광고를 2편 이상 제작하여 다양한 시간대에 편성하는 방식이다. 이 기법을 사용하게 되면 동일한 제품과 메시지를 반복 노출시키면서도 각각 서로 다른 모델 또는 이야기 구조를 사용하기 때문에 소비자의 호기심을 유지시키고 흥미를 유발할 수 있다는 장점이 있다.

2003년 삼양라면은 식품업계 최초로 멀티스팟 광고를 시도하여 성공적인 평가를 받았다. 삼양라면은 '어떤 상황 속에서도 맛있게 먹는 라면은 삼양라면'이라는 이미지 전략으로 통상적인 TV광고 길이인 15초를 7.5초로 잘라 두 편을 연속적으로 엮는 멀티스팟 광고를 시작했다. '삼양라면~'이라는 로고가 반복적으로 이어지는 멀티스팟 광고는 상표인지도 향상으로 이어졌고, 조사결과 삼양라면 상표 선호도는 5점 기준으로 전년 대비 2.6에서 3.7까지 올랐다. 그 결과, 월 판매량이 2003년 40만~50만 상자에서 2004년 70만~80만 상자로 증가했다.

자료원 : 〈매경이코노미〉, 2005.2.1, 〈연합뉴스〉, 2004.12.3

반복 광고

제품에 대한 메시지를 여러 번 제시함

▶소비자가 광고의 메시지나 이미지를 보다 잘 인지하고 기억함

※시청자가 저관여 상태로 접할 가능성이 높을 경우 반복광고는 매우 중요함

저관여 상태의 소비자는 주어진 메시지에 대하여 구체적 분석을 시도하지 않으며, 수동적 학습을 할 가능성이 크기 때문임

· 반복광고의 부작용

익숙해진 광고내용에 더 이상 주의를 기울이려 하지 않음 → 짜증과 같은 부정적 감정을 느낄 가능성이 높아짐

기업의 이미지가 향후 전략적 견지에서의 다양성 모색이 힘들어질 수도 있

멀티스팟(Multi-spot)광고

단일 제품에 대하여 서로 다른 내용으로 구성된 광고를 2편 이상 제작하여 다양한 시간대에 편성하는 방식

9.4 상표애호도와 마케팅전략

1. 상표애호도(brand loyalty)

Jacoby & Chestnut에 의한 상표애호도란 특정 제품류에 속하는 다수의 상표 중에서 하나 또는 그 이상의 특정상표에 대하여 의사결정단위 즉, 개인이나 가족이 상당한 기간 동안 지속적으로 나타내 보이는 의도적으로 편향된 행동반응으로서, 심리적 결정의 산물이라고 정의하였다. 상표애호도는 상표에 대한 소비자의 호의적 태도(Brand Loyalty Attitude)와 애호적 구매행동(Brand Loyalty Behavior) 둘 다 요구한다.

편향된 행동반응이란 작위적이거나 의도적임을 의미한다. 따라서 무의식적으로 동일 상표를 반복구매하는 행동은 상표 애호에 의한 행동이 아님을 뜻한다. 또한 상표애호도를 행동반응이라고 한 이유는 진정한 상표애호도는 실제로 그 상표를 구매하는 행동으로 표현되어야 함을 의미한다. 즉 특정상표에 대하여 마음속을 지니고 있는 선호적 감정만으로는 충분하지 않으며 실제로 그 상표에 대한 반복적인 구매행동으로 표현되어야 한다. 따라서 상표애호도는 심리적 결정과정에 기초한 편향된 행동으로서 그 특정상표에 대한 편애적 감정으로 인한 호의적 태도 때문에 그 특정 상표만 계속해서 선정하여 구매하게 되는 행동을 말한다. 그러므로 어떤 상표에 대한 '심리적 관여'없이 그 상표를 반복하여 구매하는 행위는 진정한 의미에서의 상표애호행동이 될 수 없다.

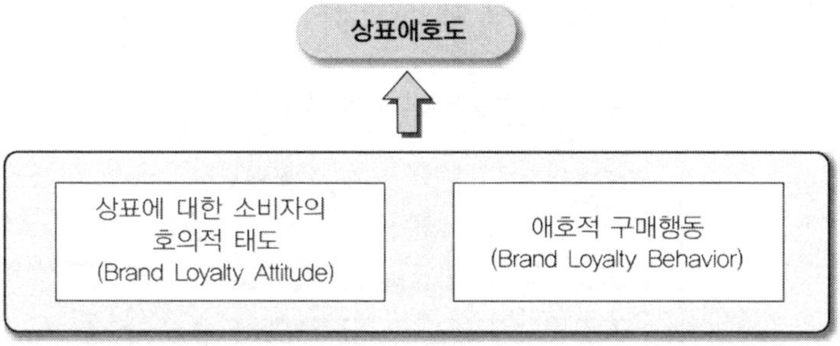

2. 상표애호구매와 단순 반복구매

소비자가 동일상표를 반복구매하는 이유는 대체로 세 가지 이유 즉 선호, 습관, 그리고 상황적 요인에 의한다.

선호(preference)에 의한 반복구매란 특정상표에 대한 호의적 감정 때문에 그 상표를 의식적으로 재구매하는 것으로서 제품을 사용·구매하여 본 경험의 결과 그 제품에 대하여 매우 만족하면 호의적인 태도가 형성될 것이다. 따라서 그 상표의 제품을 재구매할 가능성이 매우 높아질 것이다.

습관(habit)이란 학습과정에서 터득되는 자동반사적인 행동반응(automatic behavior)으로서 일상생활에서 자연스럽게 학습되는 행동반응이다. 비교적 구매빈도가 높은 저관여제품의 경우 어떤 제품을 자주 구매하다 보면 상표에 대한 애착이 없이도 습관적으로 동일상표를 반복구매할 가능성이 높다. 그러나 고관여제품이나 구매빈도가 낮은 제품인 경우에는 습관보다는 선호에 의해 동일상표를 재구매하게 되는 것이 일반적이다.

상황적요인(situational factor)으로 인하여 특정 상표를 특별히 좋아하지도 않으면서 그 상표를 재구매하는 경우가 있다. 예를 들면 자신이 좋아하는 상표가 품절임으로 타상표를 구매한다거나 타상표가 계속하여 할인판매를 하기 때문에 가격절약을 위해 구매를 하는 경우 등이다. 또한 시간적 여유가 별로 없는 소비자는 편리한 장소에서 쉽게 발견할 수 있는 상표의 제품을 심리적 애착없이 반복구매하는 경우도 있다. 이와 같이 제품 구입의 용이성, 할인 및 경품판매, 시간

압박, 신용거래조건 등은 특정상품에 대한 재구매를 유인하는 상황적 요인이다.

〈그림 9-11〉 동일상표를 반복 구매하는 이유

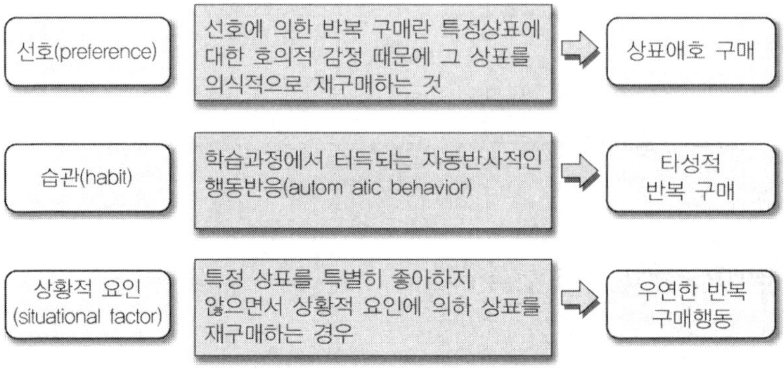

3. 상표애호도와 마케팅 전략

1) 시장세분화

상표애호도는 시장을 세분화하는 기준으로 이용가능하다. 시장을 세분화한 후 표적시장의 특성에 맞추어 마케팅프로그램을 개발·시행한다면 자사상표에 대한 애호구매자의 수를 증가시킴으로써 시장점유율을 증대시킬 수 있다.

소비자의 상표애호도를 기준으로 세분화한 시장은 다음과 같다.

- 자사상표 애호소비자 시장 : 자사상표를 일정기간동안 연속적으로 반복구매하는 소비자 시장으로 자사상표에 대한 호의적 태도로 반복구매하는 진성애호구매자시장(true brand loyal buyers)과 어떤 다른 이유로 단순히 반복구매하는 유사 애호구매시장(suspected brand loyal buyers)으로 구분할 수 있다.
- 중성 소비자 시장 : 자사상표 외에 다른 상표에도 애착을 보이는 분할 애호구매자, 자사상표에 대한 선호도에 대한 지속기간이 짧은 불안정 애호구매자, 그리고 상표전환이 빈번한 무애호소비자들로 구성되는 세분시장이다.
- 타상표 애호소비자 시장 : 타상표를 애호하는 소비자들로 구성된다.
- 비구매자 시장 : 동종제품에 대한 구매경험이 없는 소비자들로 구성된다.

〈그림 9-12〉 상표애호도에 의한 시장세분화

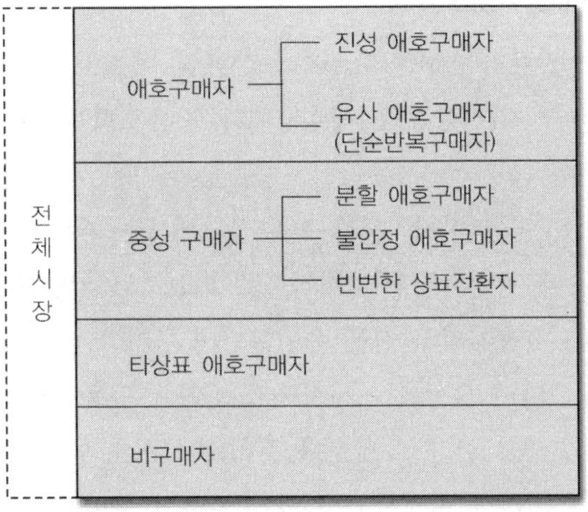

마케팅담당자는 이러한 세분시장을 대상으로 시장점유율을 증가시킬 수 있다. 우선 자사 상표 애호구매자의 구매량 증가를 유도하고 애호성향이 불분명한 중성적 소비자를 자사상표 애호 구매자로 유치시키며 자사제품과 동종제품에 대해 구매경험이 전혀 없는 소비자들을 대상으로 자사제품에 대한 시험구매를 하도록 유도하고 타상표 애호구매자의 상표전환을 유도하는 등 여러 가지를 생각해 볼 수 있다.

2) 세분시장별 마케팅 전략

(1) 자사상표 애호소비자시장에 대한 전략

진성애호구매자와 유사애호구매자를 분리하여 별개의 마케팅프로그램을 개발한다. 진성 애호구매자에 대해서는 그들의 선택이 옳았다는 확신을 갖도록 하기 위하여 강화광고(reinforcement advertising)를 한다. 진성상표애호소비자의 인구통계적·사회문화적·행동적 특성 등을 파악하여 가장 효과적으로 접근할 수 있는 광고매체를 선정하고 광고메시지를 전달해야 한다. 아울러 사용량 및 구매량을 증가시키는 전략도 이용할 수 있다. 유사 애호구매자에 대해서는 우선 그들의 반복구매 이유를 파악 한 후, 반복구매가 이루어지는 과정에서 자사상표에 만족하고 호의적인 태도를 형성할 수 있도록 하는 관계마케팅을 강화한다.

(2) 중성 구매자시장에 대한 전략

빈번히 상표를 전환하는 소비자, 여러 상표를 애호하는 분할 애호 소비자와 같은 중성 구매자를 자사상표의 애호구매자로 유도하는 일은 마케팅담당자의 당면과제이다. 우선 해당 시장에서 경쟁상표를 파악한 후, 비교광고(comparison advertising)를 하는 것이 바람직하다. 비교광고에서는 자사상표의 우수성을 강조되어야 한다. 그러나 경쟁상표를 암시적으로 비교하되 비방해서는 안 되며 광고의 목적을 경쟁상표사용자의 관심을 유인하는데 두어야 한다. 경쟁상표가 단기간에 모방할 수 없는 어떤 특성을 자사상표가 가지고 있을 때에 그 특성에 한해서만 경쟁상표와 비교해야 한다. 무엇보다 소비자가 비교내용을 쉽게 인식할 수 있어야 한다. 그러나 이러한 비교광고를 하기 위해서는 자사제품이 품질개선과 제품의 새로운 특징을 개발하는 과업이 선행되어야 한다.

(3) 타상표 애호소비자시장에 대한 전략

저관여 제품인 경우에는 타상표 애호구매자의 상표전환을 시키는 것이 고관여 제품인 경우보다 어렵지 않다. 소비자가 지각하고 있는 타상표와 자사상표의 차이점을 발견하여 소비자의 지각을 변경시키는 설득광고(persuasive advertising) 실시한다. 즉 소비자가 차이가 있다고 지각하는 제품속성의 관점에서 자사상표의 강점을 강조하여 소비자 지각을 변경시키고 구매를 하도록 설득할 필요가 있다. 또한 견본을 제공하거나, 대금지불 전에 일정기간 자사제품을 사용할 수 있는 기회 부여하는 방법도 효과적이다.

(4) 비구매자 시장에 대한 전략

마케팅담당자는 동일 제품류의 구매경험이 전혀 없는 소비자들을 대상으로 자사제품을 제일 먼저 사용해 보게 하기 위해 비구매자를 대상으로 다양한 판매촉진을 해야 한다. 특히 첫 구매경험에 대하여 만족한 소비자는 그 상표제품에 큰 하자가 없는 한 그 상표의 평생고객이 되는 경우가 많기 때문이다. 따라서 예비구매자의 시험구매를 유인하기 위하여서는 예비구매자에게 적합한 신제품을 개발하고 정보제공적 광고(informative advertising)를 실시하며 무료견본 제공 등의 전략이 필요하다.

참고문헌

1) Henry Assael, *Consumer Behavior and Marketing Action*, 2nd ed., Boston, Mass. : Kent Publishing Company, 1984.
2) James R. Bettman, "A Functional Analysis of the Role of Overall Evaluation of Alternatives and Choice Processes," in Andrew Mitchell, ed., *Advances in consumer Research*, Vol. 9, Ann Arbor, Mich. : Association for Consumer Research, 1982.
3) M. Venkatesan, "Cognitive Consistency and Novelty Seeking," in Scott Ward and Thomas S. Robertson, eds., *Consumer Behavior : Theoretical Sources*, Englewood Cliffs, N.Y.: Prentice-Hall, Inc., 1973.
4) Hawkins Stern, "The Significance of Impulse Buying Today," *Journal of Marketing*, Vol. 26, April 1962.
5) V. Kanti Prasad, "Unplanned Buying in Two Retail Settings," *Journal of Retailing*, Vol. 51, Fall 1975.
6) *Consumer Buying Havits Studies*, E. I. Du Pont de Nemours and Co., Wilmington, D. L., 1965.
7) Danny N. Bellenger, Dan H. Robertson, and Elizabeth C. Hirschman, "Impulse Buying Varies by Product," *Journal of Advertising Research*, Vol. 18, December 1978.
8) Richard W. Olshavsky and Donald H. Granbois, "Comsumer Decision-Making : Factor or Fiction," *Journal of Consumer Research*, Vol. 6, September 1979.
9) Donald H. Granbois, "Shopping Behavior and Preference," in Robert Ferber, ed., *Selected Aspects of Consumer Behavior*, Washington D.C. : GPO, 1977.
10) Philip Kotler, *Marketing Management : Analysis, Planning, Implementation, and Control*, 6th ed., N.J., : Prentice-Hall, INC., 1988.
11) Joseph W. Newman and Richard A. Werbel, "Multivariate Analysis of Brand Loyalty for Major Household Appliances," *Journal of Marketing Research*, November 1973.
12) Charles M. Schaninger and Donald Sciglimpaglia, "The Imfluence of Cognitive Personality Traits and Demographics on Consumer Information Acquisition," *Journal of Consumer Research*, Vol. 8, September 1981.

13) James M. Carman, "Correlates of Brand Loyalty : Some Positive Results," *Journal of Marketing Research*, Vol. 7, February 1970.
14) Shmuel Shairir, "Brand Loyalty and The Household's Cost of Time," *Journal of Business*, Vol. 47, January 1974.

제 10 장

구매 및 구매 후 행동

<사례 10-1> 북적북적 마케팅

서울 코엑스 '코즈니' 통로 좁게 설치 늘 손님 꽉찬 듯...
소비자 심리 자극

서울 삼성동 코엑스에 있는 인테리어용품점 '코즈니(Kosney)'의 150평 매장에는 불황에도 불구하고 요즘도 하루 평균 8000여명의 손님이 찾는다. 코엑스에 입주한 수백개 매장 가운데 '붐비는 수준'으로는 1~2위를 다툴 정도다.

이 회사 이종구(35) 기획이사는 "사람으로 사람을 모은다"고 비결을 설명한다. 매장의 출입구를 좁히고 동선을 복잡하게 만들었다. 조금 걷다 보면 벽이 나오거나 진열대에 막혀 되돌아가기 일쑤다. 또 통로가 좁아 마주 오는 사람들과 어깨를 부딪치게 된다. 계산대도 적어 계산대 앞에는 늘 긴 줄이 만들어진다. 이 때문에 매장이 항상 손님들로 북벅북적한다는 인상을 주는 효과를 얻는다. 고객들의 불편을 마케팅에 활용하는 것이다.

판매원들은 손님들에게 먼저 말을 거는 일이 거의 없다. 눈을 마주치지도 않는다. 대신 고객들이 도움을 요청하면 언제든지 도와줄 수 있다는 표정을 유지하면서 노트에 뭔가 쓰고 있거나 먼지를 닦고 있다. 손님들에게 구매를 강요하는 듯한 느낌을 주기 않기 위해서다.

물건을 진열할 때도 차곡차곡 정리하지 않는다. 마구 쌓아두거나 흩뜨려 놓는다. 마음에 드는 물건을 마음껏 뒤적여 가며 구경할 수 있다. 손님이 사지도 않을 물건을 들어보고 나서는 미안한 마음에 매장을 서둘러 빠져나가는 것을 막기 위해서다. 대부분의 매장이 금지하고 있는 카메라 촬영도 이곳에서는 자유롭다.

침구 · 양초 · 방향제 · 인형 등 인테리어 소품 외에 가구 · 장난감 · 의류 · 사무용품 등도 판다. 덕분에 10대부터 50대 주부까지 다양한 연령대의 손님들이 드나든다. 대표 상품인 침구와 쿠션은 중국에서 생산해 가격을 낮췄다.

10여년 전 작은 소품 가게로 출발했던 코즈니는 올 들어 매장을 20개로 늘렸으며, 9월까시 5개를 추가로 개장할 예정이다. 2002년 100억원 정도였던 매출은 올해 200억원을 넘어설 전망이다. 대형 할인점에도 속속 입점하고 있다. 이미 월마트 6개 점포에 입점했으며, 하반기에는 다른 할인점에도 진출할 예정이다. 또 미국에 '코즈니' 브랜드를 붙인 침구 수출을 추진 중이다.

출처 : 〈중앙일보〉, 2004.7.7

판매원
▶손님에게 먼저 말을 걸지 않음
▶손님과 눈을 마주치지 않음
▶구매 강요하는 듯한 느낌을 주지 않음

10.1 구매실행 행동

소비자가 일단 상표를 선택한 후에도 많은 요인들이 작용을 하여 실제 구매행동이 일어나기까지는 꽤 많은 시간이 소요된다. 구매에 필요한 자금을 마련해야 하기도 하고, 점포를 선택하여 점포로 이동도 해야 하며 또 점포 내에서는 해당 제품을 찾아서 계산대로 가져가야 하고 현금이나 신용카드를 사용하여 결제한 후 구매실행 행동이 완료된다.

그러면 소비자들인 무수히 많은 상표 가운데 특정상표를 선택하고 구매하는 이유를 알기 위해서는 개개 상표에 대한 소비자들의 태도나 의도에 관한 정보로는 부족하다. 상황적 요인이 발생하지 않았다면 특정 상표에 대한 소비자의태도나 구매의도를 파악하여 그들의 구매행동을 근접하게 예측할 수 있겠지만 상황적 요인이 개입하지 않는다는 가정은 거의 현실성이 없다. 따라서 소비자의 구매행동은 구매태도 및 의도와 상황적 요인의 함수로 보아야 한다. 소비자구매행동에 영향을 미치는 상황적 요인에 대하여 알아보자.

1. 구매행동의 상황적 영향요인

소비자들은 구매시점에서 여러 가지 상황적 요인으로 인하여 자신이 의도했던 그대로의 구매를 하지 못하는 경우도 발생하게 된다. 상황적 요인이란 개인의 내적요인 이외의 것이며, 마케팅담당자의 자극만을 뜻하지는 않는다. 마케팅담당자가 통제할 수 없는 상황요인들도 많이 존재하기 때문이다.

1) 일반적 상황요인

R. W. Belk의 분류에 의하면, 소비자의 구매행동에 직접·간접으로 영향을 미치는 상황요인들은 다음과 같다.

① 물리적 환경

구매가 이루어지는 실체적 장소의 물리적 특성으로 점포환경을 뜻한다. 점포환경은 주로 소비자의 주의의 방향과 지속성을 높임으로써 구매확률을 높이는 역할을 수행한다. 소음, 조명밝기, 온도 등이 이에 포함된다. 쇼핑하는 날 날씨와의 관계, 점포 내의 실내온도, 조명아래서의 제품의 실루엣 등의 상황요인은 예기치 않은 구매행동을 유발시킬 가능성이 있다.

② 사회적 환경

쇼핑할 때 동행인의 여부와 그 동행인의 특성에 순응하는 정도, 자신의 동행인이 아니더라도 같은 점포 내에 다른 고객이 있었는지의 여부에 따라 구매행동은 영향을 받을 수 있다.

③ 쇼핑목적 및 이유

소비자는 자신이 사용할 제품을 구매할 때 보다 선물용을 고를 때 더 많은 시간을 할애하며 자신이 사용할 제품을 선택할 때와는 전혀 다른 상표선택 기준을 갖게 된다. 비록 제품자체는 비관여적인 제품일지라도 선물용 구매라는 상황이 되면 소비자들의 관여수준이 높아지게 된다. 결과적으로 소비자들은 쇼핑목적과 쇼핑의 이유에 따라 상표를 중요하게 고려하게도 되며 유명한 점포에서의 구매를 생각하기도 한다.

④ 쇼핑시간 및 긴박성

쇼핑시간이 오전인지 오후인지 또는 폐점시간 무렵인지 등에 따라 구매행동이 영향을 받는다. 제품구매를 위한 충분한 시간적 여유의 여하에 따라서도 구매행동은 영향을 받는다. 이 외에도 충분한 현금의 소지여부, 신용카드 소지여부 심지어 쇼핑 전 개인의 기분까지도 구매행동에 영향을 준다.

2) 점포 내의 상황요인

기존연구에 의하면 특정 상표구매와 관련된 구매의사결정이 내려지는 경우의 70% 이상이 점포 내에서 이루어진다고 한다. 구매를 위해 점포에 올 때 특정 상표를 염두에 두지 않고 오는 경우가 60% 이상이며, 특정상표를 구매하러 왔다고 하더라도 다른 상표를 구매하는 경우가 4%에 이른다고 한다. 따라서 점포내의 상황요인이 소비자의 최종 구매행동에 많은 영향을 미친다.

① 제품품절

소비자가 구매하려고 하는 제품이 품절인 경우에 다른 상표를 구매할 가능성이 크다. 소비자가 선호하는 제품이 품절상태일 때, 구매할 제품이 저관여 제품이거나 구매의 긴급성이 요구되거나 또는 마침 대체상표가 구매시점광고를 하고 있을 경우 소비자는 다른 상표를 구매할 확률이 높다. 일반적으로 상표애호도가 높은 소비자라면 방문한 점포에 선호상표가 없는 경우 다른 점포를 방문하거나 후일을 도모하기도 하지만, 대부분의 소비자들은 대체상표를 구매한다. 타상표로의 전환이 일어나게 되면 고객을 영구히 잃게 될 가능성도 배제할 수 없다. 따라서 마케팅담당자는 적정재고를 유지하도록 해야 한다.

② 구매시점 자극

고객이 점포 내에 있는 동안 많은 의사결정이 일어나기 때문에 구매시점에서 소비자들에게 얼마나 효율적으로 더 많은 정보를 제공하느냐에 따라 구매가 결정되기도 한다. 가격할인 및 경품판매 등도 소비자의 비계획적 구매를 유발시킬 가능성이 높다.

③ 상점 내 환경

진열, 선반의 면적 및 위치, 매장의 규모 및 인테리어 등도 소비자의 구매행동에 영향을 준다. 미국 소비자들을 대상으로 한 연구결과에 의하면, 점포 내에 적절한 진열을 할 경우 충동구매가 10% 정도 증가하는 것으로 추정되고 있다. 진열은 특히 고객의 주의를 끌기 위해 단순하고 정적인 전시보다는 점포 내 고객에게 동적으로 구성된 전시를 보여주는 것이 효과적인 것으로 나타나고 있다. 진열 외에도 점포 내 쇼핑카트 광고, 선반광고, 점포 바닥 그래픽, 쿠폰분배기와 같이 다양한 광고 판촉물들을 이용한 점포 내 자극은 소비자로 하여금 특정상표를 유사한 상표와 구별시켜 줌으로써 구매유도를 부추길 수 있다. 이외에도 점포 내 음악, 색상, 향기, 혼잡도 및 각종 내부배치 등도 점포 내의 환경요인이다.

2. 대금지급방법 및 구매시기의 결정

대안의 결정 후 실제구매행동을 실행하기 전에 구매실행행동과 관련이 있는 몇 가지의 추가적인 결정을 하여야 한다. 즉 언제, 어떻게, 어느 곳에서 구매할 것인가에 대한 결정이 필요하다. 소비자들이 제품 구매 시에 어떠한 대금지급방법으로 할 것인가를 결정해야 한다. 현금으로 지불 할 수도 있고, 신용카드 사용할 수도 있다. 또한 현금이든 신용카드 든 일시불로 지불할 수도 있고 할부로 할 수도 있다. 또 할부를 할 경우 무이자로 하고 몇 개월 정도로 대금지불을 할 것인가를 고려해야 한다. 또한 언제 구매할 것인가에 대해서도 신중한 결정이 필요하다. 구매시기에 따라 할인 혜택을 받을 수 있기 때문이다. 특가 판매기간이나 재고정리기간 또는 비수기를 이용하는 것도 한 방법이다.

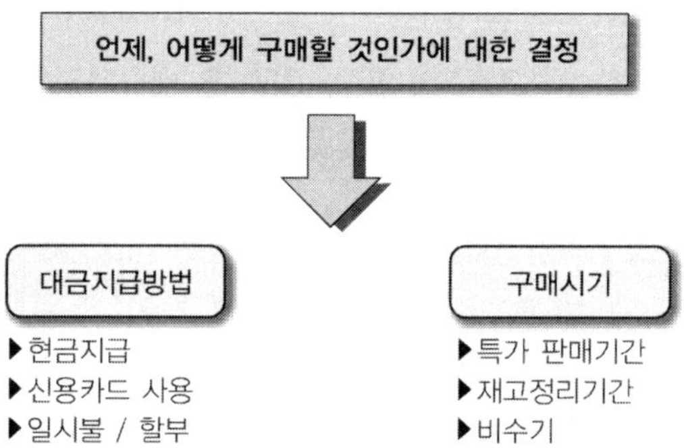

3. 구매장소의 선정

구매장소와 관련된 구매방법의 유형으로는 점포를 직접 방문해서 제품을 구매 하는 점포구매와 점포를 직접 방문하지 않고 제품을 구매하는 비점포 구매가 있다. 점포를 직접 방문해서 제품을 구매하는 것이 일반적이긴 하지만 요즈음은 점포를 직접 방문하지 않고 제품을 구매하는 비점포구매 방법이 많이 활성화되고 있다.

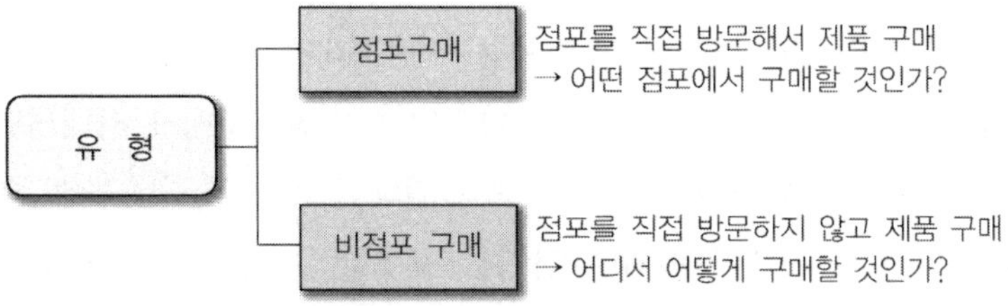

〈표 10-1〉 소비자의 쇼핑동기

개인적 동기	사회적 동기
· 역할수행 : 자신의 임무(어머니, 주부, 남편, 학생 등)를 수행하는 데 필요한 물건 구매 · 기분전환 : 일상적인 생활로부터 변화 모색 · 자기만족 : 구매과정에서 특별히 물건을 사는 기쁨, 돈을 쓰는 기쁨 · 학습 : 신제품의 출시, 유행의 변화 · 육체적 활동 : 보행 및 운동의 기회 · 감각적 자극 : 상품을 구경하고, 입어보고, 만져보는 데서 얻는 시각적 · 감각적 즐거움	· 옥외의 사회적 경험 : 친구나 이웃 사귀기 · 취미가 유사한 사람들과 교분 : 스포츠용품, 실내장식용품 점포 등에서 취미가 비슷한 사람들과 친교 · 준거집단 : 구성원과의 회동 · 신분과시 : 판매원들로부터 대접 · 흥정의 기쁨 등

E. M. Tauber의 조사에 따르면 소비자의 쇼핑 동기는 표에서와 같이 매우 다양하다. 소비자들은 필요한 물건을 구매하기 위해서 쇼핑을 하지만, 단지 제품 구매만을 위해서 쇼핑을 하는 것은 아니다. 일상적인 생활로부터 변화를 모색하기 위한 기분전환이나, 쇼핑의 즐거움, 신제품이나 유행에 대한 학습 등 개인적인 동기에 의해서 쇼핑을 하며, 또한 사회적 동기에 의한 구매도 있다. 옥외의 사회적 경험이나 취미가 비슷한 사람들과의 교분을 위하여 , 또는 신분과시나 흥정의 기쁨 등의 동기도 있다. 쇼핑동기에 따라 구매장소 뿐만 아니라 구매 방법의 선택이 달라진다.

비점포 구매

소비자 유치를 위한 경쟁은 오프라인 상의 점포범위를 벗어나서 카탈로그 등을 활용한 우편주문 판매로부터 CATV홈쇼핑, 인터넷 쇼핑몰에 이르기까지 다양한 형태의 무점포 영역으로 발전하고 있다. 각종 미디어기술의 발전으로 인하여 향후 더욱 다양한 형태의 무점포 판매가 발전될 것으로 기대되고 있다. 무점포 판매의 중요성이 증대되고 있는 이유는 상당히 다양하다. 소비자들의 라이프스타일이 변하면서 서비스와 편의성을 추구하는 신세대가 증가되었다. 또한 쇼핑할 시간적 여유가 없는 직업여성의 수가 증가하면서 비점포구매가 확대되었다. 신용카드의 사용이 확대되고 또한 결제방법도 간편해진 것도 비점포구매 증대원인이 된다. 또한 시공을 초월하여 언제나 집에서 쇼핑할 수 있는 환경이 되었으며 소비자수요가 대량화되고 택배사업이 번창하므로 상품배달에 따른 비용절감과 합리와를 도모할 수 있다는 점도 들 수 있다.

▶비점포 구매방법의 유형

① 통신구매 : 카탈로그를 보고 우편이나 전화로 주문하여 구매하는 방법

② 전화구매 : 소매점에 직접 전화 주문하고 배달받는 방법

③ 방문판매원 통한 구매 : 방문판매원의 방문을 받고 제품을 구매하는 방법

④ TV홈쇼핑을 이용한 구매

⑤ 전자상거래를 이용한 구매 : 인터넷을 통해 온라인 쇼핑몰을 방문하고 제품을 구매하는 방법

일반적으로 소비자들은 상점을 방문하여 직접 입어보고, 만져보고, 먹어보며 직접 고르는 즐거움을 느끼면서 구매하는 것을 더 선호하는 경향이지만 최근 TV홈쇼핑이나 인터넷 쇼핑몰을 이용하는 소비자들이 상당이 많다. 쇼핑할 충분한 시간의 여유가 없는 소비자들은 비점포 구매방법을 활용하는 것이 바람직하겠다.

점포구매와 점포선택모델

일반적으로 소비자는 평소에 애호하는 점포를 선택하는 경향이 있다. 소비자는 상표 뿐만 아니라 점포에 대해서도 이용한 결과가 만족스러우면 계속해서 애호한다. 그러나 특별히 애호하는 점포가 없는 경우에는 여러 점포대안을 놓고 방문할 점포를 선택해야 한다.

점포의 선택과정은 그림에서와 같이 상표를 선택하는 과정과 흡사하다. 각 점포의 속성에 대한 신념에 의해서 점포에 대한 태도가 형성되고 가장 호의적인 태도를 가진 점포가 선택될 것이다. 점포는 소비자의 최종대상이 아니기 때문에

상표선택보다는 그 과정이 훨씬 단순하다.

〈그림 10-1〉 점포선택모델

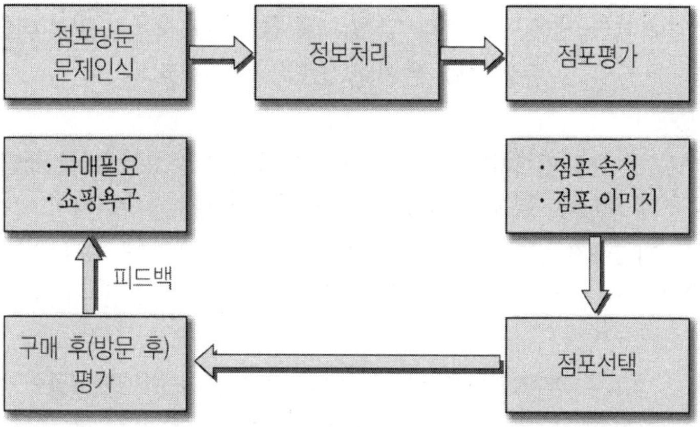

소비자들의 점포선정에는 대체로 다음과 같은 점포속성들이 평가기준으로 이용된다.

- 점포의 일반적 특성 : 명성, 점포 수, 상점 분위기 등
- 점포의 물리적 특성 : 규모, 휴식공산, 실내장식, 청결 등
- 입지조건 : 위치, 거리, 주차시설 등
- 취급상품 : 다양성, 품질수준, 구색갖춤 등
- 판매정책 : 가격수준, 신용판매, 가격할인 및 기타 판촉활동 등
- 판매원 및 서비스 : 친절, 배달, 교환 및 반품처리, 보증 등
- 점포 내 정보의 신뢰도
- 점포에 대한 다른 사람들의 지각

소비자들은 앞에서 열거한 점포속성들을 기준으로 하여 각 점포에 대한 점포이미지(store image)를 개발하고 이에 의해 가장 선호하는 점포를 선택하게 될 것이다.

<사례 10-2> 불황에 따른 온라인 구매 증가의 예

깊어가는 불황… 가구 · 가전 · 책 등 이어 옷도 '경매 바람'
중고의류 온라인 거래 4배 늘었다.

"1년 입은 청바지 팝니다" 2일 경매사이트 옥션의 중고품 거래 장터. 중고품을 팔려는 사람과 경매를 통해 싼 중고품을 사려는 사람을 온라인에서 연결해주는 인터넷 사이트다. 바지 밑단이 닳았고, 세탁할 때마다 색깔이 흐려진다는 청바지에 입찰자 20여 명이 몰렸다. 두달 입은 청바지도 경매로 등장한 지 반나절 만에 입찰자 12명이 몰렸다.

이날 옥션 중고품 경매에 나온 의류는 10만 여벌. 의류 판매업체들이 올린 물품을 제외하고 개인이 올린 물건만 1500여 벌에 달한다. 중고 속옷 코너에도 1~2개 속옷이 올라 있었다. 5개월 된 속옷이라고 소개된 제품에는 입찰자가 몇 명 몰렸다.

불황의 골이 깊어지면서 서민들이 가계에서 쉽게 줄일 수 있는 품목인 의류비를 아끼고 있다. 실제로 지난해 12월 직물 · 의류 판매액은 전년 동월보다 18.2% 줄어 3년여 만에 최저치를 보였다. 또 지난달 한국은행의 소비자동향조사(CSI)에서도 소비 심리는 개선됐지만 전달보다 의류비 지출을 줄이겠다는 소비자는 늘었다. 일부는 남이 입던 옷이나 심지어 속옷도 마다하지 않고 있다. 옥션 중고품 장터에서는 지난 한달 간 중고 의류 3530벌이 팔렸다. 지난해 같은 기간 790벌에 비해 4배 넘게 팔린 것이다.

중고 의류의 한달 거래량은 지난해 9월까지만 해도 1,000건 선이었다. 10월부터 2,000건을 넘기면서 12월 2,644건, 2009년 1월 2,826건으로 꾸준히 거래량이 늘고 있다.

의류뿐 아니다. 가전제품, 잡화, 책 등 품목을 가릴 것 없이 중고품이 활발히 거래되고 있다. 3개월 사용한 여성지갑은 3만5천원, '아이팟' MP3 플레이어는 4만5천원, 중고 냉장고는 7만9천원으로 입찰가격이 올랐다. 모두 최초 입찰가 1,000원에서 시작한 제품들이다. 구입가격이 8만5천원이었던 '해리포터 시리즈'는 입찰가격이 3만5천원이었고, 몇 번 신었다고 밝힌 농구화도 입찰가격이 5만 원에 이르렀다. 3년 넘게 사용한 노트북 컴퓨터에도 입찰자 60여명이 몰렸다.

다소 흠집이 있는 제품을 사려는 이들도 적지 않았다. 흠집 난 부분을 촬영해 올린 핸드백에는 29명이 입찰에 나섰다. 입찰가격은 1,000원에서 4만원으로 치솟았다. 2006년에 생산된 TV는 3곳이 깨졌는데도 24명이 입찰에 참여해 경매가격이 11만 원대로 올랐다.

비교적 비싼 제품을 중고품 경매에 내놓은 경우도 있었다. 새 제품이 3천만 원대라고 소개된 '까르띠에'시계는 입찰 가격 1,000원에서 시작해 300만원에 낙찰됐다. 250만원에 구입했다는 밍크코트도 입찰 가격 1,000원에서 시작해 17만원까지 오르기도 했다.

옥션관계자는 "그동안 중고품 거래는 노트북 컴퓨터 같은 가전제품이 많았는데 지난해 하반기 이후 중고의류 거래가 늘고 있다"며 "서민들의 체감경기가 얼마나 심각한지 느낄 수 있다"고 말했다.

출처 : 〈국민일보〉, 2009.3.3

10.2 구매 후 평가

소비자들이 일단 구매를 하게 되면 제품을 사용하고 소비하며 처분하면서 다양한 심리적 반응을 경험하게 된다. 구매한 제품의 구매 및 사용에 대한 구매 후 평가과정은 소비자에게는 가장 의미 있는 의사결정단계이다. 이 단계에서 소비자의 신념과 태도는 강화되거나 변화를 갖게 되며 제품에 대한 소비자의 만족이나 불만족은 차기 구매행동에 결정적인영향을 끼치게 된다. 만족한 소비자는 재구매를 할 가능성이 매우 높게 나타난다. 또한 호의적인 태도형성을 갖게 됨으로써 긍정적 구전의 효과도 나타난다. 만족한 고객은 최상의 광고효과를 낼 수 있다. 그러나 불만족한 고객은 부조화를 줄이려고 할 것이며 부정적인 구전의 근간이 될 것이다.

1. 평가과정

일반적으로 소비자들의 만족·불만족은 일시적인 것으로 시간에 따라 변화될 수 있으며, 구체적인 소비상황에만 해당된다고 할 수 있다. 현재 만족한 소비자가 다음에도 만족한다는 보장은 없으며 다만 지금 현재 사용하고 있는 대상에 대하여 만족스러움을 뜻하는 것이다. 이러한 측면에서 상대적으로 오래 지속되며 구체적인 상황에 영향을 덜 받는 태도와는 다른 개념이라고 할 수 있다. 제품이나 상표에 대한 구매 후 평가는 제품의 실제 사용경험을 통해 얻은 지각된 성과를 통해서 만족·불만족으로 나타난다. Oliver는 기대불일치 모델을 제시하면서, 소비자의 만족·불만족은 소비자가 구매 및 사용 전에 가졌던 기대와 제품사용을 통해 얻게 되는 성과를 비교함으로써 그 결과가 얼마나 일치하는가 하는 주관적 평가에 달렸다고 하였다.

구매 후 평가과정은 그림에서와 같이 다섯 가지 요소로 구성된다.

〈그림 10-2〉 구매 후 평가과정

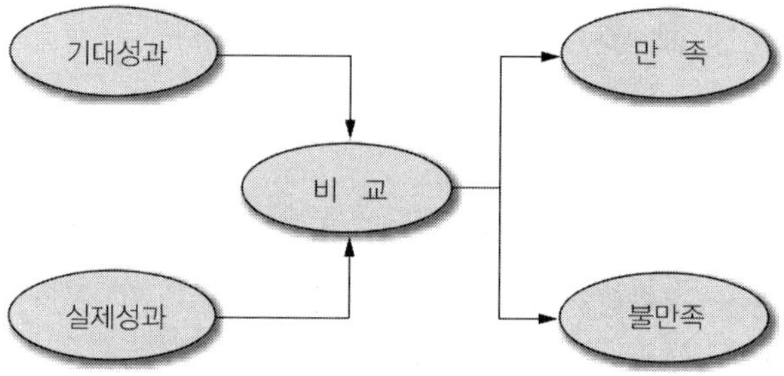

- 기대성과 : 구매 전에 기대했던 제품 성과
- 실제성과 : 실제사용경험에서 얻은 제품의 지각적 성과
- 비교 : 기대성과와 실제성과 비교
- 만족 : 실제성과 ≥ 기대성과
- 불만족 : 실제성과 〈 기대성과

기대불일치(disconfirmation)는 소비자들의 기대와 제품의 실제 성과 사이에 긍정적인 불일치(positive ciscomfirmation) 혹은 부정적 불일치(negative disconfirmation)가 있을 때에 발생하게 된다. 긍정적 불일치는 실제 성과가 기대보다 높게 나타날 때 만족한 반응이며, 실제 성과가 기대에 못 미쳐 나타나는 부정적 불일치의 경우는 불만족한 반응을 나타내게 되는 것 이다. 즉 실제 성과가 기대

보다 높게 나타날 때는 만족한 반응을, 실제 성과가 기대에 못 미쳐 나타나는 부정적 불일치의경우에는 불만족한 반응을 나타내는 것이다. 일치는 소비자의 기대와 성과가 부합될 때 나타난다.

기대란 소비자가 예상하는 바람직한 제품이나 서비스의 성과로, 예전부터 갖고 있던 제품의 전반적인 성과나 속성수준 등에 대한 지식을 포함한다. 성과는 기대되는 이러한 결과들이 나타났는가를 측정할 결과로, 객관적 성과와 주관적 성과로 분류할 수 있다. 객관적 성과란 소비자들이 동일하게 인식할 수 있는 제품의 실제 성과에 기초한 개념이며 주관적 성과는 소비자에 따라 달라질 수 있는 주관적 개념에 기초한 성과이다. 한 연구에 의하면 기대불일치는 객관적 성과보다 주관적 성과의 영향을 더 받는다고 한다.

<사례 10-3> NPS '입소문 고객지수' 얼마나 아십니까

겉으론 "만족해요"라면서 불만 감추려는 고객들
"제품 써보니까 좋은데… 친구한테 추천해야지" 이래야 진짜 충성고객

NPS

→ 어떤 기업이 충성도(로열티) 높은 고객을 얼마나 보유하고 있는지를 측정하는 지표
→ 베인이 2004년 하버드비즈니스리뷰에 처음 소개한 이후, 글로벌 기업들에 빠른 속도로 확산

2004년 하버드비즈니스리뷰에 처음 소개한 이후, 글로벌 기업들에 빠른 속도로 확산되고 있다. 이 NPS에 관련 된 사례가 있다. 지난해 미국 플로리다에서 열린 제너럴일렉트릭의 최고 경영진 회의에서 제프리 이멜트 회장은 GE 헬스케어 사업

부의 NPS 즉 순추천고객지수 운영성과를 보고받은 직후 이렇게 말했다. "GE는 현재 NPS를 모든 사업부서의 핵심적인 경영관리지표로 활용하고 있다." 경영사관학교로 불리는 GE의 사내 연수원인 크로톤빌의 차세대 임원 연수과정에서도 이를 심도 있게 강의하고 있다. GE 헬스케어 사업부의 최고 품질 책임자 피터 맥케이브는 "대성공을 거둔 식스시그마처럼 NPS도 GE에서 대규모로 계속 추진될 것이라는 데 의심의 여지가 없다."고 말했다.

<사례 10-4> 고객과 기업의 동상이몽

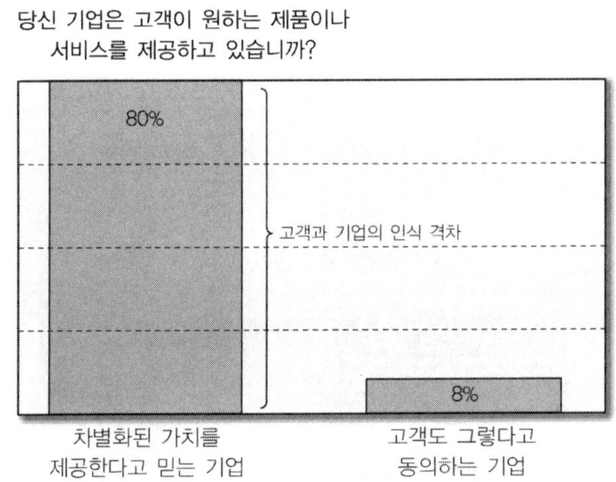

로열티 높은 고객층을 두텁게 하는 것은 모든 기업의 지상목표이다. 미국 렌터카업계 1위인 엔터프라이즈의 CEO 앤디 테일러는 "사업을 성장시킬 수 있는 유일한 방법은 고객들이 우리 물건을 한번 더 사게 하고, 친구들에게 우리 물건을 사라고 얘기하게 하는 것이다."라고 말했다.

로열티가 높은 고객들은 여간해서는 다른 회사 제품에 눈길을 주지 않고, 익숙해진 기업의 제품을 반복적으로 재구매한다. 또 자기 혼자 쓰는 데 그치지 않고 주변 사람들에게 "써보니까 정말 좋더라"라며 구전(口傳)효과를 일으키는 최일선 영업사원 역할도 합니다. 대기업부터 동네 구멍가게에 이르기까지 '고객이 최고'라는 슬로건을 내세우면서 단골 고객을 더 많이 확보하려고 노력하는 것도 바로 고객로열티의 경제학 때문이다.

경영진은 고객로열티의 중요성을 깊이 인식하고 있다. 베인이 최근 전 세계 362개 기업의 임원들을 대상으로 조사한 결과, 응답자의 95%는 "우리 회사가 고객지향적인 전략을 사용하고 있다."고 답했다. 또 80%의 기업들은 자기 회사가 경쟁사보다 차별화되고 우수한 상품, 서비스를 고객에게 제공한다고 믿고 있는 것으로 나타났다. 하지만 고객로열티를 높이기 위한 기업들의 노력에도 불구하고, 고객들의 인식은 기업들과는 천양지차였다. "당신과 거래하는 기업이 경쟁사보다 차별화되고 우수한 상품과 서비스를 제공하고 있느냐?"는 똑같은 질문에 대해 고객들 중 불과 8%만이 "그렇다"고 응답했다.

이런 차이가 생긴 것은 기업들이 '고객만족경영'을 등한시한 때문이 아니라 그간의 고객만족도 조사가 고객의 속마음에 숨어있는 로열티를 끄집어내는 데 한계를 갖고 있었기 때문이다. 최근 조사결과에 따르면, 기업과 거래를 중단한 고객의 60~80%가 직전에 실시된 고객만족도 조사에서 '만족한다'거나 '매우 만족한다'고 답했다고 한다. 로열티가 낮은 고객도 언제든 '만족한다'고 응답할 수 있다는 것입니다. 더 중요한 점은 고객 만족도 조사 결과가 기업의 이익·성장 등 성과지표와 별 상관 관계가 없다는 것이다. 미국의 경우 만점에 가까운 고객만족도 결과를 얻었지만 성과는 시장 평균에 못 미치는 기업이 적지 않다.

출처 : 〈조선일보〉, 2006.10.14

구매 후 평가 단계의 중요성

마케팅담당자들은 소비자들의 제품 구매 전 뿐만 아니라 구매 후에도 소비자의 태도변화를 위하여 노력해야 한다. 구매결과에 대한 소비자의 심리적 후회를 야기 시킬 수 있는 경쟁사의 광고에 대응할 목적에서, 또는 제품 사용에 대한 부정적 인상을 제거하기 위한 목적에서 수행된다. 또한 마케팅담당자들은 소비자들의 불만족을 해결하는 방안을 모색하고 그들의 불만족을 극소화시킬 수 있는 조치를 취하려고 노력해야 한다. 구매자에 대한 구매 후 의사소통은 제품반환과 주문취소의 감소를 초래한다는 연구결과가 제시되었다. 따라서 기업들은 '고객만족센터' 또는 '고객서비스센터' 등을 통하여 소비자들이 불평을 토로할 수 있는 좋은 경로를 만들기도 하고 고객의 불만에 즉각적으로 대응할 수 있도록 준비하기도 한다.

- 소비자의 신념과 태도의 변화 또는 강화 발생
- 차기 구매행동에 평가결과의 Feedback
- 평가 결과에 따른 심리적 반응(인지부조화 등) 경험

• 불만족의 경우 불평행동 수행 가능

2. 구매 후 태도 변화

소비자가 제품이나 서비스를 구매 한 후 사용과정에서 만족과 불만족의 감정적 반응이 결과로 나타난다. 만족은 선택된 대안이 구매전의 기대와 신념에 부응하는 평가결과이고 불만족은 선택대안이 기애에 못미쳤을 때 나타나는 감정적 반응이다. 이러한 소비자의 평가결과는 소비자의 기억 속에 경험의 일부로 저장되며 대한에 대한 그의 신념과 태도에 직접적인 영향을 준다. 구매 후 태도변화를 위한 마케팅 전략에 적용할 수 있는 몇 가지 이론은 다음과 같다.

1) 2단계 기대추인 모델(Two-stage Expectancy Confirmation Model)

이 모델은 R. L. Oliver에 의해 제안된 모델로서 차기 구매의도는 전기 구매 후 태도의 변수이고, 구매 후 태도는 사용경험의 변수이므로, 만일 사용경험이 긍적적이라면 이는 태도를 강화시키고, 강화된 태도는 구매의도를 강화시켜 결국 재구매의 가능성을 높인다는 것이다. 이 모델의 의미를 세분하면 다음과 같다.

첫째, 상표선택은 구매의도의 함수이며, 구매의도는 신념과 태도의 함수라고 전제한다.

둘째, 사용과정 중 소비자는 구매 전 신념과 기대가 실제로 충족되는가를 경험하며, 이 과정에서 기대가 충족되면 만족하며, 그렇지 않으면 불만족하게 된다.

셋째, 구매 후 태도는 만족의 함수이며, 경험이 긍정적이면 구매 전 태도는 강화되고, 경험이 부정적이면 구매 전의 태도는 변화된다.

넷째, 차기 구매의도는 전기 구매 후의 태도에 직접적인 영향을 받는다. 경험이 긍정적이면 강화된 구매의도로 인해 재구매의 가능성이 매우 높아진다.

2단계 기대추인 모델에 의하면 만족한 경험은 신념과 태도를 강화시키고 강화된 태도와 신념은 재구매의 가능성을 높일 것이라고 충분히 기대할 수 있다. 특히 경험에 의해 강화된 신념과 태도는 상황적 요인에 의해 쉽게 영향을 받지 않으므로 태도와 행동은 일관성을 보일 가능성이 높다.

2) 귀인이론(Attribution Theory)

귀인이론에 의하면, 소비자는 구매 후 자신의 행동을 정당화시킬 수 있는 이유를 탐색하고 그것에 의해 자신의 구매 후 태도를 형성 또는 변경한다는 것이다. 따라서 구매한 제품이 기대를 충족시키지 못하더라도 실패 원인과 책임소재 등에 대한 소비자의 지각여하에 따라 구매 후 태도는 긍정적일 수도 있고 부정적일 수도 있다. 이 이론에 의하면 소비자들은 제품이 기대를 충족시키지 못했을 때, 즉 '제품실패'를 인식하게 되면 그 이유분석과 분명한 책임소재를 확인하기 위하여 세 가지 기준을 이용한다.

- 안정성 : 실패 원인이 우연적(확률적)인가? 지극히 일반적 (안정적)인가?
- 책임소재 : 실패이유가 마케터 책임? 판매원 책임? 소비자 자신의 책임?
- 통제성 : 실패 원인이 통제 가능한가? 통제 불가능한가?

이러한 기준에 의해 분석한 결과 제품실패 원인이 우연적이고, 책임소재가 자신에게 있으며, 실패원인이 통제 가능할 때는 구매 후 태도가 긍정적이며 그 상표에 대한 기존의 긍정적이었던 태도는 크게 변하지 않는다. 그러나 소비자의 제품실패 이유가 안정적인 것이라면 그 제품에 대한 소비자의 태도는 구매 후 부정적인 방향으로 변화될 가능성이 매우 높다. 구매행위에 대한 이러한 형태의 귀인행위는 상표대안에 대한 평가가 이루어지지 않은 채 구매된 경우에 자주 나타난다.

귀인이론은 마케팅담당자가 소비자의 긍정적인 태도 강화를 시켜 자사제품을 재구매하도록 유도하기 위해서는 소비자가 최선의 구매결정을 했다는 확신을 갖도록 타당한 이유를 제공해야 한다. 따라서 귀인이론은 상표의 새로운 특징이나 혜택을 지속적으로 제시하고 강조하는 강화광고(reinforcement advertising)전략으로 소비자의 구매 후 태도강화를 목적으로 해야 한다는 것을 설명해 주고 있다.

3) 인지부조화이론(Cognitive Dissonance Theory)

L. Festinger가 제안한 인지부조화 이론이란 개념은 두 개의 인지요소가 심리적으로 조화를 이루지 못하는 경우에 발생되는 것이다. 사람들은 어떤 물체, 인

물, 결정, 또는 행동 등에 대하여 신념, 태도, 의견들로 구성되는 인지(cognition) 구조를 갖는다. 이 인지구성요소들은 서로 관련이 있는 것도 있고 그렇지 않은 것도 있다. 그런데 만약 밀접한 관련이 있는 두 개의 인지요소가 서로 조화(일치)되지 않는다면, 이때 사람들은 심리적으로 긴장을 느끼게 되고 불편함을 경험하게 된다. 이런 심리적 긴장사태를 인지부조화현상이라고 한다.

인지부조화상황이 발생하면 심리적인 불편함과 긴장감을 유발시키므로 개인은 그것을 줄이거나 제거하여 심리적 균형상태를 회복하려는 행동을 취한다고 한다. 부조화를 감소시키는 방법은 여러 가지가 있다. 개인의 행위를 변경시키거나 신념을 바꾸는 행위, 감정이나 태도를 변화시키는 행위 등이다. 이러한 대안을 찾게 되고 그에 의해 신념, 태도, 행동 등을 변경함으로써 심리적 균형의 회복이 가능해진다. 기존의 연구를 종합하여 보면 다음과 같은 상황에서 소비자들은 인지 부조화를 크게 느낀다.

- 선택 대안이 많을 때, 선택대안들의 우열을 가리기 어려울 때, 각 대안의 특징이 상이하여 선택되지 않은 대안에 대한 미련이 남을 때
- 구매 후 선택되지 않은 대안이 더 많은 바람직한 속성이 있는 것을 발견했을 때
- 구매결정이나 행동을 취소할 수 없을 때
- 구매관여수준이 높을 때 (중요한 구매인 경우)
- 구매결정이 전적으로 자신의 의지에 의해 행해졌을 때

소비자들은 구매 후 느끼게 되는 심리적 긴장을 완화시켜 심리적 평온을 되찾으려고 하므로 선택한 대안에 대한 불확실하거나 부정적인 신념을 일단 긍정적으로 변환시키려고 다음과 같은 방법을 시도한다.

- 대안의 재평가 : 선택한 대안의 장점을 과대평가하고 선택에서 제외된 대안의 단점을 찾는다.
- 구매 후 정보탐색 : 선택 대안의 긍정적 정보를 더 탐색해 자신의 선택에 더욱 확신을 갖으려고 한다.

인지부조화이론은 소비자행동과 마케팅측면에 시사하는 바가 크다. 이 이론에

따르면 마케팅담당자는 소비자의 구매 이후에 상표와 관련된 긍정적 정보를 추가로 제공함으로써 예상되는 인지부조화를 막을 수 있다. K. B. Runyon 은 구매 후 소비자의 결정내용에 대한 지지정보를 제공함으로써 인지부조화를 감소시킬 수 있는 마케팅전략을 제시하고 있다.

- 팜프렛(brochures)이나 광고를 통해 제품의 안전한 취급과 보호유지를 위한 부가적 정보를 제공할 것.
- 구매 후 나타날 수 있는 의구심이나 불안감을 해소시켜주기 위해 제품보증(warranties and guarantees)을 제공할 것.
- 친절한 AS와 불평호소창구를 통하여 구매 후 만족을 높이는 신속한 후속조치를 할 것.
- 제품만족을 재확신시키기 위하여 품질과 성과에 대한 믿을만한 정보를 광고에 게재할 것.
- 제품이 사용방법을 숙지하여 만족할 수 있도록 하고 판매 후에도 구매자와 계속적인 관계를 유지하여 서비스를 제공할 것.

10.3 소비자의 불평행동

1. 소비자의 불만행동

불만족을 하는 경우 소비자들은 타인에게 부정적인 구전을 하며 해당 상표의 재구매를 하지 않는 등 구체적인 불평행동을 나타낸다. 소비자들이 인터넷 등을 통하여 불평행동을 하게 되면 그 확산속도는 대단하므로 심각한 사회적 이슈로 등장할 수가 있게 된다. 이에 따른 기업의 타격 또한 심각하게 될 여지가 있다. 소비자들이 불만을 경험했을 때 보이는 행동반응은 상황이나 소비자 개인에 따라 다르다. 소비자들이 불만에 대하여 나타내 보이는 행동유형은 다음 그림과 같다.

〈그림 10-3〉 소비자의 불평행동

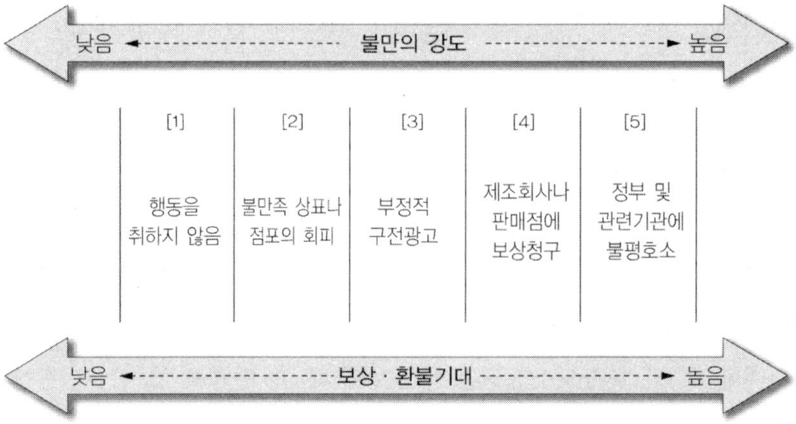

[1]의 유형은 전혀 아무런 행동도 취하지 않는 소비자를 말한다. 불만수준이 낮아 무관심한 경우에 나타나는 행동반응이라고 볼 수 있다.

[2]의 유형은 불만의 경험을 기억 속에 저장하고 있다가 재구매가 필요해졌을 때 그 상표를 피하고 다른 대안을 선택하는 행동을 말한다.

[3]의 유형은 선택대안에 대해 자신만 부정적인 태도를 가지는 데 그치지 않고, 불만경험을 친구나 친지, 동료들에게 구전함으로써 그 상표에 대한 부정적 정보를 도처에 유포시키는 행동을 말한다.

[4]의 유형은 책임이 있다고 생각되는 제조회사나 판매점에 직접 불평을 호소하고 보상을 청구하는 행동유형을 말한다. 불만을 해소하기 위한 가장 구체적인 행동반응이라고 볼 수 있다. 그러나 이 경우 마케팅기관의 대응책이 적절하지 못하면 소비자의 불만은 오히려 가중될 가능성도 있다.

[5]의 유형은 정부기관이나 소비자단체 등에 고발 또는 불평을 호소하는 소비자의 행동유형을 말한다.

불만의 강도가 높아지면 [1]의 반응보다는 [4]나 [5]의 행동반응이 나타날 가능성이 높다는 것을 의미하며, 소비자마다 불만의 강도에 따라 [1]에서 [5]로 단계적인 행동반응이 나타난다는 것을 의미하지는 않는다.

소비자가 불만을 해소하기 위하여 제조회사나 관련기관에 불평을 호소할 것인가 하지 않을 것인가에 영향을 미치는 요인으로는 다음과 같은 것들이 있다.

- 불만족 수준 : 불만족 수준 높으면 불평행동제기 가능성이 높다. 사람들은 모든 것이 항상 완벽할 수만은 없다는 것을 인정하기 때문에 약간의 문제점에 대해서는 크게 불만을 나타내지 않는다. 그러나 불만수준이 높아지면 심각한 반응을 보이게 되는 것이 일반적인 현상이다.
- 제품의 중요도 : 고관여 제품일 때 불평행동 가능성 높다.
- 불평행동의 비용과 성과 : 불평행동으로 기대되는 이득이 예상 소요경비보다 클 것으로 지각될 때 불평행동 가능성 높다.
- 개인적 특성 : 개인의 성향에 따라 불평을 잘 하는 사람이 있고 그렇지 않은 사람이 있다. 일반적으로 ① 교육수준 높은 사람, ② 시간적 여유가 많은 사람, ③ 젊은 층의 소비자, ④ 공격적이거나 외향성을 지닌 소비자들이 불만 호소를 잘하는 경향이 있다.
- 책임의 귀인 : 소비자는 불만을 야기시킨 책임(또는 원인)이 자기 자신에게도 있다고 생각할 때에는 별다른 행동을 취하지 않는다. 그러나 그 책임이 전적으로 마케팅주체에게 있다고 믿게 되면 외적 불평행동을 택하게 된다. 일반적으로 보면 소비자들은 대부분의 책임을 자신보다는 마케팅담당자 측에 귀인시키려는 경향이 많다.

마케팅담당자 입장에서는 소비자가 불평을 제기하고, 그 결과 소비자와 직접 커뮤니케이션을 할 수 있는 기회를 갖는 것이 오히려 바람직한 상황이다. 불평을 제기하지 않고 타사 상품 구매자로 전환하거나, 부정적인 구전을 하는 소비자들이 결과적으로는 훨씬 문제가 된다. 이들은 자사상표를 재구매하지 않을 가능성이 매우 높을 뿐만 아니라, 다른 소비자의 구매행동에까지도 영향을 주기 때문이다. 따라서 마케팅담당자는 소비자가 불만을 느꼈을 때, 쉽게 불평을 제기할 수 있도록 제도적 준비할 필요가 있다. 소비자들은 불평을 제기했을 때 마케팅담당자들이 성의 있는 태도를 기대하며, 마케팅담당자의 반응여하에 따라 소비자의 불만은 상당히 완화될 수 있다. 일단 소비자의 불만이 완화된다면 그들의 재구매를 기대할 수도 있다. 따라서 소비자의 구매 후 발생하는 인지부조화나 불만에 대한 관리문제는 소비자뿐만 아니라 기업에게도 중요한 과제 중의 하나가 되고 있다. 또한 마케팅담당자는 불평을 토로하는 소비자가 한명이라면 불평을 표현하지 않는 소비자들은 26명이나 된다는 사실을 필히 기억해야 할 것이다.

<사례 10-5> 헝그리어답터

윤모(27세 회사원)씨는 현재 일본 펜탁스사의 100만원대 디지털 카메라를 사용하고 있다. 그는 최근 2년 동안 카메라를 12차례 교환했다. 2년 전 30만원짜리 중고 카메라를 처음 구입한 뒤 2개월에 한 번씩 사용하던 카메라를 5만원 정도 싸게 중고로 팔고 10만원 정도를 추가해서 더 좋은 모델의 중고제품을 구입했다.

윤씨는 "포장을 벗길 때에도 조심해서 제품을 다루고 흠집이 생기지 않게 제품을 아껴 사용하면 되 팔 때 좋은 가격을 받을 수 있다."며 "결과적으로 지금 사용하는 카메라를 할부로 구입한 것과 비슷한 가격에 훨씬 많은 최신 카메라를 사용할 수 있었다."고 말했다.

정보기술(IT)분야에서는 윤씨와 같은 소비행태를 가진 소비자가 늘고 있다. 대부분이 IT관련 기기에 관심이 많은 25~35세의 젊은 남성 직장인들은 늘 더 좋은 제품으로 기기를 '업 그레이드'한다는 의미에서 '업글러'로 불리거나 신제품 마니아인 '얼리어답터'와 비교해 '헝그리어답터'라고 불린다. 기존의 얼리어답터가 신제품을 구입하는데 비해 이들은 물건을 잠시 사용한 후 되팔고 그 돈으로 다시 중고 물건을 사기 때문에 생겨난 표현이다.

한 인터넷 경매업체에 의하면 '컴퓨터'와 '가전' 카테고리에서 IT관련 기기를 사고 3개월 내에 다시 판매한 개인 회원 수는 1만 8,000여명으로 이들이 대부분 헝그리어답터로 추정된다고 한다.

한편 한 중고제품 거래 결제 대행업체에 따르면 통계에 잡히지 않는 개인 사이의 현금거래까지 포함하면 연간 500억원 가량의 거래가 이뤄지는 것으로 추정된다. 이를 헝그리어답터 덕분에 중고품에 대한 인식이 높아졌습니다. 기업들도 이들의 존재를 인식해 마케팅에 활용하고 있다. 즉 MP3 플레이어 제조업체 등은 고객의 요구로 인터넷 홈페이지에 중고장터 운영을 회사가 맡아 결제 대행 서비스까지 제공하고 있다. 또한 헝그리어답터는 용산전자상가 등의 유통방식도 변화시켰다. 헝그리어답터가 매장 별 가격정보 등을 인터넷 동호회와 중고장터 등에 올리면 가장 저렴한 업체 수준의 가격을 제시하지 못한 업체는 재고처리도 제대로 하기 어려워졌다. 이 때문에 용산 상가 상인들은 오프라인 매장에선 값이 떨어지기 전의 '최신 제품'만 판매하고 있다.

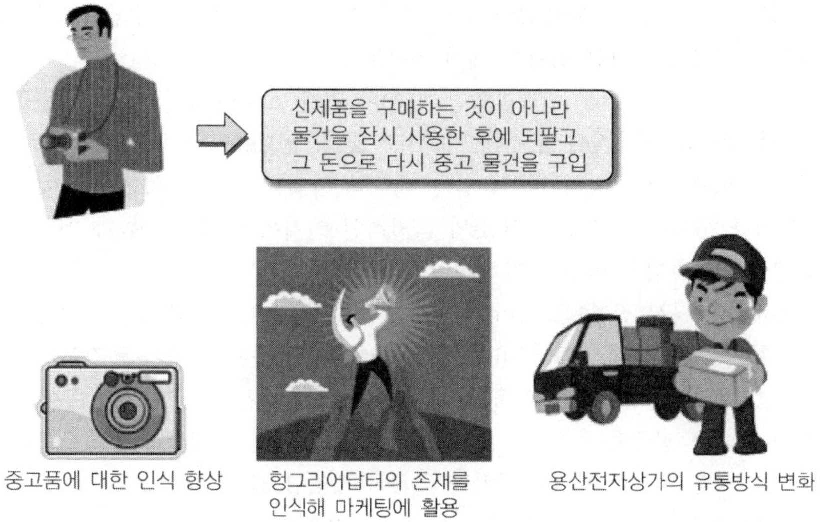

<사례 10-6> 구매 후 평가과정에서 소비자신념과 태도에 대한 사례

"또 너냐" · · · 남양유업-베트남 '질긴 악연'
진출→납성분 검출→재진출→멜라민 논란 분유 '악순환'
베트남 "국민건강 · 기업가 정신위해 적절한 조치할 것"

2003년 12월 시작된 남양유업의 베트남 수출 역사는 긴장감 넘치는 한 편의 드라마를 연상케 한다. 시장 진출 5년3개월 만에 천당과 지옥을 오가면서 반전의 반전을 거듭했다.

2004년 11월 기준치의 5배를 초과하는 납 성분이 검출된 분유를 판매하다 적발돼 사업을 중단했다가 2006년 2월 재개한 지 3년여 만에 국내에서 멜라민 함유 논란을 빚은 분유 수출 의혹이 제기되면서 최대 위기를 맞게 됐다.

남양유업은 지난 2003년 12월부터 '임페리얼드림XO ', '키플러스'(Imperial Kid XO), '임페리얼맘XO'(임산부용 분유), '명품유기농' '호프알레기' '호프닥터' 등을 수출하고 있다. 특히 남양유업은 2004년 5월24일 '임페리얼드림XO'를 수출하면서 베트남 식약청으로부터 '식품안전금상'을 수상, 베트남 분유시장에서 성장 동력을 확보했다. 그러나 이것도 잠시 지난 2004년 11월 남양유업의 '임페리얼맘XO'에서 기준치를 초과한 납 성분이 검출됨에 따라 베트남 보건강국은 수입업체인 하노이의 비에트안사가 수입한 전량을 폐기 처분토록 조치했다.

당시 베트남 식약청은 '임페리얼맘XO'(유통기한 2006년 5월1일)의 샘플을 검사한 결과 베트남 식약청에 보고한 기준치의 ㎏당 0.02㎎의 5.35배에 달하는 납 성분을 검출했다. 이에 따라 남양유업은 베트남 사업을 접어야 하는 위기에 놓였었다. 그러나 2006년 드라마 '대장금'의 폭발적인 인기에 힘입어 한류가 베트남에 확산되면서 남양유업은 반전의 기회를 얻었다.

남양유업은 당시 질 높은 서비스 제공과 소비자 보호를 위해 하노이와 호찌민에 현지 지사를 설립한데 이어 소비자보호센터를 설립하는 등 투자를 강화하면서 그해 2월 '임페리얼맘XO'의 수출을 재개했다. 특히 남양유업은 드라마 '대장금' 반영시간에 광고를 집중하는 등 공격적인 마케팅을 펼치면서 베트남 분유시장에서 지난해까지 성장세를 이어갔다. 이처럼 굴곡이 많았던 남양유업의 베트남 사업은 지난해 국내에서 멜라민 함유 의심으로 논란을 빚었던 제품 '아이엠마더' 5만4000캔을 수출하면서 또 다시 최대 위기를 맞고 있다.

베트남 국민 상당수가 과거 '납 분유'사건을 기억하고 있는데다가 한국에서 멜라민 함유로 논란을 빚었던 제품이 베트남으로 수출됐다는 사실까지 현지에 알려지면 남양유업의 신뢰도 추락이 불 보듯 뻔하기 때문이다.

여기에 베트남 대사관이 남양유업의 해당 제품 수출을 의도적으로 판단할 경우 베트남 국민들의 건강과 공정한 기업정신을 보호하기 위해 적절한 조치를 취할 방침이라고 밝혀 이 같은 사실이 베트남 현지에 알려지는 것은 초읽기다.

남양유업은 베트남에 수출한 분유가 멜라민 불검출 제품이라는 사실을 베트남 정부 당국에 알리는데 주력하고 있는 것으로 전해졌다. 그러나 베트남 정부당국은 멜라민 논란으로 한국에 판매하지 못해 그동안 창고에 보관한 경위와 베트남에 수출한 것과 달리 한국 판매용은 리뉴얼했다는 사실을 이미 파악하고 있어 이 역시 여의치 않을 것으로 전망된다.

베트남 한 교민은 "베트남 국민 상당수는 한국에서 멜라민 함유논란을 빚었던 제품이 베트남에 수출된 사실을 모르고 있지만 과거 남양유업의 '납 분유'사건은 기억하고 있다"며 "현지 교민들은 이 같은 사실이 알려져 베트남 내에서 반한 감정으로 이어지지 않을까 노심초사하고 있다"고 말했다.

출처 : 〈파이낸셜 뉴스〉, 2009.2.25

<사례 10-7> "2009년, 친환경 녹색기업으로 거듭난다"

'2009년 경영의 화두는 에코(Eco · 환경)!'

환경에 대한 소비자들의 관심이 급격하게 증가하면서 기업들의 환경경영이 다양하게 진화하고 있다. 홍보효과만을 노리던 일회성 이벤트 대신 제품 개발 단계에서 마케팅 · 캠페인에 이르기까지 친환경DNA가 뿌리 깊게 확산되고 있는 것이다.

국내 굴지의 유통기업들은 그린마일리지 캠페인의 일환으로 그린백 보급과 확산에 나섰다. 그린마일리지 캠페인은 지난해부터 환경부 · 자원순환사회연대와 공동으로 주최하고 있는 포장 줄이기 운동이다.

롯데마트는 지난 25일부터 월드점 · 서울역점 등 10개 주요 점포에서 5만 원 이상 구매고객들에게 그린백을 나눠주는 행사를 진행 중이다. 그린백은 비닐봉투 사용을 줄이기 위해 제작된 친환경 장바구니로 인기스타 이효리씨가 디자인 작업에 참여했다. 롯데마트는 3월에는 그린백 물량을 3만 여개로 늘려 전 점포에서 나눠 줄 계획이다.

신세계 그룹은 아예 올해 회사 슬로건을 '그린 신세계 클린 컴퍼니'로 정해 환경경영에 대한 강한 의지를 밝혔다. 신세계는 이를 위해 지난주부터 이마트 서울 양재점과 경기도 남양주점에서 비닐쇼핑백을 완전히 없애는 작업에 돌입했다. 또 신세계백화점은 오늘부터 수도권 주요 점표에서 그린백을 나눠준다..

삼성전자는 지난 1월출시한 2009년형 하우젠 에어컨 '바람의 여신'에 다양한 친환경 기술을 적용했다. 예를 들면 에어컨의 전면 패널에 장착한 '쿨 아이(Cool eys)'라는 센서는 더운 곳으로만 바람을 보냄으로써 불필요한 냉방을 줄여준다. 기존 제품 대비 62%의 전기료 절감효과를 얻을 수 있다는 것이 회사 측의 설명이다.

또 삼성전자의 친환경 휴대전화 에코는 배터리 커버를 옥수수 전분을 활용한 바이오 플라스틱으로 만들었고, 포장 패키지도 플라스틱 대신 재생 용지를 사용했다.

애플컴퓨터의 맥북 프로는 재활용이 가능한 알루미늄 재질로 제작됐다. 맥북 프로의 배터리는 한번 충으로 8시간 연속 사용이 가능하고 최대 1000회까지 재충전할 수 있어 폐기물을 덜 발생시킨다는 점에서 친환경 제품이다.

쿠쿠홈시스는 쿠쿠밥솥 전 모델에 기존 제품보다 20%이상 전력 소비를 줄인 취침 보온기능을 적용했다.

출처 : 〈조선경제〉, 2009.11.4

참고문헌

1) Russell W. Belk, "An Exploratory Assessment of situational Effects in buyer Behavior," *Journal of Marketing Research*, Vol. 11, 1974.

2) Richard L. Oliver and William O. Bearden, "The Role of Involvement in Satisfaction Processes," in Richard Bagozzi and Alice A. Tybout, eds., *Advances in Consumer Research*, Vol. 9, Ann Arbor, Mich. : Association for Consumer Research, 1983.

3) Leon Festinger, *A Theory of Cognitive Dissonance*, Standford, California : Stanford University press, 1953.

4) Kenneth E. Runyon, *Consumer Behavior*, 2nd ed., Columbus, Ohio : charles E. Merril Publishing Company, A Bell & Howell Company, 1980.

5) William L. Wilkie, *Consumer Behavior*, N.Y. : John Wiley & Sons, Inc. 1986.

6) E. Laird Landon, "A Model for Consumer Complaint Behavior," in R. Day ed., *Consumer Satisfaction, Dissatisfaction, and Complaining Behavior*, Bloomington, Indiana : Indiana University, 1977.

제 11 장

동기유발

11.1 동기유발의 본질과 제이론

1. 동기유발의 본질

1) 동기 및 동기유발의 정의

본격적 의사결정과정의 첫 단계의 주요요인은 동기이다. 동기는 사람들이 욕구를 충족시키고자 할 때 발생한다. 소비자의 욕구는 개인 심층에 잠재되어 있다가 어떤 계기로 인하여 활성화되는데, 활성화된 욕구가 충족되지 않으면 심리적으로 균형을 잃고 긴장이 유발된다. 이러한 긴장상태는 불안하고 불편하기 때문에 사람들은 심리적 안정을 추구하며 어떤 행동을 하게 된다. 이러한 행동을 유발시키는 강력하고 지속성 있는 내적 자극이 동기(motives)이다. 단순한 행동유발이 아닌 야기된 행동이 특정목표를 지향할 수 있도록 강한 추진력을 가진 비교적 지속성 있는 내적 성향을 말한다.

결국 미충족된 욕구로 인하여 야기된 심리적 긴장감이 행동유발의 직접적인 동기로 작용한다고 하여 흔히 욕구와 동기를 같은 의미로 사용하기도 하지만, 엄밀히 구분하면 욕구는 동기의 원천이라고 할 수 있다. 즉 어떤 욕구가 충족되지 않았을 때, 사람은 긴장을 경험하게 되고, 이 긴장은 욕구가 합리적인 방향으로 충족되도록 동기를 유도한다. 따라서 욕구는 동기를 유발하는 필요조건이다.

동기가 활성화되어 행동을 유발시키는 과정을 동기유발(motivation)이라고 한다. 동기가 활성화되면 행동이 시작되고 일정한 목표가 달성될 때까지 그 행동은 지속된다. 이러한 동기는 정태적 시점에서 보는 행동의 원인이며 동기유발은 원인이 활성화되어 행동을 유발시키는 과정을 의미하므로 동기와 동기유발의 개념은 불가분의 관계로 혼용하여 사용하기도 한다.

〈그림 11-1〉 동기유발 모형

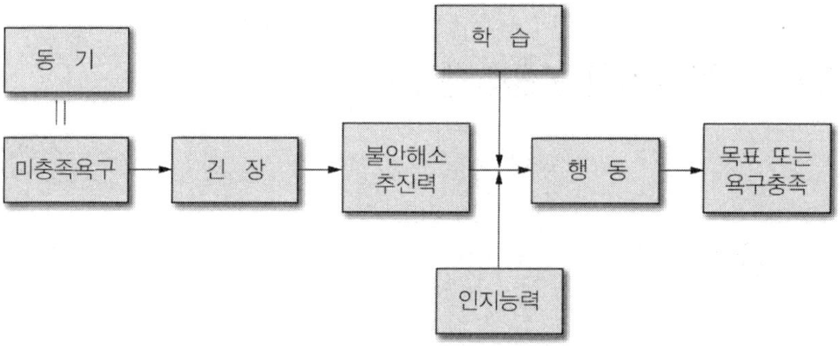

2) 동기 및 동기유발의 특성

동기는 개인적 욕구에 따라 모든 소비자행동의 방향성을 제시하기 때문에 소비자 행동에서 중요한 위치를 차지한다. 동기의 본질을 이해하기 위해서는 동기의 특성을 이해하는 것이 필요하다.

(1) 동기(motives)의 특성

첫째, 동기는 관찰이 불가능하다. 상이한 동기가 동일한 행동을 유발시킬 수도 있고 동일한 동기가 상이한 행동을 유발시킬 수도 있으므로 동기의 정확한 추정은 어렵다. 다만 행동을 관찰함으로써 추정할 수가 있다.

둘째, 동기는 소비자 자신에 의해 인지가 가능한 의식적 동기와 인지가 불가능한 무의식 동기가 있다. 소비자 자신이 의식하지 못한 상태에서 어떤 행동을 유발시키는 숨은 동기(hidden motives)는 소비자 자신도 분명하게 식별하기 힘들다.

셋째, 소비자들은 일반적으로 복수의 동기를 갖는다. 소비자행동은 단일한 동기에 의해 유발되는 경우보다 여러 동기가 복합적으로 작용하여 유발되는 경우가 더 많다.

넷째, 동기는 유인가(valence)를 갖는다. 유인가가 높은 동기일수록 행동에의 영향력이 높다. 양(+)의 유인가는 행동을 발생시키는 긍정적인이며, 음(-)의 유인가는 행동을 억제시키는 부정적 동기인 동기이다.

(2) 동기유발(motivation)의 특성

소비자행동은 내부적 동기유발뿐만 아니라 외부적 자극에 의해서도 동기가 유발된다. 마케팅담당자는 소비자의 동기를 자극하는 요인을 분석하여 마케팅활동에 유용하게 응용할 수 있다. 동기유발은 상당히 동태적이고 복합적인 개념으로 다음과 같은 특성이 있다.

첫째, 에너지와 방향을 갖는다. 에너지란 행동을 유발하고 수행하는 데 필요한 활력이고, 방향(direction)이란 유발된 행동이 목표를 향하도록 하는 좌표에 대한 영향력이다.

둘째, 동기유발의 근간은 심리적 긴장상태를 완화시키려는 인간의 본능적 충동에 기인한다. 소비자 동기의 근본적인 목적은 긴장을 감소시키는 것이다. 모든 긴장이 오직 생리적인 것뿐이라면 소비자의 동기는 훨씬 단순한 문제이겠으나 소비자 동기는 감정에 의해 유발되기 때문에 훨씬 더 복잡하다.

셋째, 동기유발에는 개인차가 존재한다. 개인마다 생리적 · 외형적 조건이 다르듯이 욕구도 개인마다 다르기 때문에 동기유발에도 개인마다 차이가 있다. 개인의 나이, 소득, 직업 등이 다르고 개성이 다르기 때문에 호기심이 다르고 어떤 상황에 대한 학습과 경험이 다르다. 따라서 행동을 야기 시키는 직접적인 동기와 동기유발과정이 개인에 따라 전혀 다른 형태로 나타난다.

동 기	· 관찰 불가능 · 의식적 동기(소비자 자신에 의해 인지가 가능한 것)와 무의식 동기(인지가 불가능한 것)가 있음 · 일반적으로 복수의 동기를 가짐 · 유인가(valence)를 가짐
동기유발	· 에너지와 방향을 가짐 · 동기유발의 근간은 심리적 긴장상태를 완화시키려는 인간의 본능적 충동에 기인 · 동기유발에는 개인차가 존재

<사례 11-1> 딤채 + 헹켈 쌍둥이칼-두 가전 명품의 운명적 만남

"맛깔스런 김치를 명품 김치냉장고에 담고, 먹을 땐 명품 칼로 썬다." 딤채가 헹켈을 만났다. 딤채는 1995년 김치냉장고라는 제품이 지구상에 존재하지 않던 시절 탄생한 원조 김치냉장고이다. 탄생 이후 줄곧 1등을 지켜온 탓에 김치냉장고 대명사로 불립니다. 딤채의 명성에 힘입어 김치냉장고는 대한민국 5대 가전 품목에 당당히 이름을 올렸다. 헹켈은 두말할 나위 없는 세계 최고의 주방용품이다.

헹켈의 시작은 270년 전으로 거슬러 올라간다. 독일 베스트팔렌주 졸링엔 마을에서 헹켈은 시작되었다. 1731년 헹켈이 내놓은 쌍둥이 마크는 세계에서 가장 오래된 등록상표 중 하나이다. 쌍둥이칼은 칼 제품으로는 유일하게 세계 100대 명품에 꼽힙니다. 두 명품 브랜드가 공동 마케팅을 펼치고 있다. 전국 각지의 딤채 매장에 헹켈 제품을 전시하고 판매하기 시작했다.

프리미엄 김치냉장고 딤채프로와 쌍둥이칼이 어우러진 모습은 주부들의 시선을 끌어당기고 호기심을 불러일으키기에 부족함이 없어 보인다. 서울 강남의 양자 등 딤채매장을 찾은 예비주부 이화영씨는 "필수 혼수품인 김치냉장고를 사기 위해 딤채매장에 왔다."며 딤채 매장에서 소문으로만 듣던 헹켈 제품까지 구경할 수 있게 돼 너무 좋다고 말했다. 이씨는 딤채에 김치를 담고 헹켈 칼로 김치를 썰면 주방품위가 더욱 높아지지 않겠느냐며 "혼수품으로 김치냉장고와 헹켈 주방집기를 구입할 생각이 있다."고 덧붙였다. 김화순 양재매장 점장은 "헹켈 제품이 딤채 매장을 찾을 수 있게 하는 동기유발 작용을 하는 것 같다."고 말했다. 김 점장 설명대로 딤채와 헹켈 제품을 같이 전시한 후 매장 방문객이 크게 늘고 매출에도 큰 도움이 되고 있다.

· 1995년 탄생한 원조 김치냉장고
· 김치냉장고의 대명사
· 김치냉장고는 대한민국 5대 가전 품목에 오름

· 세계 최고의 주방용품
· 독일 베스트렌즈 졸링엔 마을에서 시작, 1731년 헹켈이 내놓은 가장 오래된 등록상표 중 하나임
· 칼 제품으로는 유일한 세계 100대 명품에 꼽힘

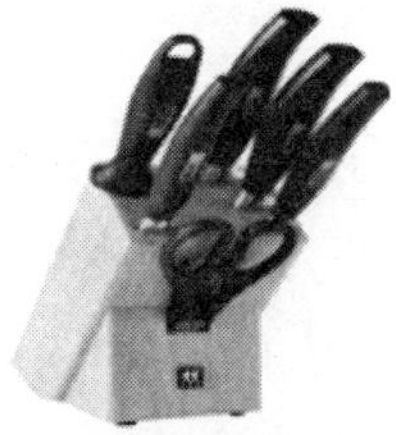

품위 있는 주방을 위해서
혼수품으로 김치냉장고와
헹켈 주방집기를 구입할 거예요.

헹켈 제품이 딤채 매장을 찾도록 하는 동기유발 작용

딤채와 헹켈의 만남은 어찌 보면 운명적입니다. 두 브랜드는 김치를 매개로 한 저장과 요리도구로서 연관성이 높습니다. 각기 전문 분야 명품이란 점도 통합니다. 더욱이 두 브랜드를 대표하는 아이덴티티 컬러도 비슷합니다. 입소문으로 명가 반열에 올랐다는 사실도 공통점입니다. 헹켈을 만났기 때문인지 딤채의 명품성도 더욱 강화되는 분위기입니다. 김치와 와인을 결합해 반향을 일이키는가 하면 수준 높은 아티스트들이 제품 디자인에 참여해 명품 이미지를 굳혀 가고 있습니다. 비노디는 냉장고와 와인셀러를 결합한 프리미엄 제품입니다. 냉장고와 와인셀러, 그

리고 일반냉장고 기능까지 하나로 구현한 딤채프로도 인기입니다. 유명 한복디자이너 배영진 씨가 디자인한 나비 패턴도 프리미엄 고객을 중심으로 인기가 높습니다. 자연무늬 나무를 수공으로 마무리한 제품과 스테인리스 스틸 소재 제품도 심플한 디자인과 결합해 명품 이미지를 높여주고 있습니다. 김화순 점장은 "수입 명품 가전에 주로 쓰이던 스테인리스 소재를 김치냉장고에 접목하기 시작했다."며 "주방을 고급스런 분위기로 바꾸고 싶어 하는 주부들에게 이 제품이 큰 호응을 얻고 있다."고 말했습니다.

출처 : 〈매일경제〉. 2008.2.18

2. 동기유발에 관한 제이론

동기와 개성은 밀접한 관계에 있기 때문에 동기유발이론과 개성이론을 구분하지 않는 경우도 있다. 본능이론(instinct theroy)이나 정신분석이론(psychoanalytic theory) 등은 실제로 동기유발에 관한 이론이기도 하며 개성이론이 될 수도 있다. 그러나 엄밀한 의미에서의 동기유발이론은 사람들이 지니고 있는 공통적인 속성에 초점을 맞추고 있으며, 개성이론은 인간속성상의 개인차에 초점을 맞추고 있다는 점에서 그 차이가 있다.

동기유발이론에 관한 이론은 많이 있지만 소비자 행동을 이해하고 설명하는데 도움이 되는 몇 가지 이론을 검토하기로 한다.

1) 장의 이론(Field Theory)

K. Lewin에 의해 제안된 장의 이론은 인지적 접근방법을 택하고 있다. 행동유발의 동인으로서 본능이나 습관보다는 지식과 사고력을 더 중요하게 여긴다.

장의 이론은 인간의 행동 개인과 환경의 함수관계로 보며, 인간의 행동은 그의 개인적 특성과 환경 요인 간 상호작용에 의해 결정된다고 한다.

$$B = f(P, E)$$

B: 행동(Behavior)
P: 개인(Person)

E: 환경(Environment)
f : 함수(function)관계임을 표시함

Lewin에 의하면, 개인과 환경은 하나의 심리적 장(Psychological field)인 생활공간(life space)을 형성하는데 인간의 행동은 특정시점에서 이 장(field)의 함수라고 하였다. 여기서 생활공간이라 함은 현실에 대하여 개인이 지각하고 있는 심리적인 실체 (psychological reality)를 의미한다. 즉, 개인이 보는 현실 세계는 객관적인 실체 그 자체가 아니고 그의 개인적 요인과 환경적 요인의 상호작용에 의해 창조된 심리적인 현상이라는 것이다. 따라서 개인마다 다를 수 밖에 없으며 똑같은 환경 하에서도 개인의 행동은 상이하게 나타나게 된다고 설명한다.

2) 욕구 이론(Need Theory)

'인간행동은 내재하는 욕구에 의해 유발된다'고 하는 욕구이론은 가장 설득력 있는 동기이론 중 하나이다. H. A. Murray의 사회적 욕구이론과 A. H. Maslow의 욕구계층이론에 관하여 살펴보자.

Murray의 사회적 욕구론

욕구란 불만족 상태를 조금 더 만족한 상태로 변화시키기 위한 방법을 생각해 내게 하고, 그 방법대로 행동하도록 하는 인간두뇌(brand region)에 내재하는 추진력(force)이다.

(1) Murray의 사회적 욕구론(Murray's theory of social needs)

Henry A. Murray는 인간의 생리적 본능보다는 사회적 욕구를 더 중요하게 인식하며, "욕구란 불만족 상태를 조금 더 만족한 상태로 변화시키기 위한 방법을 생각해 내게 하고, 그 방법대로 행동하도록 하는 인간두뇌(brand region)에 내재하는 추진력(force)이다."라고 정의하였다. 특정인을 여러 상황 하에 두고, 관찰한 결과 그의 욕구가 상당히 체계적임을 알 수 있었다. 이러한 체계적인 욕구가 그 사람의 성격을 형성한다는 것이다. 오랫동안 욕구, 특히 사회적 욕구가 성격형성과 행동유발의 근원이 된다.

Murray와 그의 연구진은 수차례에 걸쳐 세밀한 심층조사를 실시한 결과를 종합하여 인간의 욕구를 12종의 생리적 욕구(physiological needs)와 28종의 심리적 욕구(psychogenic needs)로 분류하고 완성하여, 인간의 사회적 욕구목록 (Murray's inventory of social needs')이라고 하였다. 생리적 욕구보다 심리적 욕구의 연구에 더욱 관심을 보였다. 심리적 욕구(사회적 욕구 또는 수단적 욕구)가 인간의 사회적 활동에 보다 직접적으로 관련되어 있으므로 인간이 어떻게 행동해야 하는가를 결정하는데 직접적인 영향을 주기 때문에 이들이 더 중요한 동기유발요인이 된다고 보았기 때문이다. Murray의 욕구이론에 의하면, 인간의 욕구는 개인차가 커서, 개개인이 가지고 있는 욕구의 유형이나 강도에는 차이가 있다고 한다. 또한 다양한 욕구들은 서로 밀접히 관련되어 있고, 둘 또는 그 이상의 욕구가 결합하여 특정행동을 유발시키는 경우가 많아서 개인의 행동패턴이 다양성을 보이게 된다고 한다.

Murray 연구의 소비자행동분야에 대한 기여한 바를 보면, Murray가 다른 연구원과 공동 개발한 TAT(the Thematic Apperception Test)기법이 소비자들의 은폐된 동기(hidden motives)와 동기유발과정의 조사·연구에 많이 이용됨으로써 마케팅담당자들은 소비자들의 다양한 욕구와 동기에 기초하여 효과적인 마케팅전략을 전개할 수 있게 되었다.

소비자들의 개성조사기법으로 많이 이용되고 있는 EPPS(the Edwards Personal Preference Schedule)도 Murray의 욕구목록 중에 있는 15개의 욕구에 기초하여 개발된 것이다.

〈표 11-1〉 Murray의 사회적 동기의 예시

야망, 권위, 성공과 관련된 욕구	권력과 관련된 욕구	가학-피해성 욕구	우호적 인간관계 관련 욕구
우월 성취 인정 과시 신성불가침 굴욕회피 방어 저항	지배 도전 돌출 존경, 칭찬 자율	공격 굴복, 복종, 인내	친교 양육, 동정 유희 무관심, 포기, 거부 구원, 구세

(2) Maslow의 욕구계층이론(Hierarchy of need theory)

임상심리학자였던 A. H. Maslow에 의하면, 인간의 행동은 자신의 욕구를 충족시키는 과정에서 형성된다고 전제하고, 인간행동에 동기를 부여할 수 있는 인간의 욕구를 다섯 유형으로 범주화하고 이들 욕구가 활성화되는 순서에 따라서 다음과 같이 계층화하였다.

〈그림 11-2〉 Maslow의 욕구계층이론(Hierarchy of need theory)

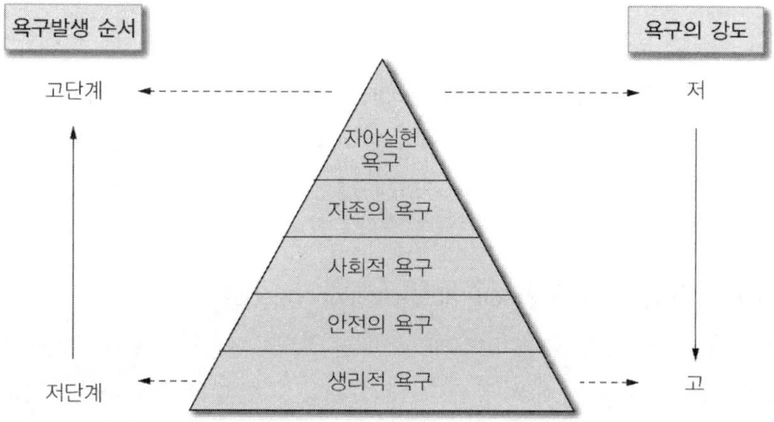

제1단계 : 생리적 욕구(physiological needs)

인간의 생명을 유지하기 위한 가장 기본적인 욕구로서 음식, 주택, 성, 의복 등에 대한 욕구를 말한다. 가장 강력한 욕구수준을 지니기 때문에 생리적 욕구가 충족되지 않은 상태에서는 오직 생리적 욕구만 활성화되며, 생리적 욕구가 충족이 되면 더 이상 동기유발되지 않고 다음 단계의 욕구가 동기유발된다는 것이다.

제2단계 : 안전의 욕구(safety & security needs)

생리적 욕구 충족 후에 느끼는 욕구로 신체적인 안전과 심리적인 안정을 추구하려는 욕구이다. 외부로부터 자신에 대한 보호나 직업의 안정처럼 사회적 위협으로부터 벗어나고 싶은 욕구, 생리적 욕구의 유지를 위해 필요한 행동을 하고자 하는 욕구 등이다.

제3단계 : 소속과 애정의 욕구(belongingness & affection needs)

생리적 욕구와 안정・안전에 대한 욕구가 충족되고 나면 소속, 친교, 애정, 우정 등에 대한 욕구가 지배적 욕구로 나타난다. 이는 특정 집단에 가입해 타인과 사귀거나 사랑하는 관계를 맺고 싶어 하는 욕구로 사회적 요구(social needs), 친화욕구(affiliation needs)라고도 불린다. 대개 우정이나 대인관계 및 타인과의 상호작용을 원만하게 하려는 욕구를 의미한다.

제4단계 : 자존의 욕구(esteem needs)

소속과 애정에 대한 욕구가 어느 정도 충족되면 자신의 신분이나 자아(ego)를 표현하고 타인으로부터 인정받고 싶은 욕구가 발생한다. 단지 특정 집단의 구성원으로서만 만족할 수 없게 되어 타인으로부터 존경과 인정을 추구하게 된다. 명예, 신분, 권력, 존경 등에 대한 욕구이다. 이런 욕구가 충족되면 자신을 사회적으로 필요한 사람이라고 생각하고 주위에 대하여 특정한 영향력을 행사할 수 있다고 생각하게 된다.

제5단계 : 자아실현의 욕구(self-actualization needs)

인간의 욕구 중 가장 높은 단계에 속하는 것으로 다른 욕구를 모두 충족시킨 후 자신의 능력, 기술, 잠재력 등을 극대화시킬 수 있도록 개발함고 자신이 갖고 있는 모든 가능성을 실현시키고자 하는 욕구이다. 자신의 분야에서 최고가 되기 위해 노력하는 행동은 자아실현욕구에 의해 이루어지는 것이라고 할 수 있다. 자기개발, 성장, 성취 등에 대한 욕구가 이에 속한다.

Maslow의 욕구이론이 시사하는 의미는 인간은 다양한 욕구를 지니고 있으며 이들은 서로 다른 수준에 위치하고 충족의 순위가 확정되어 있다는 것이다. 한편, 많은 학자들에 의하여 Maslow의 욕구이론에 대한 반론이 제기되고 있다.

첫째, 일단 충족된 욕구는 더 이상 동기유발이 되지 않는다고 하였지만, 사람들은 일단 충족된 욕구에 의해서 또다시 계속적으로 영향을 받는다.

둘째, 욕구가 단계성을 갖는다고 가정하고 있지만, 욕구에 대한 개인의 차이를 전혀 고려하지 않고 있다는 점이다. 개인에 따라서는 안전이나 애정에 대한 욕구보다 자아실현욕구가 우선하는 사람도 얼마든지 있기 때문이다.

셋째, Maslow의 주장과는 달리 두 단계 이상의 복수욕구를 동시에 가질 수 있으며, 복수욕구에 의해 개인의 행동은 영향을 받는 경우가 많다.

이러한 문제점의 지적에도 불구하고 Maslow의 욕구이론은 소비자 행동의 동기를 이해하는데 유용한 동기유발이론으로 인정받고 있으며, 광고를 위시하여 다양한 마케팅 전략개발에 직·간접으로 많이 적용되고 있다.

<사례 11-2> 소비자들의 어려운 경제상황에 따른 동기 유발 마케팅전략

1,000원 공연의 마케팅

경제가 어려워지자 1000원 마케팅이 치열하다. 특히 대형할인매장에 가보면 1000원 판매코너를 볼 수 있다. 1000원 마케팅은 경제가 어려워져 소비절약이 요구될 때 나타났던 현상이었다. 이러한 1000원 마케팅 바람이 공연계에도 불었다. 세종문화회관은 2007년부터 '1000원의 행복'이란 타이틀로 입장료 1000원의 공연을 3년째 추진해오고 있으며, 최근 경제 불황과 함께 오히려 자리를 잡아가는 형태를 띠고 있다. 입장료는 1000원이지만, 공연의 내용과 수준은 몇 만 원짜리의 평소 공연과 다른 바가 없으며, 인터넷 예매사이트의 서버가 마비될 정도고 인기를 끌고 있다.

지역에서도 1000원의 행복과 유사한 공연이 있었다. 바로 얼마 전 끝난 대전문화예술의 전당의 윈터페스티벌 공연이었다. 윈터페스티벌 공연의 입장료는 모두 1000원이다. 세종문화회관과의 차이점은 아마추어단체의 공연이라는 점뿐이다. 올해 윈터페스티벌은 특히 높은 객석점유율을 보였다. 전체 16개 공연 중 9개 공연이 매진되는 등 대부분의 공연이 80%이상의 높은 객석점유율을 보였다. 비록 아마추어 공연단체이기에 친지들이 주관객이라 하더라도 매진을 의미없게 치부할 현상은 아닌 것이다. 이는 비록 공연관람료가 저렴하더라도 평소 전문단체의 공연에서 초대권을 주어도 오지 않는 현상에 비추어 볼 때 흥미로운 현상이기 때문이다.

출처 : 〈대전일보〉, 2009.2.26. 발췌정리

11.2 동기갈등과 마케팅

1. 동기갈등

소비자에게 동시에 여러 가지의 동기가 발생하게 되면 동기가 활성화되는 과정에서 흔히 갈등이 발생하게 된다. 소비자가 제품의 구매와 관련하여 동기갈등을 느끼게 되면 구매결정이 지연되거나 결정불능상태를 초래할 수도 있다. 복수동기간이 갈등은 주로 시간, 돈, 에너지 등의 소비자 자원이 한정되어 있기 때문에 발생하며, 이를 해결하는 방법에 따라서 소비형태가 달라질 수 있다. 이러한 관점에서 마케팅담당자는 동기갈등에 직면한 소비자의 문제해결을 통한 소비자애고(consumer patronage)를 유도할 수 있는 등 마케팅담당자에게 중요한 문제이다.

Lewin은 동기갈등의 유형을 다음과 같이 구분하였다.

1) 동기갈등의 유형(K. Lewin)

(1) 접근-회피 갈등(Approach-avoidance conflicts)

소비자의 구매행위가 긍정적 특성과 부정적 특성을 동시에 가지고 있는 대안을 고려할 때 경험하는 갈등이다. 즉 대안의 긍정적인 측면을 고려하면 행동을 수행하고 싶지만, 대안의 부정적인 측면을 고려하면 행동을 수행해서는 안 된다는 생각이 들어서 의사결정을 함에 있어 갈등을 겪게 되는 경우이다. 예를 들면, 커피를 마시고 싶지만 밤에 잠이 안 올까봐 걱정이 된다던지, 맥주를 마시고 싶은데 살이 찌는 것이 신경 쓰인다든지 하는 경우를 들 수가 있다. 제품이나 서비스는 대개 일장일단의 속성을 지니고 있기 때문에 소비자들은 이와 유사한 '접근-회피 갈등'을 흔히 경험하게 된다. 어느 경우 품질은 우수한데 가격이 비싸거나, 맛은 있으나 영양가가 없다거나, 디자인은 세련되었지만 견고하지 못하다거나 하는 식으로 긍정적인 측면과 부정적인 측면을 동시에 지니고 있는 제품을 흔히 접하게 된다. 이러한 경우, 소비자들은 상반되는 특성의 상대적 비중에 따라 최종적인 의사결정을 하게 되는데, 구매의사를 결정하고 난 후에도 심리적으로 갈등을 경험하게 될 가능성이 높다. 그러므로 마케팅담당자는 소비자의 접근-회피 갈등을 해소시켜주고 긍정적인 방향으로 동기활성화를 유인할 수 있는 전략을 수행해야 한다. 〈접근-회피 갈등 예시〉

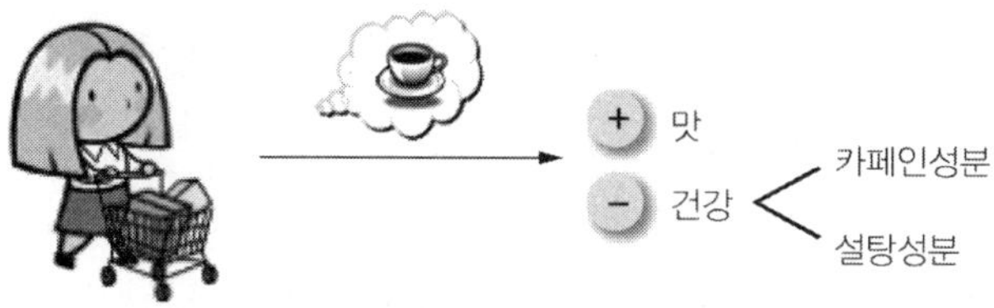

(2) 접근-접근 갈등(Approach-approach conflicts)

이 경우는 소비자가 두 가지의 매력적인 대안 가운데 하나만 선택해야 하기 때문에 발생되는 갈등이다. 특히 두 가지 대안의 매력도가 서로 비슷할수록 갈등은 증폭되게 된다. 이때 소비자는 두 가지 대안에 대하여 모두 강한 관심이 있으나 이 둘을 동시에 해결할 수 없는 상황이므로 하나의 대안을 선택한 경우 인지부조화를 경험할 가능성이 높다. 이러한 제안하고 갈등이 발생하는 경우 두 가지 해결방안을 생각할 수 있다. 첫째는 Lewin에 제안한 것처럼 두 개의 대안을 재평가하여 더 나은 대안을 선정하는 방법으로서, 추가적인 정보를 더 탐색하고 대안을 면밀히 비교하여 검토한 후, 조금이라도 더 나은 대안을 선택하는 것이다. 둘째 방안은 두 개의 대안이 지니고 있는 서로 다른 두 개의 장점을 동시에 충족시킬 수 있는 새로운 방안을 모색하는 것이다. 마케팅담당자는 소비자들의 이러한 갈등을 해결할 방안을 제시함으로써 고객을 유인할 수 있다. 〈접근-접근 갈등 예시〉

(3) 회피-회피 갈등(Avoidance-avoidance conflicts)

두 가지 대안 모두에 대해 본질적으로 선호하지 않기 때문에 두 가지 대안 모두 부정적 특징을 가지고 있는 대안 중에서 하나를 선택해야 할 때 느끼는 갈등이다. 이런 갈등에 직면하게 되면 소비자는 가능한 대안과 관련된 정보의 탐색노력을 증가시키게 되지만 모든 대안이 바람직하니 않은 것이라고 인식하고 있기 때문에 특정 안을 선택하는 데 망설이게 된다. 마케팅담당자는 소비자들의 동기 갈등을 해소시켜 줄 수 있는 전략개발이 필요하다. 즉, 제품의 가격을 할인한다든지, 신용으로 제품구매를 할 수 있게 한다든지 하는 방안을 제시할 수 있다. 〈회피 - 회피 갈등 예시〉

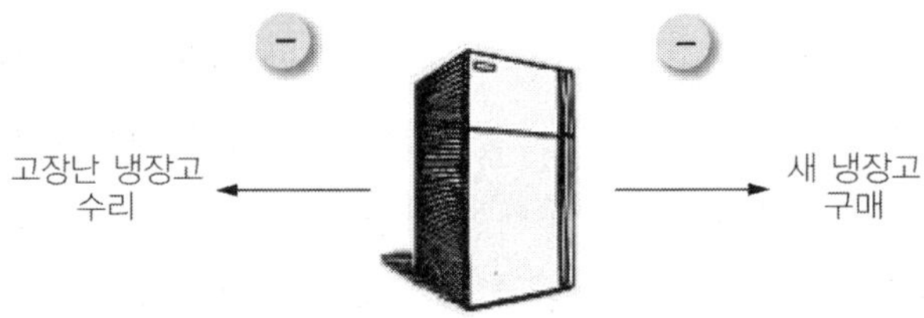

고장난 냉장고

<사례 11-3> 삼성전자, 하우젠 에어컨 보상할인 대축제

삼성전자가 2008년형 하우젠 에어컨을 알뜰하게 장만할 수 있는 '초절전 하우젠 바람의 여신 보상할인 대축제'를 3일부터 다음 달 15일까지 진행한다. 이번 보상할인 대축제는 무더위가 오기 전 초절전 하우젠 에어컨을 부담 없이 구입할 수 있는 마지막 기회이다. 이 기간 동안 하우젠 바람의 여신 초절전 홈멀티 에어컨을 구입하는 고객은 최대 69만원의 절약 효과를 누릴 수 있으며, 행사 모델에 한해 구입시 최대 30만원까지 보상판매 할인 혜택을 제공한다. 특히 삼성카드로 결제(100만원 이상의 하우젠 에어컨 구입시)하면 최대 70만원의 선포인트 혜택을 제공한다. 행사 기간 중 업소용 냉난방기를 구입하는 고객들은 최대 38만원의 절약 효과를 누릴 수 있습니다. 구입 모델에 따라 20만원 보상할인과 선풍기 또는 청소기 등이 경품으로 증정된다.

초절전 하우젠 에어컨은 실내 온도에 따라 냉방능력을 자동 조절하는 '스마트 인버터 시스템'을 채용, 일반 에어컨에 비해 최고 87.5%까지 전기료가 절약된다. 또한, 한여름 열대야에도 피부 온도에 맞춰 냉방 성능을 3단계로 조절하는 '열대야 쾌면' 기능이 있어 심야 온도가 25℃ 이상인 열대야에 8시간 내내 가동해도 전기료가 550원 수준에 불과하다. 삼성전자 관계자는 "고객들이 실생활에서 에너지를 절약할 수 있는 초절전 하우젠 에어컨을 부담 없이 구입할 수 있는 혜택을 제공하기 위해 이번 행사를 마련했다."고 말했다.

출처 : 〈아시아경제〉, 2008.6.2

소비자가 제품의 구매와 관련하여 동기갈등을 느끼게 되면 구매결정이 지연되거나 결정불능상태를 초래할 수도 있기 때문에 동기갈등의 문제는 소비자뿐 아니라 마케터에게도 상당히 중요하다.

<사례 11-4> 접근-회피갈등을 이용한 마케팅전략

'재미+저렴' 파크골프 연내 대전온다.

"경제적 부담 때문에 골프 배우기를 주저하고 있다면, 파크골프는 어떤가요?"

지난 2003년 일본에서 도입된 파크골프가 가족형, 레저형, 경제형 스포츠로 주목받고 있다. 파크골프의 정의, 기존 골프와 차별화된 장점, 보급현황 등을 짚어보고, 미래형 스포츠로서의 가능성을 타진해 본다.

▲파크골프, 기존 골프의 단점을 장점으로 승화 = 기존 골프가 최근 수요층을 늘려가며 확산되고 있지만, 대중화된 스포츠로 정착되기 까지는 넘어야 할 산이 여전히 많다. 복잡한 경기 룰과 방대한 코스, 오랜 이동시간 및 경기시간, 비싼 사용표 및 용품 등의 장애요소 때문이다. 파크골프는 이 같은 골프의 단점을 극복하는 과정에서 탄생했다. 구장은 인근 잔디공원 내 길이 500m, 부지면적 5000㎡ 규모(골프장의 1/50 수준)면 되고, 경기시간도 최대 1시간30분 이내면 충분하다. 또한 홀과 파, 벙커, 헤저드, OB 등 기존 골프의 기본 운영방식을 유지하면서도 게임과 규칙을 단순화함으로써, 어린이부터 장•노년층까지 전 세대의 접근성을 높였다. 1회 사용료도 1인, 1게임 기준 500원 수준에서 형성되고 있고, 골프클럽(86㎝)과 플라스틱 공(6㎝), 고무티(23㎜)등으로 구성된 용품세트 대여료도 1000원으로 부담없는 가격이다. 4인 가족이 주말을 활용해 1시간 30분가량 파크골프를 즐기는데 필요한 비용은 6000원에 불과한 셈이다.

▲파크골프의 매력, 확산속도로 승화 = 일본 내 파크골프 인기는 가히 선풍적이라고 해도 과언이 아닐 정도다. 약 500만 명의 회원, 1250개 골프장, 1일 평균 450명 방문 등은 이를 단적으로 말해준다.

국내 역시 보급 5년여 만에 전국 파크골프장 수가 47개소로 늘어났고, 현재 19개소의 신설이 검토되고 있다. 영남권이 14곳으로 가장 많고, 수도권(9곳)과 호남권(7곳), 강원권과 충청권(각5곳), 제주권(2곳)이 뒤를 잇고 있다. 인구수도 약 50

만 명에 이르고, 평일 최대 150명, 주말 최대 300명의 매니아가 파크골프를 즐기고 있다. 매월 평균 1회의 전국 대회도 전국 각지에서 열리고 있다.

▲ 대전에는 언제쯤 생기나 = 대전시도 이 같은 점에 주목, 파크골프 보급을 서두르고 있다. 대전의 경우 천변과 정부대전청사 등에 유휴 잔디공원이 많아, 타 지역 못지않은 기초 인프라를 갖추고 있다는 판단이다. 조만간 타 지역 파크골프장 탐방과 파크골프 교실 개최 등을 통한 동호인 모집, 협의체 구성 등을 거쳐, 올해 안으로 제1호 파크골프장 건설을 추진할 계획이다. 대전시 관계자는 "일부 시·도에 비해서는 다소 늦은 감이 있지만, 노친 및 가족 복지 인프라 강화 차원에서 골프장 건설을 적극 추진하고 있다"며 "유휴 잔디를 활용하고 농약도 기준치 이하를 사용하는 등 친환경적인 건설을 통해 생활체육 인프라 확대를 도모할 것"이라고 했다.

출처 : 〈중도일보〉, 2009.2.26

<사례 11-5> 新관광사업 '마이스'의 힘 / 덜 알려진게 오히려 '기회'

"한국과 서울에 대해 알고 싶다고 몰려드는 인파에 반가우면서도 마음은 무거웠어요"

사울관광마케팅(주) 이혜진 대리는 2008년 10월 태국에서 열린 MICE박람회에 참가했다가 외국인들의 뜻밖의 반응에 깜짝 놀랐다고 한다. 전 세계 MICE 관계자 500여명이 모인 환영 만찬에서 서울에 대해 알리는 설명회가 열렸는데, "낙후되고 위험한 도시인줄 알았던 서울이 이렇게 안전하고, 훌륭한 컨벤션 시설도 갖추고 있는지 처음 알았다"며 놀라는 이들이 매우 많았기 때문이다. 설명회 이후 서울시 부스에는 예약된 상담자의 3배 이상이 몰렸고, 다른 도시들을 제치고 상도 탔다. 하지만 MICE시장에서 한국의 인지도가 얼마나 낮은지를 보여준 예이기도 했다.

◆ 유명휴양지는 식상 분위기

한국은 국제협회연합(UIA)기준 국제회의를 한 해 268건(2007년 기준) 유치해 국가순위 15위에 올라 있다. 그런데도 전 세계 MICE시장에서 한국 인지도는 높지 않다. 심지어 '가난한 나라'나 '북한 위협이 여전한 전쟁의 나라' 등 왜곡된 정보가 여전해 한국을 MICE장소로 선뜻 고르지 못하는 경우도 꽤 있다.

그러나 MICE산업에서 덜 알려진 것이 오히려 경쟁력이라는 시각도 있다. 기존에는 MICE바이어들이 포상관광이나 회의 장소로 휴양지를 선호했는데 이제는 '질린다'는 분위기가 확산되면서 새로운 장소를 찾는 추세가 두드러지고 있어서다. 서울컨벤션뷰로 김동기 대리는 "지난달 멜버른 MICE박람회에서 만난 외국인들이 '알고보니 경제도 발전하고 역사·문화도 독특한 신비한 도시'라며 계속 관심을 보이고 있다"고 했다.

◆ 한국 특유의 MICE상품 개발해야

축구장 30개가 넘는 부니데 전시장을 계속 확장해 가는 중국 상하이처럼 한국이 MICE시장에서 물량으로 승부하는 것에는 한계가 있다. 전문가들은 한국에서만 경험할 수 있는 것으로 승부를 걸어야 한다고 입을 모은다. 구삼열 대표는 "DMZ 생태탐방 등 외국인들이 관심을 갖고 있는 것과 MICE를 연계하면 효과가 클 것"이라고 말했다. 국내 글로벌 대기업의 사무실이나 공장견학, 서울시의 청계천 복원이나 교통체계개편 소개 등 지자체에의 행정 노하우 전수 등도 MICE상품에 활용할 수 있다.

출처 : 〈조선일보〉, 2009.3.3

마이스 산업 : 'MICE'산업은 회의(Meeting)·포상관광(Incentives)·컨벤션(Convention)·전시회(Exhibition)의 머리글자를 딴 것으로, BT(Business Travel)산업으로 불리기도 한다.

11.3 동기유발과 마케팅

인간의 동기는 선천적인 것도 있으나 자라면서 사회적·개인적 접촉 속에서 경험하고 학습하여 형성되기도 한다. 또한 동일한 동기라고해도 상황이나 자극방법의 강도 등에 따라서 그 크기나 수준이 달라질 수도 있다. 또한 인간행동을 유발시키는 동기는 의식적으로 식별하여 설명할 수 있는 것들이 있는가 하면 인간의 잠재의식 속에서만 영향을 미치는 것이 있을 수 있다. 지금까지 개발된 동기조사방법을 다 동원한다 하더라도 인간의 잠재의식 속에 있는 동기를 완전하게 파악한다는 것은 현실적으로 불가능하다. 그러나 인간의 행동 중에 많은 부분이 이러한 동기에 의해 이루어지므로 마케팅담당자는 소비자들의 잠재된 욕구와 은폐된 동기를 파악하여 적합한 마케팅프로그램을 개발해야 한다.

1. 동기유발 조사(MR :motivational research)

동기유발 조사란 소비자들의 진정한 구매동기를 찾아내기 위한 정성적 조사기법이다. 원래 동기유발조사란 임상심리학자들에 의해 개발된 일군의 투영기법(projective tests)을 일컬었으나 최근에는 다양한 기법들이 동기유발조사에 이용되고 있다.

1) 투영법(Projective tests)

응답자로 하여금 특정 상황에서 '다른 사람이 어떻게 행동할 것이며, 왜 그렇게 행동할 것이라고 생각하는가에 대하여 응답하게 하고, 그 응답의 내용을 분석하여 행동의 동기를 추정하는 방법이다. 사람들은 자신의 태도나 동기를 솔직하게 표현해야 하는 경우에도 응답을 피하거나 왜곡하는 경향이 있지만 타인의 행동이나 태도를 설명하는 데는 주저하지 않는다. 따라서 이 투영법은 응답자가 다른 사람의 태도나 행동을 추론하고 설명하는 과정에 응답자 자신의 태도나 동기가 반영될 것이라는 가정 하에, 간접적인 방법을 통해 응답자의 은폐된 동기나 태도를 발견하기 위한 조사기법이다.

2) 심층면접법(Depth interview)

비구조적이고 일상 회화적 면접방법으로 전문적으로 훈련받은 면담자가 자유로운 대화를 통해서 피면담자의 의중을 탐색하는 기법이다. 피면담자의 욕구, 욕망, 동기, 태도 등에 관련되는 구체적인 문제를 자연스럽게 유도하여 질문하는 방법이다. 이 기법은 자칫하면 편견된 결과를 창출할 가능성이 매우 높으므로 면담자의 전문적이고 숙달된 기술이 요구되며 가능하면 많은 면담 대상자를 대상으로 조사하는 것이 바람직하다.

3) 표적집단 면접법(FGI : focus group interviewing)

심층면접법의 한 형태로서 8~12명 정도로 구성된 토론집단을 형성한 후, 이들로 하여금 자유로운 토론을 하도록 하고 그 과정을 통하여 그들의 의중을 노출시키는 방법이다.

4) 단어연상법(Word-association test)

응답자로 하여금 제시되는 단어를 보거나 듣도록 하고 연상되는 용어 또는 상황을 묘사하게 하는 방법이다. 이 방법은 소비자의 내적 감정을 조사할 때뿐만 아니라, 상표에 대한 인지도 등을 조사할 때도 많이 이용된다.

5) 문장완성법(sentence-completion test)

단어연상법의 한 변형으로서 미완성된 문장을 완성하도록 하여 그 내용을 분석하는 기법이다. 미완성된 문장을 완성하도록 요청한 후, 응답내용을 분석하여 응답자의 욕망, 동기, 호기심, 공포심 등을 찾아내는 것이다.

6) 설화완성법(story-completion test)

문장완성법과 동일한 방법으로 미완성된 이야기를 완성하도록 요청한 후 응답내용을 분석하는 조사법이다.

2. 동기유발을 위한 마케팅 전략

1) 동기와 동기유발에 관한 제 이론의 종합

첫째, 소비자의 목표, 동기, 그리고 행동은 그의 욕구와 밀접히 관련되어 있다.

둘째, 소비자의 욕구는 다양하고 무한하다. 한 욕구가 어느 정도 충족이 되면 다른 욕구가 활성화되며, 욕구의 특성이나 개인의 성향에 따라 끝없이 충족되어야 하는 욕구도 있다.

셋째, 욕구계층구조에는 개인차가 있지만, 일반적으로 동기는 욕구계층에 의해 많은 영향을 받는다.

넷째, 사회가 풍요로울수록 Murray의 주장대로 생리적 욕구보다는 사회적 욕구가, 그리고 Maslow가 말하는 소위 고단계 욕구가 분명히 소비자행동을 지배하는 경향이 있다.

다섯째, 소비자행동은 무의식적 동기에 의해서 유발되는 경우도 적지 않다.

여섯째, 동기는 외적 정보나 자극에 의해서도 충분히 활성화시킬 수 있다.

2) 마케팅 시사점

마케팅담당자는 소비자의 잠재된 욕구를 환기시키거나 미충족된 욕구를 자극시킴으로써 동기를 활성화시킬 수 있다. 실제로 신제품개발, 포장개량, 광고, 다양한 판촉활동 등을 통해 소비자들의 욕구와 동기를 활성화시키려고 한다.

<사례 11-6> 맛있는 생활용품이 좋아!

'아이스크림을 떠 놓은 듯한 입욕제, 조각 케이크처럼 접은 타월, 딸기 모양의 아기모자…,'

아이스크림이나 케이크, 커피, 과일 등 각종 먹거리 컨셉트를 제품 디자인이나 포장 등에 도입한 생활 패션 제품들이 인기를 끌고 있음

아이스크림 모양 입욕제 '러쉬' 제품

LUSH

- '슈가 러쉬', '샴페인 수퍼노바', '하겐 바스' 등 아이스크림을 스쿠프로 떠 놓은 모양의 입욕제 신상품을 잇따라 선보여 올 들어 지난 5월까지의 매출이 전년 동기 대비 50% 이상 급증

케이크 모양 타월 '세사' 제품

S·E·S·A

- 기능성 타월 제품을 조각 케이크 모양으로 접거나 테이크아웃 커피잔에 넣어 판매
- 젊은 층에게 제품의 우수성과 브랜드를 알리기 위한 차원에서 기획
- 조각 케이크 타월은 신세계 본점을 비롯한 일부 매장에서 품절되는 등 다른 제품에 비해 5배 이상 많이 팔림

아이스크림이나 케이크, 커피, 과일 등 각종 먹거리 컨셉트를 제품 디자인이나 포장 등에 도입한 생활·패션 제품들이 인기를 끌고 있다. 미각적인 감성을 자극하는 모양과 색상으로 소비자들의 관심과 흥미를 유발시키며 일부 매장에선 상품이 동 날 정도로 잘 팔리고 있는 것이다.

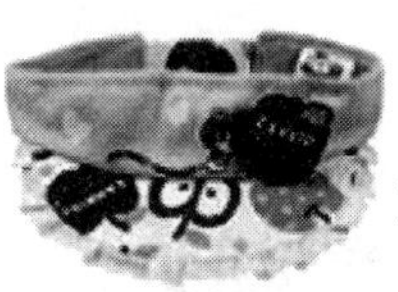

딸기그림모자
'캔키즈' 제품

CAN KIDS absorba PARIS

- 모자, 티셔츠에 먹거리 디자인을 넣은 의류 제품들도 좋은 반응을 얻고 있음
- '캔키즈'나 '압소바' 등 아동, 유아용품 브랜드들은 딸기나 사과 등으로 디자인한 모자와 내의 등을 여름 신상품으로 내놓음
- "과일로 디자인한 모자나 옷들은 매장에서 가장 먼저 팔릴 만큼 인기가 좋다"
- 상큼하고 신선한 느낌으로 유아들과 잘 어울려 젊은 부모들이 선호함

29일 업계에 따르면 수제화장품 브랜드 '러쉬'는 올 들어 '슈가 러쉬', '샴페인 수퍼노바', '하겐 바스' 등 아이스크림을 스쿠프로 떠 놓은 모양의 입욕제 신상품을 잇따라 선보여 올 들어 지난 5월까지의 매출이 전년동기 대비 50% 이상 급증했다.

러쉬코리아 마케팅팀장은 "물에 넣으면 바로 녹는 제품의 특성이 아이스크림과 비슷하다는 점에 착안했다."며 "아이스크림 전문점과 같이 다양한 컨셉트의 제품을 전시해 골라 담는 재미까지 고려했다."고 말했다. 타월 · 침구 브랜드인 '세사'는 최근 신세계백화점 강남점 등에서 기능성 타월 제품을 조각 케이크 모양으로 접거나 테이크아웃 커피잔에 넣어 판매하고 있다. '세사'를 운영하는 '웰크론' 관계자는 "젊은 층에게 제품의 우수성과 브랜드를 알리기 위한 차원에서 기획했다."며 "조각 케이크 타월은 신세계 본점을 비롯한 일부 매장에서 품절되는 등 다른 제품에 비해 5배 이상 많이 팔렸다."고 말했다. 모자, 티셔츠에 먹거리 디자인을 넣은 의류제품들도 좋은 반응을 얻고 있다. 드라마 '온 에어'에서 주인공인 송윤아가 입어 화제가 된 '시바이클로에'의 아이스크림 티셔츠가 품절되는 등 관심을 모으자 반짝이는 아이스크림 콘 모양의 장식이 달린 여성용 짧은 티셔츠 등 유사 제품들이 잇따라 나왔다. '캔키즈'나 '압소바' 등 아동 · 유아용품 브랜드들은 딸기나 사과 등으로 디자인한 모자와 내의 등을 여름 신상품으로 내놓았다. '압소바' 관계자는 "과일로 디자인한 모자나 옷들은 매장에서 가장 먼저 팔릴 만큼 인기가 좋다."며 "상큼하고 신선한 느낌으로 유아들과 잘 어울려 젊은 부모들이 선호하는 것 같다."고 설명했다.

출처 : 〈한국경제〉, 2008.6.29

<사례 11-7> 기업의 동기유발 마케팅전략의 한 예

오늘은 삼삼한 삼겹살 먹는 날
유통업계 55% 파격할인 · 기획세트 등 판촉전

숫자 3이 겹치는 3월3일은 삼겹살을 구워먹는다는 '삼겹살 데이'이다.

삼겹살 소비 촉진을 위해 축협에서 만든 이후 어느덧 중요 '데이' 가운데 하나로 자리를 잡았다.

유통점에서도 다양한 삼겹살 데이 이벤트를 마련했다.

롯데백화점은 전 점포에서 3일 하루 동안 '삼겹살 990원 행사'를 열어 삼겹살 100g을 정상가 2250원에서 55% 이상 저렴한 990원에 판매한다. 이 행사는 각 점별 100kg 한정수량으로 진행된다.

또 5일까지 유명브랜드 돼지고기 할인판매를 열어 청풍명월 도야지, 제주돼지, 웰팜포크 등 롯데백화점 돼지 전 브랜드 상품을 정상가 대비 20~30% 할인 판매한다.

롯데마트는 HACCP인증을 받은 국내산 냉장 삼겹살(100g)을 정상가 대비 46% 가량 저렴한 950원에 판매한다.

밸런타인데이나 빼빼로데이처럼 선물용으로 쓸 수 있는 기획 세트를 제작했다.

이 밖에도 와이즐렉 마음들인 MAP삼겹살 기획팩(200g)을 정상가 대비 20% 가량 저렴한 1만2000원에 판매한다.

홈플러스는 4일까지 '통돼지 한 마리 타임세일'을 통해 매일 오후 3시과 5시에 국내산 암돼지 한 마리를 부위에 상관없이 100g당 880원(1일, 1인 2kg 한정)에 선착순으로 판매한다.

3일에는 현재 1800원대인 국내산 삼겹살을 기존 가격보다 50%가량 저렴한 100g당 950원(1인 2kg 한정)에 판매한다. 이와 함께 같은 기간에 삼겹살과 함께 즐길 수 있는 상추(1포기) 1100원, 깻잎(1봉) 980원, 깐마늘(250g) 1750원, 맛타리버섯 1팩(200g) 600원, 구이용 버섯모듬 1팩(350g) 3380원 등 관련 야채 역시 저렴한 가격으로 판매할 예정이다.

출처 : 〈대전일보〉, 2009.3.3

<사례 11-8> 일본 캔커피가 뜨는 이유는

일본산 커피들이 국내에서 선전하고 있다.

'메이드 인 재팬'이라는 프리미엄 이미지에 저칼로리 제품이란 웰빙 컨셉트를 내세워 국내 소비자들에게 어필하고 있는 것.

선봉에 선 제품은 한국코카콜라의 '조지아커피'이다. 1975년 일본 코카콜라에서 첫선을 보인 이 제품은 일본 캔커피 시장 부동의 1위를 고수하고 있을 뿐만 아니라 세계 캔커피 시장에서도 24%를 점유하는 리딩제품이다.

조지아커피는 지난해 5월 국내에 첫 선을 보인 후 지난해 매출 목표를 30% 초과달성했다. 한국코카콜라는 올해 매출 성장세가 더욱 두드러질 것으로 기대하고 있다. 2003년 국내에 진출한 '우에시마 커피 컴퍼니'(이하 UCC커피)도 지난해 매출이 전년 대비 20%늘었다. 특히 한 캔에 1200원인 프리미엄 블랙커피 판매가 크게 늘었다.

'포카커피'역시 일본에서의 인기에 힘입어 국내에서 판매가 꾸준히 늘고 있다.

일본 캔커피의 판매 호조는 최근 주요 소비 트렌드로 떠오른 '웰빙'과 깊게 맞물려 있다. 일본시장에 캔커피가 등장한 것은 1969년, 캔커피는 건강에 관심이 많은 일본 소비자들 특성을 반영해 칼로리를 낮춘 웰빙형태로 진화했다. 실제 조지아커피 오리지널의 100㎖당 칼로리는 33㎉로 롯데칠성 음료 '레쓰비'(100㎖당 40.3㎉)의 80% 수준이다.

UCC커피는 설탕과 프림이 아예 들어가지 않아 칼로리가 낮은 블랙원두커피가 많이 나간다. 국내 커피음료시장이 성숙기에 접어든 가운데 소비자들의 건강에 대한 관심이 커지면서 웰빙형 제품이 주류인 일본 캔커피가 주목받고 있는 것으로 업계는 풀이하고 있다.

일본제품이라는 프리이멈 이미지도 매출증가에 한몫하는 것으로 분석된다.

조지아커피는 저가 국산캔커피와 비교해 재로나 맛 차이는 별로 없지만 200원가령 비싼 가격에 팔리고 있다.

이문규 연세대학교 경영학과 교수는 "외국산 캔커피를 마심으로써 적은 돈으로 다른 사람과 차별화를 추구할 수 있다는 점에서 소비자 구매욕구가 강하게 발현되는 것으로 보인다"고 설명했다.

출처 : 〈매일경제〉, 2009.3.4

참고문헌

1) J. Jung, *Understanding Human Motivation* : A Cognitive Approach, N.Y., : Macmillan, 1978.

2) Henry Assael, *Consumer Behavior and Marketing Action*, 2nd ed., Boston, Mass. : Kent Publishing Company, 1984.

3) Loen G. schiffman and Leslie Lazar Kanuk, *Consumer Behavior*, 5th ed., Prentice Hall, Inc., 1994.

4) Bernard Weiner, *Human Motivation*, N.Y., : Holt, Rinehart and Winston, 1980.

5) William L. Wilkie, *Consumer Behavior*, N.Y. : John Wiley & Sons, Inc. 1986.

6) Aberaham H. Maslow, *Motivation and Personality*, N.Y., : Happer & Row Publishers, Inc., 1954.

7) K. Lewin, A Dynamic Theory of Personality, McGraw-Hill, Inc., 1935 ; And Divid L. Loudon & Albert J. Della Bitta, *Consumer Behavior*, 4th ed., McGraw-Hill, Inc., 1993

8) David L. Loudon and Albert J, Della Bitta, *Consumer Behavior : Concepts and Applications*, N.Y., : McGraw-Hill Book Company, 1984.

제12장

개 성

12.1 개성의 본질

<사례 12-1> 성격에 대한 유전의 영향

일란성 쌍둥이는 이란성 쌍둥이보다 성격적 특성에서 더 닮는 경향이 있다. 비록 이 사실은 유전의 영향을 암시하고 있지만 환경과 유전의 영향을 분리하기가 어렵다. 일란성 쌍둥이는 이란성 쌍둥이보다 더 동일하게 보이기 때문에 그들의 부모나 주위 사람들에 의해 더 동일하게 취급을 받으며 더 유사한 환경을 경험한다.

현재 Minnesota 대학에서 진행중인 프로젝트는 평균 6주가 된 30쌍의 일란성 쌍둥이를 별도로 분리하여 다른 가족에게 양육시켜 유전과 환경의 영향력을 연구하고 있다.

쌍둥이는 유아기의 경험, 공포, 취미, 음악적 재능, 사회적 태도 및 성적 관심과 같은 주제에 질문을 받는 긴 면접에 참여했다. 다양한 의학적 및 심리적 검사가 또한 시행되었다. 수집된 다양한 양의 자료를 수년 동안 분석하였으며, 이 중 적어도 20쌍의 쌍둥이는 결론이 도출되기 전에 계속해서 연구되고 있다. 그러나 예비적 발견의 결과, 놀랄만한 유사한 점들이 지적되고 있다.

Minnesota대학 프로젝트

평균 6주가 된 30쌍의 일란성 쌍둥이를 별도로 분리하여 다른 가족에게 양육시켜 유전과 환경의 영향력을 연구

- 유아기의 경험, 공포, 취미, 음악적 재능, 사회적 태도 및 성적 관심과 같은 주제에 질문을 받는 긴 면접에 참여함
- 다양한 의학적 및 심리적 검사도 시행

⇩

- 수집된 다양한 양의 자료를 수년 동안 분석함
- 이 중 적어도 20쌍의 쌍둥이는 결론이 도출되기 전에 계속해서 연구
- 예비적 발견의 결과, 놀랄 만한 유사한 점들이 발견됨

▶부모나 주위 사람들에 의해 더 동일하게 취급을 받으며 더 유사한 환경을 경험함
▶이란성 쌍둥이보다 성격적 특성에서 더 닮는 경향이 있음

47세의 Oskar Stohr와 Jack Yufe는 매우 현저하게 다른 배경을 갖고 있는 쌍둥이였다. 유태계 아버지의 독일계 어머니로 Trinidad에서 태어났으며 출생 후 바로 떨어져 살았다. 어머니는 Oskar를 독일로 데리고 가서 거기에서 천주교인으로서 외할머니에 의해서 양육되었으며 그의 아버지와 남은 Jack은 유태계로서 자라났으

며 이스라엘의 키부츠에서 젊은 시절을 보냈다. 가족은 결코 편지 왕래를 안 했으며 두 형제는 지금 아주 다른 삶을 영위하고 있다. 연구에 참여하기 위하여 쌍둥이가 처음 만났을 때 놀랄만한 유사한 점들이 분명히 나타났다. 두 명 다 턱수염을 하고 있었으며 철제안경을 쓰고 있었다. 그들의 매너와 기질은 매우 비슷했으며 어떤 특이체질을 공유하고 있었는데 둘 다 모두 향내나는 음식과 달콤한 술을 좋아하고 화장실을 사용하기 전에 화장실의 물을 내리고, 버터를 바른 토스트를 커피에 담가 먹기를 좋아했다. Oskar는 부인에게 큰 소리를 지르는 경향이 있었으며 Jack도 역시 마찬가지였다.

쌍둥이 사이의 성격적 유사성은 많이 발견되고 차이점은 크지 않다는 것을 알 수 있었지만 예비적 발견은 조사자를 놀라게 하였다. 쌍둥이들의 능력과 성격검사의 결과 점수는 한 사람이 검사를 두 번 실시해도 점수는 비슷했다. 쌍둥이로부터 얻은 자료를 분석해 보면 가장 큰 일치는 능력검사의 점수, 뇌파의 유형, 사회성 및 에너지의 수준에서 나타났다.

이 세상에 똑같은 사람은 없다. 외모도 다르고, 행동하는 것도 다르다. 사람들은 같은 문제를 갖고 각각 다른 생각을 하고 판단을 하게 된다. 개개인에 따라서 생각과 반응이 다른 이유는 주변 환경의 영향뿐만 아니라 개인적 특성에 의해서도 영향을 받기 때문이다. 소비자 행동이 각자 다르게 나타나는 이유를 설명해주는 개성은 외부환경의 자극에 대하여 상당히 일관되고 지속적인 반응의 패턴양상을 불러오는 개인의 심리적 특성으로 이해할 수 있다. 개성은 연구자의 관점에 따라서 조금씩 차이를 두고 연구되는데 유전이나 유아기의 경험에 의해서 개성이 형성된다는 관점과 살아가면서 사회적 또는 환경적인 영향에 의해서 형성된다는 관점이 있다. 많은 연구가들에 의해 내려진 개성의 정의를 검토하면 다음과 같은 세 가지 측면의 공통점을 발견하게 된다.

첫째, 사람들이 '공통적으로 보유'하고 있는 어떤 내적 특성에 대해서가 아니라 '개인 간의 차이'를 설명해 주는 내적 특성에 초점을 맞추고 있다.

둘째, 상황의 변화에 따라 다양한 행동변화를 유발시키는 성향에 대해서가 아니라 '일관된 행동변화'를 유발시키는 내적 성향을 찾으려는 데 초점을 맞추고 있다.

셋째, 인간의 태도나 사고방식에 영향을 주는 개성의 인지적 측면보다 인간의 행동양식에 영향을 주는 개성의 행동적 성향에 초점을 맞추고 있다.

개성(personality)이란 환경적 상황에 대응하여 일관되게 반응하는 개인 내적 속성으로, 개인의 기본적이고 일반적인 행동양식을 결정하는 주된 동인이다. 소비자행동이 외적으로 나타나는 반면 개성은 소비자의 마음속에 존재하며 쉽게 파악할 수 없지만, 개성은 외적 행동의 근간으로서 외적행동에 강한 영향을 미친다. 마케팅담당자들은 표적고객의 개성을 잘 파악하고 흐름을 이해하여 제품에 대한 전략을 수립하고 개발하여야 한다.

개성이란?

- 환경적 상황에 대하여 일관되게 반응하는 개인내적 속성
- 개인의 기본적이고 일반적인 행동양식을 결정하는 주된 동인
- 개성은 그의 행동에 반영되어 그 특성이 쉽게 외적으로 표출되는 특징

<사례 12-2> '매럭셔리' + '위버 럭셔리' = 명품호황

〈McLuxury · 대중명품〉+〈 ber Luxury · 초특급 명품〉

백화점 명품매출 39%급증… 지갑 · 가방에서 초고가 시계까지

#1. 고급의류 · 액세서리 수입업체를 운영하는 정 모 대표(45 · 남)는 서울 청담동 갤러리아 백화점 명품관에서 명품시계 브랜드인 '브레게'제품을 2,500만원에 구입했다. 몽블랑 매장에 들러서 '몽블랑 솔리테어 듀에 시그넘' 만년필도 하나 샀다. 이달 말로 예정된 사교모임에 나가기 위해서다. 정 대표는 "사업상 부유층 패션리더들을 만날 기회가 많다"며 "예전에는 정장과 구두 벨트 등에만 신경 썼는데 요즘은 시계 등 액세서리도 명품으로 제대로 갖춰야 편하게 어울릴 수 있다"고 말했다.

#2. 직장생활을 시작한 새내기 안미선씨(24 · 여)는 지난 주말 서울시내 면세점에서 130만 원짜리 '루이비통'가방을 샀다. 안씨로선 처음 구입한 명품이다. 그는 "평소 명품 가방을 들고 다니고 싶었으나 가격이 비싸 엄두를 못냈는데 틈틈이 월급을 모아 큰 맘 먹고 하나 샀다"고 말했다.

◇경기 하강에도 끄떡없는 명품시장

경기 하강과 물가 급등으로 소비심리가 냉각되고 있지만 국내 명품 열기는 갈수록 뜨거워지고 있다. 백화점의 명품 매출이 지난달 40% 가까이 급증하는 등 명품시장은 호황을 구가하고 있다.

17일 지식경제부에 따르면 롯데·현대·신세계 등 백화점 3사의 명품 매출은 지난해 같은 달에 비해 39.1% 증가했다. 지경부가 2005년 1월부터 백화점 매출통계를 작성한 이래 가장 높다. 명품 매출은 2006년 11월(14.9.%)이후 지난달까지 19개월 연속 두 자릿수 증가율이며 특히 2008년 3월 이후에는 20%대 증가세다.

명품 판매호조로 백화점 전체 매출에서 명품이 차지하는 비중도 2007년 5월 6%에서 2008년 5월 9%로 높아졌다. 현대백화점 관계자는 "지난달에는 전년 동월에 비해 휴일이 이틀 더 많았던 데다 유로화 환율 상승으로 명품 값이 올라 매출이 늘어난 면도 있지만 기본적으로 명품 수요가 폭발적으로 늘고 있기 때문"이라고 설명했다.

◇명품의 대중화+차별화

국내 명품시장 호황은 대중화와 차별화가 동시에 진행되고 있다는 게 업계의 분석이다. 2~3년 전부터 불기 시작한 명품 붐으로 20~30대 신규 소비층이 대폭 확대된 데다 기존 명품족들이 더욱 고급스럽고 차별화하려는 수요가 함께 커지고 있다는 것. 이에 맞춰 백화점과 명품업체들이 매장을 대폭 확충하고 다양한 수입 브랜드를 들여와 명품시장이 양적·질적으로 급팽창하고 있다.

롯데백화점 해외 명품팀 과장은 "명품을 처음 구매하는 고객들과 시계 보석 등 고급화되고 차별화된 명품을 구입하려는 고객들이 동시에 증가하면서 명품시장이 맥도날드와 럭셔리가 결합된 '맥럭셔리'(McLuxury)와 최상위 개념의 명품인 '위버 럭셔리'(ÜberLuxury)시장으로 양분화되고 있다"고 말했다.

실제로 롯데백화점의 지난달 명품 매출 가운데 의류는 20% 늘어난 반면 '명품 초보자'들이 처음 구입하는 유명 브랜드 지갑·가방·벨트 등 잡화는 50%, 기존 명품족들이 주로 구입하는 초고가의 시계·보석은 65%나 급증했다. 특히 명품 영역이 넓어지면서 남성 고객이 늘고 만년필, 명함지갑 등 소형 명품 매출도 폭발적으로 늘어나고 있다.

- **맥럭셔리(McLuxury)** : 맥도날드햄버거처럼 손쉽게 살 수 있게 된 명품의 대중화 현상을 일컫는 말로 미국 경제전문지 포천(Fortune)이 처음 사용했다.
- **위버 럭셔리(ÜberLuxury)** : 독일어로 '더 높은'이라는 뜻의 'Über'와 영어 'luxury'의 합성어로 백화점 업계에서 일반 명품을 뛰어 넘는 특급 명품을 부르는 말.

출처 : 〈한국경제〉, 2008.6.18

12.2 개성이론

소비자 행동에서 개성의 중요성은 여러 문헌들에서 지적된 바 있는데, 소비자의 개성은 구매행도, 매체선택, 혁신, 의견선도자, 시장세분화, 사회적 영향력, 제품선택, 지각된 위험, 태도변화 및 거의 모든 개념과 관련이 있음이 밝혀지고 있다. 또한 소비자의 개성은 광고감정, 고객만족과 같은 구매 후 결과, 브랜드 태도 등에 영향을 미친다는 연구결과도 발표되었다. 따라서 개성은 오늘날 소비자행동 연구에 상당히 중요한 개념으로 받아들여지고 있다.

개성은 본질상 개인의 여러 가지 심리적 요소들이 결합되고 요소 간의 상호작용의 결과로 생겨나는 것이기 때문에 접근방법이 다양할 수 있다. 그러나 개성의 대표적 이론이라고 할 수 있는 정신분석이론(psychoanalytic theory), 신프로이트 이론(neo-freudian theory), 그리고 자질이론(trait theory)을 살펴보고자 한다.

1. 정신분석이론

개성에 대해 가장 널리 알려진 이론 중의 하나인 Freud의 정신분석이론은 인간의 행동을 지배하는 근본적인 동기는 무의식적 요소라고 하였다. Freud의 정신분석이론의 가정은 다음과 같다. 첫째, 인간의 어떤 행동도 결코 우연히 일어나는 것이 아니며 반드시 원인이 있다. 둘째, 인간의 행동에는 본능적, 잠재의식적 특성을 내포하고 있다. 본능은 인간이 태어나면서부터 지니고 있는 긴장체계이며, 본능적 행동의 목표는 긴장을 해소하는데 있다.

셋째, 인간의 사고, 정서 및 행동에는 무의식적 결정인자가 포함되어 있다. 대부분의 인간행동은 무의식에 의한 충동, 특히 성적·생리적 충동에 의해 발생된다. 넷째, 모든 행동은 나름대로 목표를 지니고 있다.

이러한 가정 하에 개성의 성격생성 시스템은 원초아(id), 자아(ego), 초자아

(superego)의 3가지 요소가 상호작용하여 개인의 독특한 성격이 형성된다고 설명했다.

1) 원초아

원초아는 개성의 잠재의식적 부분을 나타내고 기본욕구들의 심적 에너지 원천이다. 원초아의 에너지가 증가하면 긴장을 하게 되고, 이렇게 되면 현실적 가능성이나 도덕성을 고려하지 않고 긴장을 해소하기 위하여 자신의 만족만을 추구하는 판단을 하게 된다. 원초아는 인간의 생리적·본능적 욕구의 즉각적인 충족을 충동시키는 원동력이다. 원초아는 쾌락원리에 따라 행동을 지배하는 데 프로이트는 원초아의 충동을 성적본능과 공격적 본능으로 보았다. 원초아는 성격형성의 기초가 된다.

2) 자아

자아는 개인이 의식적인 자제력을 나타내는 요소로서, 현실적인 방법에 의해 원초아의 욕구를 충족시키려고 촉구하는 원초아와 초자아가 추구하는 도덕적 금욕 간의 중재역할을 수행하며 모두를 부분적이라도 충족시키려고 하는 현실원리에 의해 작용한다. 자아는 학습과 경험에 의해서 환경에 적절하게 대항할 수 있는 개인의 능력과 사고를 만들어준다. 자아는 개인이 외부세계와의 상호작용을 통해서 형성한 자아개념을 의미한다. 원초아와 초자아가 서로 상반되는 관계에서 갈등이 심화되면 자아가 조정하는 역할을 담당한다.

3) 초자아

초자아는 사회적 가치관과 내부화를 통해 개인의 심리구조상 도덕적, 윤리적 영역을 나타낸다. 이는 사회제도를 혼란시키는 원초아의 표출을 통제하고 개인의 목표보다 사회의 목표를 중요시하는 자아를 형성하도록 하는 역할을 한다. 즉 사회적 동물로서 지켜야 할 도덕, 윤리, 규범에 맞도록 인간의 본능적, 이기적 행동을 규제하는 기능을 하고 있다.

임상적 실험을 통해 연구된 프로이트의 정신분석이론이 마케팅분야에 응용된 분야로는 동기조사를 들 수 있다. 소비자행동의 동기연구가들(motivation researchers)은 소비자들의 은폐되어 있는 참된 구매동리를 조사·연구하기 위하여 프로이트의 정신분석론을 많이 이용한다. 동기조사는 원초아와 초자아가 무의식적인 동리를 창출하여 개인행동의 상당수가 이러한 무의식 동기의 결과로서 나타난다고 하였다. 광고에 있어서의 환상적 소구 혹은 성적 소구 등이 정신분석이론의 한 예이다. 메시지 내용에 있어서도 원초아와 자아, 초자아 간의 갈등을 해소시키는 방향으로 이루어져야 한다. 요즘 우리나라 광고 중에도 선정적인 분위기를 연출하여 원초적인 본능을 자극시키는 광고들이 많이 있다. 마케팅담당자가 소비자들의 초자아의 통제에 저촉되지 않는 범위 내에서 원초아에 소구할 수 있는 마케팅전략을 개발한다면 효과를 기대할 수 있을 것이다.

〈그림 12-1〉 제품포장, 촉진캠페인 등에 사용한 성적상징물 사례

선정적 분위기 광고

2. 신프로이트 이론

신프로이트 이론은 사회적 정신분석이론이라고도 하며, C. Jung, Alfred Adler, E. Ericson, E. Fronm과 같은 학자들에 의해 연구되었다. 이들은 프로이트의 본능과 성적 욕구에 대해서 문제점을 지적하였고 보다 폭넓은 사회적 관계가 인간의 개성에 더 많은 영향을 미친다고 주장하였다. 신프로이트 이론과 프로이트이론의 차이점은 첫째, 신프로이트 이론은 Freud이론과는 달리 인간의 성격형성에

는 생물적 본능보다는 사회적 욕구의 역할이 더 중요하다고 본다. 둘째, 신프로이트 이론에서는 인간행동의 동기로서 프로이트이론을 중시하고 있는 본능적이고 무의식적인 동기보다는 의식적 동기를 훨씬 더 중요시한다.

1) Horney의 개성이론

Karen Horney는 신프로이트 이론을 대표하는 Horney의 개성이론의 제안자이다.

Horney는 인간의 불안감을 강조하여 연구하였는데 특히 부모와 자녀의 관계에서 존재하는 심리적인 긴장과 갈등, 불안감 등을 해소하는 방법을 터득하고 학습해 가는 과정에서 개성이 성립된다고 주장하였다. Horney는 이러한 관점에서 사람의 개성은 3가지의 타입 중 하나로 분류된다고 하였다.

- 순종형(compliant) : 타인지향적인 사람들로서 타인으로부터 애정과 사랑을 받고 인정받기를 원하는 유형.
- 공격형(aggressive) : 권력욕이 강하고 타인보다 뛰어나려고 하고 타인들로부터 존경받고 싶어하는 도전적인 성격의 유형.
- 고립형(detached) : 타인들과 일정한 거리를 두어 타인과의 교분을 회피하고 독립적이며 의무에서 자유로워지기를 원하는 자기만족형의 유형.

Horney이론은 주로 소비자들의 상표선호성향을 조사·연구하는데 유용하게 이용되고 있다.

마케팅담당자 입장에서 이들 이론을 살펴보면, 소비자는 제품을 구입하고 관심을 가질 때 과거의 경험이나 기억뿐만 아니라 미래에 대한 인지도도 포함되어 있다는 점을 집중해야 한다. 그러므로 제품을 개발하고 마케팅을 할 때는 소비자들이 현재의 욕구와 개인적 성장발전에 기여할 수 있는 부분을 간과해서는 안된다. 소비자 행동을 연구한 J. B. Cohen은 대인관계를 강조했던 Horney의 주장을 기초로 하여 CAD(Compliant-Aggressive-Detached) scale을 개발하고 소비자들의 개성에 대한 측정하여 개성과 제품이 상당한 연관이 있다는 것을 알아냈다.

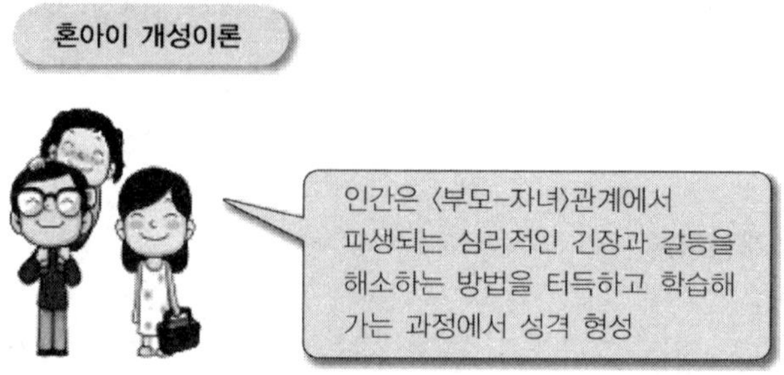

2) Cohen의 개성측정척도(CAD scale)

Joel. B. Cohen은 Horney의 개성이론에 준거하여 개성의 유형을 순종형 · 공격형 · 고립형으로 분류하고 특정 개인이 어느 유형에 속하는가를 식별할 수 있는 성격측정 도구인 CAD척도를 개발하였다. CAD란 Horney가 분류한 세 가지 개성유형의 첫머리자를 결합한 것으로서, CAD척도는 35문항의 리커트 척도로 된 개성측정 도구이다.

Cohen은 CAD척도를 이용하여 대학생들을 대상으로 그들이 선호하는 제품이나 상표가 개인의 개성에 따라 차이가 있는지의 여부를 조사하였다. 조사 결과 학생들의 개성유형에 따라 선호하는 상표나 제품에 분명히 차이가 있는 것을 알 수 있었다.

3. 자질론

자질론(trait theory)은 개성을 구성하는 각 요소들이 크기에 비교할 수 있다는 계량적 접근방법의 하나로써 소비자들의 개성조사 및 연구에 가장 많이 이용되고 있다.

사람의 행동을 일정기간동안 관찰해 보면, 여러 가지로 다양한 자극양상이 전개되어도 그 인간의 행동에는 어떤 일관성이나 규칙이 존재하고 있다. 이러한 일관성이나 규칙, 선유경향을 자질이라고 부르며, 이러한 특성은 개개인마다 공통적으로 갖고 있으나 정도의 차이가 있기 때문에 개인마다 성격이 달라진다. 환경요소가 변하더라도 자질들은 상당히 안정적이고 행동에 광범위하게 영향을 미친다. 여기서 자질이란 '타인과 구분되는 개인 특유의 속성'으로서 몇 가지 특성이 있다.

첫째, 자질은 환경의 영향을 초월하여 상당기간 비교적 안정적이며 행동개발에 중요한 결정요인의 하나로 작용한다.

둘째, 사람들은 다양한 자질을 갖고 있으나 그 양에는 개인의 차이가 있다. 따라서 성격에 차이가 있는 것이다.

셋째, 자질은 행동지표의 측정결과를 통해 추정될 수 있다.

결국, 이 이론에 의하면 사람들이 공유하고 있는 여러 자질 중에 특히 어떤 유형의 자질을 상대적으로 많이 보유하고 있느냐에 따라 개인의 개성이 결정된다는 것이다. 또 한 개인이 보유하고 있는 자질은 그들이 행동에 직접적으로 영향을 줄 뿐만 아니라 상당부분 행동에 반영되기 때문에 특정인의 행동성향을 측정하면 그에게 내제된 자질의 유형과 개성을 추정·식별할 수 있다.

오늘날 CPI(California Psychological Inventory)나 EPPS(Edwards Personal Preference Scale)와 같은 표준화된 개성검사가 개발되어 개성을 검사하고 있다. 이들은 자질항목별로 세분되어 있는 문항에 대한 응답자의 자질특성을 분석하고 그의 개성을 식별해 낸다. 자질론은 개인 간이 성격 차에 대한 양적인 측정 및 분석을 가능하게 함으로써 개성연구에 대한 기여도가 크다고 평가되고 있다. 그러나 개성의 측정기법마다 개성변수(자질)의 종류와 수가 일치하지 않아서 분석결과의 타당성을 평가하는 데 문제가 있는 것으로 지적되고 있다.

Koponen은 EPPS를 이용하여 소비자 패널 구성원을 대상으로 조사·분석한 연구를 하였다. 이 연구보고서에서 남성들의 공격성, 성적 우월성 등과 같은 개성변수와 흡연행위 간에는 상관관계가 있는 것으로 나타났다.

그러나 F. B. Evans는 EPPS를 사용하여 자가용 승용차의 상표선택행동과 개성 간에는 상관관계가 없는 것으로 나타났다. Evans는 '포드자동차'와 '시보레 자동차'를 소유하고 있는 소비자들의 개성을 측정·분석하였다. 당시 '포드'상표의 소유자는 보다 활동적이고 진취적인 개성을 가졌으며, '시보레'상표의 소유자는 보수적이고 근검절약형의 개성을 가진 것으로 상표이미지를 구축하고 마케팅전략상 시장을 세분화하고 있었다. Evans는 이러한 자동차회사의 마케팅전략을 증명하려고 하였다. 그러나 조사 결과 개성변수 측면에서는 두 상표의 소유자 간에는 뚜렷한 차이점이 없는 것으로 밝혀졌다. 오히려 소득수준, 연령 등 인구통계적 변수와 승용차의 사용기한 등 기타 변수 포함하여 12개의 개인 외적 변수가 승용차의 상표선택행동에 상관관계가 높은 것으로 나타났다.

최근에는 개성 측정도구로서 성실성, 외향성, 신경증, 친화성, 개방성의 5개의 요인으로 구성되어 있는 5요인모델(Big 5)이 주목받고 있다. 이 모델은 가장 간명하고 종합적인 개성 분류체제로 받아들여지고 있으며 다수의 실증연구에 의해서 측정항목의 타당성과 신뢰성이 입증되어 널리 사용되는 성격 측정도구이다.

- EPPS(Edwards Personal Preterence Scale)를 이용 남성들의 개성변수(공격성, 성적 우월성 등)와
- 흡연행위간에는 상관관계가 있음

<사례 12-3> 개성변수에 따른 골프웨어 스타일 마케팅

그린 위에서 튀자!

올 봄 시즌 골프웨어는 화사하고 똑똑하다. 겉으로 보면 일상복과 구별이 되지 않을 정도로 밝고 현란해졌다.

일반 패션의 감성 캐주얼 붐의 영향을 받아 오렌지, 노랑, 녹색 등 비비드(vivid · 원색적이고 선명한)컬러가 인기다. 휠라 골프 디자인실장은 "젊은 골프 인구가 늘어난 데다 경기 침체의 우울함을 떨치려는 마음이 반영돼 색상이 어느 때보다 화사해졌다"고 말했다. 자외선 차단은 기본이고 기능성을 강화해 피부 자극을 줄인 제품도 잇따라 나오고 있다. 올해 패션화두인 '에콜로지(생태환경)'영향을 받아 친환경제품이 대세를 이루고 있다.

◇화려한 컬러의 향연

남성 골프웨어도 베이지, 진남색 등 과거의 점잖은 컬러 대신 노랑, 오렌지, 녹색 등의 밝은 컬러가 물결을 이루고 있다. 젊고 스포티한 느낌을 위한 화려한 비비드 컬러가 지난해에는 포인트 컬러로만 사용됐지만 올해는 과감하게 메인 컬러로 쓰이고 있다. 불황과 봄 코드가 동시에 반영됐다. 이번 시즌 유행인 노랑과 오렌지 등의 제품은 젊은 열정을 나타낸다.

◇겹쳐입기(레이어드룩)코디법

얇은 기능성 티셔츠 위에 바람막이나 조끼 등을 다양하게 겹쳐 입으면 갑자기 불어오는 꽃샘바람을 막으면서도 멋진 스타일을 연출할 수 있다. 목이 조금 올라오는 라운드 집업(지퍼로 잠그는)형태가 이번 시즌 유행 아이템이다.

모던&럭셔리 감각을 나타내기 위해 복잡한 코디보다는 깔끔하게 어울리는 아이템간의 코디가 주목된다. 평상복과의 구분이 모호한 아이템의 크로스 코디가 선풍적인 인기 스타일로 떠오르고 있다. 편안하고 캐주얼한 느낌을 연출할 수 있다.

◇골프웨어에 부는 에코 바람

패션 전반의 자연주의 바람이 골프웨어에 반영되면서 꽃과 나비, 에코, 식물, 물 등 자연에서 비롯된 모티브가 다양하게 적용되고 있다. 친환경 섬유도 각광받고 있다. 리사이클 소재, 오거닉 코튼, 대나무, 콩, 우유 등 생분해성 섬유가 기능성 소재와 접목된다. 이런 소재들은 피부 트러블을 막는데 제격이다.

'잭니클라우스'는 에코 트렌드를 반영한 '아이 러브 어스(I Love Earth)'라인 제품을 내놨다. 대나무, 리넨, 코코넛 뿐만 아니라 페트병을 재활용한 소재 등 친환경 소재를 써서 피부 자극을 최소화했다.

<사례 12-4> 젊은 층의 개성을 이용한 컬러 및 기능마케팅전략

옷을 넘어 '장비'

땀흡수 · 통풍 등 기능성 강화

쾌적함과 운동성 향상을 위한 기능성 소재가 한층 주목받으면서 소재의 전문성과 다양성이 갈수록 강화되고 있다. 필드에서 한타 한파의 경기력이 중요한 만큼 인체공학적 디자인이 적용되고 있으며, 단순한 골프웨어를 넘어선 장비 개념의 옷도 선보이고 있다. 골프는 오랜 시간 야외에서 하는 운동이므로 빠르게 땀을 흡수하고 수분을 빨리 건조시켜 쾌적함을 유지 시켜줘야 한다. 기능성 골프웨어 제품은 기본적인 땀 흡수 및 통풍 강화, 공기 순환, 보온, 방풍 기능을 갖추고 있다.

휠라 골프는 특수 가공법을 사용해 냉감효과를 주는 제품을 내놨다. 모세관 현상과 삼투압 작용에 의해 빠르게 땀을 흡수하고 발산시키는 소재나 냉감 소재, 자외선 차단효과를 두루 갖춘 소재를 사용했다는 것이 회사 측 설명이다.

엘로드는 피부에 자극을 줄인 제품을 출시한다. 올 봄부터 선보이는 엘로드의 이너웨어인 '스킨가드'는 제2의 피부라는 개념으로 피부 자극을 최소화한 제품이다.

아디다스골프의 포모션 라인은 인체공학적 패턴과 넓은 면적, 적절한 매시 패널의 매치로 스윙에 지장을 주던 요소들을 줄였다.

출처 : 〈문화일보〉, 2009.2.23.

12.3 개성과 소비자행동

그동안 연구・발표된 소비자의 개성과 상표선호에 대한 보고서를 보면, 개성 구성요인과 그에 따른 행동양식 또한 매우 다양하기 때문에 특정상표와 행동만을 연구하는 것은 불가능하다. 물론 유명상표의 경우에는 개성변수를 기준으로시장세분화를 하기도 하지만 이는 기업이 적용하는 개성변수를 정확하게 파악한 것이라고 보기는 어렵다.

Harold Kassarjian은 개성과 관련하여 연구・발표된 200여개의 조사보고서를 검토한 후 내린 결론이 "소비자의 행동과 개성의 관계는 한 마디로 애매모호하다"는 것이었다. 개성가 소비자행동이 상관관계가 있다고 발표된 연구보고서도 있지만 대부분의 연구결과를 종합해 보면 소비자의 개성과 행동 간의 관계는 매우 미약해서 사실상 소비자행동을 이해하고 예측함에는 개성변수의 실용적 가치가 다른 변수에 비해 상대적으로 낮다는 것이다.

소비자행동에 대한 개성변수의 설명력과 예측력이 낮은 이유는 다음과 같다.

첫째, 개성변수가 소비자의 구매 및 소비자행동에 영향을 주고 있는 많은 변수 가운데 하나임에는 틀림없지만, 개성변수보다는 오히려 인구통계적 변수나 상황적 변수가 소비자들의 상표 및 점포선택행동에 더 많은 영향을 주기 때문이다. 예를 들면, A와B의 개성유형이 같은 공격형이라고 해도 A가 60세, B가 20세라면 그들이 선호하는 제품이나 상표, 점포 등이 동리하지 않을 가능성이 매우 높다. 나이뿐만 아니라 성별, 직업, 소득수준 등 사회적·경제적·인구통계적 변수의 영향력이 개성변수의 영향력을 압도하는 경우가 많기 때문에 소비자의 상표 및 점포선호행동에 대한 개성변수의 설명력이나 예측력은 낮게 평가되는 것으로 풀이할 수 있다.

둘째, 개성과 소비자행동 간의 관계를 조사·분석한 연구보고서마다 서로 상이하고 일관성이 없는 결론을 보이고 있는 이유가 소비자의 개성을 측정하고 조사하는 방법 자체에 문제점이 있었기 때문이라고 보는 견해도 있다. 심리학분야에서 개발된 인성테스트 기법이 주로 이용되었고 그나마 개성측정도구가 표준상태로 사용되지도 않았으며 소비자행동 조사자에 의해 임의로 변형되어 사용되었기 때문에 조사결과의 타당성에 문제가 있었던 것으로 지적되었다. 그러므로 소비자의 행동과 개성간의 관계를 좀더 명확하게 규명하자면 소비자의 개성 및 행동연구에 적합한 개성조사기법을 개발하는 것이 우선되어야 한다.

1. 소비자 개성주의와 마케팅

최근 소비성향이 변화하면서 소비자행동에 많은 변화가 일어나고 있다. 개인주의가 팽배해지면서 개성과 즐거움 그리고 편리성을 추구하는 경향이 뚜렷해지고 있으므로 다음과 같이 개성을 강조하는 마케팅전략이 필요하다.

첫째, 제품의 기능보다는 디자인이나 스타일에 초점을 맞춘 제품전략

둘째, 고객별 맞춤형 제품 및 서비스 전략

셋째, 차별화된 광고전략

"나만의 스타일" 돈이 안 아깝다

<사례 12-5> 소비자 개성주의

프리랜서 웹디자이너 김씨(25 대현동)의 별명은 초록머리이다. 달라붙는 옷을 즐겨 입는 김씨는 매일 아침 헬스클럽에 나가 '몸'을 만든다. 외출할 때 향수는 기본, 핸드폰에는 요즘 유행이라는 앙증맞은 똥모양의 액세서리가 달려 있다. 이유는 '특이해서', "비싸더라도 독특한 물건을 산다."는 게 김씨의 '쇼핑철학'이다. '개성'을 사는데 투자를 아끼지 않는 소비자가 급증하고 있습니다. 자기를 표출하는 데 열중하는 새로운 소비계층, 마케팅계에서는 이들을 '신 소비자'로 분류한다.

'남과 다른 나'를 추구하는 경향은 개성 있는 외모를 가꾸려는 데서부터 두드러진다. 제일기획의 소비자조사에 따르면 '성형수술도 할 수 있다.'거나 '남자가 향수와 액세서리를 써도 좋다.'는 사람이 전 세대에 걸쳐 5년 전보다 두 배 이상씩 늘었다. '체중이나 몸매에 신경 쓴다(36.2%).' '몸치장에 드는 돈이 아깝지 않다(23%).'는 응답도 해마다 증가 추세이다. 관련 산업 역시 급팽창하고 있다. 소위 보디전문점이나 다이어트 산업은 불황에도 아랑곳없이 호황을 누린다. 지난 2월 압구정동에 문을 연 마리 프랑스(체형교정전문)의 경우 1인당 평균 3백만~4백만원이 필요하지만 밀려드는 고객들을 채 감당하지 못할 정도이다.

'튀는 제품'을 선호하면서 기능보다 디자인을 더 따지는 점도 눈에 띄는 변화이다. 핑크, 파랑, 체리 등 알록달록한 냉장고, 에어컨, TV 등이 봇물을 이루면서 '백색가전'이란 말이 무색해졌다. 백옥색 옵티마, 연하늘 라비타, 레몬색 뉴비들 등 자동차 컬러도 몰라보게 화려해졌다. 컴퓨터 역시 디자인이나 색상이 색다른 제품이 잘 나간다. '주문형 맞춤형' 상품의 열풍도 같은 맥락입니다. 의류, 화장품, 가구, 재테크, 운동상품, 핸드폰 요금상품 등 다양한 분야에서 맞춤서비스가 인기몰이를 하고 있습니다. 공히 개성을 중시하는 신소비자의 감성을 공략한 제품들입니다. 이러한 경향은 벌써부터 예견되어 왔다.

'마케팅의 노스트라다무스'로 불리는 미국의 페이스 팝콘은 21세기 마케팅 트랜드를 전망하면서 '개성주의(에고 노믹스 : Egono-mics)'를 주요 항목으로 꼽았습니다. '스타일'이 제품 구매여부를 결정하는 시대가 온 만큼 이에 걸맞는 개성 마케팅전략이 필요하다는 것이 전문가들의 목소리이다.

자기를 표출하는 데 열중하는 새로운 소비계층
신소비자

"성형 수술도 할 수 있다."

"남자가 향수와 액세서리를 써도 좋다."

5년 전보다 두 배 이상 급증

"체중이나 몸매에 신경 쓴다(36.2%)."

"몸치장에 드는 돈이 아깝지 않다(23%)."

해마다 증가 추세

2. 개성변수와 시장세분화

소비자행동 연구가나 마케팅담당자들은 시장세분화의 기준으로 개성변수의 유용성에 대하여 많은 관심을 가져왔다. 그러나 기존 연구결과들을 보면, 화장품이나 주류 등과 같은 특정제품에 한해서만 세분화수단으로 유용할 뿐 대부분의 제품들에 대하여서는 그 실용가치가 크지 않았다.

펜실베니아 대학교 교수 R. L. Ackoff와 J. R. Emshoff는 Anheuser-Busch 사의 의뢰를 받고 이 회사의 주종상품인 맥주의 세 가지 상표 Budweiser, Michelob, Busch 가 판매되고 있는 각 세분시장의 특성을 조사하였다. 맥주음주자의 개성 프로필을 개발하고 개성유형에 따라 피로회복형, 사교적 음주형, 탐닉적 과음형, 폭음형 등 네 가지 유형의 맥주소비자를 식별하였다.

〈표 12-1〉 맥주음주자의 개성별 유형

맥주음주자 유형	인구통계 특성	개성유형	음주행동의 특성
피로회복형 (reparative drinker)	중년층	· 타인지향적 : 타인을 위해서라면 야망을 희생하려 함	· 주로 일과 후에 가까운 친구들과 마심 · 취하지 않게 자제 · 타인에게 봉사한 데 대한 자기보상 수단
사교음주형 (social drinker)	청 · 장년층	· 의욕적임 : 자신이 원하는 것을 얻기 위해 타인을 이용하려 함 · 야망은 아직 실현시키지 못했지만 기대가 큼	· 주말에 많이 마심 · 많은 사람들과 관계를 유지하기 위해 마심 · 음주량을 통제할 줄 앎
탐닉과음형 (indulgent drinker)	모든 연령층	· 자신을 실패자로 생각 · 자신의 실패에 대해 환경과 타인을 비난	· 과음 : 현실 도피형으로 주로 혼자서 마심
폭음형 (ocean drinker)		· 자신을 실패자라고 생각하나, 그 실패의 책임이 자신의 부족함 때문이라고 생각함	· 과음하며, 자신의 결정을 위장하기 위해(남에게 간파되지 않게 하기 위하여) 술을 마심 · 혼자 마시지 않음

Ackoff와 Emshoff는 예비적 실험조사에서 맥주를 즐겨 마시는 250명의 소비자를 선정하여 설문조사를 통해 네 가지 개성집단으로 분류하였다. 그리고 4개의 가상적 상표를 만들고 그 각각의 상표에 적합한 TV광고 메시지를 개발한 후 조사대상에게 보여 주었다. 동일한 맥주를 각각 다른 용기에 넣고 각 상표를 붙인 다음 그들에게 시음하게 한 다음 그 중에서 가장 좋아하는 상표를 선정하도록 하였다. 사실은 맛이 동일한 맥주였는데도 응답자의 대부분이 자신들의 개성유형과 일치하는 이미지의 상표를 선택한 것으로 나타났다. 이런 예비조사를 한 후 Anheuser-Busch사의 맥주 시장 소비자에 대한 본조사를 실시하였다. 1,200명의 맥주음주자를 대상으로 실시한 결과, Anheuser-Busch사의 세 가지 상표의 맥주가 각각 서로 다른 개성집단에 소구되고 있음을 알 수 있었으며 각 개성집단은 매체습성도 서로 다르게 결과가 나왔다.

Shirley Young은 화장품시장을 대상으로 소비자들의 개성을 조사한 후 시장세분화 기준으로서 유용한 개성변수를 식별해 냈다. 또 세분화 시장별로 소비자 특성에 적합한 광고프로그램을 개발해야 한다는 필요성도 강조하였다.

화장품, 주류회사들 가운데 개성변수를 기준으로 시장을 세분화하는 사례가 많아지고 있으나 개성이 시장세분화 수단으로서 유용하다는 실증적 증거가 미약하다는 사실을 유의해야 한다. 시장별로 특징적인 개성변수의 확인이 가능하더라도 몇 가지 이유로 인하여 개성변수의 실용가치에 대한 의문이 제시되고 있다.

첫째, 개성을 기준으로 식별된 세분시장에서 동질적인 인구통계적 특징을 발견하기가 쉽지 않으므로 대중매체 등을 통하여 그 세분시장에 효율적인 접근이 어렵다는 약점이 있다.

둘째, 개성변수에 의해 세분된 시장은 그 크기가 비교적 작아 접근하기에 비경제적이고 비실용적이라는 문제가 있다.

셋째, 개성이 달라도 유사한 제품이나 상표를 선호하는 소비자가 많이 있으므로 개성과 소비자행동 간의 상관관계가 명확히 판명되지 않기 때문에 굳이 개성변수를 이용할 필요가 없고, 오히려 소비자행동에 직접적인 영향을 주는 것으로 밝혀진 라이프스타일 변수나 인구통계적 변수를 이용하는 것이 더 유용하다.

<사례 12-6> "나는 하층" 늘었지만 "소비 눈높이는 못낮춰"

제일기획 '1998~2008 대한민국 소비자 보고서'

"돈쓸 곳은 많은데 쓸 돈은 없다." "눈높이는 낮출 수 없다." "생활을 즐기려면 어느 정도 낭비도 필요하다."

1997년 외환위기를 경험하고 10여 년이 지난 현재 소비자들이 모습이다. 소비자들은 '불황 알레르기'가 생겨 실제 경기지표보다 더 피부로 느끼는 경기에 민감하게 반응하는 체질로 바뀌었다는 것이다.

제일기획은 22일 전국 5대 도시(서울 · 부산 · 대구 · 광주 · 대전)의 13~59세 소비자 3500명을 대상으로 라이프스타일과 상품 구매 및 이용 행태 변화를 분석한 '1998~2008 대한민국 소비자보고서'에서 이같이 설명했다.

보고서에 따르면 소비자들이 체감 생활수준은 외환위기 때보다 더 나빠졌다. 스스로 중류층이라고 여기는 비율이 1998년 60%에서 55%로 줄었고 하층 · 중하층으로 생각하는 비율은 거꾸로 33%에서 37%로 높아졌다. 하지만 기술 발전으로 제품이 고급화 · 대형화하고 브랜드가 다양해져 눈높이가 높아지고 씀씀이는 더 커졌다.

도시근로자 가구당 월평균 소득이 1998년 207만 원에서 지난해 399만원으로 약 2배 늘어난데 비해 가계 빚은 1321만원이서 4054만원으로 3배 이상 불어난 점이 이를 입증한다. 실질소득과 '희망소득'의 간극이 커지면서 '돈을 많이 버는게 중요하다'는 인식은 1998년 67%에서 지난해 79%로 치솟았다.

이에 따라 경기 변화에 따라 소비를 신축적으로 조정하는 이른바 '고무줄 소비' 행태가 두드러졌다는 게 제일기획의 분석이다.

실제로 '옷은 주로 세일기간에 산다'는 답변이 1998년 61%에서 경기회복기인 2002년 45%까지 떨어졌다가 지난해 52%로 올라갔다.

또 '경제적 여력과 관계없이 절약해야 한다'는 인식도 같은 기간 '70%→57%→67%'로 오르내렸다. 박재항 제일기획 커뮤니케이션 연구소장은 " 외환위기와 이후 각종 경제 변화는 소비자를 '실제지수'보다 심리적인 '체감지수'에 크게 반응하는 체질로 바꿔 놓았다"고 설명했다.

불황속에 가족을 가장 중시하는 인식(2000년 71%→2008년 86%)은 더욱 높아졌다. 반면 평생직장에 대한 개념은 약화 되어 '직업선택 때 급여보다는 안정성을 고려한다'는 응답(73%→49%)은 뚝 떨어졌다.

제일기획은 불황에 민감한 소비자들의 지갑을 열기 위해 △합치고(Integrate) △나누고(Divide) △부수고(Explode) △알리는(Announce) 'I · D · E · A 마케팅'이

효과적이라고 제시했다. '1+1'이나 패션과 전자제품을 결합하거나(합치기), 남성화장품이나 와이셔츠 전용세제처럼 백인백색의 소비자들을 세분화하거나(나누기), 또 카카오를 건강식품으로 부각시킨 다크초콜릿처럼 기존방식을 깨거나(부수기), 과감한 광고투자로 성공한 쿠쿠·아이오페처럼 불황 때 더 소비자들과 네크워크를 강화(알리기)하라는 얘기다.

출처 : 〈한국경제〉, 2009.2.23

참고문헌

1) Gerald Zaltman and Melanie Wallendory, *Consumer Behavior : Basic Findings and Managaement Implication*, N.Y., : John Wiley & Sons, 1979.
2) H. H. Kassarjian, "Personality and Comsumer Behavior : A Review," *Journal of Marketing Research*, November 1971.
3) William L. Wilkie, Consumer Behavior, N.Y. : John Wiley & Sons, Inc. 1986.
4) C. H. Hall and Lindzey, *Theories of Personality*, N.Y., : John Wiley & Sons, 1970
5) Herry Assel, *Consumer Behavior and Marketing Action*, 2nd, ed., Boston, Mass : Kent Publishing Company, 1984.
6) Joel E. Cohen, "An Interpersonal Orientation to the Study of Consumer Behavior," *Journal of Marketing Research*, Vol.4, August 1967.
7) John P. Noerager, "An Assessment of CAD : Personality Instrument Developed Specifically for Marketing Research," *Journal of Marketing Research*, February 1979.
8) A. R. Buss and W. Poley, *Individual Differences : Traits and Factors*, N.Y., : Halsted Press, 1976.
9) Anthur Koponen, "Personality Characteristics of Purchasers," *Journal of Advertising Research*, Vol. 2, September 1960.
10) Russell L. Ackoff and James R. Emshoff, "Advertising Research at Anheuser-Busch, Inc." *Sloan Management Review*, Vol. 16, Spring 1975. ; and "researchers Categorize Beer Drinkers to Aic Anheuser-Busch Brand Efforts," *Advertising Age*, June 1975.
11) Shirley Young, "The Dynamics of Measuring Unchange," in R. I. Haley, ed., *Attitude Research in Transition*, Chicago : american Marketing Association, 1972.

제 13 장

학 습

13.1 학습의 개념

1. 학습의 정의

소비자 행동에는 소비자가 인지적으로 학습한 것 외에 어떤 단순한 자극에 의한 학습도 상품의 선호나 구매에 중요한 역할을 한다. 소비자들은 상표에 대한 신념과 태도, 가치, 습관, 기호 등 자신들의 구매와 소비에 영향을 미치는 많은 것들을 학습을 통해 습득한다. 따라서 소비자행동은 본질적으로 학습된 행동(learned behavior)이라고 할 수 있다. 학습은 기업의 마케팅활동이나 준거집단과의 의사소통 행위 등 환경에 의해 노출되는 경험과 소비자의 배경특성 즉 문화, 가치관, 개성, 생활양식 및 소비자의 인구통계적 심리적 특성에 의해 이루어진다. 소비자들은 광고나 촉진활동, 상품포장, 판매원 등과 접촉하여 정보를 얻으며 주변사람들에게는 자신의 경험을 전달하기도 한다.

여기서 학습이란 일반적으로 "경험의 결과로 표출되는 비교적 항구적인 행동의 변화(Learning is any relatively permanent changed behavior that occurs as a result of experience)"라고 정의한다.

2. 학습의 특징

학습을 구체적으로 보면 다음과 같은 특징이 있다.

첫째, 학습은 반드시 '행동의 변화'를 수반한다. 행동이란 육체적 행동뿐만 아니라 태도, 신념, 지식축적과 같은 내적인 심리적·인지적 활동도 포함된다. 학습의 효과는 세 가지 유형의 행동변화로 판단될 수 있다.

① **물리적 행동의 변화** : 육체적인 물리적 행동은 자신이 직접 생활하는 과정에서 습득하기도 하지만 타인이나 외부의 영향을 통해 배우기도 한다. 친구나 친지의 영향에 의해 상표전환을 하는 행동을 한다던가, 구매하고 사용하는 상황에서도 자신의 경험이나 주변의 영향에 의해 학습하고 행동을 변화시킬 수 있다. 따라서 학습은 소비자의 경험이라고 할 수 있다.

② **인지적 측면의 변화** : 소비자들은 욕구와 필요를 충족시킬 수 있는 방법을 지식의 축적, 사고능력의 개발, 그리고 신념의 정립 등을 통하여 터득하게 된다. 제품/상표, 상점, 광고 등에 대한 지식, 신념 등의 인지적 변화가 학습의 효과이다. 따라서 눈에 보이는 행위뿐만 아니라 눈에 보이지 않는 인지과정에 의해서도 이루어진다.

③ **심리적 측면의 변화** : 어떤 대상에 대한 태도와 감정도 학습을 통해 형성된다. 학습을 통해 제품, 상표, 상점, 기업, 광고 등에 대한 학습의 결과에 따라 태도와 감정 등이 변화될 수 있다.

둘째, 학습은 '경험의 결과'로 발생한다. 즉 행동의 변화를 야기시킬 만큼 강력한 경험이 학습의 실체이다. 경험이란 물리적 경험뿐만 아니라 정신적 경험도 포함되며 직접경험·간접경험이 모두 포함된다.

셋째, 학습은 상당히 '지속적'인 행동의 변화이다. 일반적으로 학습이 어린시절 이루어지거나 학습의 효과가 큰 경우일수록 개발(또는 변화)된 행동은 보다 오랜 기간 지속성을 갖는다.

이러한 학습의 특징을 살펴본 결과, 학습이란 물리적 또는 행동변화를 야기시킬 정도로 강하게 반복되는 경험의 습득과정이라고 할 수 있다.

<사례 13-1> "전자제품 살 땐~" 오페라식 광고로 인지도 높여

독특하고 일관된 광고 마케팅

독특한 노랫말 + 코믹한 연기

"전자제품 살 땐~ 하이마트로 가요~." 독특한 슬로건으로 유명한 하이마트는 국내 전자제품 전문점의 대명사가 되었다. 이 업계 최초로 2002년 100대 기업에 진입했고, 전국 260개 직영매장에서 작년 2조 3,000억원의 매출을 올렸다. 2위 업체를 배 이상 앞서는 압도적 수치이다. 전 세계에서 생산되는 1만 가지 이상의 제품을 판매하며, TV 한 품목만 해도 150종 이상을 취급한다. 이처럼 화려한 오늘은, 그러나 1990년대 말 외환위기 와중에서 이뤄진 구조조정의 시련 속에서부터 시작됐다. 당시 대우전자의 국내 판매 부문이 삼성과의 빅딜 와중에 독립해 나오면서, 위기를 새로운 기회로 역전시킨 것이다.

◇남들이 꺼릴 때 대규모 투자 단행

외환위기를 맞아 국내 대기업조차 투자를 꺼리던 1999년. 하이마트는 한 해 동안 130여 개 점포를 출점하는 대규모 유통망 투자를 단행했다. 소비자들이 국내 특정 회사 제품만 살 수 있는 대리점보다 전 세계 여러 브랜드를 비교해 보고 구매할 수 있는 전자제품 전문점을 선호할 것이라고 판단한 것이다. 예상은 들어맞았고 고객은 밀려들었다.

그러나 곧 시련이 닥쳐왔다. 자사 대리점 보호를 위해 국내 주요 전자 메이커들이 하이마트에 대한 상품 공급을 끊어버린 것이다. '다양한 구색'이 강점이던 하이마트는 큰 타격을 입었다. 하지만 이에 굴하지 않고 해외로 제품 거래선을 다양화하면서 버텼다. 소비자들 역시 비교 구매의 이점을 알아나가게 되면서 하이마트로 꾸준히 발길이 이어졌다. 결국 제조사들이 백기를 들었다. 하나 둘 상품 공급을 재개했다.

앞선 유통 시스템도 성공의 비결입니다. 출범 때부터 국내 최초로 전국 24시간 이내 무료배송서비스를 시작했다. 2003년부터는 국내 최초로 소형가전 애프터서비스센터를 직접 운영했다. 하이마트는 국내외 중소가전 제품이 매출의 50%를 차지하고 있다. 애프터서비스가 턱없이 부족한 중소기업에만 책임을 떠넘길 수 없다고 판단했다고 한다. 김효주 상품본부장은 "초기에는 비용부담이 만만치 않았지만 앞선 서비스가 결국 고객의 사랑을 이끌어냈다."고 말했다.

2005년에는 국내 유통업계 최초로 노동부가 인증하는 '세일즈 마스터(판매 전문가)' 자격제도도 도입했다. 1만 종이 넘는 제품을 비교해 설명하고, 판매하려면 전문성을 갖춰야 한다는 생각에 따른 것이다.

◇독특하고 일관된 광고 마케팅

"휴대폰 멋진데 어디서 샀소~", "아직도 모르오? 하~이마트!"

하이마트의 성공에는 독특한 노랫말과 코믹한 연기의 광고도 한 몫했다. 2002년부터 시작한 오페라식 광고는 곧바로 유치원생들의 애창곡이 되면서 하이마트의 인지도를 급상승시켰다. 이 광고로 그 해 '대한민국 광고대상'을 거머쥐었다. 그동안 3~4차례 모델과 곡·가사가 바뀌었지만, "전자제품 살 땐~하이마트로 가요~"라는 일관된 슬로건은 변하지 않았다.

하이마트 임원진이 주도해 온 독특한 기업문화도 하이마트에 늘 새로운 바람을 불어넣고 있다. 임원진은 큰 그림을 그린 뒤 세부적인 것은 과감하게 현장에 위임하는 스타일이라는 게 업계의 평가이다.

광고회의 때도 대리급 이하 사원들이 팀장·임원들보다 앞에 앉아 적극적으로 의견을 개진합니다. 팀장 이상 공식회의는 한 달에 한 번만 열린다. 그리고 모든 회의는 항상 큰 웃음과 박수로 시작하고 끝내며, 일과 시작 전에는 다같이 '행복구호'를 외친다. 오전에는 절대 부하 직원을 혼내지 않는다는 불문율도 있다. 하이마트 경영

진은 "어려운 시절 모두가 힘을 합쳐 이뤄낸 회사라는 자부심이 크다"며, "직원들의 기(氣)를 살려, 창의적인 아이디어가 현장 곳곳에 반영되고 있다"고 말했다.

광고 회의

· 광고회의 대리급 이하 사원들이 적극적으로 의견 개진
· 팀장 이상 공식회의는 한 달에 한 번만 열림
· 모든 회의는 항상 큰 웃음과 박수로 시작하고 끝냄
· 일과 시작 전에는 다같이 '행복구호'를 외침
· 오전에는 절대 부하 직원을 혼내지 않음

<사례 13-2> BOP마케팅

BOP는 'bottom of the pyramid'라는 뜻으로, 소득계층 피라미드의 맨 밑에 있는 저소득층의 잠재 구매력에 주목한 전략이다. '최고우량고객(VVIP)'마케팅의 역개념인 셈이다. BOP마케팅은 생산단위별 이윤은 적지만 판매량이 크기 때문에 유통 물류비 등을 줄이면 비즈니스 모델로 가능하다는 것이다. '티끌모아 태산'이라는 말이나, 인터넷 비즈니스에서 80%를 이루는 '사소한'고객의 가치에 집중하는 '롱테일'법칙과도 유사한 셈이다.

무하마드 유누스 박사가 1983년 설립한 방글라데시 그라민 은행은 BOP전략의 성공 사례다. 미국유학을 마치고 귀국한 유누스 박사는 우연한 기회에 가난한 사람들에게 융자를 해주자 그들이 자립의 기초를 마련하는 것을 보고 무담보 소액대출 프로젝트를 시행했다. 이는 이제 전 세계에 마이크로크레디트(소액융자)제도로 자리 잡았다.

그라민 은행의 덕목은 무엇보다 '가난 구제'라는 사회 이슈를 '금융(기업)비즈니스'와 접목해 지속 가능한 해결책을 창안한 점이다. 단순한 지원이 아니라 저소득층의 자활의지를 북돋음으로써 그들과 은행이 윈윈(win-win)하는 금융구조를 만들어 낸 것이다.

출처 : 〈동아일보〉, 2009.2.26. 발췌정리

13.2 학습이론

소비자의 학습과정은 여러 측면에서 설명할 수가 있다. 그러나 학습과정은 전통적으로 행동적 학습(behavior learning)과 인지적 학습(cognitive learning)의 두 가지 관점에서 연구되어 왔다.

〈그림 13-1〉 학습이론의 분류

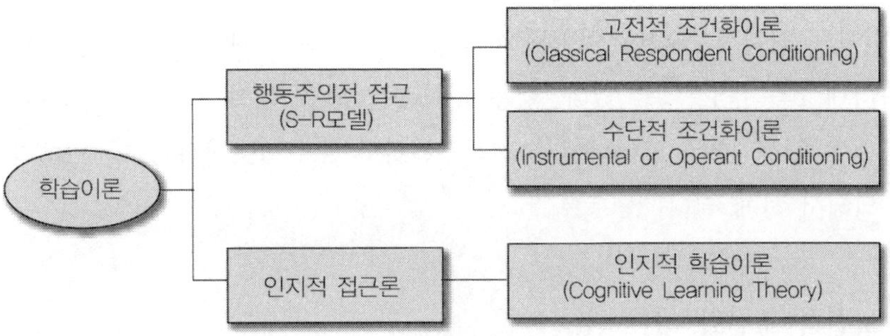

행동주의적 접근론에서는 학습을 '경험을 통해 자극과 반응의 관계가 개발되는 과정'으로 본다. 반응이란 외부에서 관찰 가능한 표현적(물리적)행동만을 의미하기 때문에 개인내적인심리적 · 인지적변화는 제외된다. 이 학파의 대표적인 학습이론에는 고전적 조건화 이론(classical conditioning)과 수단적 조건화 이론(sinstrumental conditioning)이 있다. 인지적 학습이론은 사람들이 정보를 처리하고 지식을 축적하는 방법을 이해하는 제 초점이 맞추어져 있다. 이 이론에서는 학습의 결과가 반드시 외적 행동의 변화로 나타난다고 보지 않으며 내적 인지상태의 변화를 학습의 척도로 더 중요시한다.

〈표 13-1〉 학습이론의 비교

	행동주의적 접근론 (behavioristic approach)	인지적 접근론 (cognitive approach)
학습의 정의	· 자극과 행동간의 관계개발	· 사고능력의 개발과정
학습의 척도	· 행동(또는 성과)의 변화	· 지식의 축적, 태도, 동기 등의 변화
연구대상	· 학습시스템의 외적구조 · 관찰가능요인	· 학습시스템의 인지구조 · 정보처리 및 문제해결능력 · 장기기억
대표적 이론	· 고전적 조건화이론 · 수단적 조건화 이론	· 인지적 학습이론

소비자는 인지적 노력이 없이도 호의적 태도 또는 구매행동과 같은 어떤 반응을 나타내도록 유도될 수 있다. 행동적 학습은 환경 내의 사건들 간에 관련성이 있다고 보게 될 때에 일어나며 고전적조건화와 수단적조건화 그리고 대리적 학습에 의해서 하게 된다.

1. 고전적 조건화 이론

1) 고전적 조건화의 학습과정

자극-반응 관계에서 연상이 이루어지면 학습으로 이어진다. 연상의 발달은 고전적조건화의 초점이다. 고전적 조건화는 소련의 생리학자이며 양리학자인 파블로프에 의해 제안되었다. 그는 조건 자극(CS)을 무조건 자극(US)과 연관시킴으로써 조건 자극으로부터 새로운 조건반응(CR)을 얻어 낼 수 있다고 주장하였다. 개를 대상으로 먹이와 종 울림의 관계가 학습되는 결과를 관찰하였다. 즉 개에게 음식을 곧바로 주지 않고 반드시 종을 울리고 난 후 음식을 주는 일을 반복하였다. 그 결과 개는 종소리만 듣고도 침을 흘리는 것을 관찰할 수 있었다. 이 사실은 개가 경험을 통하여 종 울림과 먹이와의 관계를 학습한 것으로 볼 수 있다.

〈그림 13-2〉 파블로프의 고전적 조건반사

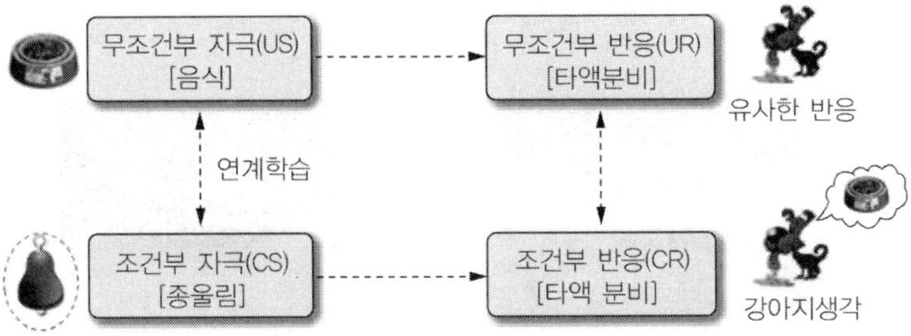

음식과 타액분비의 관계는 조건화가 필요하지 않은 지극히 자연스러운 자극-반응관계이다. 즉 음식은 보기만 해도 군침을 흘리게 하는 '무조건부 자극(US : unconditioned stumulus)'이며 침을 흘리는 행동은 본능적인 것으로서 학습이 전혀 필요하지 않은 '무조건부 반응(UR : unconditioned response)'이다. 종소리는 타액분비행동과는 전혀 관계가 없는 중성자극(neutral stimulus)이지만 이 종소리를 음식(US)과 연계시켜 두 요인이 관련 있는 것으로 학습시킴으로써, 종소리는 타액을 분비시키는 조건부 반응으로써 무조건부반응과 같거나 유사한 반응을 나타낸다.

고전적 조건화이론에서는 처음에 무관했던 중성자극의 조건화가 학습을 통해 가능하다는 것이다. 이 이론은 학습주체가 수동적인 학습을 통해 특정 행동을 개발하게 되는 과정을 설명하는 데 초점이 있으므로 수동적 조건화(respondent conditioning)라고도 한다.

2) 고전적 조건화와 소비자 학습

고전적 조건화가 소비자 학습에 어떻게 활용되고 또 영향을 주고 있는지 알아보자. 첫째, 고전적 조건화는 소비자가 외부자극(광고)에 의해 무엇을 학습하고 어떻게 행동하는가를 설명하는데 매우 유용하게 적용할 수 있다. 둘째, 마케팅 주체가 자사제품 및 상표에 대하여 소비자를 어떻게 학습시켜야 하는가를 이해하고 설명하는데 도움을 줄 수 있다. 셋째, 광고에서 소비자들의 호의적인 감정을 야기시킬 수 있는 '흥겨운 음악', '아름다운 색상', '행복한 장면' 등을 무조건부 자극으로 이용하여 자사의 제품이나 상표의 이미지를 이에 연계시키는 방법을 이용함으로써 소비자 학습이 가능하도록 한다.

〈그림 13-3〉 고전적 조건화의 응용광고

구름을 무조건부 자극으로 이용

깃털을 무조건부 자극으로 이용

가마솥을 무조건부 자극으로 이용

소프트아이스크림을 무조건부 자극으로 이용

G. J. Gorn은 학생을 대상으로 광고 배경음악과 소비자의 상표선호도 관계에 관하여 연구한 결과 그것들이 서로 관계가 있음을 증명하였다.

Gorn은 실험대상에게 볼펜(조건자극)사진을 보여주면서 동시에 배경음악(무조건자극)을 들려주는 실험을 하였다. 무조건 자극인 음악은 실험대상들 이 좋아하는 음악과 싫어하는 음악으로 구분하고 조건자극인 볼펜은 파란색과 베이지색을 준비하고 4개의 집단으로 나누어 실험하였다.

1집단은 좋아하는 음악(긍정적 무조건자극으로 제시)을 들려주면서 파란 색 펜을 함께 보여주었다.

2집단은 좋아하는 음악과 베이지색 펜을 제시하였다.

3집단은 싫어하는 음악과(부정적 무조건자극으로 제시) 파란색 펜을 함께 보여주었다.

4집단은 싫어하는 음악과 베이지색 펜을 보여주었다.

실험이 끝난 후 학생들에게 협조에 대한 감사의 표시로 파란색 펜과 베이지색 펜 중 하나를 선택하라고 하였다. 결과에 따르면 79%의 학생들이 좋아하는 음악과 함께 보여준 펜의 색깔을 선택하였고 나머지 21%의 학생들만이 함께 보여주지 않은 펜을 택하였다. 또 30%의 학생들이 싫어하는 음악과 함께 보여준 색의 펜을 선택하였고 나머지 70%의 학생들은 싫어하는 음악과 함께 보여준 펜을 선택하지 않음으로써 조건화 이론의 예측과 일치된 결과를 보여주었다.

3) 고전적 조건화의 제원리

(1) 습득

습득(acquisition)이란 학습주체가 조건부자극(CS)과 무조건부 자극(US) 사이의 관계를 터득하는 과정으로 습득의 효과를 얻기 위해서는 일정한 기간과 특별한 방법이 요구된다.

학습주체는 [CS-US]연계를 위한 조건화에 한 번 이상 노출되어야만 연계관계에 대한 습득이 가능해진다. 단 한 번의 노출에 의해서는 학습주체가 그 연계관계를 거의 의식하지 못하는 것으로 밝혀졌다. 또한 습득의 효과는 중성자극이 연계되는 순서에 의해서도 영향을 받는 것으로 알려졌다. 중성자극의 조건화는 선행조건화, 후행조건화 그리고 동시조건화의 3가지 방법으로 가능하다. 이 중에 중성자극을 무조건부 자극보다 먼저 노출시키는 선행적 조건화의 경우가 가장 습득효과가 큰 것으로 연구결과가 발표되었다.

마케팅담당자가 광고를 할 때 이미지 구축을 위해 사용하려는 무조건부 자극과 제품의 노출순서를 신중히 고려하여 광고효과를 최대화할 수 있도록 배열해야 한다.

〈표 13-2〉 중성자극 조건화의 유형

선행조건화 (toward conditioning)	후행조건화 (backward conditioning)	동시조건화 (simultaneous conditioning)
· 중성자극(조건부자극: CS)을 먼저 노출시키고, 이에 무조건부 자극(US)을 연계시키는 방법 (예) 종을 먼저 울린 다음 음식을 줌	· 무조건부 자극을 먼저 노출시키고 다음에 중성자극을 이에 연계시키는 방법 (예) 음식을 주고 나서 종을 울림	· 중성자극과 무조건부 자극을 동시에 연결시키는 방법 (예) 음식을 주는 것과 동시에 종을 울림

(2) 소멸

소멸(extinction)이란 조건자극이 더 이상 조건반응을 유발시키지 않을 때 나타나는 현상이다. 고전적으로 학습된 조건반응은 시간의 경과로 인하여 사라지는 것이 아니라 조건자극과 무조건 자극 간의 관계가 파기될 때 나타나는 현상이다.

조건부 자극과 무조건부 자극의 관계가 깨어지는 것은 무조건부 자극이 없이 조건부 자극을 많이 접하는 경우에 발생한다. 조건화되어 나타나던 반응이 조건화시키기 위하여 사용되던 무조건부 자극이 철회됨과 동시에 사라지는 현상을 소멸이라고 한다. 예를 들어 특정음악과 제품을 연계시켜 광고하다가 그 배경음악을 없애고 제품만 광고를 하면 광고의 효과가 감소될 뿐만 아니라 종래와는 다른 반응이 나타나게 되는 현상을 소멸이 일어날 가능성이 높다.

조건자극이 없이 무조건자극을 많이 접하는 경우에도 깨어진다. 여러 광고에 동시에 출연하는 유명 연예인이 등장할 때 이런 문제가 생긴다. 자사제품의 광고가 아닌 경우에도 이 광고 모델을 접하게 되는 기회가 많기 때문에 자사제품과 그 연예인의 관계가 소멸되기 쉽다. 반면에 특정제품 광고에만 오랫동안 출연하는 연예인의 경우 조건화가 보다 효과적으로 이루어진다.

또한 조건화를 위한 학습 횟수가 많고 학습 기간이 긴 경우에는 학습을 위해 연계시킨 무조건부 자극요인을 철회하더라도 소멸현상이 즉각 발생하지 않고 상당기간이 지속된 후 나타난다.

(3) 자극의 일반화

자극의 일반화(generalization)란 기존의 자극-반응 관계에서처럼 일단 특정자극에 의해 조건화가 되면 그와 비슷한 자극에 의해서도 유사한 반응이 나타나는 현상을 말한다. 파블로프(Pavlov)에 의하면, 일단 종소리에 의해 조건화가 형성되자 종소리와 비슷한 소음까지도 모두 동일한 반응을 야기시켰다고 한다. 이것은 어떤 자극에 대한 기억이 그와 유사한 다른 자극에 대해서 일반화되는 현상 때문이다. 자극의 일반화개념은 마케팅담당자들에게 유용한 정보를 시사한다.

기업들의 마케팅전략으로는 상이한 제품에 같은 이름을 붙이는 공통상표전략(family branding strategy)이나 라이센싱(licensing)의 형태로 일반화를 사용한다. 출시시키는 전략으로 기존에 형성된 호의적 상표이미지를 기업의 후속적 신제품에까지 확장시키려는 상표확장전략(brand extension strategy)의 일환이라고 할 수 있다. 라이센싱 전략으로 유명한 상표나 디자이너, 캐릭터 등을 수수료를 지급하고 자사상품에 활용하여 소비자가 자사상품의 품질 등에서 쉽게 회상(recognition)하도록 할 때 이용된다. 기업이 생산하는 모든 제품라인의 상표를 동일하게 하여 시장에서 제품에 별도의 상표를 개발하는 것보다 기존의 제품계열로 일반화하여 신제품을 포지셔닝하는 경향이 있다.

(4) 자극의 차별화

자극의 차별화(discrimination)란 상이하게 조건화시킨 자극요인에 대하여 상이하게 반응하는 방법을 학습하는 과정이다. 두 개의 중성 자극요인이 유사하다 하더라도 두 개의 자극 요인 가운데 하나는 무조건부자극과 연계시키고 다른 하나는 연계시키지 않는다면, 두 자극요인에 대한 반응이 다르게 나타나는 현상을 말한다.

자극차별화는 제품 포지셔닝을 위한 전략개발에 이용될 수 있는 유용한 학습개념이다. 이는 소비자의 지각구조 속에 자사상표를 보다 독특한 이미지를 지닌 차별적 제품으로 인식하도록 하는 전략이라고 할 수 있다. 마케팅담당자는 자사상표에 대한 소비자들의 호의적인 반응이 타사상표에까지 전이되는 것을 방지하고 제품을 차별화할 때 이 자극차별화 개념을 이용할 수 있다. 유사한 제품이라고 해도 학습시키는 과정에서 조건화시키는 방법에 따라 소비자의 반응이 달라질 수 있다.

(5) 이차적 조건화

이차적 조건화(higher-order conditioning)란 이미 조건화된 자극을 무조건부자극으로 이용하는 학습과정을 말한다. 조건화를 위해서는 학습이 필요하지 않은 요인을 무조건부 자극이라고 하지만 경우에 따라서는 일단 어떤 학습과정을 거쳐 일차적으로 조건화가 형성된 요인을 다른 조건화를 위해 무조건부 자극으로 이용하기도 한다. 일차적 학습과정에서 조건화가 완벽하게 형성된 조건부 자극요인은 그 자체가 특별한 이미지와 연계되어 있기 때문에 다음 단계의 무조건부 자극요인으로 이용될 수 있다.

4) 고전적 조건화의 제약요인

단순히 조건부 자극을 무조건부 자극과 연계시킴으로서 고전적 조건 반사효과가 나타나는 것은 아니다. 다음과 같은 경우에는 고전적 조건화의 효과를 제약하는 요인이 된다.

(1) 조건부자극요인의 사전노출

무조건부 자극과 연계되기 전에 조건부 자극요인이 먼저 노출되면 조건화는 어려워진다. 특히 무조건부 자극과 연계되기 전에 조건화시키려는 중성요인의 단독 노출 빈도가 많을수록 조건화시키기가 어려우며 학습효과도 낮아진다.

파블로프(Pavlov)의 실험에 의하면 조건화가 시작되기 전에 이미 종소리를 자주 들었던 것에 익숙해져 있던 개와 그렇지 않은 개는 종소리와 먹이를 연계시켰을 때 학습효과에 큰 차이를 보였다. 즉 먹이와 무관한 종 울림에 이미 익숙해져 있던 개의 경우에는 조건화의 효과가 낮게 나타났다. 먹이와 관계없이도 종이 울린다는 사실을 이미 경험한 개는 그렇지 않은 개보다 '종소리와 먹이'의 관계를 학습시키기가 훨씬 어렵다.

그러므로 학습주체가 조건부 자극에 대한 경험을 미리 하지 못하도록 자극요인을 먼저 노출시키는 일이 없도록 하는 것이 조건화의 효과를 높이는 방법이다. 신제품의 조건화가 기존제품의 조건화보다 쉽고 효과적인 이유이다.

(2) 무조건부 자극요인의 사전노출

조건부 자극과 연계되기 전에 무조건부자극요인이 사전에 과잉 노출되는 것도 조건화를 저해하는 요인이다. 무조건부 자극 요인에 대한 친숙도가 증가할수록 동기가 유발되지 않기 때문에 조건화의 효과에 대한 기대가 어렵다.

파블로프의 실험에서 무조건부 자극인 음식의 사전노출을 제한하기 위하여 개에게 오랫동안 음식을 주지 않음으로써 동기를 유발시킨 후, 종을 울리고 먹이를 주는 일을 반복했다고 한다. 늘 먹이가 충분하여 무조건부 자극의 사전노출이 심하고, 배가 고프지 않았다면 조건화의 가 일어나지 않을 것은 당연한 일이다.

제품광고의 경우 상표에 대한 이미지 구축(조건화)을 위해 음악을 이용하려 할 때, 배경음악으로는 잘 알려진 노래보다 그 노래와 유사한 분위기의 새롭게 창작된 노래를 이용하는 것이 더 효과적인 것도 이러한 이유라고 할 수 있다 . 소비자가 잘 알고 있는 노래를 무조건부 자극으로 이용하면 호기심을 유발시키지 못하기 때문에 조건화가 어려우며 학습효과도 낮게 나타난다.

(3) 음영효과

음영효과란 조건화가 형성되지 못하거나 조건화의 효과가 약화되는 현상이다. 하나의 무조건부 자극에 두 개 이상의 중성자극을 동시에 연계시키려고 할 때 음영효과가 나타난다. 두 개의 중성자극 중에 하나만 조건화가 형성되고 나머지 하나는 그 그늘에 가려져 조건화가 형성되지 않는 것을 말한다. 그러므로 조건화를 확실하게 하기 위해서는 무조건부 자극하나에 중성자극 하나만 연계시키는 것이 바람직하다.

반대로 무조건부 자극의 영향이 너무 강한 경우에도 음영효과가 나타난다. 즉 고전적 조건화를 시도하는 광고에서 모델, 배경 또는 음악 등이 제품을 압도하면 조건화가 어려워진다.

(4) 부적당한 연계

조건부 자극과 무조건부 자극이 서로 어울리지 않으면 조건화는 일어나지 않는다. 의도하는 반응을 유발시킬 수 있는 가장 적합한 무조건부 자극을 선정하여 제품이나 상표와 연계시키는 것이 중요하다.

2. 수단적 조건화 이론

1) 수단적 조건화 이론의 개요

하버드 대학의 스키너(B. F. Skinner)교수는 학습이 단순히 자극에 대한 조건반응에서 발생되는 것이 아니라 반응행위와 바람직한 결과를 연결시키는 조작을 통해 이루어진다는 수단적 조건화의 원리를 제시하여 비둘기와 쥐의 실험으로 이를 증명하였다. 수단적 조건화에서는 반응행위는 특정한 결과를 조건화(조작)시킴으로써 가능하다고 한다. 학습이 효과적으로 이루어지기 위해서는 보상이나 처벌 등의 수단적인 요소가 개입되어야 한다는 것이다.

스키너는 누르면 먹이가 나오는 레버장치가 부착된 상자(skinner box) 속에 쥐를 넣고, 이 쥐가 어떻게 먹이를 획득하는 방법을 터득하는가를 관찰하였다. 처음에 이 쥐는 상자 속의 새로운 환경을 탐색하기 위하여 여러 가지 행동을 하였다. 그러다가 어느 순간 레버를 누르게 되고 그로 인해 먹이를 얻게 되면 그때부터 자극(레버를 누름)과 반응(먹이획득) 간의 연계를 인식하게 되는 것이다. 처음부터 곧바로 연계관계를 인식하지 못하지만 몇 번의 경험을 통해 오직 그 레버만 누르면 먹이가 주어진다는 사실을 학습하게 되는 것이다.

수단적 조건화에서는 고전적 조건화와 다르게 학습주체는 항상 환경에 대해 능동적으로 대처하며, 그로 인해 결국 조건화가 형성된다고 가정한다. 따라서 수단적 조건화를 능동적 조건화(operant conditioning)라고도 한다.

쥐가 레버를 누르는 행동은 고전적 조건화에서와 같이 무조건부 자극에 대한 무의식적인 반응의 결과로서 학습된 것이 아니고, 반응 후에 주어지는 보상 때문에 의식적·능동적으로 학습된 것이라고 볼 수 있다. 이러한 학습과정을 수단적 조건화라고 한다.

〈그림 13-5〉 수단적 조건화 원리

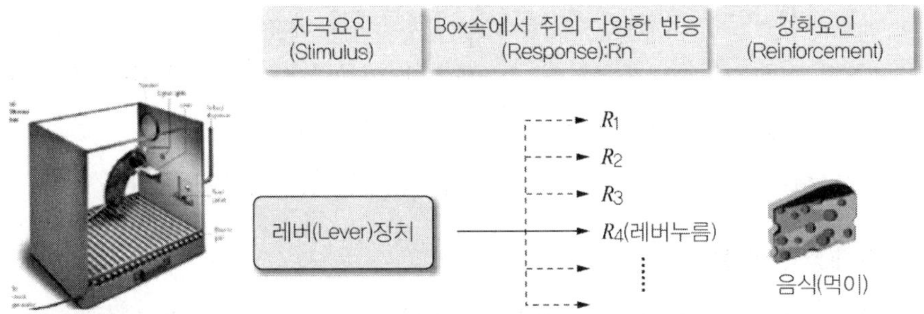

2) 수단적 학습이론의 제 원리와 소비자학습

수단적 조건화 원리를 인간의 학습에 적용하는 경우 프로그램 학습(programed learning)이라고 한다. 프로그램학습에서는 '행동 후의 강화' 문제가 핵심요소가 된다. 소비자가 행동의 주체로서 특정 자극에 대한 선택적 반응을 할 수 있다고 가정하면 학습효과를 증진시키기 위해서는 소비자가 원하는 것을 제공하는 보상이 이루어져야 한다. 이것이 동일한 행동반응의 확률을 높이는 역할을 하는데 이런 활동을 강화(reinforcement)라고 한다. 즉 강화란 어떤 행동 후에 주어지는 보상, 자극, 그리고 사건들을 의미하는 것이다.

〈표 13-3〉 고전적 조건화와 수단적 조건화의 차이점

고전적(수동적) 조건화	수단적(능동적) 조건화
수동적 학습자(passive learner)를 전제로 함	능동적인 학습자(active learner)를 전제로 함
조건과 과정은 이미 확립된 '자극-반응관계'에 기초함	사전의 '자극-반응관계'는 필요하지 않다. 학습자가 자극에 대한 적절한 반응을 발견하면 그에 기초하여 조건화 과정은 형성됨
행동 전의 자극이 조건화의 결정적 요건임	행동 후의 강화요인이 조건화의 결정적 요건임
무의식적인 반응(Involuntary responses)이 강화되고 학습됨	반응은 의식적으로(긍정적 보상 때문에) 강화되고 그 결과 학습됨
자극중심적 조건반사론	반응(행동)중심적 조건반사론
의견, 취향, 목표 등의 개발 및 변화에 대한 학습과정을 설명하는 데 적합한 이론	목표지향적 행동의 학습과정을 설명하는데 적합한 이론

강화개념은 소비자들의 반복구매행동을 이해하고 그것을 유도하는 방안을 강구하는데 결정적인 도움을 주기 때문에 마케팅에서 유용하게 이용되고 있다. 즉 소비자에게 어떤 보상을 줌으로써 그 제품의 반복구매를 유도할 수 있다. 경품, 할인, 쿠폰, 광고 등은 유용한 보상 및 강화요인으로 이용된다.

소비자 학습에 적용되는 수단적 학습이론의 제원리는 다음과 같다.

(1) 강화(보상)의 성격

강화를 효과적으로 사용하기 위해서는 강화의 시간계획을 적절히 수립해야 한다. 소비자에게 주는 보상은 그 시기에 따라서 효과가 달라질 것이다. 즉 소비자가 어떤 반응을 나타내자마자 즉시 보상을 주면 강화의 효과가 더 클 것이다. 행동 후 즉각적으로 보상이 주어지지 않고 지연되면 학습효과는 감소한다. 특히 행동과 강화 간의 간격이 너무 길면 학습효과는 전혀 발생하지 않을 수도 있다. 마케팅담당자는 소비자가 제품을 소비하는 시점에서 소비를 통한 욕구의 만족과 자사상표를 강력히 연계시킬 필요가 있다. 소비자가 기대하는 반응을 지속적으로 유지시키기 위해서는 강화라는 요소가 필요한데 강화는 기대반응의 방향에 따라 4가지 유형으로 나눌 수가 있다.

긍정적 강화(positive reinforcement)는 소비자의 반응행위에 대해 보상을 제공함으로써 동일한 반응이 반복적으로 이루어질 수 있도록 하는 것을 말한다. 어떤 소비자가 특정한 상표를 구매함으로써 기대되는 혜택을 확보할 수 있다면 이 소비자가 동일상표를 재구매할 확률은 증가하게 될 것이다. 한 연구결과에 의하면, 특정상점에서 상품을 구매한 고객에게 전화를 하여 감사를 표시한 고객과 전화를 하지 않은 고객을 비교하였는데 계속적 구매반응이 다르게 나타났다고 한다.

부정적 강화(negative reinforcement)는 부정적 결과를 제공함으로써 특정한 반응을 보일 확률을 증대시키는 것이다. 이 경우 소비자는 부정적 결과를 회피하기 위한 행동을 취하려는 경향을 보일 것이다. 즉 어떤 소비자가 할인점에서 잘 알려지지 않은 중소업체의 운동복을 구매했는데 얼마 지나지 않아서 운동복이 상하게 되었다면 이 소비자는 다음부터 유명상표의 운동복만 구매하려고 할 것이다.

처벌(punishment)이란 소비자가 특정한 형태의 부정적 결과를 초래하는 반응을 취할 확률을 감소시키는 것으로서 부정적 강화와는 차이가 있다. 처벌을 이용한 마케팅 사례로는 아로마파워라는 다이어트 제품이 대표적이다. 이 제품은 음식을 먹기 전에 뿌리면 그 음식에서 썩은 치즈향이 발생하여 식욕을 저하시킴으로써 다이어트의 효과를 보게 되는 것이다. 또 약품의 오용 남용 방지, 흡연예방을 목적으로 하는 공익광고나 보장성 보험의 광고 등에 처벌의 개념이 이용되고 있다.

강화와 유사한 개념으로 소거(extinction)가 있다. 소거란 자극과 반응의 관계가 깨지는 것을 말한다. 반응으로 인해 중립적 결과가 발생되거나 기대하는 보상이 반복적으로 이루어지지 않는 경우가 되면 특정한 반응을 나타낼 확률이 줄어들게 된다. 소거가 발생되는 예로는 모델의 중복출연으로 인해 제품과 모델간의 관계가 모호해지는 경우, 특정 상표를 구매하고 자 점포를 방문했는데 해당 상표가 없는 경험을 자주 접하게 되는 경우라고 할 수 있다. 이런 경우 해당점포를 다시 방문할 확률은 감소하게 될 것이다.

(2) 강화스케줄

강화스케줄은 강화가 되기까지의 경과시간 또는 강화와 강화 간의 간격을 기준으로 하는 간격계획과 강화가 되기까지 나타낸 반응의 횟수를 기준으로 실시하는 비율계획으로 나눌 수 있다.

학습효과는 강화스케줄(schedules of reinforcement)에 따라 다음과 같은 차이가 있다.

첫째, 기대한 반응에 대해서는 반드시 보상을 하고 그렇지 않은 반응에 대해서는 전혀 보상을 하지 않는 '합리적인 강화'가 주어질 때 학습효과는 크게 나타난다.

둘째, 일관성 있는 강화가 지속적으로 주어질 때 학습의 효과는 가장 확실하게 나타난다.

셋째, 부분적 강화가 주어지면 학습의 효과는 늦게 나타나며 그 효과는 상당기간 지속되면서 쉽게 망각되지 않는다. 부분적 강화란 바람직한 반응에 대하여 지속적으로 보상하지 않고 일정한 간격을 두고 보상하는 방법이다.

소비자를 학습시키는 경우 부분적 강화가 가장 효과적이다. 소비자의 반복구매행동을 조건화시키기 위해서는 부분적 강화원리가 많이 이용된다. 그러나 한 연구에 의하면 경품, 가격할인 같은 보상이 주어지지 않는 기간 동안 소비자가 다른 구매경험을 하게 될 가능성이 높기 때문에 상품 간 경쟁이 심한 특별한 상황에서는 오히려 연속적 강화가 바람직하다고 한다.

(3) 차별적 자극에 대한 학습

소비자들은 경험을 통해 보상이 주어지는 자극과 그렇지 않은 자극을 식별할 수 있는 능력을 학습하고 터득하게 된다. '특별세일'이나 '30% 할인'이라는 표지만 보고도 그 상점에서 상품을 구매하게 될 경우 얻게 되는 혜택을 안다. 또한 품질표지, 가격, 상표명, 상호 등을 보고 안전하고 좋은 제품을 식별하는 방법에 대해서도 학습하게 된다. 따라서 마케팅담당자는 자사제품의 특징을 표현하거나 소비자에게 주는 보상 프로그램을 알리는 차별적 강화(discriminative stimuli)에 대하여 소비자들을 신중하게 학습시킬 필요가 있다.

긍정적 강화원리 이용 광고

부정적 강화원리 이용 광고

3. 인지적 학습이론

인지적 관점에서의 학습이란 소비자가 직면하는 수많은 소비문제를 해결할 때 최적안을 도출하기 위한 복잡한 의사결정과정을 전제로 자신에게 적합한 문제해결의 유형을 발견하고 이를 습관화하는 과정이라고 할 수 있다. 따라서 인지적 학습에서는 소비자의 정보처리과정이 필수적이며 이는 소비자가 문제를 해결하기 위해 정보를 획득하고 이를 해석하고 조직화하여 기억 속에 저장하는 과정이라고 할 수 있다.

인지적 학습이론(cognitive learning theory)은 Wolfgang KÖhler의 연구결과에 근원을 두고 있다. KÖhler는 원숭이(ape)를 대상으로 실험을 하기 위해 우리 속 구석에 나무통 하나를 넣어두고 천정에 바나나를 매달아 놓았다. 원숭이는 높이 매달린 바나나를 먹을 수 없으므로 잠시 망설이다가 구석에 있는 나무통을 가져다가 놓고 그 위에 올라가서 바나나를 따먹었다. 이러한 원숭이의 지혜는 단순히 자극과 반응간의 관계에 대한 학습을 통해서 개발된 것이라고 할 수 없다. 오히려 바나나에 손이 닿지 않는다는 사실에 대한 문제인식과 동시에 해결방안에 대한 통찰력이 작용한 것으로 보아야 할 것이다. 학습은 자극과 반응이나 강화사이의 결부(contiguity)의 결과가 아니라 학습상황을 관찰한 통찰의 결과이다.

인지적 학습이론은 Gestalt 심리학에 의해 예증되고 있다. Gestalt 심리학에 의하면 개인의 인지구조는 그것을 구성하고 있는 신념, 가치, 태도, 동기, 목표 중 어느 한 요소에라도 변화가 오면 그 변화에 적응하려는 다른 요소들의 자체 조정작용 때문에 구조전체가 영향을 받게 된다고 한다. 이렇게 개인의 인지구성요소에 변화가 주어짐으로써 야기되는 '인지적 재조직'현상을 Gestalt 심리학에서는 학습이라고 정의하고 있다.

Gestalt 심리학자 중 한 사람인 K. Lewin도 그가 제시한 '장의 이론(field theory)'에서, "학습이란 개인의 마음속에 형성되어 있는 심리적 장(psychological field : 신념, 태도, 가치, 목표 등으로 구성)이 새로운 투입요소로 인해 재조직화되는 현상"이라고 정의했다.

사람들은 물리적인 어떤 보상이나 외부자극이 주어지지 않아도 많은 것에 대해 끊임없이 학습한다. 인지적 학습이론에서는 정보나 지식을 수용하고 저장했다가 이들을 문제해결에 활용하는 일련의 정보처리 과정을 매우 중요한 학습과정으로 본다. 사람들은 동일한 자극이나 정보 또는 지식이 주어질 때 그들의 정보처리 방법과 능력이 동일하지 않으므로 학습의 결과는 상이한 형태로 나타난다.

4. 학습곡선

H. Ebbinghaus에 의하면 학습의 효과는 처음 몇 번의 반복에서는 크게 나타나지만 차츰 완만해져 나중에는 여러 번 반복해도 별 효과가 발생하지 않는다고 한다. 학교공부를 포함하여 소비자가 제품에 대한 새로운 정보를 학습하는 경우에도 학습의 효과는 처음에는 서서히 효과가 나타나기 시작하다가 다음에는 급속도로 증가하고 결국에는 정체하는 현상을 보이게 된다.

학습의 시행회수와 학습효과를 나타낸 것이 학습곡선(S-shaped curve)이다. 초기단계에서는 학습의 효과가 매우 빠르게 나타나지만 점차로 슬럼프에 빠져 효과가 정체되는 학습고원(learning plateau)상태에 이르게 된다. 학습고원 상태에 이르면 계속해서 학습이 시행되더라도 더 이상의 효과증대는 기대하기 어렵다.

학습내용의 소멸이나 망각이 발생한 후, 재학습이 실시되는 경우 학습곡선의 기울기가 기본 학습곡선에 비해 훨씬 경사지게 된다. 한번 배웠던 것은 망각이 있었다 하더라도 학습의 효과가 빠르게 나타나기 때문이다. 이처럼 재학습과정에서 효과가 빠르게 나타나는 것을 자발적인 기억회복(spontaneous recover)과정이라고 한다.

학습의 효과는 개인이나 상황에 따라 약간씩 차이가 있다. 학습효과에 영향을 미치는 중요한 요인은 학습의 시행스케줄과 개인의 학습능력이다.

① **학습 시행 스케줄** : Ebbinghaus에 의하면 학습은 집중시행(massed practice)하는 것보다 분할시행(distributed practice)하는 것이 훨씬 효과적이다. 분할시행이란 학습과정에 일정한 휴지기간을 두면서 반복 시행하는 학습방법이고, 집중시행은 전혀 휴지기간 없이 계속적으로 학습하는 방법이다. 집중시행은 학습주체가 지루함으로 인해 학습동기를 상실하게 되고 따라서 학습의 효과가 정체된다. 그러나 분할시행의 경우에는 휴지기간이 너무 길면 망각을 유발시켜 학습의 효과가 감소될 수 있다. 그러므로 분할시행의 경우 휴지기간을 적절히 설정하여 효과를 높이는 것이 중요하다.

② **학습능력의 개인차** : 사람의 지능수준에는 상당한 개인차가 있다. 학습의

속도가 빠른 사람이 있고 그렇지 않은 사람이 있다.

마케팅담당자는 소비자학습과 관련하여 다음과 같은 사항을 유의해야 한다.

첫째, 광고의 분할시행이 바람직하다. 단일 메시지로 장기간 집중 시행하는 것은 바람직하지 못하다.

둘째, 표적시장 고객의 학습능력, 관심, 학습동기 등을 파악해야 한다. 학습에 대한 고객의 성향이나 특성을 정확하게 파악하여 그에 적합한 학습방법을 설계할 필요가 있다.

5. 대리학습

소비자는 자신이 직접 특정 자극에 노출되어 특정한 행동반응을 나타낸 경험이 없어도 단순히 타인의 행동이나 타인에게 발생되는 결과를 관찰함으로써 특정 대상에 대한 학습이 가능하다. 이렇듯 친구, 친지, 부모, 영화나 TV 속의 주인공들의 행위를 관찰함으로써 일어나는 학습을 대리학습(Vicarious Learning) 또는 모방학습(Modeling)이라고 한다.

대리학습 개념은 특히 광고전략에 많이 이용되고 있다. 대리학습기법은 세 가지 기법으로 소비자에게 영향을 줄 수 있다.

① **제품 및 그 사용법에 대한 대리교육** : 광고에서 한 모델이 제품의 특성이나 사용방법 등에 대하여 질문하고 다른 모델이 설명해 주는 장면의 광고를 함으로써 소비자들이 알고 싶어하는 사항에 대하여 학습시키는 방법이다.

② **즉각적인 구매행동 유발을 위한 촉진** : 광고 모델로 하여금 자사제품 사용결과에 만족감을 표현하도록 하여 대리강화(vicarious reinforcement)에 의해 소비자의 즉각적인 구매행동을 유도하기 위한 방법이다.

③ **부정적인 소비자행동의 억제** : 흡연, 과식, 에너지 낭비 등의 행동을 억제시키기 위하여도 대리학습기법이 이용된다.

대리적 학습이 유용하게 사용되는 이유는 마케팅담당자가 제품의 효익을 직접이 아닌 간접적인 방식으로 전달하여 광고효과를 더 크게 할 수 있다는 점이다. 대리적 학습에는 특히 전달자의 매력이 중요하다. 단순히 신체적 매력이라기보다는 다양한 요소에 의해 구성된 사회적 매력 즉, 전문성, 평가자와의 유사성 등을 소유한 사람을 모델로 하는 것이 중요하다.

참고문헌

1) Thomas S. Robertson, Joan Zieinski, and Scott Ward, *Consumer Behavior*, Glenview, Illinois : Scott, Foresman and Company, 1984.
2) Walter R. Nord and J. Paul Peter, "A Behavior Modification Perspective on Marketing," *Journal of Marketing*, Vol.44, Spring 1980.
3) Gerald J. Gorn, "The Effect of Music in Advertising on Choice Behavior : A Classical Conditioning Approach," *Journal of Marketing*, Vol.46, Winter 1982.
4) James H. Kellaris and Anthony D. Cox, "The Effects of Background Music in Advertising : A Reassessment, "*Journal of Consumer Research*, Vol.16, June 1988.
5) John P. Houston, *Fundamental of Learning and Memory*, N.Y., Academic Press, 1981.
6) B. F. Skinner, *Behavior of Organisms : An Experimental Analysis*, N.Y., : Appleton, 1966을 Thomas S. Robertson, Joan Zielinsky, and Scott Ward, Consumer Behavior, Glenview, Illinois : Scott, Foresman and Company, 1984에서 재인용.
7) John P. Houston, *Fundamental of Learning and Memory*, N.Y., : Academic Press 1981.
8) 서성한 외, 『소비자행동론』, 박영사, 2005.

제 14 장

라이프스타일

14.1 라이프스타일과 사이코그래픽스

1. 라이프스타일의 정의

라이프스타일은 광의로는 특정사회 전체 또는 특정 부분이 지니고 있는 차별적이고 특징적인 생활양식이라고 할 수 있다. 따라서 라이프스타일은 특정문화나 특정 집단의 생활양식을 표현하는 독특한 구성요소와 관련되어 있다. 또 라이프스타일은 이를 구성하고 표현하는 개인의 행동양식에 따라 주관적 의미와 가치를 지닐 뿐만 아니라, 라이프스타일을 공유하는 집단에 대하여는 객관적 의미와 가치를 지니는 복합적 표현양식이다.

개인의 라이프스타일은 문화, 준거집단, 가족 등의 영향을 받아 개발된다. 그러나 좀더 본질적 차원에서 보면, 그의 개성이나 사회적 가치관과도 밀접히 관련되어 있다. J. F. Engel는 라이프스타일이 동기와 학습, 그리고 사회계층, 인구통계변수 등의 다양한 변수들의 함수일 뿐만 아니라 개인의 가치체계와 개성이 반영되는 복합적 개념의 성격을 띠고 있다고 지적하고 있다. 최근에는 라이프스타일 분석을 위해 사이코그래픽스 조사방법이 활용되고 있다.

〈그림 14-1〉 라이프스타일의 개념정리

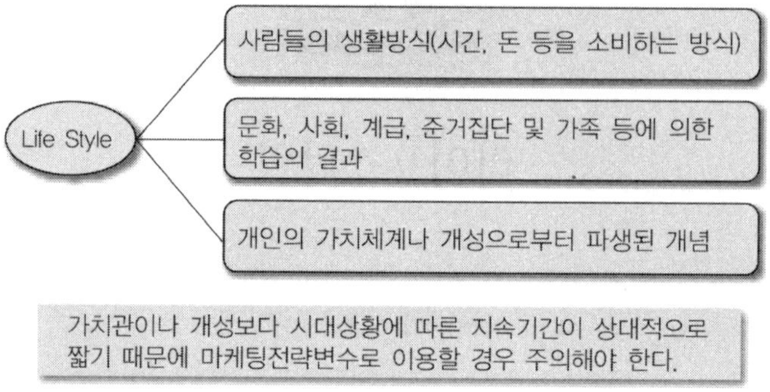

2. 사이코그래픽스

사이코그래픽스(psycholgraphics)의 전통적인 개념은 소비자 라이프스타일을 측정하는 것으로 알려져 있으나 현대적 해석에서는 가치나 개성 등의 소비자 심리적 내면세계와 소비자가 특정제품의 용법에 대해 어떠한 태도나 감정을 도출하게 되는지에 대한 보다 광범위한 개념까지 포괄한다. 사이코그래픽스는 심리나 정신을 나타내는 Psycho와 윤곽이나 도식을 뜻하는 Graphics의 합성어로서 다양한 상황이나 욕구, 자극 하에서 구매나 소비과정에서 소비자의 심리상 발생하는 일련의 절차에 대한 묘사로 이해할 수 있다.

인구통계적 기준에 따라 마케팅활동을 수행하는 데는 점차 세분화되어 가는 각 소비자 유형의 실체를 파악하는데 한계가 있으며, 시장의 복잡성이나 역동성을 효과적으로 설명해주는 유용성 있는 정보가 제공되지 못하고 있다. 따라서 소비자의 라이프스타일 등을 연구하는 사이코그래픽스 연구가 필요하게 되었다.

사이코그래픽스 조사(psycholgraphics research)란 소비자행동의 본질적 측면을 좀더 명확하게 이해하기 위해서 행동에 투영된 '심라적 · 정신적 특성을 양적으로 측정 · 분석'하기 위한 조사방법이다. 사이코그래픽스 조사에서는 소비자들의 욕구, 필요, 동기, 관심, 태도 , 신념, 개성, 가치 등에 대한 다양한 설문을 가지고 대규모 표본조사를 통해 소비자의 심리적 특성을 양적으로 측정 · 분석한다.

사이코그래픽스 조사의 설문내용은 개성조사나 모티베이션 조사에서 이용하는 설문내용과 유사하지만 조사방법에는 다음과 같이 큰 차이가 있다.

첫째, 모티베이션 조사에서는 상담과 같은 주관적 조사방법을 택하지만 사이코그래픽스에서는 대규모표본을 대상으로 객관적 측정을 한다. 따라서 심리적 특성에 대한 질적 정보대신 양적 정보를 제공한다.

둘째, 소비자의 심리적 측면을 행동과 관련시켜 측정함으로써 개성조사에서와는 달리 추상적인 정보가 아닌 구체적인 정보를 얻을 수 있다.

사이코그래픽스 조사는 소비자의 심리적 특성에 대한 계량적 접근을 가능하게 할 뿐만 아니라 인구통계적 변수처럼 심리묘사적 변수도 소비자 행동과 연관시켜 분석할 수 있는 장점이 있다.

3. 라이프스타일 연구와 사이코그래픽스의 관계

라이프스타일 연구와 사이코그래픽스 조사는 이론적 배경이 상이함에도 불구하고 사이코그래픽스와 라이프스타일에 대한 조사를 동시에 실시하는 것이 가능할 뿐만 아니라 더 유용한 것으로 평가되고 있다.

〈그림 14-2〉 라이프스타일 연구의 진행과정

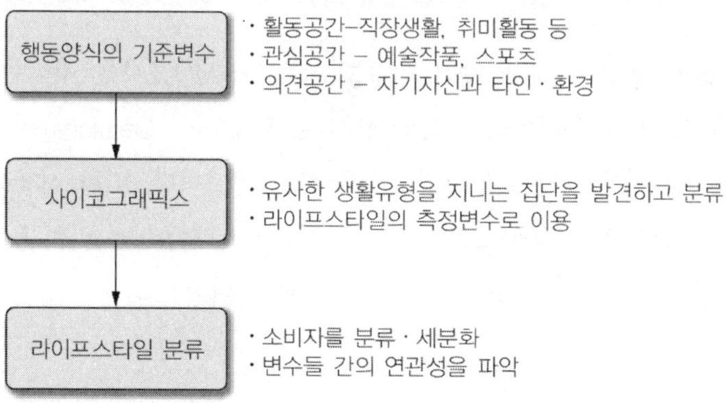

〈표 14-1〉 라이프스타일 측정을 위한 사이코그래픽스 변수

요 인	특성변수	사례 1	사례 2
문화적 요인	가치(관)	가족의 생존	물질주의와 행복한 삶
인구통계적 요인	성(性) 지리적 변수 가구상태	직업여성 도시외곽거주 이혼가정	독신남성 극히 도회적인 삶 이혼결손가정
경제적 요인	교육수준 직업	일반고교 졸업 공장 근로자	의과대학 졸업 정신과 의사
심리적 요인	개성 자기개념	거칠고 신경질적 비판적, 열심히 일함	현학적, 자기도취적 재치, 박식함

〈그림 14-3〉 사이코그래픽스와 라이프스타일의 관계

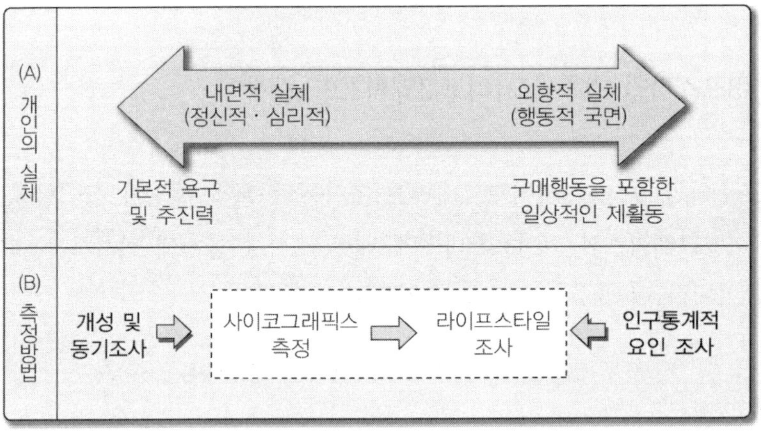

라이프스타일 분석에 가장 많이 이용되고 있는 AIO조사도 사이코그래픽스의 대표적인 측정기법의 하나이다. AIO(activities, Interests, Opinions)는 라이프스타일의 유형을 세 가지 차원에서 파악하고자 하는 방법이다. 또한 시장세분화에 가장 널리 이용되고 있는 VALS프로그램도 사이코그래픽스와 라이프스타일을 연계시킨 대표적인 라이프스타일 접근방법 중 하나이다.

내재화란 타객체가 주는 영향요소가 자신의 가치·신념에 부합되기 때문에, 그의 영향을 개인내적으로 완벽하게 수용하는 과정을 말한다.

<사례 14-1> 유통기한에 대한소비자행동의 사회적 영향에 따른 오해와 진실

유통기한 지나면 무조건 버려라?
유통기한에 대한 오해와 진실

냉장고에 잠자는 유통기한을 살짝 넘긴 식품들. 칼같이 쓰레기통으로 직행시키자니 왠지 아깝고, 무턱대고 먹자니 찜찜하다. 유통기한은 어떻게 정해지고, 어느 정도 넘긴 것까지 먹어도 무방한 걸까. 국내 식품업체 연구원과 식품전문가들 의견이다.

◇한국, 미국보다 유통기한이 짧다?

한국에서 두부 유통기한은 평균 10~15일이다. 하지만 같은 제조 공정을 거쳐 만든 두부의 유통기한이 미국에선 60~90일. 유통기한 자체가 어떻게 한 달 이상 차이가 날 수 있는 걸까. 원인은 '유통온도'의 차이. 한국의 법적 냉장온도는 섭씨 0~10도 정도. 반면 미국은 섭씨0~5도 정도다. 10도는 생물이 소량 증식할 수 있지만, 5도는 미생물이 거의 증식하지 못하는 온도. 따라서 냉장 유통 제품의 경우 미국의 유통기한이 길다. 전문가들은 "일반 가정의 냉장고 온도는 약3도이므로 이 온도로 유지한다면 유통기한을 조금 넘긴 음식도 먹을 수 있다"고 말했다. "두부의 경우 냉장고서 잘 보관하면 한 달은 둬도 된다"고 한다.

◇까다로운 한국 소비자, 유통기한 짧게?

일부 전문가들은 "한국 소비자들이 유난히 식품 안전에 예민해 업체들이 유통기한을 짧게하는 경향이 있다"고 말했다. 전북대 식품공학과 신동화교수는 "유통기한이 짧으면 식품회사 입장에서 회수·폐기에 들어가는 손실 부담이 발생하고, 이 비용이 가격에 반영돼 결국 소비자가 부담하게 된다. 지나치게 짧은 유통기한이 소비자에게 좋은 것만은 아니다"고 설명했다.

식품의약품안전청 '식품 등의 표시 기준'에 따르면 유통기한의 정의는 '제품의 제조일로부터 소비자에게 판매가 허용되는 기한'. 식품판매업자가 '팔 수 있는 기한'이므로 정확히 '소비자가 먹을 수 있는 기한'을 의미하지는 않는다. 식품업체는 실험을 통해 최대 유통기한을 산출하고, 여기에 안전계수(safety factor) 0.7~0.9 정도를 곱해 유통기한을 정한다. 예컨대 실험으로 나옹 최대 유통기한이 300일이라면

결정되는 유통기한은 210~270일. 이 같은 상황을 감안했을 때 "법적인 유통기한과 현실적으로 먹어도 되는 기한은 차이가 있을 수 있다"는 의견이 지배적이다.

◇냉장 보관 잘하면 우유는 하루 지나도 O.K

달걀의 유통기한은 대개 실온으로 15일 전후, 하지만 냉장 보관했을 경우 한달 정도는 괜찮다고 한다. 다만 눈에 보이지 않는 실금이 가 있는 달걀의 경우 미생물이 자랄 수 있으므로 위험하다. 우유의 유통기한은 냉장 기준으로 평균 9~14일. 한 전문가는 "대리점에서 가정으로 배달된 우유를 바로 냉장고에 넣었다면 하루 이틀 정도 지났다고 큰 문제가 되는 것은 아니다. 다만 냄새를 꼭 맡아봐야 하고, 노인이나 아이들은 안 마시는 게 좋다."고 말했다. "칼국수 등 면류도 대개 유통기한이 두달 가량이지만 냉장 보관을 잘 하면 10~20일 정도 더 둘 수 있다"고 한다. '묵은 장이 좋다'는 얘기가 있지만 시중 판매되는 장류의 유통기한은 1년 내외. 한 전문가는 "기업에서 이름을 걸고 파는 음식에 곰팡이기 피면 신뢰에 문제가 생기고, 만에 하나 생길 수 있는 사고 우려 때문에 유통기한을 두는 것일 뿐 오래 두고 먹어도 상관없다"고 말했다.

하지만 잊지 말자. 어디까지나 유통기한이 지난 음식을 먹는 건 차선책. 탈이 난다 해도 법적 책임은 소비자의 몫이니 조심 또 조심해야 한다.

출처 : 〈조선일보〉, 2009.2.25

14.2 라이프스타일 분석과 마케팅전략

1. 라이프스타일 분석방법

라이프스타일은 여러 가지 변수들의 복합개념이기 때문에 구분하여 정하기가 쉽지 않다.

소비자의 가치, 개성, 라이프스타일은 서로 상관 정도가 상당히 높고, 세 요소가 모드 별개의 것이라기보다는 서로 결합되어 소비자 행동으로 나타나는 양상이 크다. 따라서 이러한 모든 요소를 포괄하는 사이코그래픽스의 관점에서 통합적으로 고찰하는 것이 필요하다.

라이프스타일을 분석하는 방법으로는 AIO조사기법과 VALS프로그램 등이 널리 이용되고 있다.

1) AIO조사법

AIO조사법은 소비자의 심리특성이나 라이프스타일의 유형을 일상의 행동, 주변의 대상에 대한 간심, 그리고 사회적·개인적 문제들에 대한 의견이라는 세 가지 차원에서 파악하고자 하는 방법이다.

이 방법은 특정상품이나 상표를 대상으로 사용자와비사용자의 전형적 라이프스타일을 규명하는데 초점을 두고 있기 때문에 대개 사용량 및 사용빈도를 기준으로 대량사용자, 중간사용자, 소량사용자 중 하나로 구분한 후 AIO의 세 차원에서 그 특성변수를 확인함으로써 각각에 대한 전형적 프로필을 구축한다. 따라서 AIO조사법은 소비자의 라이프스타일을 파악하여 시장세분화의 유용한 기초자료로 활용될 수 있기 때문에 수익성 높은 표적시장을 선택할 때 자주 사용된다.

- **활동**(activities) : 명백하게 외부로 표출되는 행동으로 쉽게 관찰된다. 소비자의 관찰가능한 일상의 제반행동이 측정대상이다. 소비자가 무엇을 하면서 어떻게 그들이 시간을 소비하는가를 알아보기 위한 것이다.
- **관심**(interest) : 특정한 대상, 사건 또는 화제에 대하여 강력하면서도 지속적인 주의를 기울이는 정도를 의미한다. 소비자가 좋아하고 중요하게 여기는 것이 무엇인가를 알아보기 위한 것이다.
- **의견**(opinion) : 특정 질문의 형식으로 주어지는 자극상황에 대한 소비자의 반응을 의미하는 것으로서 언어 또는 문자에 의한 응답을 말하며, 타인의 행동이나 태도에 대한 평가, 미래의 예측, 여러 가지 현실문제에 대한 견해 등 소비자의 신념, 해석, 기대, 평가 등의 내용을 기술한 것이다.

라이프스타일을 조사할 때에는 AIO 변수 외에 나이, 소득, 교육수준, 생활주기상의 단계 등과 같은 인구통계적 특성을 측정에 포함시켜 조사하면 라이프스타일을 기준으로 한 시장세분화와 표적시장의 특성을 분석하는 일이 용이해지므로 바람직하다.

AIO의 진술항목은 일반적 AIO와 특수AIO(specific AIO) 항목으로 구분된다.

일반적 AIO는 소비자행동이나 지각과정에 영향을 미치는 일반적인 생활패턴이나 기초개념을 구분하는 데 이용될 수 있는 항목이며, 특수 AIO는 특정제품이나 특정상표와 관련된 활동·관심·의견을 측정하는 항목이다. 따라서 특정 제품이나 상표에 대한 태도, 사용빈도, 정보원천으로서의 매체 등과 같은 진술이 포함된다. 특수 AIO 항목은 상품이나 상표의 실제 소비자 선택행위를 예측하는 데 이용하고, 일반적 AIO는 전반적인 소비자행동을 이해하는데 이용되는 것이 효과적이다.

AIO조사에서는 AIO변수들에 대한 다양한 문항들을 리커트 척도로 구성된 설문으로 제시하며 요인분석법(factor analysis)이나 교차분석법(cross-tabulating) 등에 의해 분석된다.

〈표 14-2〉 AIO 변수

활동 (A:Activities)	관심 (I:Interests)	의견 (O:Opinion)
-일 -취미 -사회활동 -휴가 -오락 -클럽활동 -지역사회활동 -쇼핑 -스포츠	-가족 -가정 -직장 -지역사회 -레크리에이션 -유행 -음식 -매체 -성취	-자신 -사회문제 -정치문제 -기업 -경제 -교육 -제품 -장래 -문화

William D. Wells와 Douglas J. Tigert는 6점척도로 된 300개의 AIO문항으로 설문조사를 실시한 후 응답내용을 요인분석법에 의해 분석한 결과 표에 예시된 것과 같은 22종의 라이프스타일 유형을 식별할 수 있었다고 한다.

〈표 14-3〉 AIO 조사에 의한 라이프스타일 유형

· 가격의식형(price conscious)	· 절식주의자(dieter)
· 유행의식형(fashion conscious)	· 재정적 낙관주의자(financial optimist)
· 가정충실형(homebody)	· 외상거래 애용자(credit user)
· 지역사회봉사형(community minded)	· 스포츠 애호가(sports spectator)
· 자녀중심생활형(child oriented)	· 요리 애호가(cook)
· 전형적 주부형(compulsive housekeeper)	· 정보탐색형(information seeker)
· 자신충만형(self-confident)	· 신상표 선호형(new brand tryer)
· 의견선도형(self-designated opinion leader)	· 수입만족형(satisfied with finances)
· 가사혐오 주부형(dislike housekeeping)	· 청결형(wrapper)
· 재봉일을 좋아하는 유형(sewer)	· 시야가 넓은 사람(wide horizons)
· 통조림제품 사용자(canned goods user)	· 예술열광자(arts enthusiast)

2) VALS 프로그램

VALS(values and life styles)는 가치(value)와 라이프스타일(life style)의 머리글자를 딴 약어로서 인구통계적인 자료나 소비통계뿐만 아니라 전체적으로 개인을 조명한다는 점에서 많은 상업적인 유용성을 인정받고 있다. 이러한 VALS에는 초창기의 VALS1, 1988년에 수정되어 나온 VALS2가 있으며 이밖에도 인터넷 사용자를 본류하는 iVALS(Internet VALS), 일본인의 생활을 분류하는 jVALS(Japan VALS) 등이 있다.

VALS프로그램은 SRI International(경영 컨설팅회사)의 Arnold Mitchell에 의해 개발된 라이프스타일 분석방법으로 시장세분화기준과 표적시장의 특성을 분석하는데 매우 유용하게 이용되고 있다.

SRI연구팀은 개인의 라이프스타일은 그의 욕구나, 가치, 개성 등에 따라 다르게 개발되는 것으로 보고, 소비자의 욕구, 필요 등에 대한 광범위한 조사를 통해 다양한 라이프스타일을 식별해 내려 했다. SRI에서는 소비자들의 욕구, 필요, 가치 등에 관한 800여 개의 문항으로 1,600명의 소비자를 대상으로 3년 동안 설문조사를 실시하고, 다변량분석(multivariate statistical analysis)에 의하여 다양한 라이프스타일을 식별하고 이렇게 식별된 9종의 라이프스타일은 최근 소비자들의 구매행동양식을 설명하고, 세분하고, 이해하는데 유용하게 이용되고 있다.

〈그림 14-4〉 VALS 분석에 의한 라이프스타일 분류

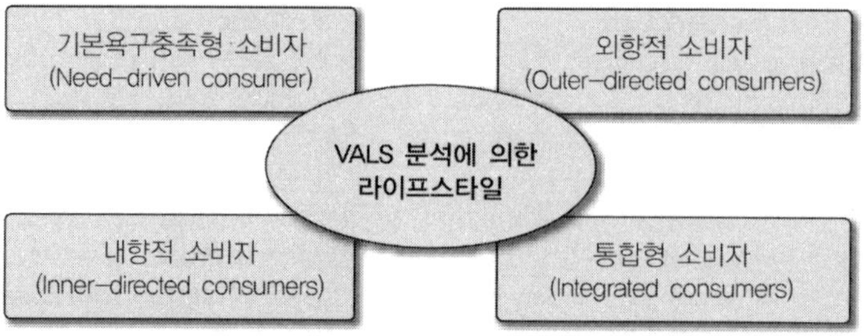

〈기본욕구충족형 소비자(Need-driven consumer)〉

	생존위주형(Survivors)	생계유지형(Sustainers)
라이프스타일 특징	· 사회에의 적응력 낮음 · 생존을 위해 고군분투함 · 매사를 욕망의 지배를 받음	· 안전에 대한 관심이 높음 · 의존적임 · 제반사회 · 경제 · 정치제도 등에 비판적임
구매행동의 특징	· 가격을 매우 중요하게 여김 · 즉각적 욕구충족을 위해 비계획적 구매를 자주함	· 가격중시 · 신중한 구매결정

〈외향적 소비자(Outer-directed consumers)〉

	순응형(Belongers)	경쟁형(Emulators)	성취형(Achievers)
라이프스타일 특징	· 사회규범에 매우 순응적 · 관습 · 전통 등을 존중 · 과거에 대한 동경심 높음	· 야망이 큼 · 신분의식적, 과시적 · 경쟁심이 강함	· 리더십이 강함 · 유물주의적임 · 성취, 성공, 명예에 대한 욕구 강함
구매행동의 특징	· 가족중심의 구매 · 대규모 대중시장을 애호	· 재력 과시 위한 구매 · 모방을 좋아함 · 유행을 추종함	· 성공 과시 위한 구매 · 고급상품을 취급하는 점포 애호

〈내향적 소비자(Inner-directed consumers)〉

	개인주의형(I-am-me)	경험주의형(Experiential)	사회의식형(Socially conscious)
라이프스타일 특징	· 개인주의 · 극적인 것을 좋아함 · 충동적인 편임	· 경험중시 · 활동적 · 인화중시	· 사회적 책임감 강함 · 도량은 좁은 편임 · 내적 성장도모 · 비교적 안이한 삶을 영위
구매행동의 특징	· 제품에 호기심 많음 · 취미를 과시 위한 구매	· 조립품 구매선호 · 점포직접 방문, 제품직접 관찰	· 검소, 절약 · 환경에의 관심 높음

〈통합형 소비자(Integrated consumers)〉

라이프스타일 특징	· 정신적 성숙 · 사회 및 환경에의 적응력 높음 · 자아실현의 욕구 강함 · 국가적, 세계적 시각에 준하여 행동
구매행동의 특징	· 자아표현(self-expression)을 위한 구매 · 생태학적 영향에의 관심 높음

〈표 14-4〉 AIO분석과 VALS프로그램

AIO(Activities, Interests, and Opinions) 조사	· 최근 라이프스타일 분석에 가장 많이 이용 · 사이코그래픽스의 대표적인 측정기법
VALS(values and life styles) 프로그램	· 시장세분화에 가장 널리 이용 · 사이코그래픽스와 라이프스타일 연구를 연계시킨 대표적 라이프스타일 접근방법 중 하나

<사례 14-2> 글로벌 트렌드는 웰빙 · 친환경 · 재미

무역협회, 지난해 세계시장 분석

맛과 향은 실제 담배와 비슷하면서 인체에 무해한 전자 담배, 거실용 골프 시뮬레이터, 칼에 찔려도 안전한 티셔츠, 10초 만에 물 끓이는 에너지 절약형 주전자…. 2008년 글로벌 시장에 등장한 아이디어형 신상품들이다.

한국무협협회는 2009년 3월1일, 전년에 출시된 2532개의 신상품 가운데 500대 인기 상품을 선정, 최근 세계 상품 시장의 10대 트렌드를 분석했다. 웰빙, 친환경, 럭셔리, 소(小)황제, 첨단IT(정보기술), 디자인, 여가 등이 2007년에 이어 핵심 키워드로 꼽혔다. 글로벌 금융위기를 반영해 절약, 안전, 재미(fun)를 특징으로 하는 상품도 부상하고 있는 것을 나타났다.

웰빙 상품 중에선 애연가들에게 반가운 제품이 등장했다. '가무치(Gamucci)' 라는 전자담배로 수증기로 이뤄진 연기가 나고, 맛과 향은 실제와 비슷하지만 유해

물질이 함유돼있지 않은 것이 특징이다. 와인 마니아를 위한 가정용 와인 제조기도 나왔다. 30일간의 발효 기간을 거쳐 한번에 48병의 완인을 만들 수 있고, '와인코치'라는 소프트웨어가 자동으로 발효과정을 모니터한다.

불황일수록 재미있는 상품이 인기를 얻는 법이다. 음악에 맞춰 춤추는 LED(발광 다이오드)로 만든 조화(造花), 총싸움 게임을 실감나게 해 주는 충격조끼 등이 새로운 상품 트렌드를 형성했다. 어린이를 위한 50달러자리 미니컴퓨터도 나왔다. 게임기와 기능이 유사하며, 글을 가르쳐 주는 기능이 뛰어나다. 비누를 끝까지 쓰게 해주는 도구, 접이식 원탁의자 등도 절약형 상품들의 주요 사례다.

안전형 상품으로는 사고기록을 보존해주는 자동차용 블랙박스, 충돌 시 자동으로 멈추는 자동차 시스템, 야간 주행용 안경 등이 꼽혔다. 여가 분야에선 국내에서 스크린 골프가 유행하고 있는 것처럼 거실에 벽걸이형으로 된 골프 시뮬레이터를 걸어 놓고 인터넷 상에서 골프게임을 즐길 수 있는 제품이 등장했다.

첨단 IT제품도 주목받고 있다. 달리는 차 안에서 집안의 가전제품을 조정할 수 있는 내비게이션, 스캐너가 달린 키보드, 무선 인터넷(와이파이)을 감지하는 티셔츠, 빛으로 충전되는 시계, 손목에 착용하는 방수 디지털 카메라 등이 대표적인 제품이다.

출처 : 〈한국경제〉, 2009.3.2

14.3 라이프스타일과 마케팅전략

라이프스타일 연구는 마케팅담당자가 시장을 세분화하고 표적시장을 확인하려는 경우와 표적시장에 대한 제품포지셔닝 전략을 개발하려는 경우 그리고 표적시장에 적합한 촉진전략을 개발하려는 경우 등에 유용하게 이용할 수 있는 정보를 제공한다.

1. 시장세분화

마케팅담당자에게는 무엇보다 어떤 시장을 목표로 마케팅활동을 전개할 것인가를 결정하는 것이 중요하다. 기업이 객관적이고 과학적인 시장세분화를 통한 표적시장을 선정하기 위해서는 라이프스타일의 변수가 중요한 역할을 수행한다. 왜냐하면 소비자들의 구매 및 소비행동은 그들이 일상적인 생활양식이나 가치관 등과 밀접히 관련되어 있기 때문에 소비자들의 라이프스타일을 분석하면 그들의 구매행동 유형을 효율적으로 세분화할 수 있기 때문이다.

라이프스타일 분석에 의한 시장세분화는 심리적 만족이라는 기능을 수행하는 제품류, 그 효과를 객관적으로 평가하기 곤란한 제품군, 특정한 세분시장만을 대상으로 개발되어 고가품이면서 동시에 상징성이 강한 제품류에 효과적으로 적용될 수 있다.

그림은 미국의 '콜게이트'사가 라이프스타일을 기초로 치약시장을 3개의 세분시장으로 구분한 것이다.

〈그림 15-5〉 소비자 세분화

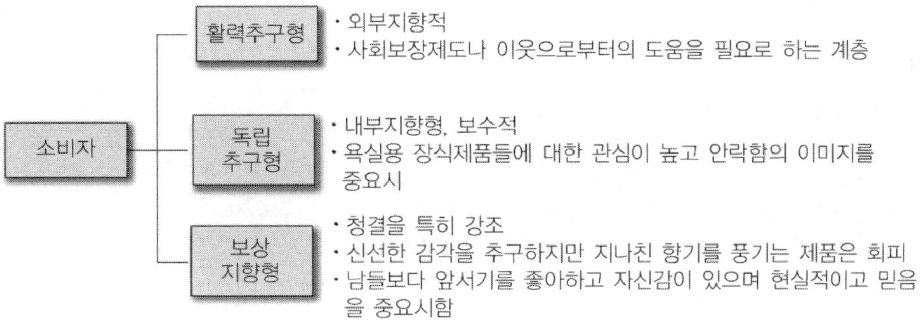

미국 NH & S 광고회사의 연구팀은 미국 여성들을 대상으로 설문조사를 하여 요인분석 및 군집분석을 통해 다섯 가지 라이프스타일을 식별하고 이들 유형별로 특정제품의 실제 사용률을 조사·분석하였다. 그 결과 라이프스타일의 유형에 따라 그들이 사용하는 특정제품의 구매 및 사용률에는 현저한 차이가 있음이 확인되었다.

〈표 14-5〉 NH&S(미국 광고회사)의 연구사례 ; 여성의 라이프스타일 유형

구식보수형(The Old-fashioned traditionalist(25%)
-성실한 가정주부형으로서 가사업무에 충실함 -전통적 가치관을 가지고 있으며, 여성해방운동 등에는 동조하지 않음 -예술적, 문화적 활동을 거의 하지 않음
투쟁적 모친형(The millitant mother)(20%)
-가장의 저소득 및 무능에 대한 불만이 많음 -매사에 불평, 불만이 많고, 호전적임 -종일 TV를 시청하며, 연속극을 좋아함
상류교외주거형(The chic suburbanite)(20%)
-높은 교육수준 -활동적이며 참여도가 높음 -스포츠, 정치문제 등에 두루 관심이 많음 -다양한 잡지를 구독함
전통적 가정주부형(The Contented Housewife)(18%)
-생활이 평범하고 단순함 -가족을 위해 봉사하는 것을 즐거움으로 생각함 -가정의 평온을 최선으로 여김 -TV의 뉴스프로그램을 좋아하지 않으며, 홈드라마류를 좋아함
고품위 사교형(The Elegant socialite) (17%)
-품위있고 세련됨 -사회활동력, 유행의식적, 허례적임 -경제적 여유가 풍부해 신중한 구매활동을 하지 않음 -품질이나 스타일을 중시하며, 가격은 별로 중시하지 않음 -여행을 즐김

화장품류와 주류의 다량사용자는 고품위사교형(the elegant socialite)에 속하는 소비자며, 구식보수형(the old-fashioned traditionalist)에 속하는 여성들은 눈화장품을 거의 사용하지 않는 것으로 나타났다. 이러한 NH & S의 연구결과는 화장품류나 주류 마케팅담당자들에게는 표적시장을 확인하고 각 세분시장에 맞는 제품 및 촉진전략을 개발하는데 유용하게 정보를 활용할 수 있을 것이다.

특정제품의 구매 및 사용과 관련된 라이프스타일을 식별하여 이를 기준으로 시장을 세분화하기도 하는데 Joseph Pernica는 위장약의 상표선호도와 관련된 소비자의 라이프스타일을 네 가지로 식별하였다.

〈표 14-6〉 라이프스타일 유형별 제품 사용률 (H:다량, M:약간 많이, L:소량, O:평상 사용)

제 품	라이프스타일 유형				
	투쟁적 모친형	상류 교외 거주형	고품위 사교형	전형적 가정주부형	구식 보수형
화장품					
고급향수	O	O	H	O	O
손톱치장품	H	O	H	O	O
머리염색	L	H	H	O	H
립스틱	O	O	H	O	O
헤어스프레이	O	O	H	O	M
눈화장	H	O	H	O	L
구강청정제	O	O	H	O	H
주류					
맥주	M	O	H	O	O
와인	L	H	H	O	L
버본(Bourbon)	O	O	H	O	O
스카치(Scotch)	O	H	H	L	O
진(Gin)	O	H	H	L	O

• **과민체질형**(the severe suffers) : 신경이 예민하고 잔걱정이 많으며, 자신의 건강상태를 항상 염려하고, 신병을 심각하게 여기는 유형이다. 이 유형의 소비자는 다양한 약품, 특히 새롭게 개발된 약품을 선호하는 경향이 있다.

• **활동적 약물복용형**(the active medicators) : 공사다망한 생활에 잘 적응하고 지내는 지극히 심리적인 소비자의 유형으로서, 약의 효능도 긍정적으로 받아들여 필요할 때면 주저없이 치료약을 복용하는 유형이다.

• **우울증 환자형**(the hypochondriacs) : 건강에 대한 관심은 매우 높으나 약물복용에 대해서는 매우 보수적인 태도들 갖고 있는 유형이다. 약의 부작용을 우려하여 새로운 성분이 첨가되거나 새롭게 개발된 약의 복용은 주저하고, 의사추천 약품이나 효능이 검증된 증거가 있는 약품을 선호하는 경향이 있다.

• **실용주의형**(the practicalists) : 감정적으로 안정이 되어있으며, 병이나 치료의 부작용 등에 별로 관심을 보이지 않는 유형으로서, 약물치료에 의존하지 않아 약을 잘 복용하지 않는다.

위장약 제조회사들이 위에서 설명한 네 가지 인구통계적 특성 및 매체선호특성 등 라이프스타일의 특성을 좀더 면밀히 분석하면 그들의 표적시장에 더욱 효율적으로 접근할 수 있을 뿐만 아니라 제품 포지셔닝 전략도 용이하게 전개할 수 있을 것이다.

2. 제품 포지셔닝과 광고전략

라이프스타일 변수는 소비자의 욕구와 사회적 역할이라는 측면에서 보다 현실적인 정보를 제공할 수 있다. 따라서 관련분야의 신제품을 출시할 때 제품을 소구해야 하는 표적시장의 유형과 특성을 보다 확실하게 파악할 수 있다. 가능성이 가장 높은 표적시장에 대하여 자사제품을 포지셔닝하거나 기존의 재품을 재포지셔닝시키는 전략도 가능하게 되는 것이다. 특히 매출이 감소하는 제품에 대한 표적시장의 라이프스타일을 파악하게 되면 자사상표와 경쟁상표 간의 시장특성을 식별할 수 있게 되어 보다 유리한 시장에 자사상표를 소구하는 재포지셔닝전략도 가능하게 된다.

Ford사는 Pinto를 재포지셔닝 하는데 라이프스타일 정보를 이용한 적이 있다. 원래 Pinto는 시장도입 당시 광고에서 "고장염려가 없고, 작고 낭만적(carefree, small and romantic)"인 자동차로 소구되었었다. 그러나 Pinto의 구매자들은 자동차의 실질적 효능을 중시하는 실리적인 유형의 사람들로서 광고에 대한 영향을 받지 않은 것으로 밝혀졌다. 따라서 Ford사는 Pinto를 "성능 좋고, 경제적인 교통수단"으로 재포지셔닝하였다.

Schlitz맥주는 기존의 광고캠페인이 아주 효과가 없는 것은 아니었지만, 판매진작을 도모하기 위하여 새로운 광고 캠페인을 개발하려고 할 때 맥주 음주자에 대한 라이프스타일 분석정보를 이용하였다. 맥주음주자의 라이프스타일에 관한 연구에 의하면 맥주의 다량 음주자(heavy beer drinkers)는 모험을 즐기고, 환상적이며 전형적인 남성관을 갖고 있는 라이프스타일의 소비자인 것으로 조사되었다. Schlitz맥주회사에서는 맥주의 다량 음주자를 표적시장으로 하여 '진짜 남성의 음료'로 포지셔닝하고 남성미와 쾌락주의에 소구하는 새로운 광고캠페인을 개발함으로써 더욱 성공을 거두었다.

3. 한국인의 라이프스타일과 제품전략

한 조사보고서에 의하면 한국인들의 개인적 관심사는 남녀불문하고 대부분의 사람들이 자신의 건강, 가정, 그리고 자녀교육에 유난히 높은 관심을 가지고 있다. 사회봉사활동이나 환경, 국가적인 정치·경제문제 등에 높은 관심을 보이는 사회의식형이나, 패션, 오락, 식도락 등을 추구하는 감각적 쾌락추구형에 비해 자신의 건강과 가족문제에 최우선적 비중을 두는 생존적 자기중심형의 라이프스타일을 가진 사람들이 많은 것을 볼 수 있다 물론 성별 또는 연령별로 차이가 있지만 한국의 소비자들은 건강에 대한 관심이 가장 높은 것을 알 수 있습니다. 특히 중장년층의 경우 건강식품에 대한 선호도가 매우 높은 편이다.

소비자의 라이프 스타일에 관한 정보가 유용한 경우	· 신제품을 표적시장에 포지셔닝(Positioning)하려는 경우
	· 기존제품을 표적시장에 더 적합하도록 재포지셔닝(repositioning)하는 경우
	· 광고 메시지를 개발하고, 적합한 광고매체를 선정하는 경우

〈그림 14-6〉 한국인의 개인 관심사

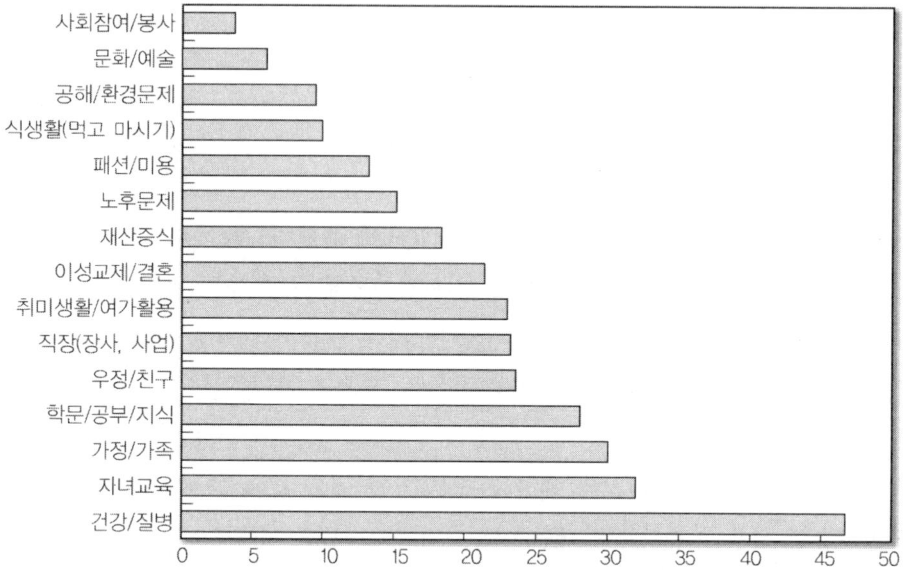

〈성별비교〉

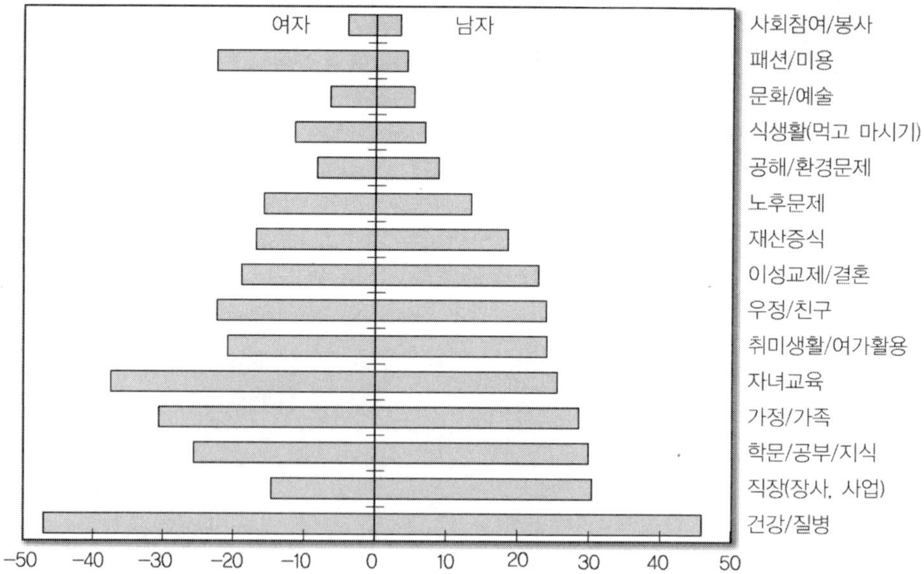

<사례 14-3> 의견선도자 업무처리행태의 영향

윗사람눈치 안보고 나만의 '은신처'로
"난 커피전문점서 일한다"
커피한잔 시켜놓고 업무보는 Coffice(coffee+office)족 늘어
"노트북 · 휴대전화만 있으면 사무실보다 편해"

23일 오전 11시 서울 세종문화회관 인근 P커피 전문점에서 장모(41 · 여행사 대표)씨가 휴대전화 무선인터넷을 장착한 노트북으로 고객들의 예약상황을 체크하고 있었다. 직원 3명이 일하는 사무실이 바로 앞 오피스텔이지만 그는 매일 이곳에서 반나절 이상을 보낸다고 했다.

"사무실에 있으면 전화가 시시때때로 걸려와서 시끄럽고 산만하거든요. 건물 전체가 금연이라 담배 피울 곳도 없고요." 그는 "여기 있으면 일에 매달려 있다는 느낌도 덜 하다"고 말했다.

이날 오후 1시쯤 광화문 인근 C커피전문점에서는 S은행 내부컨설턴트인 고모(여 · 28)씨가 두터운 영문서류를 뒤적이며 커피를 마시고 있었다. 외국계 컨설팅 업체에서 일하다 현재의 직장으로 옮긴 고씨는 "상사의 눈치를 의식하지 않을 수 있는 커피전문점에서 하루 두 시간 정도 일한다"고 말했다. 그녀는 "쉬는 날에도 집중해서 할 일이 있거나 보고 싶은 책이 있으면 집 근처 커피전문점을 찾는다"고 했다.

커피전문점에서 반나절 이상 일하거나 공부를 하는 '코피스(Coffice)'족이 늘고 있다. 코피스는 커피(coffee)와 사무실(office)을 합친 말이다. 코피스 족은 커피를 마시기 위해 커피전문점을 찾는 게 아니라, 아예 이곳을 '일터'로 삼는다. 사무실이 따로 있어도, 윗사람 눈치를 볼 필요도 없고 잡무와 회의에 불려 다닐 필요도 없는 커피전문점에서 2~3시간 동안 자기만의 업무에 집중하는 것이다. 휴대전화와 노트북만 있으면 사무실과 마찬가지로 용무를 볼 수 있는 도심의 커피전문점은 이들에게 최적의 '은신처'다.

서울 강남 테헤란로, 광화문 세종로 부근 등 사무실 밀집 지역의 커피 전문점에 가면 몇 시간씩 테이블에 앉아 업무를 보는 직장인들을 쉽게 볼 수 있다. 코피스족이 늘어나면서 이들을 잡기 위해 무선 인터넷 공유기와 전원 콘센트를 구비하는 커피전문점들도 늘고 있다.

대학 캠퍼스 주변 커피전문점에는 아예 아침에 등교해 저녁에 하교하는 학생들까지 등장했다. '캠퍼스 코피스 족'이다.

서울 서대문구 이화여대 부근 C커피전문점에서 만난 윤경수(20 · 연세대 법학과)씨와 최민영(20 · 이화여대 사회생활학과)씨는2인용 탁자에 종이컵과 '민법총론'을 비롯한 두터운 법학 서적을 펼쳐놓고 공부에 열중하고 있었다. 윤씨는 사법고시, 최씨는 행정고시를 준비하고 있다고 했다.

윤씨와 최씨는 "학교 도서관은 빡빡하고 집안에 있으면 퍼진다"고 했다. "독서나 가벼운 공부하기에는 커피전문점이 딱이죠. 같이 공부할 수도 있고요." 두 사람은 "세 시간 정도 공부를 한 뒤 밥을 먹고 데이트를 즐긴다"고 했다.

서울대 인근 신림동 녹두거리의 H커피전문점도 이 같은 대학가 코피스 족의 아지트다. 박정수 점장은 "길게는 8시간 동안 꼼짝 않는 경우도 있다."며 "매일 우리 가게를 찾는 코피스 족은 대략 20명 안팎"이라고 했다.

커피전문점 업체들은 20~30대 직장인과 대학생을 상대로 코피스 족을 잡기 위해 적극적으로 마케팅에 나서고 있다. C커피전문점은 젊은 직장인 손님들이 많은 압구정 로데오점 3층에 해외 디자인 관련 전문서적과 열람실, 노트북 작업공간 등을 들인 '라이브러리'를 만들었다. 회원에 가입하면 이곳을 이용할 수 있다.

인근 A커피전문점은 "현재 152개 매장에서 노트북 사용자들의 편의를 위해 무선랜을 설치하고, 객장 내 콘센트들도 손님들이 자유롭게 사용할 수 있게 한다"고 밝혔다.

문화비평가 이명석씨는 "젊은 층에 있어 커피전문점은 집과 직장 사이의 '제3의 장소'로 자리 잡아가고 있다"며 "'섹스 앤 더 시티' 같은 미국 드라마의 세련된 영상이 젊은 층에 어필한 데다, 무선랜의 활성화 추세에 힘입어 일반적인 패턴이 될 것"이라고 말했다.

서울대 소비자학과 김난도 교수는 "미국 드라마의 영향과 함께 대학 시절 커피전문점에 익숙했던 세대가 직장인이 되어서도 사무실보다는 편한 곳을 찾기 때문에 벌어지는 현상"이라고 분석했다.

출처 : 〈조선일보〉, 2009.2.25

참고문헌

1) James F. Engel, Roger D Blackwell, and Paul W. Miniard, Consumer Behavior, 8th ed., The Dryden Press, 1995.
2) William C. Wells, "Psychographics : A Critical Review," *Journal of Marketing Research*, Vol. 12, May 1975.
3) Fred Reynolds and William Darden, "Construing Life Style and Psychographics," in William D. Wells, ed., *Life Style and Psychographics*, Chicago : American marketing Association, 1974.
4) Joseph Pernica, "The Second Generation of market Segmentation Studies : An audit of Buying Motivations," in W. D. Wells, ed., *Life Style and Psychographics*, Chicago : American marketing Association, 1973.
5) Shirley Young, "Psychographics Research and Marketing Relevancy," in Charles A. King and Doughas J. Tigert, eds., *Attitude Research Reaches New Heights*, Chicago : AMA, 1971.
6) R. W. Struse, "Life Style Research Inappropriate for Some Categories of Product," *Marketing News*, June 1977.

제15장

가 족

15.1 가족의 소비자사회화 기능

1. 가족의 정의 및 중요성

가족이란 혈연, 결혼, 또는 입양에 의해 맺어진 2인 이상의 집단을 말한다. 또한 가족은 한 개인이 소속하는 최초의 일차적 집단이며 인간이 사회생활을 하는 데 필요한 기초적인 능력을 개발하는 데 중요한 역할을 수행한다. 소비자행동 측면에서 가족이 중요시되는 이유는 2가지로 요약될 수 있다. 첫째, 소비자사회화 기능 수행이다. 가족은 인간의 성장과 사회하의 가장 기초적 집단이며 부모는 그 사회의 문화에 기초한 가치관과 행동양식을 기준으로 자녀를 양육한다. 소비자는 언제, 무엇을, 왜 어떻게 구매하고 소비해야 하는가를 일차적으로 가족 속에서 학습하게 된다. 둘째, 가족은 그 자체가 하나의 독립된 경제 또는 소비 단위로서 의사결정을 위한 행동의 주체이다. 가족은 많은 제품을 구성원들이 공동으로 사용하는 단일의 집단적 소비단위이고, 또한 가족은 제한된 소득으로 구성원 개개인의 다양한 욕구를 최대한 충족시켜야 하는 공동체적 경제단위이다. 하나의 독립된 경제소비단위로서 가족의 구매결정행동은 소비자행동 측면에서 매우 중요한 의미를 갖는다.

〈그림 15-1〉 소비자행동에서 가족의 영향

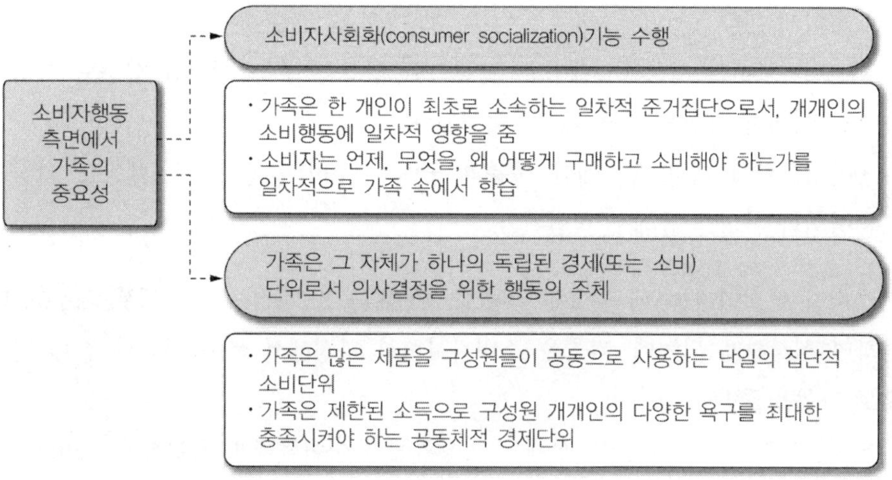

2. 가족의 소비자사회화 기능

소비자행동에 대한 가족의 의미는 소비자의 구매의사결정이 가족구조나 경제상황, 가족수명주기상의 단계에 따라 달라질 수 있다. 가족은 구성원 개개인에 대하여 다양한 기능을 수행한다. 어린자녀에게 교육을 시키고, 가족구성원들에게는 정신적 · 육체적 · 경제적 안정을 제공한다. 가족은 경제적 안정과 재무적 욕구충족의 기본단위이다. 특히 직계가족들 간에는 생활능력이 없는 다른 구성원을 재화와 더불어 정서적 안정을 교환하는 역할이 요구된다. 또한 가족은 혈연관계에 의한 강한 정서적 공감대를 기초로 구성되기 때문에 가족 구성원들은 가장 원초적이며 감성적인 관계를 지닌다.

소비자사회화란 "어린아이가 성장하면서 소비자로서의 필요한 제반 기술·지식·태도 등을 습득해 가는 과정"이라고 한다. 아이들은 성장하는 과정에서 부모나 다른 구성원으로부터 제품을 구매하고 사용하는 것을 배우기도하고, 직접적인 가르침이 없어도 가족구성원들과 생활하면서 은연중에 터득하기도 한다. 가족구성원이 가정 내에서 소비자사회화 과정을 통해 습득하게 되는 학습내용을 요약하면 다음과 같다.

- 실제로 구매 및 소비행동을 실행하는데 필요한 기본적인 지식 및 기술을 터득하게 된다.
- 소비자로서의 행동양식에 직·간접으로 영향을 주는 개인의 성향도 가정에서 사회화 과정을 통해 개발·형성된다.
- 특정상황에 대처하는 개인 특유의 구매 ·소비 습성, 태도, 행동도 가정의 사회화 과정을 통해서 형성된다.

소비자로 살아가는 데 필요한 것들을 구성원들은 가정생활 속에서 배우고 터득하며 성장하게 되는데, 가족은 소비자사회화 과정에서 특히 다음과 같은 방식으로 영향을 준다.

첫째, 부모는 수없이 많은 실제 소비상황에서 아이들에게 전형적인 '소비자 모델'로 작용한다.

둘째, 소비 및 구매에 관련된 많은 문제에 관해서 '부모-자녀' 간에 오가는 의견교환 과정에서도 소비자사회화 현상은 발생한다.

셋째, 자녀가 한명 이상일 때 자녀 간의 상호작용도 사회화 과정에 중요한 영향요인으로 작용한다.

넷째, 아이들이 용돈을 받기 시작하면 그때부터 아이들은 직접 소비자로서의 경험을 하게 된다.

가족은 다양한 방법으로 구성원들을 소비자로 사회화시킨다. 어린 자녀들뿐만 아니라 성인도 가정 내에서 지속적인 사회화 과정을 통해 본인 특유의 소비나 구매행동 스타일을 형성하고 변경하게 된다.

<사례 15-1> 인구통계적 변수와 수명과의 관계

학력 높을수록 오래 살아

초등학교 · 대학교 졸업자 기대수명 8년 차이

학력과 교육수준이 높을수록 더 오래 산다는 연구 결과가 나왔다. 학력이 높을수록 경제적 여유가 있어 건강관리에 더 신경을 쓸 수 있기 때문으로 분석된다.

한국보건사회연구원 강은정 부연구위원은 그의 발표한 '건강 수면의 사회계층간 형평성 및 정책과제'논문에서 "전국 20~80대 남녀의 기대 수명(앞으로 생존할 것으로 기대되는 생존 햇수)을 분석한 결과 학력이 높은 계층일수록 기대수명이 더 길어지는 추세를 보였다"고 밝혔다.

연구에 따르면, 초등학교 과정을 마치지 못한 30세 성인 남녀의 남은 기대 수명은 평균 43.8년인데 비해 최종학력 중학교 졸업자는 기대수명이 46.6년, 고교 졸업자는 49.2년, 대학 이상 졸업자는 51.8년이었다. 같은 연령대의 초등학교 졸업자와 대학졸업자의 기대수명은 8년이나 차이가 나는 것이다.

25세에서 85세까지 5년 터울로 조사한 모든 연령대에서 대체로 동일하게 학력과 기대수명이 비례했다.

이 조사는 2005년 통계청이 국민전체를 대상으로 분석한 국민 생명표와 사망원인조사 자료, 같은 해 보건사회연구원이 전국 1만2000여 가구(3만3848명)를 표본조사한 국민건강영양조사(국민의 식습관 · 생활습관 · 건강 상태 등을 평가하는 조사)결과를 토대로 했다.

강은정 부연구위원은 "학력과 직업 · 경제 소득이 밀접한 상관관계가 있는데다, 교육 수준이 높을수록 질병예방이나 건강관리에 더 신경을 쓰기 때문인 것으로 보인다"고 말했다.

16개 시도별 0세(갓 태어난) 유아의 기대 수명을 조사했을 때, 서울이 80.39세로 가장 길었고, 제주도(79.3세)를 제외하곤 대전(79.21세) · 경기도(79.16) 등 대도시 지역 아기의 평균 기대 수명이 더 긴 것으로 나타났다.

이는 도시지역이 지방보다 의료 · 복지 서비스를 더 폭넓게 받을 수 있기 때문인 것으로 분석된다.

출처 : 〈조선일보〉, 2009.2.25

15.2 가족생활주기

1. 가족생활주기의 의의

가족은 시간이 지남에 따라 변하게 되는데 가족구조와 가족구성원의 역할변화를 설명하는 개념이 가족생활주기(FLC : family life cycle)이다. 즉 가정이 형성되기 시작하고, 가정이 성장, 성숙한 다음 그 가정이 소멸하기까지의 과정을 가족구성원의 역할구조에 변화를 일으키는 사건중심으로 분류한 개념이다. 가족생활주기 개념이 마케팅 분야에서 관심을 얻고 있는 주된 이유는 생활주기변수가 단일의 인구통계적 변수에 비해 훨씬 명확하게 소비자행동 유형의 특성을 설명해주기 때문이다.

가족생활 주기 개념은 결혼여부, 자녀의 나이, 가장의 수입유무 등 인구통계적 변수를 결합하여 가족의 상황을 여러 유형으로 분류한 복합적 개념이므로, 생활주기 상의 각 단계별로 가족이나 가족구성원의 구매 및 소비패턴을 식별하는 데 유용성이 매우 높다. 즉, 생활주기변수는 동일한 연령이나 비슷한 소득수준의 소비자라도 결혼여부나 자녀의 수 등이 그들의 소비행동을 다르게 한다는 사실을 설득력있게 설명한다. 마케팅담당자들은 시장세분화, 표적시장의 확인 그리고 표적시장에 적합한 제품이나 서비스를 개발하려고 할 경우 특히 가족생활주기 개념을 많이 이용한다.

2. 가족생활주기 모델

가족생활주기를 구분하는 단계는 학자들마다 제안하는 모델이 약간씩 다르지만 전통적인 모델에서는 대개 8~9단계로 구분하고 있다.

〈표 15-1〉 전통적 FLC의 단계

1단계	미혼기(single stage)
2단계	신혼기(newly married couples)
3단계	보금자기 1기(full nest Ⅰ)
4단계	보금자리 2기(full nest Ⅱ)
5단계	보금자기 3기(full nest Ⅲ)
6단계	노부부 1기(empty nest Ⅰ)
7단계	노부부 2기(empty nest Ⅱ)
8단계	고독생존기(the solitary survivor)
9단계	퇴직 후 고독생존기(the retired survivor)

FLC의 상이한 단계에 있는 가족은 각각 그들의 욕구, 필요, 가처분소득의 규모 등이 서로 달라서 그들이 구매하는 제품은 물론 취미, 오락활동 그리고 소비패턴까지도 다르다. 이와 같이 FLC단계에 따라 가족의 소비패턴이 상이하다는 특성으로 인하여 가족이나 가족구성원의 소비행동유형을 분석하는데 FLC개념이 유용하게 이용된다.

최근에 급변하는 사회적 상황으로 인하여 기존의 FLC는 약간의 구조적 개선이 필요하다. 즉, ① 출산을 못하는 부부 ② 미혼모 ③ 별거나 이혼한 가족 ④ 어린 자녀를 둔 노부부 ⑤ 늦은 나이에 결혼한 부부 ⑥ 조손가정 등을 가족생활주기에 어떻게 포함할 것인가 하는 점이 중요한 문제로 대두되고 있다.

우리나라의 경우에는 ① 실질적으로 가족유형이 대가족인 가정이 많고 ② 남아선호, 자녀과잉보호 등 부모와 자녀간의 관계에 특이성이 있으며 ③ 자녀-부모간의 경제적 관계가 자녀의 결혼으로 종결되지 않는 점 등 서구의 가족특성과 많은 차이점이 있기 때문에 전통적인 가족생활주기 모델을 그대로 적용하기에는 문제점이 없지 않다.

3. 우리나라 가족생활주기의 단계별 특징

우리나라 가족의 여가생활 유형의 변화도 가족생활주기와 상당히 밀접한 관계가 있다는 연구결과도 발표된 바 있다. 또한 가족생활주기와 가족의 구매의사결정 유형 간에도 상관관계가 있는 것으로 밝혀졌다. 한 조사에 의하면 FL 의 후기단계에 있는 가족일수록 구매결정시 가족구성원들의 역할전문화가 심하고 젊은 기혼부부의 경우에는 공동의사결정을 많이 하는 경향이 있다. FLC는 개인뿐만 아니라 가족의 소비자행동과 상관관계가 있는 것으로 밝혀짐에 따라 마케팅 담당자들은 시장을 세분화하고 세분시장의 수요를 예측하는데 FLC개념을 많이 이용한다.

시장세분화에 FLC개념을 이용함으로써 얻을 수 있는 이점은, 첫째, 가족구조에 관한 통계자료가 많으므로 세분시장의 규모를 파악하기 쉽고 세분시장에 접근하기가 비교적 용이하다. 둘째, 단일의 인구통계변수를 이용하는 것에 비해 세분시장의 소비행동패턴을 식별하기가 용이하다.

〈표 15-2〉 우리나라 FLC 단계별 특성

1단계 미혼단계	젊고 독립하여 혼자 살고 있다. 우리나라의 관습으로는 결혼 전까지는 부모와 같이 살고 있으므로 객지에서 생활하는 경우에 많이 생긴다. 기본적인 생활용품과 주요 표적시장이 되며 패션 지향적이다. 이들의 소비는 즉석식품, 시간절약형 제품, 좁은 공간에서 사용할 수 있는 제품이 많다. 기업활동이 서울중심에서 전국적으로 확산됨에 따라 이 층이 많이 늘어나는 추세이며 기혼자라고 해도 임지에 단신으로 부임할 경우에는 이들과 비슷한 소비형태를 보인다.
2단계 신혼부부	결혼하여 첫 아이 출생까지의 시기로, 내구재 구입이 주를 이루며 패션 지향적이며 여가선용을 위한 소비가 많다. 그러나 우리나라의 경우는 만혼을 하여 결혼 후 첫 출산까지의 기간이 짧아 이 층이 많지는 않다. 경제력이 장년부부에 이르기 전까지 중에서는 제일 좋은 편이라 할 수 있다.
3단계 젊은부부	첫 자녀 출산 후 막내자녀가 초등학교에 입학하기 전까지가 이 주기에 속한다. 가족의 생활패턴이 부부중심에서 자녀중심으로 바뀌며 자녀들과 관계된 소비지출이 급증한다. 이 기간 동안에는 자녀의 미래에 대비한 보험, 또는 저축상품들이 많이 팔리며 내구재에 대한 소비는 감소하는 편이다.
4단계 중년부부	모든 자녀가 학교에 다니는 시기로 생계비를 제외한 지출 중 교육에 관련된 비용이 가장 높은 편이며 여가생활은 가족중심으로 보내게 된다. 주부들이 취업이나 부업을 시작하는 시기이다. 자전거, 소형전축과 같이 자녀들이 필요로 하는 내구재 구입이 높다.
5단계 장년부부	첫 자녀가 학교를 졸업하고 사회생활을 시작하면서부터 마지막 자녀가 결혼하여 독립할 때까지의 시기를 말한다. 자녀 결혼으로 목돈이 필요한 시기이며 가구나 주택에 관한 내구재 투자가 다시 커지는 시기이다. 경제적인 여건이 좋아진 편이며 가장의 사회적 지위가 거의 정상에 이르게 된다.
6단계 노년부부	모든 자녀가 결혼하여 독립하고 부부만 남는다. 가장이 일을 할 경우에는 부부만이 사는 경우가 많으며 여가를 이용한 여행, 취미생활 같은 소비가 증가한다. 자녀들에 대한 선물구매가 많아지며 건강관련 제품의 구매가 증가하는 시기이다. 가장이 은퇴를 한 경우에는 소득이 급격하게 감소하며 아들의 가족과 같이 사는 경우도 있다.
7단계 사별 후 독신기	부부 중 한 명만이 살아있을 때이다. 우리나라에서는 거의 아들가족과 같이 생활한다. 거의 모든 구매는 아들가정에 의해 이루어지며 본인을 위한 소비지출이 건강과 여가에 관한 부분을 제외하고는 감소한다. 그러나 노년기의 경제력이 예전에 비해 상대적으로 증가하고 핵가족화의 추세 때문에 우리나라에서도 점차 혼자 사는 독신노년의 수가 증가하기 시작한다.

광고에 가족 등장

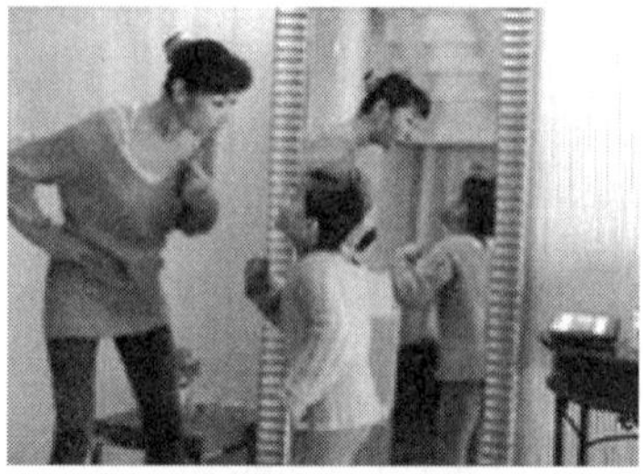

모델 변정수 모녀의
한국 암웨이 기업 PR광고

→모녀의 맑고 건강한 모습이
따뜻한 가족 이미지 전달

→가족이 중심인 아파트 광고

가족의 의미 변화

단란한 식구가
모여 사는 가족

이성 또는 독신이 강조

화려한 싱글
독신자의 모습 표현

상의 상층의 소비자는 금전의 가치나 액수에 개의치 않고 소비를 하지만 과시목적으로 낭비하지 않고, 주로 품위유지를 위한 소비를 하며 소비행동은 상당히 보수적이다.

<사례 15-2> 상류층의 여성의 구매행태

'나우족', 패션 · 화장품시장 바꾼다.

40~50대 중년 여성 타깃의 프리미엄 멀티숍 '리버티'와 '미스코드', 중년 여성 전용 란제리 브랜드 '수안애(秀安愛)', 50대 여성 전용 캐주얼 브랜드 '디아체'

◇막강한 소비파워를 보유한 나우족

2007년 신세계 백화점의 여성패션 구매 고객 가운데 40~50대 여성들이 차지하는 비중은 41%, 이들의 실제 구매액은 전체 매출의 51%에 달하는 것으로 집계됐다. 40~50대 중년 여성들이 주요 고객으로 부상하자 아예 그들의 구미에 맞는 수입브랜드들을 소개하는 편집매장이 인기를 얻고 있다. 리버티와 미스코드가 그런 예다. 서울 강남의 갤러리아백화점 2층에 자리한 리버티는 2007년 8월 개점 첫날 4,500만원의 매출을 올리며 매달 1억 7,000만원에서 2억 원대의 매출을 기록하고 있다.

신세계백화점 편집매장 미스코드도 전년 대비 130%의 매출 신장률을 기록하며 두각을 나타냈다. 2001년 8월 오픈했을 당시에는 별다른 호응을 얻지 못했으나 최근 나우족들이 신소비계층으로 부상하면서 매출이 급신장세를 보이고 있다.

화장품업계에도 나우족 열풍이 불고 있다. 40~50대 중년 여성들을 타깃으로 내놓은 LG생활건강의 한방화장품 '후'는 매출이 전년 대비 40%(동종 화장품의 평균 성장률 20%)늘어났다.

나우족(New Older Woman) : 젊은 라이프스타일을 즐기는 경제력 있는 40~50대 중년 여성)

출처 : 〈한국경제〉, 2008.1.15. 발췌정리

15.3 가족구매의사결정

마케팅담당자들은 가족을 가장 기본적인 의사결정단위로 생각한다. 대부분의 소비자들은 가족의 구성원으로서 제품구매 시 다른 가족구성원의 영향을 받는 경우가 많다. 가족은 기본적인 의사결정단위로서 가족 전체가 소비·사용하는 제품뿐만 아니라 개인이 소비·사용하는 제품의 구매에도 영향을 미친다. 제품을 사용하는 당사자가 유일한 구매의사결정자나 또는 구매자가 아닌 경우가 있다. 그러므로 마케팅담당자는 가족 내에서의 구매의사결정 참여자를 밝혀내어 최종 구매를 결정하거나 의사결정에 영향을 미치는 구성원에게 광고를 소구하여야 할 것이다. 그러나 가족구매행동을 연구하는 데에는 어려움이 있다.

첫째, 가족의사결정은 지극히 사적인 집단 내에서 이루어지므로 관찰이 불가능하다.

둘째, 가족마다 그 구조가 다르기 때문에 가족구매행태가 매우 다양하다.

셋째, 제품이나 서비스의 유형에 따라 가족구매행동이 다르기 때문에 제품특성과 관련시키지 않고 가족구매행동을 유형화시키기는 매우 어렵다.

넷째, 가족은 주어진 수입으로 많은 구성원의 욕구를 충족시켜야 하기 때문에 품목별로 구매의 우선순위를 결정하기 어려우며, 각 품목에 대한 구매결정은 상호연관성이 높아 품목별로 분리해서 연구하기 어렵다.

1. 가족구성원의 역할

여러 구성원들이 수행하는 가족의 역할들과 그들이 서로 간에 상호작용하는 방식은 그 가족이 어떤 소비재를 구입하고 사용하는지에 영향을 미친다. 가족구매에 참여하는 사람들의 역할은 조직구매자와 같이 제안자, 정보수집자, 영향력 행사자, 의사결정자, 구매자 그리고 사용자로 구분된다. 그러나 상황에 따라 이

모든 역할이 가족구성원 어느 한 사람에 의해 단독으로 수행되기도 하지만, 대개는 여러 구성원에 의해 분담·수행된다. 가족의 구매 및 소비행동과 관련하여 가족구성원이 수행하는 역할을 분류하면 다음과 같다.

〈그림 15-2〉 의사결정 단계별 가족구성원

제안자(initiator)	특정 제품의 필요성을 인식하고 그 제품의 구매를 제안하는 사람
정보수집자 (information gatherer)	구매결정에 필요한 제반정보를 수집하고 제공하는 사람
영향력 행사자 (influencer)	구매결정을 하는 과정에서 직·간접으로 영향력을 행사하는 사람
구매결정자 (decision maker)	구매할 제품, 상표, 구매장소, 구매시기, 구매예산 등에 관하여 최종적으로 결정을 내리는 사람
구매자(buyer)	실제로 구매하는 사람
사용자(user) 또는 소비자(consumer)	구매한 상품이나 서비스를 실제로 사용하거나 소비하는 사람

제품의 최종사용자가 그 제품의 구매결정권자나 실제 구매자가 아닌 경우도 많다. 아기용품인 경우 실제 사용자는 애기들이지만 구매자는 부모들이 구매를 한다. 장난감의 실제사용자는 어린이지만 실제로 구매하는 실제로 구매하는 사람은 부모일 것이다. 이런 경우 아이들이 장난감 구매에 대한 제안자나 영향력행사자로서의 역할을 수행하기도 한다. 각 구성원의 역할은 그 구성원이 소속하는 가족의 구조적 특성이라든가, 구성원 자신의 성격, 그리고 구매할 제품의 특성 등의 요인에 의해 많은 영향을 받는다. 따라서 마케팅담당자는 우선 그의 제품특성과 관련하여 최종의사결정권자는 누구이며, 누가 정보를 제공하고 영향력을 행사하는가를 식별한 후 그들을 표적으로 하는 마케팅전략을 개발하여야 할 것이다.

2. 가족구매의사결정 모델

가족구매의사결정 과정도 여러 단계의 의사결정과정을 거쳐서 이루어진다. 구매를 결정하고 실행하는 과정에서 가족구성원이 담당하는 역할을 도식화하면 그림과 같다. 제품이 가족구성원들에 의해 공동으로 사용되는 경우는 말할 것도 없고, 특정 구성원에 의해 개인적으로 사용되는 제품이라 하더라도 제품구매에 따르는 지각된 위험이 크고 중요한 제품인 경우에는 다른 구성원들과 공동으로 구매결정을 하게 된다. 이런 경우에도 가족구성원은 서로 역할분담을 하게 된다.

〈그림 15-3〉 의사결정단계별 가족구성원의 역할

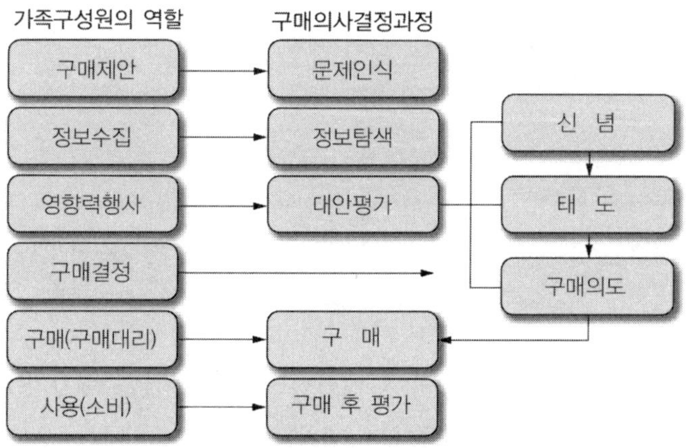

3. 가족의 권력구조와 가족구매행동 유형

우리나라 가족구조는 가부장적 특성으로 인해 대부분 가장이 모든 문제에 대한 최종결정권을 갖는 경우가 많다. 그러나 최근에 이르러 우리나라도 가족의 권력구조에 많은 변화가 오고 있다. 즉 아내에게도 상당한 결정권이 주어지고 있으며 자녀들도 자율적으로 결정을 할 수 있도록 자유재량권이 많이 주어지고 있다.

가족의 구매의사결정 형태는 부부간의 권력구조를 기준으로 네 가지 유형으로 구분한다.

첫째 유형은 자율적 결정형은 제품에 대한 구매결정이 부부 각자에 의해 독립적으로 이루어진다. 두 번째 유형은 남편주도적 결정형으로 제품구매에 대한 모든 결정권이 주로 남편에게 있는 경우이다. 세 번째는 부인주도적 결정형으로 제품구매결정을 아내가 주도하는 유형이며 마지막으로 네 번째는 부부가 서로 동등한 입장에서 영향력을 행사하고 주로 합의에 의해서 구매결정을 하는 공동결정형이다.

〈그림 15-4〉 가족의 권력 구조형태

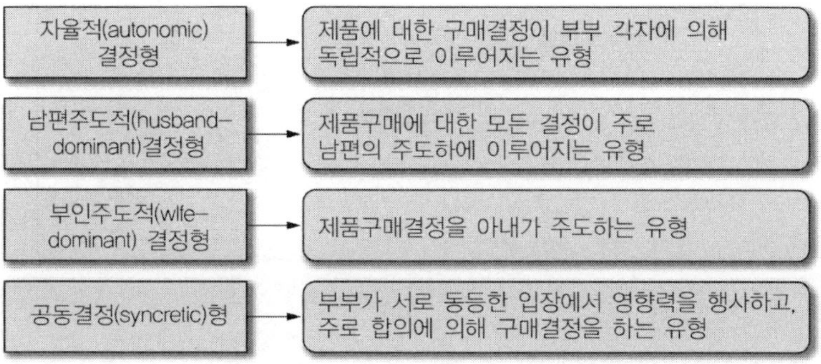

4. 제품별 부부의 역할전문화

제품구매 결정시 부부의 역할

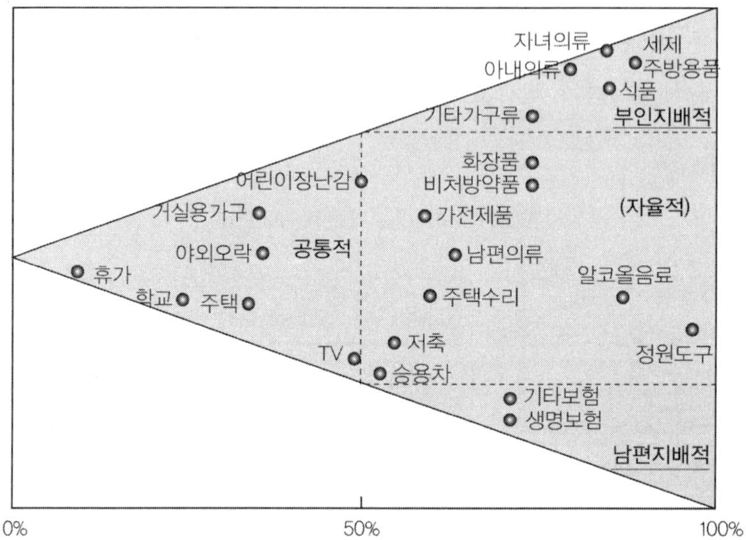

제품구매 결정시 부부의 역할

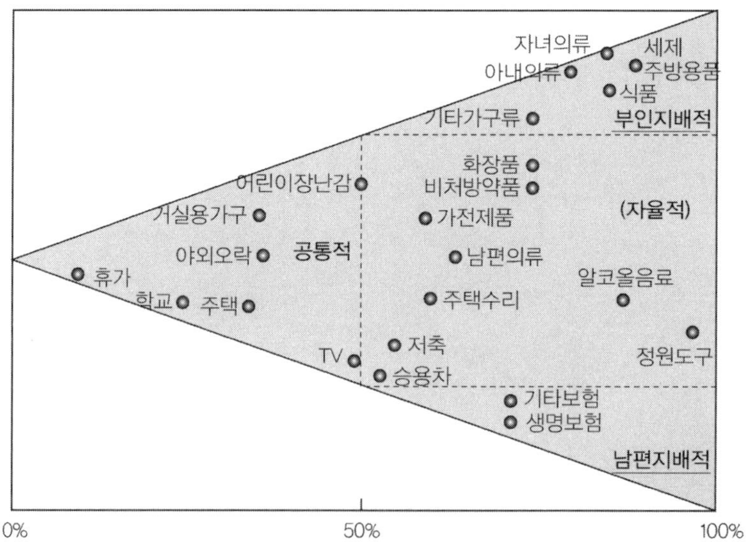

<사례 15-3> 비교문화에 따른 소비자행동 마케팅전략

휴대전화 벨소리 · 색깔, 나라마다 다르네… 왜?
인도에선 벨소리 크게, 중국에선 황금색이 인기

'전 세계로 공급하는 휴대전화, 나라마다 조금씩 달라요' 삼성전자에 따르면 이 회사는 전세계를 대상으로 똑같은 휴대전화 제품을 공급하더라고 각국의 문화적 · 사회적 특성 혹은 사용자의 사용방식 차이에 따라 각기 다른 유저인터페이스(UI) 적용하고 있는 것으로 나타났다.

인도지역에 공급되는 휴대전화 벨소리 규격은 다른 곳과 다소 다르다. 이는 오토바이 소음 등 외부환경이 전반적으로 시끄러워 소리가 작으면 듣지 못하는 경우가 많은 현지 사정을 고려, 휴대전화 벨소리 규격을 조정해 놓았기 때문이다.

전기 사정이 좋지 않은 아프리카 지역에는 휴대전화에 비상용 랜턴을 탑재시켜 공급한다.

중국이나 러시아 지역에선 휴대전화를 통해 자신의 부를 과시하는 경향이 강하기 때문에 이러한 과시욕구를 충족시키기 위해 중국 지역에는 부를 상징하는 황금색과 유사한 색을 입혀 휴대전화를 공급한다.

칠레에선 보라색이 동성애를 상징하는 색깔이라서 일반인들이 사용하기를 꺼려하기 때문에 보라색 그래픽유저인터페이스(GUI)를 사용했다가 낭패를 당했다.

일본인들은 남들에게 폐 끼치는 걸 싫어하기 때문에 대부분 휴대전화를 진동으로 해놓는다. 일본에서 휴대전화를 판매하고 있는 휴대전화업체들은 휴대전화에 조도센서를 부착시켜 가방 안 등 어두운 공간에서 세게 울리고, 밝은 조명에선 상대적으로 울림의 정도가 작게 해 사용 편의성을 높이고 있다.

출처 : 〈문화일보〉, 2008.6.20.

■ **UI(User Interface)** : 사용자환경이라고도 하는데 사용자가 컴퓨터 등 각종 정보기기에서 데이터 입력이나 동작을 제어하기 위해 사용하는 방식을 의미한다.

15.4 가족구매행동과 마케팅

1. 광고 및 제품전략

마케팅담당자는 보다 효율적인 마케팅전략개발을 위하여 자사제품특성과 관련하여 가족구매 행동양식을 충분히 이해해야 한다. 가족구매행동 양식과 관련이 있는 마케팅전략으로 광고전략과 제품전략이 있다.

1) 광고

가족의사결정의 다양한 특징은 광고 메시지의 내용에 영향을 미친다. 만약 남편이나 부인 중 한 명이 의사결정에 더 많은 영향력을 행사한다면 광고메시지는 바로 그 영향력을 행사하는 당사자의 욕구에 소구하여야 한다. 만일 의사결정이 공동으로 이루어질 때에는 문제가 더 어려워진다. 남편과 부인이 추구하는 혜택이 서로 다른 경우는 각각 다른 광고메시지 채택여부가 문제가 되기 때문이다. 부모의 동의가 필요한 자녀들에 필요한 물건을 구입하는 경우에도 광고메시지에 부모가 원하는 내용을 강조하는 것이 효과적이다.

2) 제품

가족의사결정에 문제되는 제품이 한 사람이 사용하는 것인지 여러 가족구성원이 사용하는 것인지의 여부는 중요하다. 가족구성원들이 공동으로 사용하는 경우, 어느 가족원의 욕구에 맞도록 제품의 특성을 부여할 것인가를 결정하는 문제는 매우 중요한 일이다. 동일한 제품이더라도 그 제품에 대한 가족 구성원들의 요구가 각각 상이할 수 있기 때문이다. 이러한 경우, 마케팅담당자가 이용할 수 있는 제품개발전략의 하나는 가족구성원 중 최종구매결정에 가장 큰 영향력을 갖고 있는 가족원의 욕구에 맞도록 제품에 특성을 부여하는 방법이 있다. 유아용품,

생필품, 일용잡화품의 경우 제품의 실질적 구매자인 주부의 욕구와 취향에 맞도록 제품을 개발하고 주부를 대상으로 마케팅을 하는 방법이다. 치약과 같은 제품의 경우에는 전통적으로 전 가족을 고려하여 생산하며 광고는 어른들에게 소구하였다. 가족구성원들의 다양한 요구에 맞도록 제품에 여러 특성을 부여하여 차별화하여 차별적 마케팅을 하는 방법도 많이 이용되고 있으며 높아진 자녀들의 영향력에 따라 그들의 욕구와 취향을 제품에 반영하고 직접 소구하는 촉진활동도 많이 하고 있다.

〈영향력 행사자인 부모를 표적으로 한 가방광고〉

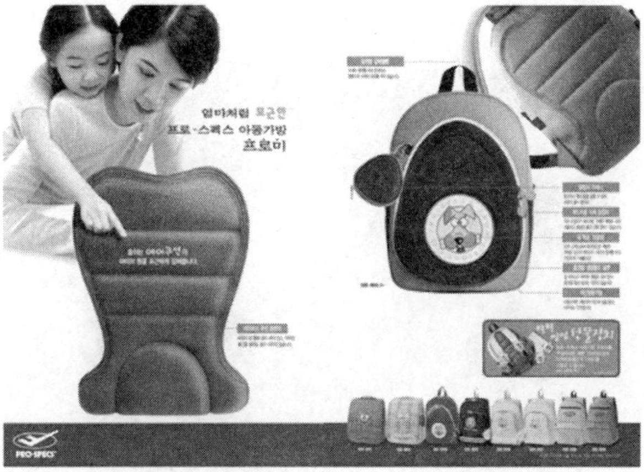

2. 한국의 가족구조와 마케팅

마케팅전략 개발에 영향을 줄 수 있는 요인으로 우리나라 가족구도의 변화를 살펴보자.

첫째, 취업여성 증가하고 여권 신장으로 인하여 전업주부의 수가 줄어들고 있으며 가정 내에서 여성의 역할도 변하고 있다. 가족구매결정에 있어서 부인 주도적이거나 부인 자율적인 결정 빈도가 매우 높아지고 있다.

또한 여성들이 편의성을 추구함에 따라 인스탄트 식품 같은 시간절약 상품에 대한 선호도가 높아지고 있으므로 이러한 변화에 대처할 수 있는 제품개발 및 판촉활동이 요구된다.

둘째, 자녀수가 감소하고 가족이 소규모화되면서 가족의 구매결정패턴에도 상당한 변화가 오고 있다. 구매 결정시 부부중심에서 자녀중심으로 변화하고 있다. 또한 우리나라의 기존연구들을 종합하여 보면, 레코드, 카메라, 레저용품, 참고서, 잡지, 계산기, MP3, 휴대전화 등의 구매시 부모들에 의존하지 않고 자녀들이 독립적으로 구매를 결정하고 직접 구매하는 것으로 밝혀졌다.

또한 청바지, 신발, 외식장소 및 메뉴, 휴가여행에 관한 의사결정 등에 자녀들의 영향력이 큰 것으로 조사되면서 마케팅담당자들이 어린아이들을 직접 소구대상으로 하여 판촉활동을 하고 있는 이유도 이러한 변화에 효율적으로 대처하기 위한 것이라고 볼 수 있다.

취업여성 증가, 여권 신장
→ 부인 주도적/부인 자율적 결정 빈도 높아짐

자녀들의 독립적
구매결정 증가

구매결정시
부부중심에서
자녀중심으로 변화

참고문헌

1) William L. Wilkie, *Consumer Behavior*, N.Y., : John Wiley & Sons, 1986.
2) William D. Wells and George Gubar, "The Life Cycle Concept," *Journal of Marketing Research*, Vol. 2, November 1966.
3) Social Research, Inc. "Future Buying and Life stage," in Martin H. Grossack, ed., *Understanding Consumer Behavior*, Boston : Christopher Publishing House 1964.
4) Harry L. Davis, "Decision Making Within the Household," *Journal of Consumer Research*, March 1976.
5) David J. Fritzsche, "An analysis of Energy Consumption Pptterns by State of Family Life Cycle," *Journal of Marketing Research*, Vol.18, May 1981.
6) Janet Wagner and Sherman Hanna, "The Effectiveness of Family Life Cycle Variables in Consumer Expenditure Research," *Journal of Consumer Research*, Vol. 10, December 1983.

제16장

준거집단

16.1 소비자행동의 사회적 영향

1. 사회적 영향의 의의

소비자행동에서의 사회적 영향이란, 소비자가 구매 및 소비행동을 수행함에 있어 타인이나 사회적 제 집단과 같은 타객체로부터 받는 직접·간접의 영향을 말한다. 집단과 개인이 상호 작용하는 과정은 사회적 영향력이 형성되는 과정이라고 할 수 있다. 소비자에게 주어지는 사회적 영향은 형태가 다양하며 때로는 영향력이 매우 크기 때문에 개인의 행동에 가장 주된 결정요인으로 작용하기도 한다.

1) 소비자행동에 대한 사회적영향의 특징

첫째, 다른 객체의 출현이나 다른 객체와의 직접적인 접촉 없이도 발생한다. 타인이 직접 구매결정에 관여하지 않아도 '만일 내가 이 제품을 구매했을 때 다른 사람이 어떻게 볼까?'라는 생각을 하고 구매결정을 했다면 그것은 이미 타인의 사회적 영향을 받은 것이다.

둘째, 사회적 영향은 지속성을 가짐으로써 태도에 내재화되기도 한다. 사회적 영향은 소비자가 소비나 구매행동을 하는 시점에서만 작용하는 것이 아니라 행동을 수행하기 이전과 행동을 수행한 이후에도 작용한다.

셋째, 사회적 영향은 소비자 자신과 타 객체와 상호작용을 한다. 이는 중요한 특징의 하나로써 사회적 영향을 받기만 하는 것이 아니고 주기도 하며, 동시에 주고받기도 한다. 따라서 소비자가 타객체와 교류의 빈도에 따라서 타객체가 소비자에게 미치는 영향력도 달라진다.

2) 사회적영향 발생의 징후

- 남을 유심히 보거나 주의깊게 살핀다. 이런 행동은 자신이 유사한 제품을 구매할 때 영향을 받게 된다.
- 점포 내 · 외에서 타인이 품질, 가격 등에 관하여 얘기하는 것을 무심히, 또는 관심있게 듣는다.
- 다른 사람의 구매 및 소비행동에 관여한다.
- 다른 사람들이 무엇을 구매할 것인지 상상하고 생각한다.
- 다른 사람이 나를 어떻게 생각할 것인가에 마음을 쓴다.
- 다른 사람이 사용하고 있는 물건, 생활습성 등에 대해 평가한다.
- 무엇을 어디서 구매할 것인가를 다른 사람과 상담하고 의견을 듣는다.

<사례 16-1> 폭발적 온라인 구전 퍼뮤니케이션(펌 + 커뮤니케이션) 해보셨나요?

인터넷에 한 네티즌이 작성한 '국민연금의 8가지 비밀'이라는 내용이 올라왔다. 이 내용에 6만 건 이상의 리플이 달리고 이 내용이 개인의 미니홈피나 개인 블로그로 "펌"되고, 다시 또 "펌"한 덕분에 그 내용은 빠른 시간에 확산되었다. 이로 인해 국민연금관리공단에서는 8가지 사항에 대한 해명까지 하는 등 국민연금 문제가 다시 한 번 사회적 이슈가 되었다.

◇"펌"

"펌"이란 한국의 네티즌들이 "퍼옴" 혹은 "퍼나름"의 뜻으로 사용하고 있는 일종의 인터넷 용어로 자신이 생산한 콘텐츠가 아닌 타인의 콘텐츠를 다른 공간으로 스크랩하거나 이동시키는 행위를 뜻한다. "펌"은 특히 개인 홈피나 블로그 같은 1인 미디어가 폭발적으로 유행하면서 더 큰 위력을 발휘하고 있다.

개인 미니 홈피나 블로그들은 상호 연결이 간편해 비교적 빠른 시간 안에 네트워크를 형성하고 이렇게 형성된 네트워크를 통해 "하나의 정보"가 쉽게 전파되기 때문에 실제로 만나서 구두로 퍼뜨리는 것보다 정보 또는 소문확산에 큰 도움이 되기 때문이다.

"펌"은 디지털 세대의 새로운 커뮤니케이션 유형으로 자리잡고 있는데, "펌"은 단순히 퍼 와서 스크래핑해 두는 데 그치는 것이 아니라 퍼 와서 다른 사람에게 보여주고 싶은 뚜렷한 목적을 가지고 있으므로 "펌"에 이미 커뮤니케이션 성질이 포함되어 있다.

◇펌하는 사람들: 펌킨족(펌+KIN+族)

"펌"하는 사람들은 "펌"을 통해 콘텐츠 원본이 있는 장소를 직접 방문하지 않고도 그 콘텐츠를 경험할 수 있게 되고 또 이것이 다른 사이트 개인 블로그 등으로 퍼져 나가기 때문에 "펌"하는 것만으로도 강력한 구전의 주체가 된다. KIN은 즐거움을 뜻하는 인터넷 속어 '킨' 또는 동료 네트워크를 뜻하기도 한다.

이들은 누가 시켜서 하는 것이 아니라 "자발적"으로 이 글, 저 글을 퍼다 다른 사이트에 올리기 때문에 더 큰 구전효과를 발휘한다.

따라서 커뮤니케이션을 잘 활용하면, 기업 입장에서는 기존의 커뮤니케이션으로는 쉽게 기대할 수 없었던 고객과 고밀도의 관계를 형성할 수 있게 된다. 즉, 직접 경험 가능, 즉시 이동 가능, 무한 확장 가능이라는 "펌"의 본질적 강점을 가지고 소비자의 구전행위를 관리할 수 있기 때문이다. 단, 기업의 의도된 정보를 어떻게 상업적 냄새 없이 자연스럽게 소비자 네트워크 속으로 스며들어 가게 하느냐가 중요 문제라 할 수 있다.

출처 : 〈조선일보〉, 2004.9.30, 〈매일경제〉, 2004.9.29, 〈문화일보〉, 2004.9.29, 〈한국경제〉, 2005.8.1, 〈휘닉스 컴 보고서〉 Market Reader, 2005.6

펌하는 사람들: 펌킨족 (펌 + KIN + 族)

- "펌"하는 사람들은 "펌"을 통해 콘텐츠를 원본이 있는 장소를 직접 방문하지 않고도 그 콘텐츠를 경험할 수 있게 되고 또 이것이 다른 사이트 개인 블로그 등으로 퍼져 나가기 때문에 "펌"하는 것만으로도 강력한 구전의 주체
- 일명 펌킨족이라고 하는데, 여기서 KIN은 즐거움을 뜻하는 인터넷 속어 '킨' 또는 동료 네트워크의 뜻
- 이들은 누가 시켜서 하는 것이 아니라 "자발적"으로 이글, 저글을 퍼다 다른 사이트에 올리기 때문에 더 큰 구전효과를 발휘

2. 사회적 영향의 유형

소비자행동에 미치는 사회적 영향은 규범적인 사회적 영향과 정보적인 사회적 영향으로 구분할 수 있다.

1) 규범적인 사회적 영향

규범적 사회적 영향(normative social influence)이란 특정의 물질적 또는 비물질적 보상을 통제하고 있는 것으로 지각되는 개인이나 집단으로부터 받는 심리적인 압력이다. 이러한 압력으로 인해 소비자는 그 객체의 기대에 부응하려는 행동을 수행하게 된다. 소비자는 어떤 보상을 얻으려는 자신의 욕구 때문에 그 보상을 줄 수 있을 것으로 지각되는 타객체의 기대에 순응하려하며, 그 결과 타객체는 자신의 의도와 관계없이도 그에 순응하려는 소비자에게 직・간접으로 영향을 줄 수 있다. 타객체가 통제하고 있는 것으로 지각되는 보상의 크기가 크면 클수록 그에 의한 사회적 영향력은 커진다. 보상은 물질적인 것뿐만 아니라 존경・인정・칭찬 등과 같은 심리적인 것도 포함된다. 타객체가 실제로 보상을 통제하고 있지 않은 경우에도 그가 통제하고 있는 것으로 소비자가 지각하고 있다면, 타객체는 그 소비자에 대하여 영향을 주고 있는 것으로 볼 수 있다. 제품의 구매와 사용이 가시적인 경우 규범적 영향이 소비자의 구매결정에 나타난다.

J. R. P. French & H. Raven 에 의하면 사회적 영향력의 원천은 5 가지 유형으로 구분된다.

〈표 16-1〉 사회집단의 영향력 원천

보상적 영향력	특정인에 대하여 다른 사람들이 자신들에게 그 사람이 얼마만큼의 보상을 제공할 수 있는가이다.
강제적 영향력	처벌이나 보상을 유보함으로써 개인의 행동에 영향을 미치는 것이다.
합법적 영향력	집단이 개인에게 영향력을 행사할 수 있는 합법적 권한을 지니고 있다는 사실을 모든 구성원들이 지각하고 있는 경우에 발생한다.
전문적 영향력	전문적 지식이나 경험으로부터 나오는 영향력이라고 할 수 있다.
준거적 영향력	특정인이 참여하기를 희망하는 집단에 대해 지니고 있는 동일시의 감정으로부터 나온다.

이들은 보상을 통제할 수 있는 개인의 능력을 보상적 능력(reward power)이라 하고 개인의 사회적 욕구를 충족시켜 줄 수 있는 집단의 능력을 준거적 영향력(referent power)이라 하여 개인과 집단의 영향력을 구분하였다. 이와 같은 집단의 능력이 규범적인 사회적 영향을 발생시키는 근원이 된다.

소비자는 제품의 구매 시 제품의 물리적 특성 이외에도 지각된 '사회적 혜택(social benefits)'을 중요시 한다. Paul W. Miniard & Joel B. Cohen의 연구결과에 의하면, 대학생들이 친구 접대용으로 맥주를 구매할 때에는 평소에 구매하던 상표의 제품이 아니라 자신의 체면 등을 고려하여 명성 있는 상표를 선정하는 것으로 나타났다.

마케팅담당자는 소비자들이 타인의 시선을 의식하고 배려를 중요시 한다는 사실을 인지하고 마케팅활동에 활용한다면 효과적인 마케팅전략을 수립할 수 있을 것이다. Head&Shoulder사는 자사의 샴푸를 광고하면서 머리에 비듬이 있으면 불결한 인상을 준다는 사회적인 측면을 강조하며, 자사의 샴푸가 비듬제거에 우수하다는 것으로 포지셔닝했다. 우리나라의 니조랄샴푸는 '늑대의 매너' '여우의 자존심' 등의 타이틀로 친구의 시선을 문제점으로 소구한 광고를 하였다.

2) 정보통제적인 사회적 영향

정보통제적인 사회적 영향(informational social influence)이란 탁월한 지식과 많은 정보를 소유하고 있는 것으로 지각되는 타객체가 소비자에게 주는 영향력을 말한다. 어떤 사람이 시장상황이나 제품 등에 관해 많은 정보와 지식을 갖고 있는 것으로 지각되면 소비자는 그의 권유나 충고를 받아들임으로서 그의 영향력을 수용하게 된다. 그러므로 정보의 제공 및 통제를 통한 사회적 영향은 다양한 경험과 탁월한 지식을 소유하고 있는 개인이나 집단으로부터 발생한다. 제품의 특성을 관찰로는 파악하기 힘든 경우 다른 사람들의 추천이나 소비생활로부터 정보를 얻는다.

소비자는 자신보다 경험·지식 또는 기술이 우수하다고 생각되는 사람들로부터의 영향력을 당연히 받아들인다. 따라서 광고에서는 전문가들의 증언을 통해 소비자의 구매를 촉진시키는 전략이 자주 이용된다. French & Raven은 개인이 정보제공을 통해 영향력을 행사할 수 있는 능력을 전문적 영향력으로 범주화시켰다.

3. 사회적 영향의 수용과정

소비자가 사회적 영향을 수용하는 정도나 과정은 상황에 따라 차이라 있다. 어떤 경우에는 사회적 영향이 소비자의 가치체계에 내재화(internalization)되어 그의 태도나 신념을 강화시키고 구매 및 소비행동에 반영되지만, 사회적 영향이 모두 내재화되지는 않는다. 상황에 따라서 소비자의 가치와 신념에 전혀 영향을 주지도 않으면서 어떤 목적을 위하여 외부로 표출되는 행동에만 반영되기도 한다.

H. C. Kelman은 사회적 영향력이 형성되는 과정에서 특히 순응, 동화, 그리고 내재화의 세 과정이 중요한 역할을 하고 있다고 한다.

• 순응

순응(compliance)이란 개인이 특정한 규범이나 가치를 따를 때 보상을 제공하며 따르지 않는 경우에는 처벌을 강제할 수 있는 힘을 지닌 집단의 기대에 추종하는 현상이다. 따라서 내적 공감이 없으면서도 타객체로부터 호의적인 반응을 얻기 위하여 단순히 행동측면에서의 수용상태를 말한다. 개인이 그의 태도나 신념과는 관계없이 어떤 보상을 목적으로 행동으로만 타인이나 어떤 집단의 규범을 따르는 것이다.

• 동화

동화(identification)란 개인이 집단이나 다른 이들과의 관계를 기준으로 자신을 파악하며 나아가 타인이나 특정 집단의 특성·태도를 자신에게 부여하여 그들과 일체감을 얻고 우호적인 관계를 유지하기 위한 성향을 의미한다. 동화는 타객체와의 동질성을 추구하기 때문에 타객체의 영향을 적극적이고 긍정적으로 수용하며, 타객체가 원하는 대로 행동하고 사고방식이나 규범까지 동조하려는 경향이 있다.

• 내재화

내재화(internalization)란 개인이 특정 형태의 영향력이 자신의 가치를 극대화시킬 수 있다고 지각하여 이를 수용하게 되는 현상으로서 이러한 영향력은 자신의 목표를 달성하는 도구라고 여기는 소비자의 지각으로부터 나온다. 이 경우 개인은 타객체의 기대에 부응하도록 행동하며 그의 가치나 규범을 자신의 가치체계 속에 내재화시킨다. 내재화는 사회적 영향이 가장 완벽하게 작용하는 현상이다.

<사례 16-2> 유통기한에 대한소비자행동의 사회적 영향에 따른 오해와 진실

유통기한 지나면 무조건 버려라?

유통기한에 대한 오해와 진실

냉장고에 잠자는 유통기한을 살짝 넘긴 식품들. 칼같이 쓰레기통으로 직행시키자니 왠지 아깝고, 무턱대고 먹자니 찜찜하다. 유통기한은 어떻게 정해지고, 어느 정도 넘긴 것까지 먹어도 무방한 걸까. 국내 식품업체 연구원과 식품전문가들 의견이다.

◇한국, 미국보다 유통기한이 짧다?

한국에서 두부 유통기한은 평균 10~15일이다. 하지만 같은 제조 공정을 거쳐 만든 두부의 유통기한이 미국에선 60~90일. 유통기한 자체가 어떻게 한 달 이상 차이가 날 수 있는 걸까. 원인은 '유통온도'의 차이. 한국의 법적 냉장온도는 섭씨 0~10도 정도. 반면 미국은 섭씨 0~5도 정도다. 10도는 생물이 소량 증식할 수 있지만, 5도는 미생물이 거의 증식하지 못하는 온도. 따라서 냉장 유통 제품의 경우 미국의 유통기한이 길다. 전문가들은 "일반 가정의 냉장고 온도는 약 3도이므로 이 온도로 유지한다면 유통기한을 조금 넘긴 음식도 먹을 수 있다"고 말했다. "두부의 경우 냉장고서 잘 보관하면 한 달은 둬도 된다"고 한다.

◇까다로운 한국 소비자, 유통기한 짧게?

일부 전문가들은 "한국 소비자들이 유난히 식품 안전에 예민해 업체들이 유통기한을 짧게 하는 경향이 있다"고 말했다. 전북대 식품공학과 신동화교수는 "유통기한이 짧으면 식품회사 입장에서 회수·폐기에 들어가는 손실 부담이 발생하고, 이 비용이 가격에 반영돼 결국 소비자가 부담하게 된다. 지나치게 짧은 유통기한이 소비자에게 좋은 것만은 아니다"고 설명했다.

식품의약품안전청 '식품 등의 표시 기준'에 따르면 유통기한의 정의는 '제품의 제조일로부터 소비자에게 판매가 허용되는 기한'. 식품판매업자가 '팔 수 있는 기한'이므로 정확히 '소비자가 먹을 수 있는 기한'을 의미하지는 않는다. 식품업체는 실험을 통해 최대 유통기한을 산출하고, 여기에 안전계수(safety factor) 0.7~0.9 정도를 곱해 유통기한을 정한다. 예컨대 실험으로 나옹 최대 유통기한이 300일이라면 결정되는 유통기한은 210~270일. 이 같은 상황을 감안했을 때 "법적인 유통기한과 현실적으로 먹어도 되는 기한은 차이가 있을 수 있다"는 의견이 지배적이다.

◇냉장 보관 잘하면 우유는 하루 지나도 O·K

달걀의 유통기한은 대개 실온으로 15일 전후, 하지만 냉장 보관했을 경우 한달 정도는 괜찮다고 한다. 다만 눈에 보이지 않는 실금이 가 있는 달걀의 경우 미생물이 자랄 수 있으므로 위험하다. 우유의 유통기한은 냉장 기준으로 평균 9~14일. 한 전문가는 "대리점에서 가정으로 배달된 우유를 바로 냉장고에 넣었다면 하루 이틀 정도 지났다고 큰 문제가 되는 것은 아니다. 다만 냄새를 꼭 맡아봐야 하고, 노인이나 아이들은 안 마시는 게 좋다."고 말했다. "칼국수 등 면류도 대개 유통기한이 두달 가량이지만 냉장 보관을 잘 하면 10~20일 정도 더 둘 수 있다"고 한다. '묵은 장이 좋다'는 얘기가 있지만 시중 판매되는 장류의 유통기한은 1년 내외. 한 전문가는 "기업에서 이름을 걸고 파는 음식에 곰팡이기 피면 신뢰에 문제가 생기고, 만에 하나 생길 수 있는 사고 우려 때문에 유통기한을 두는 것일 뿐 오래 두고 먹어도 상관없다"고 말했다.

하지만 잊지 말자. 어디까지나 유통기한이 지난 음식을 먹는 건 차선책. 탈이 난다 해도 법적 책임은 소비자의 몫이니 조심 또 조심해야 한다.

출처 : 〈조선일보〉, 2009.2.25.

16.2 준거집단

준거집단(reference group)은 개인의 행동에 직접적으로든 간접적으로든 영향을 미치는 사람들로서 개인이 어떻게 생각하고 행동하는가에 대한 기준이나 가치를 제공한다. Hebert Hyman은 "준거집단이란 개인이 자신의 상대적인 사회적 위상(relative social standing)을 정립하기 위하여 자신과 비교되는 집단을 의미한다"고 정의하였다. 사실 소비자는 자신의 태도와 행동을 타인과 비교하기 때문에 준거집단을 이해하는 것은 소비자행동 연구에서는 필수적이라고 할 수 있다.

1. 준거집단의 의의

준거집단이란 개인의 가치 · 태도 · 행동을 수행에 참고하는 준거점을 제공하는 집단을 말한다. 또한 소비자의 행동수행에 준거점을 제공하는 대상이 개인인 경우 준거인(a reference person)이라고 한다.

사람들은 누구나 가족을 비롯하여 학교 · 직장 · 동창 · 취미모임 · 종교단체 등 여러 집단에 소속하게 되고, 이들 집단의 규범에 의해 직 · 간접으로 영향을 받는다. 현재 속해 있는 집단 뿐 아니라 소속하기를 바라는 집단에 의해서도 영향을 받는다. 개인이 소속되기를 원하는 희구집단에 대하여서는 그 집단의 기대에 부응하는 행동을 하고 싶은 욕구로 인하여 그 집단의 규범을 추종하게 된다. 따라서 그 집단의 영향을 받게 되는데 이러한 집단도 준거집단이다.

준거집단의 영향력을 이용한은 전형적인 광고로서 평범한 이웃과 같은 주부들을 광고모델로 사용하는 경우도 자주 있다. 평범한 주부모델은 바로 구매자의 규범이나 가치를 나타내는 것으로서 표현이 되며 소비자의 준거집단의 대리인으로 설정되는 것이다. 또한 유명인을 광고에 등장시키는 경우는 소비자가 실제 속한 집단이 아니라 속하기를 열망하는 집단의 대리인으로서 등장시키는 것이다. 유명인과 자신을 동일시함으로써 소비자들이 영향을 받게 된다. 이렇듯 준거집단은 소비자의 욕구와 구매행동에 직접적인 영향을 미친다.

소비자행동을 이해하기 위하여 준거집단이 유용한 이유는 다음과 같다.

첫째, 준거집단의 영향은 소비자 자신의 뚜렷한 목적이나 의도 또는 의식적인 노력 없이도 발생한다.

둘째, 소비자가 준거집단과 직접적인 대면관계를 유지하지 않아도 소비자는 준거집단의 영향을 받을 수 있다.

2. 준거집단의 유형

개인의 행동양식에 미치는 집단의 준거력은 모두 동일하지는 않다. 준거집단은 집단의 성격, 개인의 회원가입 여부 등 여러 가지 기준으로 분류될 수 있다.

1) 1차집단과 2차집단

1차집단(primary group)은 작은 규모의 사회집단으로서 서로 친밀하기 때문에 구성원끼리 직접 대면적 상호작용(face-to-face interaction)을 통해 자주 접촉하는 일차적 관계를 유지하는 집단이다. 1차집단 내에서 가족, 친구와 같이 집단구성원들 간에 접촉이 빈번하고 친밀한 관계를 맺고 있는 집단을 1차 비공식집단이라고 하고, 학교, 회사와 같이 빈번한 접촉을 하긴 하지만 공식적 관계를 유지하는 집단을 1차공식집단이라고 한다.

한편 2차집단(secondary group)은 구성원끼리 가끔 만나는 집단으로 서로의 생각이나 행동에 미치는 영향력이 작은 편이다. 지역단체, 협회, 가끔 모이는 클럽 등의 일반적인 사회집단이다. 2차집단 내에서도 쇼핑을 같이 간다거나 스포츠 활동을 함께 즐기면서 공식적인 관계는 아니지만 가끔 접촉하는 집단을 2차비공식집단이라고 하고, 동창회, 가끔 모이는 클럽 등과 같이 지속적인 상호작용이 별로 없고 공식적인 관계를 맺고 있는 집단을 2차공식집단이라고 한다.

2) 공식집단과 비공식집단

공식집단(formal group)은 조직적 구조와 기능이 명확하게 정의되어 있고, 구성원의 명단이 있으며 조직 구조가 기록되어 있는 집단으로 교회, 학교, 회사, 노동조합 등이 포함된다. 공식집단은 집단의 목적에 위배되는 행동을 규제하는 묵시적 규범이나 명시된 규정에 의해 구성원들의 행동을 제약한다.

비공식집단(informal group)이란 조직구조가 명확하지 않으며 우정이나 친교 등으로 자연스럽게 생기는 집단이다. 공식집단 내에는 많은 비공식집단이 존재한다. 즉, 회사라는 공식집단 내에 구성원들의 취미, 학연, 지연 등에 따라 각종 동호회 모임이 있는데 이러한 집단들은 비공식집단에 속한다. 이러한 비공식집단은 사회학이나 사회심리학 등에서 많은 관심을 보인다. 그 이유는 비공식집단이 공식집단보다 인간행동에 더 많은 영향을 주기 때문이다. 또 마케팅이나 소비자행동 분야에서도 많은 관심을 보이고 있는데, 이는 소비자들의 구매결정이나 소비행동에 대한 비공식집단의 영향이 크기 때문이다.

3) 회원집단과 비회원집단

회원집단(membership group)이란 개인이 실제로 소속하고 있는 집단이다. 소비자는 나이, 성별, 교육수준, 결혼상태 등에 의해 특정집단의 회원자격을 자연히 얻기도 하고, 특정 목적을 위해 집단을 형성하거나 기존의 조직집단에 접근하여 구성원자격을 얻기도 한다. 개인의 연령, 신분, 성별 등에 의해 자동적으로 소속되는 집단을 자동회원집단(automatic membership group)이라고 한다. 회원집단은 그 집단에 대한 구성원의 태도여하에 따라 밀착집단과 거부집단으로 구분할 수 있다.

밀착집단(contactual group)이란 집단구성원이 집단의 가치와 규범에 긍정적인 태도를 갖고 그에 순응하는 행동을 수행함으로써, 집단과 구성원들 간에 응집력이 높은 집단이다. 거부집단(dissociative group)이란 집단의 구성원이 집단의 규범에 순응하지 않고 상반된 행동을 함으로써 소속을 거부하는 집단을 말한다.

회원집단이라고 하더라도 소속되어 있는 구성원들에게 반드시 긍정적인 영향만 주는 것이 아니고 거부적 반응을 보이는 부정적 영향을 주기도 한다.

비회원집단(nonmembership group)은 개인이 소속해 있지 않은 집단이다. 그러나 개인은 그가 소속해 있지 않은 집단으로 부터도 영향을 받을 수 있다. 특히 소속하기를 원하는 집단으로부터는 많은 영향을 받는다.

현재 소속하고 있지는 않지만 소속하기를 원하는 집단을 희구집단(aspirational group)이라 고 하고 소속하고 싶지도 않고 영향받고 싫어하지도 않는 집단을 회피집단(avoidance group)이라고 한다. 소비자는 특히 희구집단의 영향을 많이 받는다. 상당히 많은 소비자들이 소속될 가능성이 거의 없는 경우에도 희구집단을 준거대상으로 하고 그 집단구성원의 라이프스타일이나 행동양식을 모방하려는 경향이 있다.

〈그림 16-1〉 회원집단과 비회원집단

· 회원집단(Membership Group): 개인이 실제로 소속하고 있는 집단

-자동회원집단(Automatic Membership Group)
-밀착집단(Contactual Group): 구성원과 집단간에 응집력이 높은 집단
-거부집단(Disclaimant or Dissociative Group): 소속감을 거부하는 집단

· 비회원집단(Nonmembership Group): 개인이 현재 소속해 있지 않은 집단

-희구집단(Aspirational Group): 소속하기를 희망하는 집단
-회피집단(Svoidance Group): 싫어하는 집단

3. 준거집단의 기능

1) 사회화 기능

사회화(socialization)란 개인이 새로 소속하게 되는 사회 · 조직 · 집단의 가치 · 규범 · 욕구 같은 행위패턴을 습득해 가는 과정이며 일반적으로는 사회의 구성원에게 요구되는 적절한 행위를 습득하는 과정이라고 정의할 수 있다. 따라서 개인은 사회화 과정에서 준거집단에 대해서뿐만 아니라 사회규범 · 신분 · 역할 등의

경험과정을 통해 정상적인 사회인으로 성숙해진다. 이처럼 사회화기능을 수행하는 집단을 규범적 준거집단이라고 한다.

특히 준거집단은 사회구성원들이 소비자로서의 활동에 필요한 기술·지식·태도를 개발해 가는 과정에 영향을 줌으로써 소비자 사회화(consumer socialization) 기능을 수행한다.

2) 정보제공기능

소비자는 정보가 제품선택에 대한 지식을 풍부하게 해 줄 것이라고 생각하는 경우에 그 정보를 수용할 것이다. 준거집단은 직접 소비자가 중요하다고 생각하는 정보를 제공하여 주거나 소비자가 준거집단 구성원의 행동을 관찰함으로써 정보제공적 기능을 수행한다.

특히 소비자가 가시적인 제품을 구매하려고 하는 경우에는 준거집단 구성원들이 많이 애용하고 있는 상표는 그 자체가 소비자에게 유용한 정보로 작용한다. 이는 소비자가 소속하기를 원하는 집단구성원들이 주로 선호하고 구매하는 상표를 구매·사용하려는 경향이 있기 때문이다. 소비자는 여러 준거집단으로부터 다양한 정보를 수용하지만 그 중에서도 소속의 매력이 크고 신뢰성이 높은 준거집단에 의한 정보적 영향력을 크게 받는다.

3) 자아개념의 형성

자아개념이란 자신은 누구이고 어떤 사람인가에 대한 자신의 지각이다. 준거집단은 소비자의 자아개념 형성에 준거점을 제공한다. 대부분은 가족으로부터 자아상을 개발하지만 성년이 되면서부터는 다른 준거집단의 영향을 받아서 자아개념을 더욱 강화하거나 수정한다.

자아개념에 대한 준거집단의 영향은 특정제품이나 상표에 대한 구매행동으로 나타날 수 있다. 소비자들이 구매하는 제품이나 상표는 그 자신들의 자아이미지를 반영하기 때문이다. 소비자는 준거인이 애용하는 제품이나 선호하는 상표에 따라 자신이 구매할 제품이나 상표를 선택하게 되고 그에 따라 자신에게 적합한 자아개념을 개발하게 된다. 이와 같이 준거집단은 소비자 자신의 자아개념을 준거인의 것과 비교·평가할 수 있는 준거점을 제공함으로써 소비자의 자아개념에 영향을 미치고 있다.

4. 준거집단 영향력의 결정요인

제품의 특성이나 집단의 성격 그리고 소비자의 특성 등에 따라 준거집단의 영향력에 차이가 있다.

1) 제품유형별 준거집단 영향력의 차이

제품특성에 따라 준거집단 영향력에 대한 소비자의 민감도에는 차이가 있다. 일반적으로 특이성이 현저한 제품을 구매할 때 소비자는 준거집단의 영향에 더 예민하게 반응한다.

Francis S. Bourne은 준거집단에 대한 여러 연구를 살펴본 후 집단규범에 일치하려는 압력은 배타적이며 가시적인 제품인 경우에 더 크다고 하였다. 배타적 제품이란 사치품으로 소수의 사람만이 갖고 있는 제품을 뜻한다. 가시적 제품이란 사람들 앞에 보이면서 소비하는 제품을 의미한다. 그러나 가시성이 높다하더라고 이미 널리 보급된 제품은 특이하다로 할 수 없으므로 이런 제품의 구매결정에는 준거집단의 영향력이 작용하지 않는다. Bourne제품의 특이성을 평가하는 기준으로 ① 가시성(visibility) ② 배타성(exclusivity)을 들고 있다. 제품유형별 준거집단영향에 대한 민감도의 차이에 대하여 알아보자.

• 공개적 사용 생필품(public necessities)

공개적으로 사용되는 생필품의 경우 제품의 구매여부를 결정하는데 준거집단의 영향을 적게 받지만 상표선택에는 준거집단의 영향을 크게 받는다. 생필품의 경우 경제적 여건 등에 따라 구매를 함으로 준거집단의 영향을 받지 않으나 생필품이라고 하더라도 공개적으로 사용되는 경우에는 상표선정에서 타인의 이목을 의식함으로 준거집단의 영향을 받는다.

〈그림 16-2〉 제품유형별 준거집단 영향력의 차이

		제품구매 여부에 대한 준거집단 영향력	
		생필품 : 약함(–)	사치품 : 강함(+)
상표 선정에 대한 준거집단 영향력	공개적 사용 : 강함(+)	· 품목 : 손목시계, 자동차, 남성 의류 등 · 영향력 : 제품구매 여부에 대한 준거집단의 영향력은 약하나, 상표선택에 대한 영향력은 강	· 품목 : 골프용품, 스키용품, 요트 등 · 영향력 : 제품 구메여부에 대한 준거집단의 영향력과 상표선택에 대한 영향력이 모두 강함
	사적 사용 : 약함(–)	· 품목 : 침대매트리스, 냉장고, 램프 등 · 영향력 : 제품구매에 대한 영향력도 약하고, 상표선택에 대한 영향력도 약함	· 품목 : 비디오 게임기, 제빙기, 쓰레기 처리기 등 · 영향력 : 제품구매 여부에 대한 영향력은 강하나, 상표선택에 대한 영향력은 약함

• **공개적 사용 사치품**(public luxuries)

공개적으로 사용되는 사치품은 소비자가 제품의 구매여부를 결정할 때뿐만 아니라 상표선정 시에도 준거집단의 영향을 크게 받는다. 사치품은 가시성이 높고 특히 공개적으로 사용할 때는 남의 눈에 쉽게 띄기 때문이다. 그러므로 공개적 사용 사치품은 준거집단의 영향에 가장 민감한 제품유형이다.

• **사적 사용 사치품**(private luxuries)

사적으로 사용되는 사치품은 많은 사람들이 소유하고 있지 않은 희귀성으로 인해 제품의 구매결정에 준거집단의 영향을 받지만, 타인 앞에서 공공연히 사용되는 것이 아니기 때문에 상표나 스타일을 선택하는 데는 준거집단의 영향을 크게 받지 않는다.

• **사적 사용 생필품**(private necessities)

사적 생필품은 구매결정이나 상표선택에서 준거집단의 영향을 거의 받지 않는다. 사적으로 사용되는 생필품은 가시성이 낮기 때문에 제품이나 상표선택 시에 준거집단을 의식할 필요가 없기 때문이다.

이와 같이 제품특성에 따라 준거집단의 영향력이 다르므로 마케팅담당자는 자사제품을 구매하는 소비자들이 어느 준거집단으로부터 어느 정도 영향을 받는지 파악할 필요가 있다.

2) 집단 및 집단성원의 특성에 따른 영향력 차이

준거집단의 영향력은 집단의 특성에 따라 차이가 있지만, 집단영향력의 차이를 발생시키는 집단 및 집단구성원의 특성은 다음과 같다.

① 집단구성원 간의 지리적 · 사회적 근접성

구성원들이 지리적으로 근접해 있거나 구성원 상호간 사회적 교류가 빈번한 집단일수록 구성원들은 집단의 영향을 크게 받는다.

② 집단구성원의 인구통계적 특성

한 연구보고서에 의하면, 학생들이 주부들보다 상표선정에 준거집단의 영향을 더 많이 받는 것으로 나타났다. 일반적으로 나이가 어리고 경험이 적은 학생들은 제품에 대한 친숙도가 낮고 정보가 부족하여 다른 학생들에 대한 의존도가 높기 때문인 것으로 풀이된다.

③ 소비자 개인의 인구통계적 특성

나이, 성별, 결혼상태, 교육이나 소득수준 등에 따라 준거집단의 영향을 수용하는 정도와 태도에 차이가 있다. 젊은 층은 노인층에 비해 준거집단의 영향을 크게 받으며 여성은 남성보다 준거집단의 영향을 더 받는다.

④ 소비자 개인의 개성

일반적으로 외향적이거나 타인지향적인 소비자는 준거집단의 영향에 민감하게 반응한다. 또한 소비자가 집단의 규범에 대하여 긍정적인 태도를 갖고 있거나 집단에 소속하고 싶은 욕구가 강한 경우 집단의 영향을 크게 받는다.

5. 준거집단과 마케팅전략

준거집단개념을 이용한 마케팅전략 개발에는 두 가지 접근방법을 생각해 볼 수 있다.

① 판매촉진을 위한 매개체로서 준거집단을 이용하는 방법과 ②고객을 유인하

기 위한 수단으로 잠재고객에게 준거집단의 회원자격을 부여하는 방법이다.

1) 판촉매개체로서 준거집단의 역할

마케팅담당자가 판매촉진의 매개체로서 준거집단을 이용할 수 있는 방법에는 ① 준거인을 광고모델로 이용하는 방법과 ② 준거인을 직접 판매원으로 이용하는 방법이 있다.

첫 번째 방법은, 소비자들이 소속하기를 희구하는 집단의 성원 중에 영향력있는 사람을 광고모델로 선정하고 광고를 통해 준거집단들이 자사제품을 선호하고 있음을 잠재고객에게 확인시킴으로써 판매촉진을 위한 이상적인 분위기를 조성하는 방법이다.

마케팅담당자들은 광고에 전문가를 등장시켜 정보제공적 영향을 미치려고 한다. 전문가가 제품을 사용하고 성능을 보장하는 광고를 제시함으로써 소비자들이 구매행동에 영향을 시도하는 방법이다. 이러한 증언식 광고방식은 소비자들이 메시지전달자를 그 제품에 관한 전문가로 어느 정도 인정하는가에 따라 성패가 달려 있다.

<사례 16-3> '연예인 청바지' 잘 팔린다…프리미엄 진의 스타마케팅

"드라마 '온에어' 마지막 회에서 김하늘이 입었던 청바지 어디 브랜드죠?" 연예인 패션에 대한 대중의 관심은 하늘을 찌른다. 인터넷 포털 사이트에는 드라마나 쇼 프로그램에 출연한 연예인의 의상에 대해 묻는 질문이 수만 건 넘게 등록돼 있다. 연예인이 TV에 입고 나온 옷이 '없어서 못 팔' 정도로 인기를 끄는 것도 흔한 일이다.

연예인이 최신 유행을 이끄는 패션 아이콘으로 떠오르면서 일어난 현상이다. 처음 질문에 대한 답을 하자면, 온에어에서 김하늘이 입었던 청바지는 바로 '김하늘 진'이다. 배우 김하늘이 제품 모델을 서고, 직접 디자인 작업에도 참여한 프리미엄 진이다. '타버니티소진' '미스미진' '맥데님' 등 3개 브랜드에 김하늘의 이름을 붙인 일종의 청바지 편집 브랜드인 셈입니다. 김하늘 진의 유통을 담당하고 있는 ckd리빙 이사는 "김하늘은 드라마 '온에어'의 주연 배우로 인기가 높으며, 패션 감각 있는 트렌드 리더의 이미지를 갖고 있어, 청바지 브랜드를 알리는 데 효과적이라고 생각했다."고 밝혔다.

연예인을 이용한 청바지 마케팅은 이번이 처음이 아니다. 지난해 이후 CK의 '이효리 진', 게스의 '한채영 진'처럼 연예인의 이름을 붙인 청바지가 큰 인기를 끌었지만, 최근 트렌드는 단순히 연예인이 피팅모델로 참여하는 수준에 그치지 않고, 디자인 등 제품 개발에도 적극적으로 참여하는 추세로 진화하고 있다.

김하늘 진이 그렇고, 제임스진의 스페셜 라인 '레슬리 진'도 배우 한예슬이 직접 디자인 및 전반적인 제작에 공동 참가해 눈길을 끈다. 레슬리라는 이름은 한예슬의 영문 이름이다. 제임스진의 국내 정식수입업체인 위즈위드는 한국 판매에만 그치지 않고 레슬리 진을 바니스뉴욕, 스콥뉴욕 등 미국 백화점과 영국, 일본 등 전 세계에 같은 이름으로 판매할 예정이다. SKT의 오픈마켓 쇼핑몰 '11번가'도 '전지현 진'으로 연예인 청바지 붐에 뛰어들었다. 프리미엄 진 브랜드인 트루릴리전과 배우 전지현이 손을 잡고 '지아나 by 트루릴리전'이라는 브랜드로 4월 1일부터 본격 판매에 들어갔다. 이처럼 연예인 이름을 딴 청바지들은 고가의 프리미엄 진이라는 특징이 있다.

프리미엄 진은 기존 청바지와 달리 스티치나 장식 등의 공정을 일일이 수작업으로 작업하고, 워싱도 유기농 성분으로 처리하는 등 제작공정에 몇 배의 공이 들어간다. 그러므로 가격도 20만원에서 50만원대로 일반 청바지보다 2배 이상 비싸다. 고가임에도 프리미엄 진 매출은 꾸준히 늘고 있다. 미국의 경우 할리우드 스타들의 프리미엄 진 사랑에 힘입어 매년 40~50%씩 성장했으며, 우리나라에서도 인터넷이나 해외여행을 통해 프리미엄 진을 접한 마니아를 중심으로 붐이 일기 시작해 매년 25% 정도 프리미엄 진 시장이 성장하고 있다.

전체 1조원 이상의 청바지 시장에서 20% 정도를 차지할 것으로 추정된다. 프리미엄 진 업체들이 특히 여성 연예인을 통한 마케팅에 활발한 이유는 브랜드의 고급스러운 이미지를 내세우고, 최신 유행에 민감한 여성들을 공략하기 위해서이다. 프리미엄 진 시장은 여성이 구매 고객의 70%를 차지한다. 여성의 경우 청바지의 착용감이나 섬세한 장식 등 디테일에 신경 쓰는 경우가 많기 때문이죠. 게다가 청바지는 활용도가 높고 계절에 관계없이 입을 수 있어, 다소 비싸도 거부감 없이 구매하는 경향이 있다.

연예인 청바지들은 시장에서 좋은 성과를 내고 있다. 11번가에서 판매 중인 전지현 진은 4월 한 달 동안에만 2억원의 매출을 올렸고, 제임스진 브랜드의 한예슬 진은 2종의 스타일로 출시됐는데, 위즈위드에서 판매 중인 총 18종의 제임스진 청바지 매출 중 25%를 차지할 정도로 다른 청바지에 비해 높은 인기를 얻고 있다. 지난 5월 26일부터 김하늘 진을 온라인에서 판매하고 있는 인터파크의 패션사업팀 실장은 "그동안 연예인 이름을 내세운 스타숍의 경우 대부분 베스트 셀러가 될 정도로 반응이 좋았다. 연예인 마케팅이 효과가 있다고 보고, 김하늘 진 판매를 시작했다."고 밝혔다.

출처 : 〈매일경제〉, 2008.6.11

'전지현 진'

'김하늘 진'

'한채영 진'

'이효리 진'

'한예슬 진'

16.3 의견선도자와 구전광고

개인은 소비자행동을 수행하면서 가족을 비롯하여 친구, 타인, 조직, 집단 등에 의해 많은 영향을 받는다. 한 사람이 다른 사람과 의사소통을 하고 다른 사람의 태도나 행동에 영향을 미치는 효과를 개인적 영향(personal influence)이라고 한다. 한 사람이 다른 사람에게 영향을 미친다는 측면에서 사람 상호 간의 의사소통 또는 구전커뮤니케이션(word-of-mouth communication)이라고 한다.

1. 구전커뮤니케이션의 중요성

소비자들은 제품과 서비스에 대한 많은 정보를 사람들 상호 간의 의사소통을 통하여 교환하고 있음을 알 수 있다. 대규모의 매스마케팅 기법을 이용하지 않고 개인적인 인적 네크워크를 통해 마케팅담당자가 원하는 정보를 소비자들에게 전하는 버즈(buzz)마케팅이 주목받고 있다. 버즈마케팅이란 '입소문 마케팅'이나 '구전마케팅'과 일맥상통하는 것으로 인터넷이 발달하면서 생겨난 바이러스 또는 바이어럴(viral) 마케팅을 포괄한다.

마케팅에서 버즈효과란 소비자가 특정제품이나 서비스에 스스로 열광하여 일종의 신드롬이 탄생되는 것을 말한다. 이러한 버즈마케팅은 대중매체를 통해 불특정 다수에게 무차별적으로 전해지는 기존의 마케팅과는 다르다. 상품을 이용해 본 소비자가 주위 사람들에게 직접 전파하도록 유도하기 때문에 광고비가 거의 들지 않으면서 기하급수적으로 파급효과를 볼 수 있다는 장점이 있다.

구전의 역할이 소비자행동에 특히 중요한 이유를 요약하면 다음과 같다.

첫째, 상업광고는 일방적 커뮤니케이션인데 비하여 구전은 쌍방적 커뮤니케이션이기 때문에 그 효과가 매우 크다. 연구조사에 의하면 일반광고나 다른 대중매체 커뮤니케이션 방법보다 구전커뮤니케이션이 소비자행동에 영향을 미치는데 결정적인 역할을 한다.

둘째, 소비자는 구전을 통해 보다 신뢰성 있는 정보를 얻을 수 있다. 마케팅기관들은 그들의 목적인 영리추구를 위하여 정보를 주지만 가족, 친구, 친지들은 그러한 목적이 없기 때문에 믿을 수 있는 정보원이 된다.

셋째, 소비자는 구전을 통해 정보를 보다 경제적으로 얻을 수 있다. 구전정보는 일반적으로 제품을 실제 사용해 본 적이 있는 주변사람들로부터 얻기 때문에 신뢰성이 있으며, 자신이 실제 사용경험을 얻는데 소요되는 시간과 돈을 절약할 수 있는 이점이 있다.

따라서 소비자들은 구전에 의한 정보를 중요하게 여기며, 실제 구매행동을 할 때 구전의 영향을 많이 받는다. 특히 정보원이 신뢰할 만한 경우에는 구전의 영향력은 매우 크다.

구전커뮤니케이션이 활성화되는 경우는 다음과 같다.

첫째, 나이, 소득, 사회적 지위가 비슷한 사람들과 상호 정보교환을 많이 한다.

둘째, 정보를 제공하거나 타인의 의사결정에 영향을 미치는 의견선도자의 영향을 받는 추종자가 나타난다.

셋째, 상호 의사소통에 전문적 의견이 없는 경우 전문성이 있는 신뢰할만한 의견선도자를 찾기도 한다.

넷째, 사회적 지위가 비슷한 경우에는 서로 접촉할 기회도 많아지고 의사소통도 원활하며 생활유형방식도 서로 닮아가게 된다.

다섯째, 신뢰할 수 있는 정보원천을 따라 모방구매도 한다. 사용경험이 있는 주변 인물들의 추천에 따라 구매·사용하는 것이 광고에 의한 구매보다 더 유리하다는 것을 소비자들은 알고 있다.

2. 의견선도자의 의의 및 유형

사람마다 개성이 다르고 라이프스타일이 다르기 때문에 소비자행동을 수행함에 있어서 타인의존형이 있는 반면 자신의 경험이나 정보를 타인에게 알려주거나 조언을 하는 사람이 있다.

의견선도자(opinion leader)란 자신이 소유한 지식이나 경험, 정보 등을 제공함으로써 타인에게 직·간접으로 정보적, 규범적 영향력을 행사하는 유형의 사람을 말한다.

즉, 인적 커뮤니케이션을 통해 조언과 충고, 그리고 다양한 정보를 제공함으로써 타인의 행동과 태도에 상당한 영향을 미치는 사람이다.

Fred D. Raynolds와 William R. Dardem은 개인이 지니고 있는 정보탐색성향과 의견선도성향의 강도에 따라 소비자를 네 가지 유형으로 구분하였다.

• **사회적 일반형(socially integrated)**

의견선도성(opinion leadership)도 강하고, 정보탐색성향도 강한 사람으로서 다른 사람에게영향을 주기도 하고 다른 사람으로부터 영향을 쉽게 받기도 한다.

• **사회적 자유형(socially independent)**

의견선도성은 강하나 정보탐색성향은 낮은 사람이다. 타인에게 정보를 제공하며 영향력을 행사하기 좋아하지만, 자신은 타인으로부터 영향을 받지 않는다.

• **사회적 의존형(socially dependent)**

의견선도성이 낮아 다른 사람에게 영향을 받는 편에 속하며 다른 사람으로부터 정보를 얻고 도움이나 조언을 얻으려 한다.

• **사회적 고립형(socilly isolated)**

다른 사람에게 영향력을 행사하려 하지도 않고 다른 사람으로부터 조언이나 도움도 받지 않으려고 한다.

네 가지 유형 중 사회적 일반형과 자유형에 속하는 사람들이 주로 의견선도자의 역할을 하고 있다. 사회적 의존형은 의견추종자가 되며, 사회적 고립형은 사실상 구전망(web of word of mouth)에서 제외된 사람들이다.

마케팅담당자는 이와 같은 분류를 제품의 특성과 연계시켜서 의견선도자의 특성을 이해해야 한다. A제품의 의견선도자가 B, C, D 등 여러 종류의 제품에도 중복하여 의견선도자가 되는 경우의 비중은 상대적으로 적은 것으로 나타났다. 즉 의류패션에서의 의견선도자가 퍼스널 컴퓨터 기종에서도 의견선도자가 된다는 것은 분명치 않다.

3. 의견선도자의 특성

의견선도자는 대체로 제품에 대하여 많이 알고 있고, 타인과 제품에 대한 이야기를 하는 것을 좋아한다. 마케팅담당자가 자사제품의 의견선도자를 구별해 낼 수 만 있다면 보다 효과적인 마케팅활동을 전개할 수 있을 것이다. 그러나 제품별로 의견선도자의 특성이 다를 뿐만 아니라, 개인의 의견선도 성향을 측정하기란 매우 어려운 일이므로 의견선도자를 식별하기도 쉬운 일은 아니다.

1) 일반적특성

의견선도자와 의견추종자는 태도, 습관, 라이프스타일, 인구통계적 특성 등에서 유사성이 많은 것으로 밝혀진 바 있다. 이와 같은 특성을 상동성(homophily)이라고 한다. 상호동질성을 갖는 이유는 개인 간의 일상적인 커뮤니케이션은 주로 사회적으로 근접한 사람들이나, 준거집단 구성원들 사이에서 이루어지기 때문에 개인 간 영향력의 전이도 배경, 태도, 언어, 관습 등이 유사한 사람들 사이에서 빈번히 일어나기 때문이다. 또한 매체 이용 면에서도 이들은 매스미디어에 더 많이 노출된다. 신문, 잡지, 책, TV 라디오 등의 매스미디어로부터 정보 얻기를 좋아하고 이를 추종자에게 전달하는 것을 좋아한다.

2) 제품관련 특성

의견선도자들은 제품부류에 관해 관심이 많고, 실제로 제품에 관한 지식이 매우 풍부하며, 제품에 대한 정보수집에 적극적 이다. 또한 관심 있는 제품, 신제품이나 상표에 대하여 전문잡지, 각종 인쇄매체 등을 통해 신뢰성 있는 정보를 얻으려 한다.

의견선도자의 개별적 특성은 제품부류에 따라 차이가 있으므로 특성별로 요약하면 다음과 같다.

• 인구통계적인 특성

의견선도자의 인구통계적 특성에 대해서는 일반화된 이론이 없다. 그러나 자녀가 많은 주부일수록 가사제품에 대한 의견선도자는 되기 쉽다는 특수한 예가 있다. 유행성 상품이나 고가격의 상품인 경우 주로 사회경제적 위치가 비교적 높은 젊은 여성들이 의견선도자의 역할을 한다. 소득수준이나 교육수준이 높은 소비자는 제품 사용경험이나 지식 또는 정보를 획득할 기회가 비교적 많기 때문인 것으로 볼 수 있다.

• 개인적 특성

의견선도자는 제품의 평가에 대하여 자기 확신적(self-confident)이다. 이러한 확신은 제품에 대한 많은 관심과 지식에 의해 형성된다. 또한 이들은 사회적으로 활동파들이며 타인과 의사소통하려는 의지가 강한 특성을 갖고 있다. 따라서 이들은 여러 사람들과 친교를 맺고 활발한 대면관계를 유지하기 때문에 많은 사람들에게 영향을 줄 수 있다. 그러나 자신감과활동성 이외의 개성요인은 의견선도성과와는 무관한 것으로 나타났다.

• 라이프스타일 특성

라이프스타일 변수가 개성이나 인구통계적 변수보다 의견선도자를 식별하는데 더 유용하다는 의견도 있다. 대체로 이들은 동호인이나 사교클럽 같은 각종 단체활동이나 사회활동에 참여도가 높고, 독립적인 성향을 보이며, 가격이나 스타일에 관심이 많고, 유행에도 민감한 특성을 갖고 있다.

4. 의견선도자와 구전광고전략

의견선도자는 절대적 선도자는 아니다. 타인에게 정보를 제공해 주는 사람 역시 타인으로부터 정보를 제공받거나 영향을 받는다. 구전에서 송신자와 수신자는 쌍방적(two-way)으로 의사소통한다. 따라서 의견선도자/추종자라는 용어 대신 의견송신자(giver)/수신자(receiver)로 사용하는 경향이 있다. 이들은 양방향 커뮤니케이션을 강조하는 동적 프로세스를 강조하고 있다.

구전은 사회적 네트워크 속에서 이동하는 과정에서 의견선도자는 네트워크 허브(network hub)로서의 역할을 한다. 의견선도자는 그들이 커뮤니케이션 과정상에서 다른 사람과 맺는 연결의 수치를 바탕으로 산출한 영향력의 정도에 따라 4

가지 유형을 구분된다.

• 일반적 허브(Regulart Hub)

특정한 제품의 범주 안에서 영향력을 행사하고 정보의 원천으로 작용하는 사람들.

• 대규모 허브(Mega Hub)

언론인, 유명인, 정치인 등으로서 이들은 일반적 허브처럼 많은 쌍방향 연결들을 갖고 있으며 대중매체를 통해 그들의 메시지를 듣는 사람들과 수천개의 단방향 연결들도 갖고 있는 사람들.

• 전문가 허브(Expert Hub)

소프트웨어와 컴퓨터, 자동차, 스포츠 등 특정 분야에 대하여 상당한 지식이 있는 사람들.

• 사회적 허브(Social Hub)

그룹 내에서 동료들이 신뢰하고 사회적으로 남들보다 활동적이기 때문에 중심에 서는 사람들.

1) 의견선도자의 식별 및 활용

기존의 의견선도자를 발견하고 확인하는 것뿐만 아니라 의견선도자로서의 특성을 지닌 사람들을 직접 고용하거나 관련시킴으로써 의견선도자를 창출할 수 있다. 요즘 기업들은 빠르게 변화하는 소비 트렌드를 한발 앞서 찾아내기 위하여 "트렌드 헌터(trend hunter)"제도를 도입하고 있다. 이는 기업과 관련된 해당 분야에서 의견선도자의 성격을 지닌 선발된 소비자를 통해 소비 트렌드를 앞서 파악하고, 이를 제품이나 서비스 개발에 반영하기 위한 것이다. 또한 이들을 자사의 홍보대사로 임명하여 활용하는 제도이다.

의견선도자인 소비자를 선발하여 아이디어 창출이나 생산과정 등에 참여시키는 쌍방향 마케팅 전략으로서 뿐만 아니라, 이들을 통하여 제품의 구전효과까지 고려하고 있다. 정기적인 모임을 통해 새로운 유행이나 제품 아이디어, 개선점 등을 수렴하고 자사제품에 대한 마니아 집단을 구성하고 이들을 중심으로 호감을 확산하는 방법으로도 이용하고 있다.

파리 바게뜨의 "트렌드 헌터", KTF의 "모바일 퓨처리스트(Mobile Futurist)" 제도로 의견선도자를 창출하여 활용하고 있다.

의견선도자가 식별되면 그들을 자극하는 몇 가지 전략을 활용할 수 있다.

첫째, 대중매체나 우편을 통해 그들에게 부가적인 정보를 제공하여 그들로 하여금 구전자료를 확보할 수 있도록 해야 한다.

둘째, 잠재적 의견선도자에게 자사제품을 직접 사용해 볼 기회를 제공하기 위하여 견본등을 보내는 것도 효과적이다.

셋째, 예상된 의견선도자를 판매원으로 고용하거나 그들을 대상으로 특별할인 판매를 실시하는 방법도 있다. 의견선도자들이 할인된 가격의 제품을 사용해보고 난 후 주변사람들에게 구전 할 가능성이 높기 때문이다.

2) 구전 커뮤니케이션의 자극

인터넷 상에서 글과 사진, 그림 등을 자유롭게 올리는 블로그 서비스가 개인 미니 홈페이지 서비스로 크게 성장하면서 업체들이 자체 블로그인 기업 미니홈페이지를 통하여 인터넷 구전 통로로 적극 활용하고 있다. 각종 블로그들은 네티즌들의 활용도와 충성도가 높으며 블로그 간 연결이 간편하여 빠른 시간 내에 정보가 확산・전파된다.

온라인 상 뿐만 아니라 오프라인 상에서도 "동호회" 회원들의 입소문을 관리하기 위한 활동이 활발하다. 예를 들면, 자동차 동호회의 영향력이 커지면서 국내외 자동차 제조회사들이 동호회를 관리하는데 한층 강화하고 있다. 자동차의 준전문가 격인 동호회 회원들이 동호회 홈페이지나 구전을 통해 내린 평가가 해당 차량의 매출에 적지 않은 영향을 미치기 때문이다. 이렇듯 동호회 회원들의 구전을 통해 신규고객이 창출되며 이들은 제2의 세일즈맨으로서의 역할을 수행하고 이를 무시할 수 없으므로 이들의 중요성이 더욱 인식되고 있다.

3) 구전의 통제

구전은 기업입장에서 볼 때, 반드시 긍정적인 측면만 있는 것이 아니라 부정적인 측면도 포함하고 있다. 구전을 통하여 제품의 단점, 서비스부족, 고가격, 불친절한 판매원 등에 대한 내용이 소비자에게 전달된다. 이러한 부정적 구전은 긍정적인 구전보다 훨씬 영향이 크다. 소비자는 제품이나 기업에 대한 긍정적인 정보보다 부정적인 정보에 더 민감하기 때문이다. 불만족한 소비자의 대부분은 제품에 대해서 직접 불평을 하거나 제품을 반환하는 등의 만족을 추구하지 않는다. 불평을 해봤자 더 나아질 것이 없다고 생각하며, 시간과 노력을 투여할 만한 가치가 있는 일이라고 생각하지 않기 때문이다. 따라서 마케팅담당자는 소비자의 침묵이 반드시 소비자 만족을 뜻하지는 않는 다는 것을 명심해야 할 필요가 있다. 기업이나 제품에 대한 불리한 소문의 구전은 그 확산속도가 빨라서 마케팅담당자에게 치명적일 수 있으나 대개는 와전되거나 진원지가 불분명한 경우도 많다. 기업이나 제품에 대한 악성루머는 기업활동에 상당한 타격을 준다.

이러한 부정적 구전을 해소하는 가장 좋은 방안은 신뢰할 수 있는 회사의 직원을 통해서 문제점을 즉각적으로 인정하고 받아들이는 것이다. 그리고 부정적 구전은 스스로 없어지는 것이 아니라는 점을 명심하고 문제가 신속하게 해결될 수 있도록 하는 것이 차후의 재난을 막을 수 있는 방법이다. 많은 기업들이 악성루머에 의해 상당한 타격을 받고 있다. 이러한 경우 반격이나 소멸을 시키기 위해 해명을 해야 한다. 광고를 통하여, 웹사이트를 이용하여 또는 관련단체나 제3자를 활용하여 소비자를 효과적으로 설득시켜야 한다.

참고문헌

1) Paul W. Miniard and Joel B. Cohen, "Modeling Personal and Normative Influences on Behavior," *Journal of Consumer Research*, Vol. 10, September 1983.
2) David L. Loudon and Albert J. Della Bitta, *Consumer Behavior : Concepts and Applications*, 4th ed., N.Y., : McGraw-Hill Book Company, 1993.
3) Fred D. Raynolds and William R. Darden, "Mutually Adaptive Effects of Interpersonal Communications," *Journal of Marketing Research*, Vol. 8, November 1971.
4) James H. Myers and Thomas S. Robertson, "Dimensions of Opinion Leadership," *Journal of Marketing Research*, Vol. 9, February 1972.
5) Thomas S. Robertson and James H. Myers, "Personality Correlaters of Opinion Leadership and Innovative Buying Behavior," *Journal of Marketing Research*, Vol. 6, May 1969
6) Douglas J. Tigert and Stephen J. Arnold, *Profiling Self-Designated Opinion Leaders and Self-Designated Innovators Through Life Style Research*, Toronto : School of Business, University of Toronto. June 1971.
7) Henry Assael, *Consumer Behavior and Marketing Action*, 5th ed., Cincinnati, Ohio : South-Western Publishing, 1995.
8) Jim Montgomery, "Rumor-Plagued Firms Use Various Strategies to Keep Damage Low," *The Wall Street Journal, February* 6, 1979.

제 17 장

사회계층과 문화

17.1 사회계층

1. 사회계층의 의의

소비자행동에 영향을 미치는 환경적 요인 중 영향이 큰 것이 문화와 사회계층이다. 문화란 개인이 사회로부터 학습하여 그 사회 내에서 어떠한 공통적인 형태의 행동을 하도록 하는 가치, 규범 또는 관습 등을 말하며 사회계층이란 사회구성원이 사회적으로 향유하는 명성, 신망, 권력 등의 차이로 인해 형성되는 사회적 신분계층을 말한다. 개인이나 가족이 직업이나 소득 또는 교육과 같은 사회적 척도로 측정하여 어디에 속하는가 하는 것이다. 즉 사회구성원들의 부나 권력 또는 권위 등에 의해 사회계층이 형성되는데 같은 사회계층에 속한 구성원들은 그들의 직업, 재력, 교육수준 등 유사한 사회 · 경제적인 특성을 갖고 있기 때문에 신념이나 가치관, 사고방식, 교양, 라이프스타일이나 태도 또는 행동에서 유사하다.

소비자들을 상층, 중층, 하층 등으로 구분하는 것은 사회의 어느 구성집단이 다른 집단의 사람들보다 권위와 힘이 더 있다는 것을 의미한다.

또한 교육을 높이 평가하는 문화권에서는 소득만 갖고 사회계층을 분류할 것이 아니라 교육과 직업을 함께 고려하여 사회계층을 평가하는 것이 합리적이다. 사회계층을 나타내는 다른 것으로 소유물을 들 수 있다.

2. 사회계층의 특성

1) 사회계층은 신분을 표상하며 서열화되어 있다.

신분(status)이란 개인 간의 상대적인 사회적 지위를 말한다. 일반적으로 개인의 사회적 지위는 그이 개인적인 특성에 의해 결정된다. 권력이 많거나 다른 사람들이 존경하는 직업을 가진 사람들은 타인에 의해 높은 신분으로 지각되고, 사회 속에서 대우를 받는다. 또한 사회계층은 서열화 되어 있어서 낮은 계층으로부터 높은 계층으로 단계화할 수 있다. 특정 사회계층의 구성원들은 다른 사회계층에 속한 구성원들이 자신들보다 신분이 더 높다거나 낮다는 것을 지각할 수 있다. 같은 사회계층에 속한 구성원들은 동질적으로 서로를 수용하므로 불편함이 없이 사회적 활동에 참여할 수 있다. 자신들보다 상위사회계층에 대해서는 신분이 높다는 생각을 하고 하위계층에 속하는 사람들은 자신들보다 신분이 낮다고 행각하며 함께 하는 것에 관심이 없다. 사회계층의 서열의 특징으로 인하여 소비자들은 자신이 속한 사회계층 구성원들이 선호하는 제품을 구매하기도하며 반대의 상황에서는 제품을 회피하기도 한다.

2) 사회계층은 개인의 규범, 태도 및 행동의 준거체계의 기능을 한다.

동일한 사회계층에 속한 소비자들은 유사한 가치관과 신념 그리고 소비형태를 갖고 있다.

따라서 이들은 유사한 제품들을 구매하는 경향이 있고 동일한 형태의 점포를 애용하며 동일 종류의 매체에 민감하다. 중류층은 하류층에 비해 좀더 합리적이고 미래지향적이며 국가관·사회관이 뚜렷하다. 사회계층구조의 하층부에 속하는 구성원들은 전통적 가치지향적이다. 그들은 소득과는 관계없이 미래의 경제적 안전을 위한 계획보다는 충동에 의한 구매를 하는 경향이 있다. 사회계층의 상충부에 속하는 구성원들은 현대적인 성향을 가지며, 부부가 지출예산을 작성하여 공동으로 구매하는 경향이 있다.

3) 사회계층은 계층간 사회적 교류를 제한한다.

소비자들은 자신들과 같은 가치관이나 소비행태를 가진 사람들과 교류를 하며 빈번히 접촉하는 경향이 있다. 자신들이 속한 사회계층 구성원들과 교류의 범위는 넓히게 되며 다른 사회계층의 소비자들과는 교유의 범위가 좁아지게 된다. 동질적 집단과의 교류를 통하여 자신이 속한 사회계층의 영향을 가장 많이 받게 되며 서로 다른 계층간의 사회적 교류는 제한되게 된다. 따라서 동일한 계층 구성원들 간에는 선호하는 상표나 제품, 그리고 애호하는 점포 등이 유사하다.

4) 사회계층은 동태적이다.

사회계층은 시간의 경과에 따라 변하며 신분이 상승하거나 하락할 수가 있으므로 계층 구조가 달라질 수 있다.

1981년도 미국에서 사회계층의 변화에 대한 연구에 의하면 세대가 바뀜에 따라 사회계층이 상승하는 경향이 뚜렷하게 나타났다. 800가구의 조사대상 중 부모세대보다 상승된 사회계층이 65%정도가 되었고 더 낮아진 경우는 8%이었다. 우리나라와 같이 교육열이 높은 문화권에서는 교육을 통한 사회계층 변화가 더욱 현저하다.

또 사회 전체적으로 그 나라 사회계층의 특성은 시간과 상황의 변화에 따라 변화하기도 한다. 즉 급속한 경제성장과 산업화 과정에서 중산층의 구성원 수가 변할 수 있다. 경제적으로 힘들었던 중국이 시장개방을 하면서 급속한 경제성장을 이루며 세계적인 재벌로 등장하는 사람들이 상당히 많아졌다.

5) 사회계층은 다차원적이다.

사회계층이란 직업, 소득, 교육, 주거지역 등 어느 하나의 요인에 의해 결정되는 것이 아니라 여러 요인들이 복합적으로 작용하여 결정되어지는 다차원적인 특성을 갖고 있다. 사회계층과 가장 큰 관계가 있는 요인으로는 직업을 들 수 있는데, 일반적으로 직업은 교육이나 소득과 밀접한 관계가 있다.

3. 사회계층의 측정 및 분류

대부분의 행동과학자들은 사회계층의 유용성에 대하여서는 인정하고 있으나 복잡하고 다차원적인 사회계층을 어떻게 측정할 것인가에 대한 의견은 일치가 되고 있지 않다. 이러한 문제를 해결하고자 많은 측정기법들이 이용되고 있으나 결코 용이한 일은 아니다.

사회계층을 측정하는 방법에는 3가지가 있는데 어떤 방법이 정확하게 사회계층을 측정한다고 말할 수 없지만 근사치는 제시한다고 할 수 있다.

1) 주관적 측정법

주관적 측정법(subjective method)이란 사회구성원 개개인으로 하여금 "자신이 어느 계층에 속한다고 생각하는가?"에 대한 질문을 하고 자신이 어느 계층에 속하고 있다고 인식하고 있는지 직접 평가하게 하여 계층구조를 파악하는 방법이다. 이렇게 사회계층을 분류하는 방법은 응답자들이 자신이 중류층에 속한다고 대답하는 사람들이 너무 많기 때문에 그 유용성이 떨어진다는 비판이 있다. 오늘날 이 방법은 잘 사용하고 있지 않지만 사회계층에 대한 주관적인 인식은 자아 이미지의 반영이기 때문에 사용하는 제품과 연관이 있다.

2) 평가적 측정법

평가적 측정법(reputational method)이란 사람들에게 자기 자신이 아닌 다른 사람의 사회적 지위를 평가하게 하여 계층구조를 파악하는 방법이다. 다음과 같은 두 가지 방법이 이용된다.

① 응답자에게 평소에 그가 잘 알고 있는 다른 사람의 사회적 지위를 평가하도록 한다. 특정지역사회를 잘 아는 몇몇 평가자에게 의뢰하여 그 지역사회의 구성원들을 층화하도록 하고 그 평가자들의 평균치로서 계층구조를 확정한다. 평가자는 피평가자와 면식이 있기 때문에 평가 과정상의 어려움은 없으나 평가결과에 평가자의 주관적 견해가 개입될 가능성이 있다는 문제점이 있다.

② 평가자에게 평소에 잘 알지 못하는 다른 사람의 사회적 지위를 평가하게 하는 방법이다. 평가자에게 평가대상이 되는 사람의 몇 가지 사회·경제적인 특성을 제시하고 그에 기초하여 평가하게 한다.

3) 객관적 측정법

객관적 측정법(objective method)은 자신들이나 타인들의 사회계층에 대하여 평가하도록 하는 주관적 도는 평가적 측정법과는 달리 여러 가지 객관적인 자료를 가지고 사회계층을 평가하는 방법이다. 사회구성원을 분류하기 위한 객관적 기준으로는 직업, 교육, 소득, 가족배경, 소유재산 등 개인의 사회적 지위에 영향을 미치는 요인이라면 어떤 요인도 사용될 수 있다.

사회계층을 이러한 사회·경제적인 척도로 측정하는 것은 마케팅담당자에게는 아주 유용한 정보를 제공한다. 사회에서 인정받는 특성이며 이러한 측정요인은 비교적 획득하기기 쉽기 때문이다. 소비자들에게 몇 가지만 물어보면 어렵지 않게 피조사자들의 사회계층척도를 얻을 수 있기 때문이다. 사회계층에 관한 사회·경제적 척도는 시장세분화를 하는 데도 유용하게 이용될 수 있다.

객관적 측정법에서는 계층측정기준으로 단일변수를 사용하기도 하고 여러 변수를 결합하여 복수의 변수를 사용하기도 한다.

① 단일변수 지표법

단일변수 지표(single-item indexes)는 사회계층을 파악하기 위하여 하나의 변수로만 사회계층을 파악하는 방법이다. 단일변수로 많이 이용되는 요인은 직업, 소득, 교육 등이 있는데, 이 중에서도 직업이 가장 많이 이용되고 있다.

직업은 소득이나 교육수준과 밀접히 연관된 복합적 성격의 변수로서 사회적 지위를 파악하기가 용이하며, 유사한 직업을 가진 사람들은 사고방식이나 행동양식이 유사하고 여가시간 활용이나 라이프스타일이 유사하다. 직업으로 분류한 연구들을 살펴보면 대부분 상위에 있는 직업은 소득도 높고 정규교육도 많이 필요한 것으로 나타나며 하위에 평가된 직업들은 소득도 낮고 정규교육도 덜 필요한 직업인 것으로 나타났다. 이러한 면에서 직업과 소득과 교육 간에는 밀접한 상관관계가 있는 것을 알 수 있다.

그러나 직업을 단순지표로 사용하기위해서 다양한 직종을 어떻게 서열화하느냐하는 것이 문제이다. Coleman & Rainwater는 직업을 화이트 칼라와 블루칼라 집단으로 나누어 서열화하였다.

〈표 17-1〉 Coleman과 Rainwater의 직업서열

화이트 칼라 집단		블루 칼라 집단	
직 종	평점	직 종	평점
· 대기업의 회장, 사장, 특별히 성공한 변호사, 의사	350점 이상	· 특수 기술을 요하는 작업장의 실장, 장인	115점 이상
· 성공한 기업의 사업주, 대학교수, 의사, 변호사, 건축가	250-349점	· 숙련노동자, 서비스종사원	100-114점
· 기업의 중간관리자, 소규모기업의 사업주	175-249점	· 일반노동자	85-99점
· 대리점, 도·소매점의 자영주, 도매점 판매책임자, 고급기술자	130-174점	· 비정규임금노동자	70-84점
· 하층관리자, 하급전문직종사자	115-129점		
· 사무원, 판매원, 소규모블루칼라, 기업의 경영자	95-114점	· 미숙련노동자	55-69점
· 도·소매점 점원	95점 이하	· 잡역부	55점 이하

② 복합변수 지표법

복합변수 지표법(multiple-item indexes)이란 둘 이나 그 이상의 사회· 경제적 요인들을 체계적으로 결합하여 지표화하고 이에 의해 계층을 파악하는 방법을 말한다. 이 방법은 단일변수 지표법보다 논리적이다. 사회계층은 복합적 개념이므로 여러 변수를 종합해서 더 정확하게 계층을 측정할 수 있기 때문이다.

복합변수 지표법에 의한 계층 측정방법은 다음과 같다.

1단계 : 사회계층의 결정변수로 중요하다고 생각하는 요인을 둘 이상 선정한다.

2단계 : 선정된 요인들의 중요성에 대한 상대적 비중을 결정한다.

3단계 : 각 요인별로 세부적으로 범주화하고, 범주별로 서열 및 점수를 결정한다.

4단계 : 개인별로 각 요인에 대한 해당범주를 조사·확인하여 개인별 지표를 산식에 의해 계산한다.

> 지표 = (제1변수의 범주 점수 ×비중 1)+(제2변수의 범주 점수 ×비중 2)+⋯
> +(n변수의 범주점수 ×비중 n)
> 단, 각 변수의 상대적 비중이 같다고 가정할 때는 범주 점수의 합계나 평균점수를 지표로 사용한다)

5단계 : 미리 결정된 계층별 점수범위를 기준으로 계산된 지표가 어느 계층에 속하는가를 확인함으로써 계층을 파악한다.

사회계층을 측정하는 복합지표로서 미국 인구통계국의 SES(socioeconomic status score)이다. 이 점수는 기본적인 사회·경제적인 변수 직업, 가족소득, 교육정도를 가지고 사회계층을 분류하였다. SES지표의 가장 큰 이점은 소비자 조사자가 조사한 결과를 인구 센서스와 비교하는 것이 가능한 것이다.

〈표 17-2〉 미국 인구통계국의 SES지표(socioeconomic status score)

소득범주	SES 소득점수	교육범주	SES 교육점수
$3,000 이하	15	중학중퇴	10
$3,000-$4,999	31	중졸	23
$5,000-$7,4999	62	고교중퇴	42
$7,500-$9,999	84	고졸	67
$10,000-$14,999	94	대학중퇴	86
$15,000-$19,999	97	대졸	93
$20,000-$29,999	99	대학원	98
$30,000 이상	100		

직업범주	SES 직업점수
노동자	20
은퇴자	33
학생	33
주부	33
실업자	33
서비스종사자	34
기사	45
십장	58
사무원	71
관리자	81
전문직종사자	90

〈SES에 의한 계층분류체계〉
SES=(소득점수+교육점수+직업점수)×1/3
하층(0-44점), 중하층(45-69), 중상층(70-89), 상층(90-99)

한 나라의 사회계층구조는 조사자의 계층 측정목적이나 측정방법에 따라 약간씩 차이가 있다. 사회구성원을 자본가층과 노동자층으로 양분하는 계층연구가도 있다. 사회계층의 가장 고전적인 지표로는 Waner의 지표를 들 수 있다. Waner의 ISC(index of status characteristics)는 직업, 소득의 원천, 주거형태, 주거지역

(이웃의 질) 등에 가중치를 부여하여 측정하였다. Waner의 지표를 Coleman & Rainwater가 수정하여 제시하였다. 이들의 분류에 의하면 상하층 미국인들은 현재의 전문직업과 기업경영에 근거한 신진사회 엘리트를 의미한다.

Coleman & Rainwater의 지표는 힘과 권위에 기초하였기 때문에 사회계층을 분명하게 구분하고 있다. 일반적으로 Waner의 6분법이 가장 많이 이용되고 있지만 최근에는 상류층, 중류층, 노동자층, 빈민층(하류층)으로 세분되는 4분법도 많이 이용되고 있다. 최근 산업사회에서는 소득 및 교육수준의 전반적인 향상으로 계층 간 격차가 완화되어 다수집단으로의 구분은 사실상 실용적인 의미가 별로 없기 때문이다.

다음의 표는 사회계층구조에 관한 대표적인 유형을 요약한 것이다.

〈표 17-3〉 사회계층구조의 유형

<table>
<tr><th colspan="2">Warner</th><th colspan="3">Coleman-Rainwater</th><th colspan="2">Gilbert-Kahla</th></tr>
<tr><td rowspan="3">상의상
상의하</td><td rowspan="3">귀족
신흥재벌</td><td rowspan="3">상류</td><td>상의상</td><td>귀족</td><td rowspan="3">상류</td><td>자본가계급</td></tr>
<tr><td>상의하</td><td>신흥재벌</td><td rowspan="2">중상층</td></tr>
<tr><td>중의상</td><td>전문직, 경영자</td></tr>
<tr><td rowspan="2">중의상
중의하</td><td rowspan="2">전문직과 경영자
화이트칼라노동자</td><td colspan="2">중산층</td><td>사무원,
숙련기술자</td><td rowspan="2">중류</td><td>중산층</td></tr>
<tr><td colspan="2">노동층</td><td>숙련노동자</td><td>노동층</td></tr>
<tr><td rowspan="2">하의상
하의하</td><td rowspan="2">블루칼라노동자
미숙련 노동자</td><td rowspan="2">하류</td><td>하의상</td><td>미숙련노동자</td><td rowspan="2">하류</td><td>빈곤노동층</td></tr>
<tr><td>하의하</td><td>정부구호대상자</td><td>빈민층</td></tr>
</table>

4. 사회계층변동

사회계층은 정태적이 아니라 동태적이다. 사회의 전반적인 계층구조도 변동하지만 특정 개인이 속하고 있는 계층도 변한다. 사회계층이란 보상의 불평등한 분배현상으로 발생하기 때문에 보상의 분배양식이 변하면 계층구조에도 변화가 온다. 이와 같이 사회계층이 변동하는 현상을 사회이동이라고 하는데 사회이동은 사회 전체적으로 발생하기도 하지만 개인에게도 발생한다. 한 나라가 경제적 부나 정치적 권력 등의 배분체계가 변하거나 기술혁신 등에 의해 새로운 계층체계가 도입될 때 사회계층구조에 변동이 생긴다. 한 개인의 사회이동은 여러 형태로 나타날 수 있다. 산업사회에서는 능력에 따라 사회적 신분상승이 가능하며 특히 개인의 수직적 사회이동은 발생가능성이 매우 높다. 개인의 사회이동은 세대 간 이동을 통해서도 발생한다. 자녀가 성년이 되어 자신의 직업적 성위를 통해 부모의 사회계층보다 상위의 사회계층으로의 상승이동이 가능하다.

개인의 직업적 이동뿐만 아니라 소득의 증대, 생활스타일의 변화, 최종학력의 변화 등을 통해 사회이동을 한다.

<사례 17-1> 상위 5% 왕으로 모십니다

서울 종로구 평창동에 사는 김모씨(55)는 서울 중구 소공동 롯데호텔 중식당 도림을 찾을 때마다 자신의 이름이 새겨진 개인전용 젓가락을 받는다.

식당 측은 월 2회 이상 3년간 방문한 고객들을 위해 프랑스의 유명 식기 브랜드인 '크리스토플' 젓가락에 고객의 이름을 새긴 뒤 부식 방지용 고급 케이스에 보관해 둔다.

서울 강남구 압구정동에 사는 유모씨(50 · 여)가 차를 몰고 현대백화점 압구정점 앞에 도착하면 주차 요원이 차에 붙어 있는 '클럽 자스민' 전용 마크를 보고 달려와 "발레파킹 해드리겠습니다"라며 차문을 연다.

클럽 자스민은 현대백화점이 2월부터 새로 내놓은 VIP 고객관리 프로그램으로 2003년 중 3,000만~3억원대를 카드로 쓴 고객 3,500여명 만이 회원이 될 수 있다. 백화점과 호텔 등의 우량 고객 관리 프로그램은 한때 '고객 차별'이라는 비난도 있었지만 이제는 모든 백화점이 이 프로그램을 이용하고 있다.

유통업체들의 고객 차별화 전략이 극심할수록 합리적 선택을 통한 현명한 소비도 중요해진다. 구매액이 일정 수준에서 같아도 어느 소비자는 유통업체의 주요 고객으로 포함돼 각종 부가서비스 혜택을 받지만 어느 경우에는 그 대상에서 제외될 수 있기 때문이다.

백화점 등 유통업체들은 구매액을 기준으로 고객에 대한 서열을 정해 5% 내외의 최상위층 고객을 평생 고객으로 확보하기 위한 경쟁이 치열하다.

LG백화점 전략팀이 2003년 상반기 고객 80만 명을 분석한 결과 전체 고객 중 상위 1%의 고객이 전체 매출의 10%를, 5%의 고객이 전체 매출의 31%를 차지했다. 최상위층 고객으로 올라갈수록 구매액이 급증한다는 것이 최근 업계의 관측이다. 이에 따라 백화점과 호텔 등은 최상위 고객 1~5%를 대상으로 VIP프로그램을 더욱 강화하고 있다. 현대백화점은 VIP고객 중에서도 연간 3,000만원을 지출한 소비자와 1억원 이상을 소비한 고객을 구분 관리하고 있다. 이 백화점은 연간 3,000만~5,000만원을 쓴 고객에게 구매액의 3%인 90만~150만원대의 사은품을 준다. 하지만 3억 원대를 쓴 고객에게는 구매액의 9%에 해당하는 2,700만원 내외의 식기세트를 사은품으로 제공하며 각종 혜택을 준다.

유통업체들은 구매액을 VIP고객의 일차적 기준으로 정하고 있지만 매장 이용 빈도와 이용 기간 등도 중요한 기준이 된다.

롯데백화점의 경우 지난해까지 최우량 고객을 전년도 구매액을 기준으로 선정했지만 올해에는 2002년과 2003년 구매액을 합산한 뒤 고객의 서열을 매겼다.

또 연간 구매액이 2,000만원 이상으로 최우량급에 속하지만 연간 구매 횟수가 10회 미만이면 VIP에서 제외될 가능성이 높다는 것이 백화점 측의 설명입니다. 같은 돈을 쓰더라도 장기간 여러 번 백화점을 방문하는 것이 유리하다는 것이다.

여러 개의 백화점을 이용하기보다는 '주거래 백화점'을 정해 놓고 집중 소비를 하는 것도 한 방법. 같은 백화점이라도 영업점에 따라 VIP 선정 기준이 다르다.

현대백화점 본점에서는 연간 구매액 3,000만원 이상을 VIP 기준으로 삼지만 어떤 점포에서는 2,500만원 구매 고객도 우량 고객으로 분류한다.

출처 : 〈동아일보〉, 2004.3.11

17.2 사회계층별 소비자행동과 마케팅

동일한 사회계층에 속하는 소비자들은 가치나 라이프스타일에서 동질의 특성을 보인다는 것은 소비행태에서도 같은 특성을 보인다는 것을 의미한다. 계층별 행동양식의 특성은 시대별로 다르고 지역에 따라 약간씩 차이가 있을 수는 있지만 계층별로 핵심적인 행동양식은 식별해 낼 수 있다. 계층별로 상이한 행동양식을 식별해 낼 수 있다면 마케팅담당자는 시장세분화나 제품의 포지셔닝을 위한 전략개발에 사회계층 개념을 유용하게 이용할 수 있을 것이다.

라이프스타일을 구분하여 주는 제품이나 서비스에 있어서는 사회계층으로 시장세분화를 할 수 있다. 사회계층으로 시장을 세분화한다는 것은 각 사회계층의 독특한 특성과 욕구나 가치관 그리고 매체행태 등에 맞게 마케팅믹스 프로그램을 작성하는 것을 의미한다. 사회계층에 기초한 시장세분화가 실제로 어느 경우에는 소득이나 인구통계적인 시장세분화보다 더 뛰어날 수 있다.

1. 사회계층별 소비자 특성

1) 제품의 구매 및 소비행동상의 특징

① 상의 상층

상의 상층에 속하는 구성원들은 소수의 명문가 가족들로 구성되어 있다. 이들은 보통 잘 알려진 집안에서 태어자서 지신들과 비슷한 신분의 동료들과 유사한 형태의 독특한 교육을 받으며 큰 유산을 물려받은 사람들이다. 금전의 가치나 액수에 개의치 않고 소비를 하지만 사람들의 눈에 띄는 소비행태는 보이지 않는다. 품위 있는 라이프스타일을 즐기며 부를 과시 하지 않으며 자신의 취향을 나타내는 소비생활을 하며 유행에 민감하지 않다.

② 상의 하층

상하층은 기존 명문가 구성원이 아니라 자신의 노력으로 부나 사회적 지위가 높아진 사람들이다. 이들은 물질적인 부가 상상층보다 더 많아졌더라도 재산만이 사회계층을 결정하는 것이 아니기 때문에 상상층에 의해 같은 구성원으로 인정받지 못한다. 이들은 풍부한 재력을 과시적으로 소비를 하는 경향이 있다. 자신들의 성공을 과시하기 위하여 고가품을 선호하며 품질보다는 색이나 디자인 등에 더 많은 관심을 보인다. 의복을 구매할 때에도 상표와 스타일을 중요시하고 유행에 민감하다. 건강식품에 관심이 많고 신상표의 구매빈도가 높은 편이며 고가의 스포츠용품도 이 계층이 주 고객이다.

③ 중의 상층

상의하층처럼 재력이 풍부하지는 않지만 출세지향적 성향으로 성공을 과시하기 위한 소비 및 구매행동을 하는 경향이 있으며 상류층을 모방한 소비행동을 보인다. 대부분 고학력의 소유자들이며 교육과 직업적 성취를 중요시하기 때문에 자녀들의 교육에도 중요성을 많이 부여한다. 재정적으로 안정은 되어있으나 큰 재산은 보유하지 못했다. 그러나 생활의 질에 대해서는 상류층과 마찬가지로 높은 관심이 있다. 이들은 성장의 상징으로 좋은 집에서 살기를 원하며 유행하는 옷이나 비싼 가전제품을 구입하는 등 과시적인 소비를 하기도 한다. 이 계층은 일반제품의 시장으로서는 양적으로나 질적으로 가장 큰 세분시장이다.

④ 중의 하층

이들의 주관심사는 좋은 시민으로서 존경과 인정을 받는 것이며, 생활이 안정되고 평온한 것을 추구한다. 제품구매 시에도 전국적으로 잘 알려진 상표를 선호하는 경향이 있다. 가격에 민감하며 비싼 것 보다는 질 좋고 모양 좋은 것을 선호한다. 가구 등도 화려한 가구치장을 좋아하지 않으며 견고하고 질이 좋은 제품을 구매한다. 상당히 보수적인 구매활동을 수행하는 편이다.

⑤ 하의 상층

하상층에 속하는 구성원들은 대체로 현재 누리고 있는 안전과 보호를 추구한다. 이들은 직장을 직장자체로서가 아니라 즐거움을 제공하는 물품을 구입할 수 있는 도구로 생각한다. 미래를 위하여 저축하고 계획하기보다는 당장 충동적으로 물품을 구입하는 경향이 있다. 의복은 실용성과 착용감을 중요시하며 가구나 가전제품은 견고하고 상요이 간편하면서도 가격이 저렴한 제품을 선호한다. 일반적으로 서비스용품의 구매는 많지 않으며 외식을 잘 하지 않는 것도 특징 중 하나이다. 여가시간에는 TV 시청을 하며 조용히 지내는 것을 좋아한다.

⑥ 하의 하층

이 계층은 경제적 여유가 별로 없는 편인데도 불구하고 생필품이나 가전제품의 구매량이 비교적 많은 편이다. 낮은 신분에 대한 불만이 보상적 소비행태로 나타나 외상 등에 의해서라도 충동구매를 한다. 이 집단에 속하는 여성들은 원해서가 아니라 남자들보다 일자리를 얻기가 쉬워서 생존을 위한 취업을 하는 경우가 많다. 인생을 미래지향적으로 생각하지 못하고 그날그날 생존을 위하여 소비하며 살고 있다.

2) 쇼핑행동상의 특징

사람들은 쇼핑하는 방법이나 습성, 행동 등이 모두 다 같지 않다. 소비자행동 연구가들에 의하면 소비자들의 쇼핑행동도 제품구매행동과 마찬가지로 사회계층에 따라 약간씩 차이가 있다고 한다.

① 상층과 중상층

이 계층의 여성들은 하층의 여성들보다 쇼핑 빈도가 높다. 그러나 이들은 계획적인 쇼핑을 하기 때문에 쇼핑행동은 비교적 조직적이며 쇼핑에 소요되는 시간도 짧은 편이다.

이들은 청결하고 서비스가 좋은 점포를 애호하며 쇼핑에 관한 정보수집이 활발하다. 특히 중상층의 소비자는 사전에 충분한 정보를 수집한 후 이에 입각하여 상당히 합리적으로 쇼핑하는 특징이 있다.

② 중의 하층

쇼핑에 가장 신중한 계층의 여성소비자들이다. 이들은 원하는 제품을 구매하기 위하여 상점을 여러 곳으로 순회하면서 품질, 가격 등을 충분히 비교· 검토한 후 구매결정을 한다. 식료품 이외의 제품구매 시에는 예산범위 내에서 가장 좋은 제품을 구매하기 위하여 쇼핑에 많은 시간과 노력을 할애한다.

③ 하의 상층

단골상점에서 친숙한 상표의 제품을 습관적으로 구매하며 판매원의 권유에 의존하여 구매하는 경향이 있다. 비교적 비계획적인 쇼핑행동을 한다. 이들은 백화점 같은 대형소매점을 애호하지 않으며 자신에게 맞는다고 생각하는 점포를 선정하여 편안한 마음으로 쇼핑하는 것을 좋아하고 판매원의 친절을 중요하게 생각한다. 이와 같이 상당히 감정적인 경향이 있으므로 마케팅담당자들은 이들을 대상으로 표적시장으로 할 때, 개방적 유통경로를 통하여 제품을 판매해야 하며, 점포 내에서의 구매시점광고가 매우 중요하다.

④ 하의 하층

이들은 경제적 빈곤으로 인하여 계획적인 쇼핑을 할 수가 없다. 일단 상점을 방문하고 급히 필요한 물건을 순간적으로 결정하고 구매하는 비계획적・충동적 쇼핑을 하는 경향이 있다. 외상거래가 가능한 인근상점을 주로 애호한다.

3) 매체이용 및 정보탐색 행동상의 특징

소비자는 소속되어 있는 사회적 계층에 따라 매체이용습성과 정보탐색활동 등에도 차이가 있다. 이는 계층마다 구성원들의 지식수준, 인지능력, 생활방식 및 태도 등이 서로 다르기 때문이다.

① 상류층

부를 누리는 계층이므로 제품을 평가할 때 가격은 문제가 되지 않으며 품질에 높은 비중을 둔다. 품질에 대한 정보에 적극적인 편이며 또한 고학력의 소지자들로서 광고에 대한 비판능력이 높은 것으로 평가되고 있다. 전파매체보다는 인쇄매체를 선호하므로, 제품이나 구매에 관한 정보는 주로 인쇄매체를 통해 얻는다. 광고에 대한 인지능력이 높아 영상광고나 시사적 광고메시지에 의해서도 소구되고 반응한다.

② 중산층

품질뿐만 아니라 가격에도 민감하기 때문에 가격에 대한 정보수집에 적극적이다. 이 계층도 상류층과 마찬가지로 정보수집을 위하여 구전광고보다는 인쇄매체에 대한 선호도가 높다. 중산층의 소비자는 TV를 많이 보기는 하지만 TV광고에 대하여는 상당히 비판적이다. 특히 중하층 여성 소비자들은 주부대상 잡지를 정기적으로 구독하고 잡지에서 제품이나 구매에 관한 정보를 얻는다.

③ 하류층

이들은 인쇄매체보다 전파매체를 선호하며 특히 라디오 청취율이 상당히 높은 편이다. 낮은 교육수준으로 광고에 대한 비판능력이 낮고 정보의 신뢰성을 판별할 능력도 낮은 편이다. 제품구매에 대한 정보는 주로 친구나 친지들에 의한 구전광고에 의존하는 경향이 있다.

일반적으로 광고의 이해력이 낮으므로 제품의 사용방법 등이 구체적으로 제시되는 광고에 영향을 받는다. 쿠폰이나 경품구매를 좋아하므로 광고보다는 점포내 판매활동에 의해 더 많은 영향을 받는다.

〈그림 17-1〉 매체이용 및 정보탐색행동의 특징

상류층	·가격보다는 품질에 비중, 품질에 관한 정보수집에 적극적 ·인쇄매체로 정보 획득, 광고에 대한 비판능력 높음 ·전파매체보다 인쇄매체 선호
중산층	·품질과 가격에 모두 민감, 적극적인 정보 수집 ·구전보다 인쇄매체 선호 ·TV를 많이 보지만, 상당히 비판적
하류층	·인쇄매체보다 전파매체 선호 ·낮은 광고의 비판력과 정보 신뢰성의 판별력 ·구전광고에 의존, 쿠폰이나 경품 구매 좋아함

2. 소비자행동에 대한 영향요인으로서 사회계층개념의 한계성

시장을 세분화하거나 제품을 포지셔닝하는 근거로서 마케팅담당자들은 인구통계적 변수나 라이프스타일, 문화적 가치관 등을 사회계층보다 더 많이 사용하였다. 사회계층을 범주화하는데 근본적인 한계점이 있기 때문이다.

• 사회계층개념의 복합적인 성격 때문에 파생하는 문제점이 있다.

어떤 개인이 직업에서는 높은 점수가, 그러나 교육에서는 낮은 점수가 나타나는 경우에 사회계층 불일치(social class incongruence)가 나타난다. 이러한 사회계층 불일치에 의해 사회계층지수가 왜곡되는 경향이 있다. 예를 들면, 병원에서 인턴의사들은 직업에서는 높은 점수를 받으나 소득에서는 낮은 점수가 나타난다. 그러나 급료가 좋은 기술 근로자의 경우직업에서는 낮은 점수를, 소득에서는 높은 점수를 받아 이 두 부류는 같은 사회계층이 된다. 그러나 그들은 서로 다른 가치관과 태도, 그리고 구매행동을 보이게 되므로 같은 사회계층이라고 구분하는 데는 무리가 있다.

또한 동일계층에서도 평균 이상의 소득이 있는 사람을 과대특혜층(over-privileged)이라고 하고 평균 이하의 사람들은 과소특혜층(under privileged)라고 한다. 과대특혜층과 과소특혜층의 소비 및 구매행동이 동일하다고 할 수는 없다.

표적집단 내에서 사회계층부조화가 빈번히 나타난다면 다항목지수보다 단일항목지수를 사용하는 것이 유용하다.

• 소비자가 현재와 과거에 소속한 사회계층이 다른 경우, 어떤 계층을 그의 행동의 영향변수로 보아야 하느냐하는 문제점이 있다.

어린 시절 가족에 의한 사회화과정을 통해 형성된 소비성향, 쇼핑습관, 구매행동양식 등이 성인이 된 후에도 상당부분 유지된다. 따라서 현재의 지위보다 과거의 지위가 현재의 구매행동을 더 잘 설명하여 주는 경우도 있기 때문에 현재의 사회·경제적인 지위뿐만 아니라 과거의 사회·경제적 지위도 사회계층의 측정치에 고려되어야 한다는 문제가 있다.

한 계 성
- 한계성 사회계층 개념의 복합적 성격 때문에 파생하는 문제점
- 소비자가 현재와 과거에 소속한 사회계층이 다른 경우,
어떤 계층을 그의 행동의 영향변수로 보아야 하느냐는 문제

소비자들의 행동은 상기의 문제점 외에도 다른 많은 요인들에 의해 영향을 받

기 때문에 소비자행동을 이해하고 예측하기 위해 사회계층개념을 사용하고자 할 때는 신중한 주의가 필요하다.

3. 사회계층과 시장세분화

소비자행동 변수로서 사회계층을 사용하는데 문제점도 있으나, 세분시장의 행동적 특성을 이해하고 예측함에 있어서는 사회계층간의 차이가 충분히 크기 때문에 중요한 전략적 요소가 된다. 이러한 관점에서 마케팅담당자들은 시장을 세분화하고 세분된 특정시장을 표적으로 하여 마케팅믹스 전략을 개발하기 위해 사회계층 개념을 많이 이용한다.

사회계층간에는 의류, 가구, 가전제품, 레저용품, 금융상품 또는 식료품을 구매하는 경우에도 상당한 차이가 있다. 또한 매체이용 습성, 광고에 대한 반응, 선호하는 제품이나 상표 등에서도 제각기 특성이 있기 때문에 이들을 심도있게 분석·파악한다면 표적시장전략을 효율적으로 개발할 수 있다. 각 계층의 핵심적 시장특성을 요약하면 다음과 같다.

• **상류층**

마케팅담당자에게 상류층은 사치성 고가품의 가장 의미있는 표적시장이다. 시장도입의 초기과정에 있는 내구성고가품의 경우에도 상류층은 표적시장으로 매우 의미가 크다. 또한 상류층은 중산층을 대상으로 하는 광고에서 준거집단으로 이용되기도 한다. 상류층을 이용하여 중산층의 모방구매를 유도하기 위한 마케팅담당자의 마케팅전략인 것이다.

• **중산층**

이들은 양질의 제품시장에서 품질을 경쟁수단으로 하는 마케팅담당자에게 가장 좋은 표적고객이다. 이들은 제품의 실용성, 내구성 등 품질을 상당히 중요하게 여기며 비교적 합리적인 구매행동을 한다. 광고에 대해서 비판적이므로 수준이 높은 광고를 하는 것이 바람직하다.

• **하류층**

가구나 의복류 그리고 사치성 제품 등의 구매는 거의 없으므로 이러한 제품종류의 마케팅담당자에게는 표적시장으로서 별로 의미가 없는 계층이다. 그러나 TV 같은 가전제품이나 식료품 등에는 관심이 많으므로 중저가의 가전제품이나 생필품시장으로는 좋은 표적시장이다.

광고는 실생활과 연결시켜 이해하기 쉽게 하는 것이 효과적이며 오락성이 강한 잡지 같은 인쇄매체를 이용하는 것이 좋다. 그러나 인쇄매체보다는 전파매체를 이용하는 것이 더 바람직하다.

시장세분화를 효율적으로 시장세분화를 하기 위해서는 몇 가지 점에 유의해야 한다.

첫째, 사회계층은 시장세분화를 위한 최적의 변수는 아니다.

둘째, 특정 제품이나 상표가 선호되고 있는 사회계층을 먼저 식별하고 그 계층의 행동적 특성을 제품이나 상표특성과 연관시켜 분석하는 것이 중요하다.

셋째, 시장세분화 기준으로 사회계층 변수의 사용과 함께 가족생활주기나 라이프스타일 등의 변수를 같이 고려하는 것이 효과적이다.

<사례 17-2> '특별한 빌라' 부유층 10~70가구 규모 '멤버십 타운' 붐

· 내부에 밀실, 비밀금고, '회원제 주택'
· 대부분 10~70가구 정도의 소규모
· 마땅한 해외투자나 대체투자처도 찾지 못하고 있는 상류층

부자들의 '불안 심리'를 줄이기 위해 프라이버시를 최대한 보장하는 부동산 상품들이 서울 강남과 경기 성남시 분당, 용인 등지에 잇달아 분양되고 있다. 내부에 밀

실 또는 비밀금고를 만들어 주거나 '회원제 주택'을 지어 마음 맞는 사람들끼리 모여 살도록 하는 형태가 많다. 대부분 10~70가구 정도의 소규모로 지어진다. 돈은 있지만 부유층의 소비를 못마땅해 하는 분위기 때문에 돈을 쓰기 꺼리고, 그렇다고 마땅한 해외투자나 대체투자처도 찾지 못하고 있는 상류층이 주요 고객들이다.

▽'멤버'들만 오세요=서울 서초구 교대역 인근에는 프라이빗 오피스 '포제스'가 분양 중이다. 공식 업무 외에 개인 재테크 같은 서적 업무, 외부인의 눈에 띄지 않는 '조용한 접대'를 이따금씩 해야 하는 사람들이 주 고객이다. '사무실'이지만 양탄자가 깔리고 이탈리아제 가구와 책상, 침대, 홈 바가 설치되며 주인만 아는 위치에 벽을 뚫어 강철금고를 만들어 준다. 사무실까지 왕진서비스를 해 주는 병원과 변호사 사무실도 입정할 예정이다. 15층 건물 중개인 사무실이 들어서는 개별층은 사무실 주인을 제외하고는 모두 출입이 제한된다.

▽몰래 마케팅='포제스' 시행사 유성하우젠의 한종훈 대표는 "자기 돈 쓰는 데 눈치보는 사람들이 많아졌기 때문에 '노출된 상품'에 대해서는 선뜻 투자를 꺼리는 경향이 있다"며 "개별 정보를 활용해 우편물 발송이나 대면 접촉에 나서며, 모델하우스도 예약손님에게만 공개하는 경우가 많다"고 말했다. 골프회원권, 자동차, 아파트 시세 조사 등을 통해 확보한 8,000여명 선의 'VIP리스트'가 이들의 기본 판촉자료이며, 이외에 주요 은행 '프라이빗 뱅킹' 서비스를 받고 있는 고객들을 상대로 하는 그룹 설명회도 이용한다.

출처 : 〈동아일보〉, 2004.8.5

17.3 문화

1. 문화의 본질

문화란 특정 사회 구성원으로서 터득한 지식, 신념, 도덕, 법, 습관 등을 모두 포함하는 복합적 개념으로, 그 사회 특유의 역사적 전통 뿐만 아니라 종교적, 지역적, 기질적, 민족적 제 요인이 상호 작용하여 나타나는 사회현상을 의미하는 광범위한 개념이다. 문화의 개념은 크게 기술적 관점에서 규범적 관점에서 볼 수 있다. 학자들마다 보는 시각과 포함시키는 대상에 따라 문화의 정의에는 다소의 차이가 있다. 문화의 개념은 기술적 관점과 규범적 관점에서 볼 수 있다. 기술적 관점에서의 문화의 개념은 사회적 학습을 통해 사회성원들이 공유하는 그 사회 특유의 생활양식이며, 규범적 관점에서의 문화의 개념은 특정사회의 핵심적 가치체계가 행동적 표현으로 구체화된 그 사회 특유의 생활양식으로 정의한다.

기술적 관점(descriptive view)에서의 문화의 개념

· 사회적 학습을 통해 사회성원들이 공유하는 그 사회 특유의 생활양식

규범적 관점(normative view)에서의 문화적 개념

· 특정사회의 핵심적 가치체계가 행동적 표현으로 구체화된 그 사회 특유의 생활양식

1) 문화의 특성

문화는 한 사회의 가치, 지각, 선호 그리고 행동양식을 결정하는 중요한 요인이다. 따라서 문화는 사회의 구성원들이 공유할 수 있는 신념이나 가치관의 기초가 된다. 문화의 본질을 이해하기 위하여 문화의 특성을 먼저 이해하여야 한다.

(1) 문화는 학습되고 후천적으로 습득된다.

문화를 타고나거나 본능적인 것이 아니다. 어린시절부터 학습된다. 이러한 문화의 학습은 부모나 형제로부터 행동양식을 배우는 공식적 학습과 친구나 매스미디어등을 통한 비공식적 학습 그리고 교육기관에서의 학습을 통한 기술적 학습으로 분류된다. 자신의 문화를 학습하는 것을 문화라 하며 다른 문화를 배우는 것은 문화변용이라고 한다. 문화변용은 국제마케팅에서 주요한 개념이다.

(2) 문화는 사회적 유산이다.

문화는 인간이 창조하여 세대 간에 전승시킨 사회적· 역사적 유산이다. 현재의 문화는 선대로부터 내려온 삶의 지혜가 축적된 결과이며, 여기에 새로운 지혜

가 가미되어 후대에 전승되어 진다. 핵심적인 문화적 가치는 사회적 차원에서 특별한 상황변화가 없는 한, 시대를 초월하여 상당한 세월동안 크게 변하지는 않는다. 다만 시간이 지나면서 양적으로나 질적으로 문화적 특성이 성숙되는 것으로 볼 수 있다.

(3) 문화는 인간의 행동을 제약한다.

문화는 사회구성원의 행동기준이 된다. 문화는 이상적인 행동의 표준이나 패턴을 포함하기 때문에 특정 상황하에서 사회구성원들이 올바르고 적절하게 생각하고 느끼고 행동할 수 있도록 한다. 이와 같이 행동, 사고, 느낌에 관하여 집단이 공유하고 있는 이상적 패턴을 규범이라고 한다. 실제의 행동이 규범에서 벗어날 때 어떤 형태의 압력이나 제재를 가하기 때문에 개인은 자신의 행동을 사회가 기대하는 것에 일치시키려고 노력한다.

(4) 문화는 환경적응적이고 동태적이다

문화란 사회구성원들로 하여금 사회전체의 욕구를 충족시킬 수 있는 행동을 하도록 지원하는 기능을 수행한다. 문화적 규범이 사회의 욕구를 따르지 못하면 그 규범은 변화가 요구된다. 문화는 정체되어 있는 것이 아니라 항상 변화하고 있다. 문화는 세대에서 세대로 전승되어 가는 과정 중 새로운 것이 보태어지고 낡은 것이 퇴색하면서 끊임없이 변한다. 문화는 사회적 욕구가 변화하면 그에 적응하게 위하여 변화하는 특성이 있다.

(5) 문화를 사회구성원에 의해 공유된다.

문화란 개인이 가지고 있는 어떤 특정 신념이나 가치, 관습이 아니라 사회구성원들의 사회생활을 통해 만들어지는 것이며 공유되는 것이다. 다수의 사회구성원들로 하여금 문화적 제 특성을 공유할 수 있도록 하는 일차적 매개변수는 공통의 언어를 들 수 있다. 일반적으로 공통의 언어를 사용하는 성원들 간에는 의사소통이나 사회적 교류가 활발히 이루어지기 때문에 문화적 특성의 보편화가 가능하고 용이하다.

또한 대중매체의 발달도 많은 구성원들로 하여금 문화적 특성을 공유하도록 하는 데 공헌한다. 대중매체의 발달로 문화적 요소가 인적교류에 의해 전파되고 보편화 되던 때보다 빠르고 광범위하게 확산됨으로써 문화적 특성을 공유하는 구성원의 수가 급속히 증가하는 경향이 있다.

2) 문화의 분류

(1) 물질문화

물질문화(material culture)란 우리가 일상생활에서 사용하는 모든 물리적 유형재와 그것을 이용하는 기술적인 방법에 관한 문화를 말한다. 사람들의 일상생활과 관련된 물리적 측면을 총칭하는 개념이 물질문화이다. 물질문화를 그 유용성이 수준을 평가하는 기준이므로 사회 간 우열의 평가할 수 있다는 특징이 있다. 즉 인간의 기본적 욕구를 충족시키기 위하여 어떤 재화나 도구가 사용되고 있으며, 어느 정도로 문명의 이기가 보급되어 있는가 등에 따라 그 사회의 물질문화 수준이 결정된다.

물질문화는 정신문화에도 상당한 영향을 미친다. 물질문화가 발달한 사회일수록 합리주의나 실용주의가 사회적 가치로 작용하지만, 물질문화의 수준이 그 사회의 정신문화의 성숙도와 항상 정비례하지는 않는다.

(2) 비물질문화

비물질문화(non-material culture)란 인생의 목표와 방향, 그리고 행동의 준칙과 방식에 관한 문화를 말한다. 즉 미신 · 사상 · 관습을 비롯하여 예절 · 법률 · 제도 등 정신적 · 행동적 측면의 생활양식을 비물질문화라고 한다. 일반적으로 비물질문화는 정신문화(또는 가치문화)와 행동문화(또는 규범문화)로 구분한다.

정신문화(mental culture)는 삶의 의미와 인생의 목표, 그리고 행동의 방향에 대해 부여하는 가치, 신념, 태도에 관한 문화이다. 이상적인 인생설계에 대한 그 사회의 보편화된 신념 및 가치체계를 정신문화라고 한다.

행동문화(normative culture)란 대다수의 사회구성원이 인정하고 기대하는 행동양식을 행동문화라고 한다. 민습, 원규, 법률, 제도 등이 행동문화를 구성한다.

민습(folkways)이란 전통적으로 계승되어 습관화된 행동이다. 제사나 차례를 지내고 정초에는 어른들께 세배하러 다니는 등과 같은 우리 특유의 많은 민습이 있다. 민습을 따르지 않는다고 법적 제재가 따르는 것은 아니지만, 상당한 구속력을 가지고 그 사회구성원들의 행동을 제약하는 특성이 있다.

원규(mores)는 민습보다는 상위의 규범체계로서 보다 지속적이고 권위적이며 신성화되는 규범이다. 일반적으로 그 사회의 지배적인 종교적 신념이나 도덕·윤리와 관련이 있다. 부모에 대한 효도, 스승에 대한 존경, 노인에 대한 우대 등 봉건사회로부터 내려온 뿌리깊은 원규지만 최근에 이르러 우리사회에서는 그 권위력이 많이 상실된 상태이다.

법률이나 제도는 민습이나 원규와는 달리 명백하게 공식화된 행동규범으로서 사회구성원들의 행동을 제약한다. 법률은 의식적으로 계획되어 성문화된 규범이며 현대사회에서 가장 중요한 문화규범의 위치를 차지하고 있다.

2. 하위문화

하위문화(subculture)는 보다 크고 복잡한 사회 안에서 다른 영역과 구별이 되는 부분으로 존재하는 독특한 문화집단이다. 특정 하위문화의 구성원들은 같은 사회의 다른 구성원들과 구별이 되는 가치. 관습을 가지는 경향이 있다. 그러나 전체사회의 지배적인 문화적 신념이나 가치, 행동양식들은 대부분 고수하고 있다.

1) 하위문화의 정의

하위문화는 단일사회 속의 세분화된 이질문화를 말한다. 동일사회의 성원이면서도 학생과 교수, 청년층과 노년층, 불교와 기독교 신자들은 각각 그들의 가치세계가 다르고 그로 인해 행동양식에도 차이를 보인다. 따라서 이들 상이한 집단의 이질적 특성을 대학문화, 청소년문화, 유교문화 등으로 표현하고 있다.

하위문화는 인종·종교·연령·성별·지역·교육·정치성향 등 여러 차원에서 식별할 수 있지만 몇 가지의 하위문화만 살펴보기로 한다.

첫째, 인종을 기준으로 하는 하위문화이다. 단일민족인 우리나라와 달리 미국은 흑인계·스페인계·인디안계·중국계 등 100여개 이상의 인종집단으로 구성되어 있다. 일반적으로 인종이 다르면 전통, 가치, 습성 등이 달라서 그들의 소비자행동 양식에도 차이가 난다.

둘째, 연령을 기준으로 하는 하위문화이다. 청소년층, 노년층 또는 신세대, 기성세대 등으로 구분되는 하위문화를 식별할 수 있다. 어느 사회든 청소년층과 노년층 사이에는 소비성향・쇼핑행동・미디어습성 등에서 상당한 차이가 있다.

셋째, 종교별 하위문화도 식별이 가능하다. 기독교・천주교・불교・유교・유태교・회교 등 각 종교는 인생의 목표와 생활방식에 그들 특유의 신념체계를 구축하고 있으며 이에 의해 신자들은 영향을 받는다. 개인의 종교적 신념은 그의 생활태도와 행동양식에 지배적인 영향을 끼친다.

넷째, 지역적 특성으로 인해 특정지역 성원들의 의식구조와 문화유형에도 차이가 있다. 우리나라에서도 행정구역별로 문화적 차이를 발견할 수 있다. 경상도사투리와 전라도 사투리가 현저하게 차이를 보이고 있는 예이다. 그러나 최근 지역별 문화적 차이가 현저히 희석되고 있다.

2) 하위문화와 소비자행동

연령별 하위문화를 중심으로 소비자행동 측면에서의 특징은 다음과 같다.

신세대로 불리는 청소년들의 소비행동패턴은 기성세대와 현격한 차이가 있다. 현대의 청소년은 기성세대와는 달리 경제적으로 풍요로운 시대에 사회적으로는 강력한 서구문화의 영향을 받으며 가정적으로는 소수자녀의 핵가족 하에서 부모의 과잉보호를 받으며 성장기를 지낸 탓으로 소비행동상의 여러 측면에서 중장년과는 현저한 차이가 있다.

신세대의 청소년들은 소비지향적이고 충동적인 성향이 있으며 근검・절약에 대한 경제의식이 약해 소비성향이 현저히 높다. 라이프스타일도 서구화되어 그들이 선호하는 의복・음식 등에 있어서도 중년층과는 다르다. 또한 미디어 습성에서도 차이가 있다. 중년층은 TV시청률이 높은 반면 청소년층은 인터넷을 즐기며 선호하는 프로그램도 서로 다르다.

3) 하위문화별 마케팅전략

하위문화 집단별로 구매 및 소배행동, 미디어 습성 등이 상이하다는 사실은 하위문화권을 기준으로 시장을 세분화 할 수 있다는 것을 시사한다. 그러나 그 문화권의 시장규모가 수익성을 충분히 낼 만큼 크지 않다면 세분시장으로서의 가치는 반감된다. 그러므로 하위문화개념을 세분시장전략에 이용하기 위해서는 관심있는 하위집단의 시장규모를 확인하는 것이 중요하다. 우리나라가 고령사회에 돌입하고 있고 또 노인들도 경제력이 있는 요즈음 노년층을 겨냥한 실버산업이 발달하고 있다. 하위문화집단에 효과적으로 접근할 수 있는 마케팅전략 개발의 과업이 쉽지만은 않을 것이므로 신중성이 요구된다.

효과적인 촉진활동을 위해서 표적으로 하는 하위문화집단에 접근할 수 있는 매체와 적합한 프로그램을 선정하고, 소구력있는 모델과 문안을 개발 · 활용하는 것이 무엇보다 중요하다.

3. 비교문화

문화권이 다르면 사람들의 생활방식이 다르고 행동양식도 다르기 때문에 소비자로서의 행동에도 많은 차이점이 있을 것이다. 따라서 상이한 문화권에 속한 사람들 간의 소비자행동 측면의 차이점을 알아보고자 한다.

1) 비교문화의 특성

문화란 결국 인간이 그들의 욕구충족을 위해 만들어 낸 것으로서 어느 사회에서나 문화창조의 목적과 방향은 같다. 따라서 문화의 구성면에서 유사한 점이 적지 않다. 각 사회들 간의 문화적 유사점과 이질성에 대하여 알아보자.

(1) 공통적 문화요소

일반적으로 인간의 기본적 욕구를 충족시키기 위하여 창조되는 관행이나 제도는 지역 · 역사 · 인종 등을 초월하여 많은 사회에 공통적으로 존재한다. 또한 그들의 본질적인 성격도 상당한 유사성을 보이는데 이러한 문화창조의 본질적 특성을 문화적 보편성이라고 한다. 시대와 인종과 지역을 초월하여 어느 사회나 찾아볼 수 있는 문화의 대표적인 공통요소들이 〈표 17-4〉에 요약되어 있다.

〈표 17-4〉 문화의 대표적 공통 요소

· 예절	· 민속게임	· 신화와 전설
· 축연	· 운동경기	· 우상
· 절기	· 춤추기	· 종교적 의식
· 장례	· 몸치장	· 신분적 계급
· 선물	· 음악	· 해몽
· 금기음식	· 덕담	· 개인성명

(2) 문화적 이질성

기본적인 문화요소는 대부분의 사회에서 공유되지만, 구체적인 행동양식이나 그에 부여하고 있는 문화적 가치는 사회마다 다소간 차이가 존재한다. 따라서 각 사회의 인종·역사·지역적 특성이 서로 달라 성원들의 행동을 지배하는 전통적 사고와 가치체계가 상이하게 형성됨으로써 발생하며, 사회마다 지배적인 문화적 가치의 차이에 의해 종교의식, 결혼·장례절차, 금기사항 등 여러 면에서 구체적인 행동양식에 차이가 발생한다. 이를 문화적 이질성이라고 한다.

〈표 17-5〉 미국과 동아시아 국가의 문화적 차이

미국	동아시아 국가
· 복리를 재산보다 중시 · 소비를 미덕시 · 개인중심적 · 미래지향적이고 진보적 가치 존중 · 핵가족 · 합리주의, 평등주의 · 개인간 충돌 보편화-변호사 많음 · 단순한 사회적 관계 · 비공식적인 것을 선호 · 교육을 개인적 성공을 위한 투자로 생각함	· 재산을 복리보다 중시 · 저축과 절약을 중시 · 가족, 조직 중심적 · 전통적 가치 존중 · 대가족: 가족간 관계 중시 · 엘리트 주의, 권위주의 · 개인충돌회피-변호사 이용도 낮음 · 복잡한 사회적 관계 · 의례적인 형식을 선호 · 교육을 가족의 명성을 위한 투자로 생각함

2) 문화적 차이와 소비자행동

국가 · 사회 · 지역에 따라 문화적 가치와 생활양식에 차이가 구성원들의 소비자로서의 행동양식에도 영향을 끼치므로 그 차이가 있을 것으로 기대할 수 있다.

(1) 소비자행동에 대한 문화의 영향

첫째, 문화는 사회성원들의 소비패턴에 영향을 준다. 소득수준이 비슷하고 지리적으로 근접해 있는 국가 간이라고 해도 생활습관이나 종교 등 문화적 특성으로 인해 동일제품의 경우에도 소비수준과 사용방법 등에 차이가 있다.

둘째, 문화적 환경은 소비자들의 구매방법, 구매빈도에 영향을 준다. 물질문화가 발달한 사회에서는 온라인 구매 등 비점포구매의 이용이 비교적 높은 반면 라이프스타일의 변화 등으로 인해 점포 방문구매의 빈도는 상대적으로 낮아지는 경향이 있다.

셋째, 문화적 가치는 제품 및 상표를 선정하는 소비자 구매결정행동에 중요한 영향요인으로 작용하게 된다. 문화적 가치의 차이로 인하여 제품구매로 얻고자 하는 편익에 차이가 있음으로 인하여 제품이나 상표를 평가하는 기준이 달라지기 때문이다.

(2) 비교문화 연구의 필요성

오늘날처럼 세계시장을 무대로 마케팅활동을 하는 마케팅기관에서는 비교문화 연구가 필수적이다. 특정 사회구성원들의 소비나 구매행동패턴이 문화적 환경과 관계가 깊은 것으로 밝혀졌으므로 문화 간 특성의 차이에 대한 인식이 없으면 문화충격(culture shock)로 인하여 다국적 마케팅을 성공적으로 수행할 수 없다. 그러므로 해외시장진출에 앞서 해외시장국의 문화적 특성에 대한 면밀한 조사가 있어야 한다.

첫째, 해외시장국의 물질문화 수준을 파악해야 한다. 물질문화수준은 그 나라에서의 마케팅활동에 기회가 될 수도 있고 제약조건이 될 수도 있기 때문이다.

둘째, 잠재적 해외시장국들의 문맹률, 언어 등에 대한 조사도 필요하다. 한 나라의 언어가 다른 나라의 언어상 좋지 못한 뜻이 될 수도 있기 때문이다. 따라서 상표명, 포장, 광고 등의 전략 수립에 절대적으로 필요하다.

셋째, 해외시장국의 종교, 미신, 전통관습에 대한 이해가 필요하다. 나라마다 금기사항이 다르므로 사전에 파악하여 대응할 전략이 필요하다.

넷째, 해외시장국의 지배적인 사회적 신념과 가치에 대한 충분한 이해가 있어야 한다. 제품의 핵심적 개념이 그 사회의 문화적 가치와 부합되지 않으면 그 제품의 시장도입은 실패할 것이다.

다섯째, 해외시장국 소비자들의 구매행동양식에 대한 이해도 필요하다. 최종구매결정자는 누구이며, 구매결정과정에서 자녀들의 영향력은 어느 정도이며 구매결정에 필요한 정보는 누가 어디에서 얻는가 하는 문제들에 대한 이해가 없이는 광고나 촉진전략을 효율적으로 수립할 수 없다.

(3) 문화적 차이와 다국적 마케팅

세계시장을 대상으로 기업활동을 하는 다국적 기업들은 각 대상국별로 그들이 문화적 특성을 분석하고 이해하여야만 효과적인 마케팅전략을 개발할 수 있다.

① 마케팅전략의 표준화와 적응화

다국적 기업들은 적응화(또는 현지화) 전략이나 표준화 전략, 또는 그 중간형태의 결합된 마케팅 전략을 취하게 된다. 이러한 의사결정은 규범이나 취향 또는 가치 등이 얼마나 동질적인가에 따라 그리고 국가 간의 문화적 차이가 얼마나 큰가에 따라 결정하여야 한다.

지역시장에서의 적응화(adaptation)전략은 각 시장국에서 제품의 시장 수용력을 보다 증대시킬 수 있다는 이점이 있다. 극한적인 경우 제품특성이나 광고, 유통조건 등에 따라 해당국가의 특성에 맞추는 완벽한 적응화전략을 실시할 수도 있다. 그러나 이러한 전략은 각 국가마다 각각 다른 마케팅 캠페인을 실시하는데 따르는 비용의 문제 때문에 어려울 수도 있다.

따라서 비용으로 인한 마케팅의 비효율성 때문에 일반적으로 다국적기업들은 마케팅 프로그램의 표준화(standardization)를 선호하는 경향이 있다. 소비자행동은 문화적 보편성을 가지므로 문화권이 달라도 표준화된 마케팅 프로그램으로 성공할 수 있다. 인간에게 내재하는 기본적인 욕구는 본질적으로 동일하기 때문에 이들 욕구에 소구하는 마케팅 프로그램을 개발한다면 성공할 수 있다는 것이다.

대상국들의 문화적 유사성과 이질성을 면밀히 분석한 후, 유사성을 찾아서 그에 소구하는 표준화 전략을 개발한다면 성공적인 전략이 될 것이다. 일반적으로 표준화전략의 이점은 다음과 같다.

첫째, 생산 및 마케팅 비용을 절감할 수 있다. 제품차별화를 하기 위한 연구·개발비용을 절감할 수 있고 표준화로 인한 규모의 경제를 실현할 수 있다.

둘째, 표준화된 프로그램인 경우 판매원 훈련이 용이하고 광고개발·판촉활동 비용도 절감할 수 있다.

셋째, 다국적 기업으로서의 명성과 세계적인 상품·상표로서의 이미지구축에도 도움이 된다. 포장·표찰·상표명까지 포함하여 제품을 표준화하면 글로벌 상품으로서의 이미지를 쉽게 구축할 수 있다.

표준화전략과 적응화전략은 각각 상반되는 장·단점을 갖고 있으나 최근에는 표준화전략의 선호도가 더 높아지는 경향이 있다. 이는 지구촌화되어 가는 과정으로 지역별 문화적 차이가 점차 좁혀지고 있다는 사실에 기인할 수도 있다.

② 다국적 마케팅 프로그램

• 제품전략

제품의 품질수준뿐만 아니라 포장, 표찰, 보증 등도 시장국 소비자들의 수요 및 기호에 맞춘다면 보다 효과적으로 제품을 마케팅할 수 있을 것이다. 국제마케터들은 현지의 관습이나 취향을 무시하고 제품수정을 하지 않아서 실패를 경험하기도 했다. 포장의 크기나 형태 등은 시장국 소비자들의 쇼핑관습·생활습성 등에 적합 시켜야 한다. 특히 식품류나 생활용품의 용기나 포장은 소비자들의 생활습성에 맞도록 개발하는 것이 중요하다.

상표 및 표찰의 경우, 그 나라의 언어·법·미학적 기준 등을 고려하여 결정하여야 한다. 상표는 상대국의 언어로 발음했을 때 부정적인 현상이 발생하지 않도록 유의해야 한다. 그러나 동일제품에 대하여 시장국마다 상이한 상표를 사용하게 되면 글로벌상표로서의 이미지 구축에 어려움이 따르고 마케팅 비용도 증대하게 된다. 따라서 세계 어느 곳에서나 쉽게 발음하고 기억하며 특별한 의미를 지니고 있지 않은 용어가 바람직하다.

표찰도 시장국의 문맹률, 교육수준, 미학적 기호 등을 고려할 필요가 있다. 문맹률이 높은 지역에서는 문자보다 도안에 의한 설명이나 표현이 더 효과적이다.

• 촉진프로그램

다른 문화권의 소비자에게 커뮤니케이션을 할 때에는 그 지역의 언어와 관습에 맞는 광고 캠페인이나 촉진 메시지가 개발되어야 한다. 특히 광고의 경우 매체의 가용성, 매체별 선호도, 메시지의 소구력 등 여러 측면에서 면밀한 분석이 선행되어야 한다.

기업들은 자국 내에서의 광고에 사용된 주제나 상징이 외국에서는 수용되기 어렵다는 점을 인식해야 한다. 촉진메시지는 그 사회의 언어와 교육수준과도 일치해야 한다. 또한 촉진 커뮤니케이션에 사용되는 용어의 선정도 신중해야 한다. 광고메시지가 시장국의 언어로 되었다고 하더라도 유행어나 은어의 뜻과 같아서 뜻하지 않은 오류를 범할 가능성도 있다. 광고의 구성도 모델·색채·음악 등도 그 지역의 문화적 특성을 고려하면 큰 효과를 기대할 수 있다. 색채의 경우, 미국에서는 핑크색이 여성적인 색으로 인식되지만 다른 많은 국가에서는 노란색이 여성적인 색으로 인식되기도 한다. 라틴아메리카 국가에서 보라색은 죽음을 연상하는 색이므로 상품광고에 금기시 되고 있다.

Amco 기업은 처음 중국에 진출 할 때 문화적 차이를 이용하여 중국문화에서 생명을 상징하는 붉은 색과 중국문화를 의미하는 보라색, 전통적인 행운의 상징인 달을 잡지광고에 이용하여 성공적인 기업광고를 하였다.

중국 소비시장, 4천여만 명 '트렌드 세터 (유행을 선도하는 시장 주도층)'를 공략하라!

"마케팅 전략을 수립하기 위해서는 **현지 소비자에 대한 정확한 이해**가 필수"

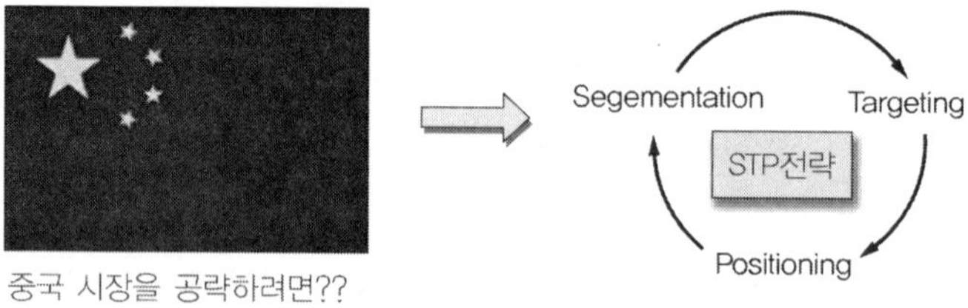

중국 시장을 공략하려면??

중국 시장에서의
외국산 제품 브랜드 인지도와
구매 성향에 관한 조사

- 중국은 같은 대도시라고 해도 상이한 소비 계층이 존재
- 외국산 브랜드에 대한 소비 성향도 차이가 있음

<사례 17-3> 스타벅스 CEO 스미스, WSJ紙에 5계명 밝혀

코카콜라 중국법인은 지난해 중국 젊은이들이 즐기는 온라인 게임 '길거리 농구'에 수백만 달러의 마케팅 비용을 투자하면서 주 고객인 젊은이들이 자사의 중국판 웹사이트(www.icoke.cn)를 방문하도록 만들었다. 게임 운영사와 협력해 게임에 필요한 가상화폐를 자사의 웹사이트를 통해 구입할 수 있도록 한 것이다. 이를 통해 중국 내 브랜드 인지도를 점차 높이고 있는 것이다. 코카콜라의 이런 마케팅은 현지 시장에 대한 이해와 특정 소비층에 특화하는 전략의 중요성을 보여준다.

그동안 많은 글로벌 기업들이 중국에 진출했지만 쓴맛을 경험한 사례는 적지 않습니다. 1992년 일찍이 중국에 진출했다가 큰 손해를 본 마이크로소프트는 빌 게이츠의 표현처럼 중국 시장을 너무 순진하게 취급했다. 현지 시장에 대한 충분한 이해가 없이 기술이나 브랜드만 믿고 뛰어들었던 게 원인이었다. 호주의 와인업체 포스터즈도 중국에서 13년을 고전하다 중국을 떠났다. 이베이도 브랜드 구축에 수백만 달러를 투자했다가, 4년 후 온라인 경매 사이트를 닫았다. 워너 브라더스는 중국에서 영화관 사업을 접었고, 일본의 4대 메이저 이동통신사도 현지 브랜드 구축에 실패하고 2005년과 2006년에 걸쳐 시장 철수의 운명을 맞았다. 이는 중국 소비 시장에 대한 정확한 이해 없이 '13억 인구에 껌 한 통씩만 팔아도 된다'는 시장 잠재력만 강조했기 때문이었다. 마케팅 전략을 수립하기 위해서는 현지 소비자에 대한 정확한 이해가 필수이다. 중국 시장을 공략하려면 시장 세분화, 목표시장, 포지셔닝 전략인 STP(Segementation, Targeting, Positioning)가 제대로 되어 있는가를 잘 살펴야 한다.

액센츄어는 최근 중국 대도시와 교외 소비자 1,000여 명을 대상으로 중국 시장에서의 외국산 제품 브랜드 인지도와 구매 성향에 관한 조사를 실시했다.

조사 결과 중국은 같은 대도시라고 해도 상이한 소비 계층이 존재하며, 외국산 브랜드에 대한 소비 성향도 차이가 있었다.

4. 한국의 문화적 특성과 소비자행동

우리나라는 오랜 식민지 정책과 해방후 유입된 서구문화의 영향으로 복합적인 문화구조를 형성하고 있다. 한국의 전통문화와 외래문화가 공존하는 이중구조적 특성이 있다. 한국의 문화적 특성을 보면 특히 물질문화 측면에서 서구문화를 많이 수용하고 있는 것으로 보여진다. 그러나 행동문화는 아직도 전통가치가 우세하여 많은 부문에서 과거의 습관이나 전통적인 행동규범에 순응하려는 사람이 많다. 한국에서는 정신문화가 물질문화를 규제하지 못하고 오히려 물질문화를 중심으로 정신문화가 변형되고 있다는 점도 간과할 수 없는 특징 중 하나이다.

- 신분중시주의 : 사회적 신분이나 권위를 상징하는 제품과 서비스에 대한 수요가 많은 편이다.
- 타인지향적 형식주의 : 한국 사람들은 체면을 중시하고 비교적 허례허식이 심하며 불필요한 구매행동이나 낭비적 소비행동이 문제가 되는 경우가 있다.
- 사대주의적 사고 : 외래문화를 숭상하는 경향 때문에 외국산제품이나 외국상표와 기술제휴한 제품에 대한 선호도가 매우 높다.
- 향락주의적 사고 : 지속적인 경제성장으로 인해 소득수준의 향상, 소비자들의 라이프스타일의 서구화되면서 소비생활양식 변화가고 있다.
- 자녀중심주의 : 핵가족화되면서 자녀 중심적 성향이 강해지고 있다. 자녀수

의 감소, 높은 교육열은 자녀의 과잉보호현상까지 초래하였다. 한국에서 아동용품 시장의 잠재력이 크고 꾸준한 성장을 하고 있는 것도 자녀 중심적 문화에 기인한다.

우리나라는 이외에도 노인을 우대하는 경로사상, 부모를 공경하는 효도사상 등 우리 특유의 문화적 특성을 많이 갖고 있다.

참고문헌

1) Max Weber, "Class, Status, Party," in H. Gerth and Mills, *From Max Weber : Essays in Sociology*, N.Y., : Oxford University Press, 1946을 James F. Engel, Roger D. Blackwell, and Paul W. Miniard. Consumer Behavior, 5th ed., The dryden Press. 1986.에서 재인용

2) Richard P. Coleman, "The Continuing Significance of Social Class to Marketing," Journal of Consumer Research, December 1983 ; and Henry Assael, *Consumer Behavior and Marketing Action*, 2nd ed., Boston, Massachusetts : Kent Publishing Company, 1984.

3) Edward B. Tylor, Primitive Culture, 3rd. ed., London : John Murray Ltd., 1891, William L. Wilkie, *Consumer Behavior*, N.Y., : John Wiley & Sons, Inc., 1986에서 재인용.

4) "Generation X," *Advertising Age*, February 1994.

5) David A. Ricks, *Big Business Blunders : Mistakes in Multinational Marketing*, Homewood, Ill. : Dow Hones-Irwin, 1983.

6) Linda J. Coleman, Ernest F. Cooke, and Chandra M. Kochunny, "What Is Meant by Gloval Marketing?" in J. M. Hawes and G. B. Gilsan, eds., *Development in Marketing Science*, Ohio : Academy of Marketing Science, 1987.

7) 김종의, 『소비자행동』, 형설출판사, 2004.

찾아보기

[저자 약력]

〈약력〉
숙명여자대학교 졸업
숙명여자대학교 경영학박사
백석문화대학교 광고·마케팅학부 교수(현)
한국유통학회 이사
한국유통과학회 이사, 고문(현)
한몽경상학회 이사(현)

〈저서〉
유통관련법규, 기독교연합신문사, 2002.
마케팅(공저), 형설출판사, 2003.
Practical English, 백산출판사, 2006.
마케팅의 이해 (공저), 형설출판사, 2007.
유통관리(공저), 두남출판사, 2010.

oya@bcu.ac.kr

소비자행동론

2010년 9월 10일 초판인쇄
2010년 9월 15일 초판발행

저 자 오 영 애
발행인 유 성 렬
발행처 **청목출판사**
서울특별시 영등포구 신길동 233-96
전화 (02) 849-6157(代)·2820
FAX (02) 849-0817
등록 제318-1994-000090호

파본은 바꾸어 드립니다. 값 25,000원

http://www.chongmok.co.kr

ISBN 978-89-5565-369-4